Y. 194.

Revenu.

Y. 3572.
3.

L'HISTOIRE PALLA-
dienne, traitant des gestes & gene-
REVX FAITZ D'ARMES ET D'AMOVRS
DE PLVSIEVRS GRANDZ PRINCES ET SEIGNEVRS, specialement de Palladien filz du roy Milanor d'Angleterre, &
de la belle Selerine sœur du Roy de Portugal: nouuellement mise en nostre vulgaire François, par
feu CL. COLET Champenois.

NEC SORTE NEC MORTE.

Auec priuilege du Roy.
A PARIS.
Pour Ian Dallier demeurant sur le pont saint Michel à l'enseigne
de la Rose blanche.
1555.

Il est permis à Vincent Sertenas

marchand Libraire à Paris, faire imprimer & mettre en vente l'histoire Palladienne, traduite nouuellement en Françoys : Et deffendu à tous Imprimeurs, Libraires & autres marchandz, quelz qu'ilz soient, imprimer ou faire imprimer n'exposer en vente iceluy liure, iusques à dix ans prochainement venantz, à compter du iour & date qu'il sera acheué d'imprimer, sur peine d'amende arbitraire applicable au Roy, & de confiscation des liures qui se trouueront imprimez par autre que par ledit Sertenas & à son adueu : comme il est plus à plein contenu par lettres & priuilege du Roy. Donné à Paris le dixiesme iour de Nouembre, L'an de grace mil cinq cens cinquante trois. Et de nostre regne le septiesme. Par le conseil, de Courlay. Et séellé sur simple queuë de cire iaune.

Et fut acheué d'imprimer le vingtiesme iour de Septembre mil cinq cens cinquante cinq.

ESTIENNE IODELLE PARISIEN,
AV LECTEVR.

IE m'asseure, amy lecteur, que la commune & vertueuse renommée de tous ceux, qui se sont efforcez depuis quelque temps d'enrichir nostre langue, t'a si bien fait connoistre & leurs nóms, & leurs doctrines, qu'il ne faut point que ie te die maintenāt quel a esté CLAVDE COLET Champenois autheur de ceste histoire. Ie croy pareillement que tu n'as point esté si peu soucieux de ce qui auient à telz personnages, que tu n'ayes bien sceu qu'vne mort fort soudaine & non encores attenduë nous a fait perdre depuis deux ans, ce gentil esprit que nous regretons encores à bon droit: Pource aussi que ie pense que tu as leu quelques choses de luy, ie ne voy point qu'il te faille ramenteuoir ce que c'est, n'y la bonne volonté qu'il auoit de te faire quelquesfois iouïr de labeurs plus doctes, & plus proffitables, que ne sont pas les Romants, ou il s'adonnoit plustost pour le contentement des Damoyselles de nostre siecle, que pour vne docte posterité. Mais ie ne m'asseure point tant de ces trois choses, que ie me suis asseuré d'vne opinion, que i'auois conceuë auant que de te recommander cest œuure: c'est qu'il seroit bien difficile, que deslors que tu aurois veu mon nom au front du liure, tu te gardasses de me calomnier en quelque sorte. Car m'estant mocqué en mile bonnes compagnies de ce fabuleux genre d'escrire, que ie disois seruir seulemēt d'amusement ou d'espouentail aux indoctes, & mesmes ayant tousiours aymé & fait aymer à mes amys, les escritures du tout serieuses: pourrois-ie bien me sauuer, que l'on ne m'acusast d'vne inconstance, en me voyant prendre ceste cause en main, & rapeler, ce semble, tout vn peuple à ces premieres noix? Toutesfois quād tu auras entendu la cause, pour laquelle ie me suis mis en ce deuoir, tu n'auras pas si tost acusé mon iugement à tort, que tu seras contraint de l'absoudre auecq' raison. Ce que ie te deduiray le plus brieuement qu'il me sera possible, de peur de t'ennuyer, & de m'estre coupable à moy-mesme du vice de ces grandes harangues, qui sont quelquesfois aussi bien seantes au commencement de noz brouilleries, que des colonnes Ioniques & Doriques à l'entrée d'vne grange denuée de tout autre artifice. La raison doncques pour laquelle i'ay voulu seruir de trōpette à l'entrée de ce Palladien, c'est que i'auois vne telle familiarité à CLAVDE COLET, lors qu'il viuoit, que pour vne certaine bonté, dont la nature auoit doué ce personnage, i'eusse quasi laissé toutes les agreables compagnies pour la sienne. Noz communs amys sçauent assez, combien durant ce temps i'ay taché par toutes les raisons que ie pouuois, & peult estre à tort, de luy faire retirer son esprit & sa plume de tous ces beaux Romants presque moysis à demy, sans plus embabouïner la France de ces menteries Espagnoles, & auecques nostre deshonneur retraçer les faulx pas des estrangers. On sçait de quelz

á ij   beaux

EPISTRE.

beaux motz, i'auois de couſtume de batizer ces braues diſcours, entrelaſſez de mile auantures auſsi peu vray-ſemblables que vrayes: les apelant bien ſouuent, la reſuerie de noz peres, la corruption de noſtre ieuneſſe, la perte du temps, le iargon des valetz de boutique, le teſmoignage de noſtre ignorance, brief leur donnant aſſez d'autres tiltres, ſuffiſans pour en degouſter le plus affectionné. Certainement combien que ie ſemblaſſe vouloir trop obſtinement eſpouſer ceſte partie, ſi eſt ce que pluſieurs eſpritz de la France conſentoient à mon iugement, voyans que pour telles choſes inutiles pluſieurs de noz doctes François auoient laiſſé, & laiſſoient tous les iours tant de belles parties, de l'eloquence, de la Philoſophie, & d'autres diſciplines, que i'oſe aſſez impudemment dire, n'auoir eſté qu'à demy traitées des anciens. Voire & ſe trouuoient quelques vns entre nous, tant ennemys de ceſte façon d'hiſtorier, qu'ilz diſoient n'eſtre point difficile à vn homme bien né, apres auoir vn peu fantaſtiqué, de faire filler en parlant, vn Amadis tout entier, ou quelque autre mache-enclume, ſans ſe troubler n'y en ſon diſcours, ny en ſa parolle. Nous ne pouuiós pourtant tellement fortifier noſtre opinion, que CLAVDE COLET (comme il eſtoit aſſez ingenieux) ne fuſt touſiours garny de mille raiſons, pour reſiſter au meſpris qu'on faiſoit de la longue trainée de ſes diſcours, nous prouuant l'vn apres l'autre toutes ces choſes. C'eſt à ſçauoir, la fable quelquesfois enclorre la verité: vn diſcours fait à plaiſir, aprendre mieux aux hommes l'ornement d'eſcrire, & de parler, que ne fait l'hiſtoire, qui nous amuſe du tout au ſens: les autheurs antiques auoir ſuiuy ceſte façon d'hiſtoire fabuleuſe, comme Heliodore, Apulée, & beaucoup d'autres: l'Iliade d'Homere, l'AEneide de Virgile, le Roland d'Arioſte, n'eſtre autre choſe que trois Romants: l'orateur Grec quelquesfois en plain tumulte auoir donné entrée à ſon oraiſon par vne fable: ceſte choſe eſtre agreable, & bien receuë des Gentilz-hommes, & des Damoyſelles de noſtre ſiecle, qui fuyent l'hiſtoire pour ſa ſeuerité, & reiettent toute autre diſcipline pour leur ignorance: ce genre d'eſcrire ſeruir de grand eſſay, tant à celuy qui eſcrit, qu'à ceux qui ſe veullent donner à la lecture des auteurs: le patron preceder touſiours l'ouurage, & l'eſcrime le combat: toutes viandes ſolides n'eſtre pas plaiſantes: le meſpris qu'on fait du vulgaire trainer en la fin vn repentir: les ieux, les gayetez, les amours, les deuis, voire quelquesfois vn baſton d'enfant entre les iambes (ſi fault vſer d'alluſion) n'eſtre point moins dignes d'vn philoſophe, que les diſputes, les meurs, & les eſtoiles: la fiction de telz diſcours eſtre ſi manifeſte, que la poſterité n'en peult eſtre trompée: les faux combatz, les fauſſes victoires, quand on les deſcrit brauement, pouuoir auſsi bien façonner, & encourager la ieuneſſe, que les plus veritables faitz d'armes. De telles & plus fortes raiſons me reſpondoit tellement ce docte Champenois, que ie cómençay à flechir quelque peu, & cognoiſtre que le temps employé aux Romants, n'eſtoit pas du tout dependu en vain. Tant que voyát vn iour ſortir de ſes mains le neufieſme

EPISTRE.

iesme d'Amadis, prest à mettre sus la presse, ie luy dictay vne ode Françoise de gayeté de cueur, & sus le pié, comme i'ay de coustume. Ie croy que tu l'as peu lire au commencement de ce neufiesme liure restitué par luy & deliuré de la version du premier traducteur, lequel l'auoit faite presque autant Flamande que Françoise. Par ceste mienne ode assez brusquement escrite, il sembleroit que i'eusse du tout, & outre mesure, chanté la palinodie de ce que i'auoys tant de foys soustenu, n'estoit qu'vn homme de bon esprit pourra tousiours cognoistre que l'amytié que ie portois à COLET, forçoit beaucoup plus mes opinions, que la raison, qui toutesfois, se faisoit tousiours de plus en plus receuable en mon endroit. Ayant doncques COLET arraché ce tesmoignage de moy, & me voyant desia persuadé à son auantage, non content de celà, me dit quelques iours apres, que ie n'auois pas assez fait pour luy, d'auoir recommandé vn liure, qui n'estoit quasi rien moins que sien, n'y en l'inuention, n'y en la traduction, si ie ne luy promettois de m'employer d'auātage pour son propre & legitime labeur. Lors il me tint assez long propoz de ce liure que lon te donne maintenant, & me fit lier ma promesse d'vn serment inuiolable, que son Palladien ne se mettroit iamais au monde, sans que ie l'acompagnasse, pour faire teste à vn chascun, voire & pour garder les plus enuenimez d'oser s'affronter à nous deux. Il me promist aussi de son costé, qu'apres auoir fait combatre en peinture, & en songe noz braues Cheualiers auec Palladien, & laissé encores follastrer noz Damoyselles, auecques ce mignon, il se mettroit aux choses qui luy pourroient acquerir vne aussi vraye & solide renommée, comme elles sont vrayes & solides. Mais ainsi que les destinées ont acoustumé de tromper les esperances des hommes, & que les mieux encouragez demeurent au mylieu de leur course: ce mien pauure amy, comme i'ay dit, fut rapellé hors d'auecques nous par vne mort fort soudaine & contagieuse : & lors qu'il s'amusoit à ces fables longues, & plaisantes, experimenta que la vie de l'homme, & ses entreprises, ne sont qu'vne brieue & ennuyeuse fable. Car en pensant mener vne longue vie, auecques vne grande reputation de peuple, mesmement laisser apres sa mort l'eternité de son nom par quelques beaux œuures : ne laissa sinon vn commun regret à ses amys, vne commune playe aux bonnes lettres, & pour toutes reliques de ses estudes: ce liure que tu vois au iourd'huy sortir en la lumiere. Lequel n'ayant eu iamais la derniere main, ains semblable à vn pauure posthume, à pris sa naissance apres la mort de son pere, & mesme ayāt veu aucunement le iour, à esté emprisonné souz quelques mains estrangeres, qui depuis deux ans luy ont refusé la clarté. Or apres qu'on m'a auerty depuis n'agueres, qu'on le vouloit faire sortir, à fin qu'il taschast de venger son autheur contre l'iniure de la mort : sans regarder s'il estoit bien armé, ou si sa cause estoit bonne: i'ay esté forcé par ma promesse immuable, de l'acompagner en sa venuë : non pas pour le vanter si fort qu'on diroit bien, mais pour prier affectueusement toute la France, de le traiter le plus doucement

ESPISTRE.

cement qu'elle pourra. Ie ne veux point dire icy que l'Imprimeur son hoste & son amy, auecque plusieurs autres, m'a prié souuentesfois, & aiuré par l'amytié que ie portois au trespassé, de ne refuser si petite peine. Ie ne diray point aussi la recommendation, qu'on m'a faite tant de l'inuention, que de la disposition de ce petit Romant, entre beaucoup d'autres. Veu que la seulle cause que i'ay dite est suffisante pour te satisfaire. Car qui est celuy si peu religieux enuers la foy qu'il a donnée, qui pour le changement de la fortune, vueille changer sa promesse? Et si fault confirmer mon entreprise par autres argumens, qui est l'impudent qui s'oseroit donner le nom d'amy, si ne fait que son amytié dure encore apres la mort? Ou est celuy, enuers lequel l'amytié à si peu de force, qu'il ne tache en tout ce qu'il peult, de couurir les faultes de son amy, s'il en a fait quelques vnes? Et quoy donc des choses bien faites? Et quelles choses peuuent estre apelées mal faites, quand l'auteur n'a pas tant regardé à soy, & à son nom, qu'à la commune volupté? Il fauldroit que celuy qui me voudroit acuser icy, de quelque chose que ce soit, fust du tout deraisonnable : & que celuy aussi qui voudroit degorger son enuie contre le labeur de mon amy, fust encore semblable à vn Iason, reiettant vilainement vne Medée qui ne s'estoit acheminée que pour le plaisir d'iceluy. Pour toutes lesquelles choses, amy Lecteur, si la raison a quelque lieu en toy, & si nostre nom y a desia quelque authorité, ie te prie de toute mon affection, que prenant en bône part l'inconstance de ma premiere opinion, & me loüant de la recommendation que ie fay, tu reçoiues si bien le present qu'on te baille, que tu n'aparoisses pas seulement lecteur de bonne volonté, mais qui plus est constant protecteur de l'œuure. I'oy, ce me semble, l'ame de ce bon Champenois, qui auecque pitié qu'elle a de son pauure posthume, t'en prie autāt qu'elle peult, & t'en aiure par le saint nom des lettres, qu'elle eust mieux traitées, si Dieu l'eust laissée plus long temps en nostre vie. Sois seur, amy Lecteur, que si tu auois cogneu la naïue bonté de ce mien amy, tu regreterois de ne l'auoir aymé de tout ton cueur durant ses iours : mais ce que tu ne peux plus donner au pere, donne le maintenant à l'enfant : embrasses le pour l'amour de luy, & encore plus ardemment pour l'amour de moy. Et ie te prometz outre le plaisir que tu prendras icy, qu'apres la longue atente que tu as euë de mes œuures, que ie recompenseray bien tost auecq' vsure, ce que tu auras fait à ceste heure pour moy, & pour le nom de mon immortel amy.   Adieu.

AVX CENDRES DE COLET
Par le mesme Iodelle.

Si ma voix qui me doit bien tost pousser au nombre
Des immortelz, pouuoit aller iusqu'à ton ombre
COLET, à qui la mort
Se monstra trop ialuuze, & depite d'attendre
Que tu eusses parfait ce qui te peut deffendre
De son auare port:

Si tu pouuois encor sous la cadence sainte
D'vn lut, qui gemiroit & ta mort & ma plainte,
Tout ainsi te rauir,
Que tu te rauissois dessous tant de merueilles,
Lors que durant tes iours ie faisois tes oreilles
Sous mes loix s'asserir:

Tu ferois escouter à la troupe sacrée,
Des Manes bienheureux, qui seule se recrée
Entre les lauriers verds,
Les motz que maintenant deuot en mon office
Ie rediray neuf fois, pour l'heureux sacrifice,
Que te doiuent mes vers.

Mais pource que ma voix aduersaire aux tenebres,
Ne pourroit pas passer par les fleuues funebres,
Qui de bras tortillés
Vous serrent à l'entour, & dont peut estre l'onde
Pourroit souiller mes vers, qui dedans nostre monde
Ne seront point souillés:

Il me faut contenter, pour mon deuoir te rendre,
De tesmoigner tout bas à ta muete cendre,
Bien que ce soit en vain,
Que ceste horrible sœur qui a tranché ta vie,
Ne trancha point alors l'amytié qui me lye,
Ou rien ne peut sa main.

Que les fardés amys, dont l'amytié chancelle
Sous le vouloir du sort, euitent vn IODELLE,
Ostiné pour vanger
Toute amytié rompuë, amoindrie, & volage,
Autant qu'il est amy des bons amys, que l'aage
Ne peut iamais changer.

Sois moy

Sois moy doncq' vn tesmoin ô toy tumbe poudreuse,
Sois moy doncq' vn tesmoin ô toy fosse cendreuse,
Qui t'anoblis des os
Desia pourris en toy, sois tesmoin que i'arrache
Maugré l'iniuste mort ce beau nom, qui se cache
Dedans ta poudre enclos.

Vous qui m'acompagnés ô trois fois trois pucelles,
Qu'on donne à ce beau nom des ailles immortelles,
Pour voler de ce lieu,
Iusqu'à l'autel que tient vostre mere Memoire,
Qui regaignant sans fin sus la mort la victoire,
D'vn homme fait vn Dieu.

Pour acomplir mon vœu, ie vois trois fois espandre
Trois goutes de ce laict dessus la seiche cendre,
Et tout autant de vin,
Tien, reçoy le cypres, l'amaranthe, & la rose,
O cendre bien heureuse, & mollement repose
Icy iusqu'à la fin.

C. COLETII MANES.

Qui Tracis oriundus eram, qui natus in agro
    Rumilio, vixi doctus, inops perij,
Vita satis nota est, vitam abstulit inuida pestis,
    Pestis Amor causa est, vel mihi causa labor:
Dira lues aderat, poteram fugisse, Cupido,
    Vel solitus potuit me tenuisse labor.
Ergo meo carmen tumulo sic forte legendum est,
    Vel forte inuerso carmine verus ero.
HVNC LABOR HAVD AMOR HVNC, MENS HAEC
NON MENTVLA, PALLAS
SEDVLA NON PETVLANS HINC VENVS ERIPVIT.

Iodelius P.

LE CONTE D'ALSINOIS.

Sur le Tombeau de CLAVDE COLET.

Le passant. Thalie.

P. Qui es-tu, Vierge, assise au front de ce Tombeau?
T. Ie suis des Muses l'vne, & l'vne des trois Graces.
P. Quel est ton nom? T. Thalie. P. Et qui est ce troppeau
De Vierges? T. Sont mes Sœurs, qui onc' ne furent lasses
A respandre des fleurs sur le corps icy mis,
Las! de CLAVDE COLET, l'vn de noz chers amys,
Nostre cher nourrisson : moy, moy la verdoyante
Ie veux planter icy l'immortel Amaranthe,
Et l'If, & le Cyprès : affin que memorable
Entre les doctes soit son nom, & perdurable:
Puis, ie veux richement en hault faire éleuer
Vne table de marbre, & dedans engrauer
Ces vers en lettre d'or, sacrez à l'Amitié,
Aux Dieux, aux Manes saintz, au Temps, à la Pityé.

PASSANT, DONNE FAVEVR, DONNE BONNE PAROLLE,
ET DE BOVCHE, ET DE COEVR, A' L'OMBRE DE CE MORT:
ET FAY, QVE DE TES PLEVRS CESTE TERRE SOIT MOLLE,
CAR D'VN SOMME ETERNEL CLAVDE COLET Y DORT.

P. Pour n'estre donc ingrat, ie desire en ce lieu
Vn Printemps eternel, eternellement l'vmbre
Des Lauriers sur ce corps, Paix, & Repos à l'Ombre.
Que veux-tu d'auantage? T. A dieu passant. P. A dieu.

In ocio negotium.

Sonet.

La fin finalle, aux bons tant enuieuse,
  Nous vint embler assez soudainement
  Le bon Colet ainsi qu'à ce Romant
Il s'aprestoit de mettre fin heureuse.
L'euure eut senty la fin pernicieuse
  De son autheur: mais l'imprimeur aymant
  Encor l'auteur ne peut voir longuement,
Son euure emmy la vermine poudreuse.
Dont le fait voir, & reuoir, & parfaire,
  De Palmerin au grand reformateur,
  Et de Tristan au second createur.
La mort ne peut en vn instant deffaire,
  L'euure & l'ouurier: L'euure aumoins durera,
Et quel estoit l'ouurier tesmoignera.

        Cœlum Solum.

    Oliuier de Magny, à CL. Colet.

L'vn par vn vers richement façonné,
  Qu'audacieux dans sa trompe il entonne,
  S'aquiert vn bruyt qui de l'Occident sonne
Iusques au lit du matin safrané.
L'autre, d'vn autre, autrement destiné,
  Dessus les nerfz de sa lyre fredonne
  Si doucement, que la Muse luy donne
Le braue honneur au plus braue ordonné.
Mais toy Colet d'vne course plus libre
  Gaignes l'honneur, par l'honneur de ce liure
  Du mieux disant en noz François romans
Ornant si bien d'vne immortelle fable
  Ce qui nous nuyt, & nous est profitable,
  Que nompareilz en sont les ornemens.

Ensuyt la Table des chapitres
CONTENVZ EN CE PRESENT LIVRE.

Et premierement.

DE la naissance du prince Palladien, & de l'auanture estrange qui auint le iour de sa natiuité en la cité de Londres, deuant le palays du roy Milanor. Chapitre premier. Fueillet I.

Comme le roy Milanor raconta à la Royne la merueille des trois statues, & des tournoys & triumphes faitz au baptesme de son filz qui fut nommé Palladien. chap. ij. fueillet iij.

Comme plusieurs Cheualiers & gentilzhommes d'Angleterre, Escoce & Norgalles, s'auanturerent à leuer l'ymage du dieu d'Amours, destinée au plus loyal. Et comme tous furent repoussez, & les Damoyselles semblablement à l'auanture de la riche coronne. chapitre iij. fueillet v.

Comme apres tous les triumphes faitz pour la solennité du baptesme du prince Palladien, & les passetemps des troys statues, les Roys d'Escoce & Norgales prindrent congé du roy Milanor & de la Royne, & s'en retournerent en leurs pays. chapitre iiii. fueillet vij.

Comme le duc Temorée de Milan enuoya son filz Mantilée en Angleterre pour estre fait Cheualier auec le prince Palladien, & comme Mantilée s'enamoura de l'infante Mercilane. chapitre v. fueillet viij.

Comme les princes Palladien & Mantilée auec plusieurs autres grands seigneurs furent faitz Cheualiers par les mains du bon roy Milanor, & d'vne auanre qui auint en sa court, à laquelle Palladien & Mantilée donnerent fin. chapitre vi. fueillet x.

Du festin qui fut fait apres que les deux princes Palladien & Mantilée furent armez Cheualiers : & comme ilz esprouuerent l'auanture des statues de Bronze à laquelle ilz ne peurent donner fin. chapitre vij. fueillet xij.

Du tournoy qui fut fait ou Mantilée emporta l'honneur & vainquit deux Cheualiers estrangers. chapitre viij. fueillet xiij.

Comme les princes Palladien & Mantilée partirent de Londres auec le Cheualier qui auoit esté enchanté, & les deux Damoyselles : & de ce qu'ilz trouuerent en chemin. chapitre ix. fueillet xv.

Comme les princes Palladien & Mantilée, rencontrerent quatre Cheualiers qu'ilz combatirent, & qu'elle en fut l'issue. chapitre x. fueillet xvij.

Comme les Princes auec leur compagnie arriuerent au royaume de Hongrie, ou estoit le Gentilhomme qui auoit rauy la femme dn Cheualier desenchanté, & de ce qui leur auint en chemin. chapitre xi. fueillet xix.

Du combat qu'eurent les princes Palladien, Mantilée, & le Cheualier desen-

ē ij chanté

LA TABLE.

chanté contre le Cheualier rauisseur & ses freres, & qu'elle en fut l'issue. chapitre xij. fueillet xxi.

Comme la sage Orbiconte aparut au prince Palladien dormant, & des propoz qu'elle luy tint. chapitre xiij. fueillet xxiii.

Comme le Cheualier desenchanté remena sa femme en sa maison, ayant pris congé des Princes, lesquelz peu apres partirent du chasteau du Cheualier rauisseur, ou ilz laisserent le prince de Hongrie, & comme le prince Palladien trouua deux Cheualiers assailliz de dix aultres. chapitre xiiii. fueillet xxiiii.

Comme le prince Mantilée retrouua le prince Palladien auec les deux Cheualiers qu'il auoit secouruz, & la Damoyselle qui luy aporta vn escu de la part d'Orbiconte. chapitre xv. fueillet xxvi.

Comme Palladien s'en alla auec la Damoyselle d'Orbiconte : & Mantilée, Durandel & Orliman prindrent le chemin d'Angleterre ou ilz furent separez l'vn de l'autre par vne estrange auanture. chapitre xvi. fueillet xxvii.

Comme le prince Mantilée secourut deux Cheualiers contre lesquelz six autres combatoient : qu'elle fut la fin de leur meslée, qui estoient les deux Cheualiers & l'ocasion pourquoy les six se ruerent sur eux. chap. xvii. fueil. xxix.

Comme les Princes Mantilée, Landaslanis, & Simprinel, arriuerent à Londres, du bon recueil que leur fit le Roy, la Royne, & specialement les infantes Mercilane & Florée : aussi comme ilz les furent voir la nuit auec grand contentement des deux costez. chapitre xviii. fueillet xxx.

Comme le prince Palladien fut conduit au royaume de Dace par la Damoyselle d'Orbiconte qui luy auoit aporté l'escu, & comme il recourut vn Cheualier que six autres menoient en prison. chapitre xix. fueillet xxxiii.

Comme Palladien estant guery de ses playes, & tirant vers Aquilée, fut auerty de la grand' beauté de Brisalde duchesse de Bulgarie, pour l'amour de laquelle Dardalon le superbe maintenoit ioustes à outrance, & du cruel combat que Palladien & luy eurent ensemble. chap. xx. fueillet xxxv.

Comme la duchesse Brisalde alla voir le prince Palladien, du bon recueil qu'elle luy fit, & des propoz qu'ilz eurent ensemble : aussi comme il vainquit le Geant Brandidol cousin de Dardalon le superbe. chap. xxi. fueil. xxxvii.

Comme le prince Palladien & la duchesse Brisalde, s'affectionnerent tellement de l'amour l'vn de l'autre qu'ilz acomplirēt ensemble leur desir par plusieurs iours chapitre xxii. fueillet xxxix.

D'vne auenture qui auint en la cité de Varne, & de la fin d'icelle par laquelle le prince Palladien delibera s'absenter de la belle duchesse Brisalde. chapitre xxiii. fueillet xli.

Comme Palladien auertit la duchesse Brisalde de son partement, & du deuil qu'elle en fit. chapitre xxiiii. fueillet xliii.

Comme Palladien (ayant pris congé de la belle Brisalde) partit de Varne pour s'acheminer au royaume de Norgalles, & du combat dangereux qu'il eut contre Simprinel, lequel il recogneut estant prest de luy trancher la teste. chapitre xxv. fueillet xlv.

Comme

LA TABLE.

Comme Palladien s'acheminant au royaume de Norgalles, fut auerty que le Prince Cesar de Rome maintenoit vnes ioustes dedans Paris, pour l'amytié de la belle Cesarienne fille du Roy de France : Et d'vne auenture qu'il trouua entrant en Norgalles.   chapitre xxvi.   fueil. xlvi.

Comme Simprinel estant guery de ses playes retourna à Varne, ou il vainquit Alsian & gaigna le portrait de la duchesse Brisalde.   chap. xxvii.   fu. xlix

Comme le prince Palladien allant en France, rencontra le duc de Galles, des propoz qu'ilz eurent ensemble, & de la mort de deux Cheualiers qu'il trouua dans vn boys.   chapitre. xxviii.   fueillet liii.

Comme Palladien & Durcande rencontrerent Durnelse qui auoit tué les deux Cheualiers, & de ce qui auint.   chap. xxix.   fueil. liii.

Comme Palladien arriua en France, & des auentures qu'il y trouua ausquelles il donna heureuse fin.   chapitre xxx.   fueillet liiii.

Comme Palladien entra dans le chasteau de Brulãfurior par l'industrie & subtilité du berger Liboran, du dangereux combat qu'il eut contre Frucidant le fort & les gardes de leans : & comme il deliura de prison Loys prince de France, auec quelques autres Cheualiers.   chapitre xxxi.   fueil. lvi.

Comme les Princes Loys & Palladien vindrent à Paris, & des grandz faitz d'armes du prince Cesarien aux ioustes qu'il maintenoit pour l'amour de la belle Rosemonde.   chapitre xxxii.   fueil. lix.

Du cruel & dangereux combat qu'eut le prince Palladien contre le Cheualier de la Renommée qui auoit vaincu le prince Cæsarien.
  chapitre xxxiii.   fueillet lxi.

Comme les princes Robert de Phrise, & Lidisée de Hongrie, estans gueris de leurs playes, partirent de Paris : & d'vne lettre que la sage Orbiconte enuoya au prince Palladien, estant fort passionné de l'amour de la belle Rosemonde de France.   chapitre xxxiiii.   fueil. lxii.

D'vn Prince payen qui apporta en la court du Roy de France le pourtrait de l'infante Aquilée, du combat qu'il eut contre Palladien lequel ayant gaigné le pourtrait s'en partit de la court.   chap. xxxv.   fueil. lxiiii.

Comme Palladien s'acheminant de Paris à Milan, eut vn dangereux combat contre vn Cheualier lequel il eust mis à mort sans vne Damoyselle qui le donna à cognoistre.   chapitre xxxvi.   fueil. lxvi.

Comme s'estant embarqué Palladien, pour tirer au royaume d'Aquilée, courut fortune sur mer ou il eut vn dangereux combat contre le corsaire Dormidon qu'il vainquit auec ses gens.   chapitre xxxvii.   fueil. lxviii.

Des visions estranges & espouentables qui se presenterent à la veuë du Cheualier sans Repos en l'isle du feu, & comme il s'en retourna fort marry de n'auoir peu mettre fin aux enchantemens qui y estoient.   cha. xxxviii.   fueil. lx.

Du peril ou le Cheualier sans Repos & les siens se trouuerent au royaume d'Aquilée, & comme ilz en furent deliurez par le Cheualier Broantin.
  chapitre xxxix.   fueillet lxxi.

Comme le Cheualier sans Repos fut receu honorablement du gouuerneur d'Enna, ville

LA TABLE.

na, ville du royaume d'Aquilée, & d'vne anenture qui y suruint sur la fin du disner, à laquelle Broantin & Liboran le bien auisé donnerent heureuse fin en la presence du Cheualier sans Repos. chap. xl. fueil. lxxiiii.

Comme le Cheualier sans Repos fut conduit par Broantin au palays de la sage Orbiconte: & du bon recueil qu'elle luy fit. chapitre xli. fueil. lxxii.

Comme la sage Orbiconte enchanta si bien le Cheualier sans Repos, quelle fit coucher ses filles auec luy, & de ce qui en auint. chap. xlii. fueil. lxxix.

De la cruelle bataille qui fut entre les Roys d'Aquilée & Pannonie, ou le Cheualier sans Repos & Liboran se trouuerent, & des merueilleux faitz d'armes qu'ilz y executerent. chapitre xliii. fueillet lxxxi.

Du bon recueil que firent les princes Aquiliens & autres grands Seigneurs au Cheualier sans Repos & à Liboran, apres la bataille, de la recompense faite par les Princes aux Capitaines & Soldatz, & de la grand ioye que receurent, le Roy, la Royne & l'infante Aquilée sachans la deffaite des ennemys.
Chapitre xliiii. fueillet lxxxviii.

De l'arriuée des princes Aquileiens du Cheualier sans Repos & autres en la cité d'Aquilée: & du bon recueil qui leur fut fait tant, du Roy, la Royne, de l'infante que des Citoyens. chapitre xlv. fueillet lxxxv.

Comme Sulberne, surnommé le braue, cousin du geant Musimalde, enuoya requerir saufconduit au Roy d'Aquilée, pour demander le combat contre le Cheualier sans Repos, qui luy fut octroyé, & de la fin d'iceluy.
Chapitre xlvi. fueil. lxxxvij.

Comme l'infante Aquilée alloit souuent visiter le Cheualier sans Repos, & des propoz qu'ilz eurent ensemble. Et de l'arriuée de la sage Orbiconte en court qui donna entiere guerison aux playes du Cheualier. chap. xlvii. fueil. xc.

Comme la sage Orbiconte donna à cognoistre à l'infante Aquilée le Cheualier sans Repos, & comme par son moyen ilz acomplirent leur amoureux desir souz promesse de mariage. chapitre xlviii. fueil. xcij.

Comme le prince dom Robert de Phrise, surnommé le Cheualier de la Renommée (ayant prins congé du bon roy Milanor d'Angleterre, & de Lidisée de Hongrie) trouua vn Cheualier nauré à mort, & de ce qui en auint.
chapitre xlix. fueil. xcv.

Comme le Cheualier de la Renommée fit inhumer le Cheualier mort, puis passa en Portugal, ou il presenta le combat à celuy qui l'auoit meschamment mis à mort qui luy fut acordé par le Roy. chapitre l. fueil. xcviij.

Du combat qu'eut le Cheualier de la Renommée contre dom Galitrée de Castille, & qu'elle en fut l'yssuë. chapitre li. fueil. c.

Des auentures qui auindrent au prince Mantilée de Milan, apres que Palladien se fut separé & eut prins congé de luy, de Landastanis & Simprinel, lequel par fortune il trouua en Escosse fort blessé. chap. lii. fuei. cii.

Comme Mantilée combatit le Cheualier qui auoit blessé Simprinel, & estans tous deux reduitz en fort grand danger de leurs vies, recogneurent l'vn l'autre & se trouuerent parens & amys. chapitre liij. fueil. ciiii.

Comme

LA TABLE.

Comme le grand Seigneur enuoya ses Ambassadeurs au Roy d'Aquilée, luy demander sa fille l'infante Aquilée en mariage : & du deul qu'elle & le Cheualier sans Repos en firent, lors que le Roy son pere luy eut acordée.
Chapitre liiii. fueillet cvi.

Comme le Cheualier sans Repos print congé du Roy d'Aquilée, & des Seigneurs & Dames de la court, puis de l'Infante aussi : des presens qui luy furent faitz. chapitre lv. fueillet cix.

Comme le Cheualier sans Repos & le prince Zorian, partirent d'Aquilée pour tirer en Angleterre, des auentures qu'ilz trouuerent en chemin, & comme le Cheualier sans Repos se donna à cognoistre au prince Zorian.
chapitre lvi. fueillet cx.

De ce qui auint aux princes Palladien & Zorian passans le pays de Brabant, & comme ilz arriuerent en Angleterre & donnerent secours à Mantilée, lequel ilz trouuerent combatans dans vn chasteau en fort grand danger de sa personne, & quelle en fut la fin. chapitre lvii. fueillet cxii.

Du bon traitement que la Dame du chasteau fit aux Princes, & comme elle declara à Palladien qui estoit le Damoysel pour l'amour, & à la priere duquel ilz auoient cessé le combat. chapitre lviii. fueil. cxv.

Comme les Princes, ayans prins congé de la Dame du chasteau, arriuerent à Londres ou estoit le Roy, du bon recueil qui leur fut fait d'vn chacun, & comme le prince Zorian fut baptisé. chapi. lix. fueil. cxvii.

Comme l'infante Aquilée fut mise entre les mains des Ambassadeurs du grand Seigneur, des regretz & lamentations qu'elle fit, & comme la sage Orbiconte besongna si bien que les deux nefz, ou elle l'Infante & leurs gens estoient vindrent surgir en Sicile, & celles des Turcs escartée : puis les remonstrances quelle fit aux pilotes qui faisoient difficulté de prendre la route d'Angleterre.
chapitre lx. fueillet cxix.

Du grand danger ou l'infante Aquilée & la sage Orbiconte se trouuerent, nauigans en Angleterre, & comme & par quel moyen elles furent secourues.
chapitre lxi. fueillet cxxii.

Comme l'infante Aquilée, Orbicõte & leurs gens arriuerent en Angleterre, & du bon recueil qu'il leur fut fait du Roy & de tous ses Princes, principalement de Palladien qui luy descouurit ce qui s'estoit passé en Aquilée entre l'Infante & luy, ce que le Roy & la Royne eurent agreable. chap. lxii. fueil. cxxiiii.

Comme l'infante Aquilée fut en grande pompe & solemnité baptisée auec toutes ses Damoyselles & des marioges de plusieurs grandz Seigneurs & Dames.
chapitre lxiii. fueillet cxxvii.

Quelle fin eut l'auenture des ymages de la déesse Cytherée & de son Cupidon, & du Tournoy fait apres l'espreuue d'icelle, pour la solemnité des noces de Palladien & d'Aquilée. chapi. lxiiii. fueil. cxxix.

Qui estoit le nouueau Cheualier au Phenix, & de la lettre que receut le prince Palladien de ses premieres amours.
chapitre lxv. fueillet cxxx.

La response

LA TABLE.

La responſe de Palladien à la Ducheſſe Briſalde, comme Cæſarin s'en retourna vers Ceſarine, Landaſtanis & Mantilée en leur païs, auec la natiuité de Florent Prince d'Angleterre filz de Palladien & d'Aquilée.
Chapitre lxvi.   fueillet cxxxiii.

Cy fine la Table des matieres contenuës en ce preſent liure nouuellement imprimé à Paris.

Fueil. I.

L'histoire Palladienne, traitant

DES GESTES ET GENEREVX FAITZ D'AR-
MES ET D'AMOVRS DE PLVSIEVRS GRANDZ PRIN-
ces & seigneurs, specialement de Palladien filz du roy Milanor
d'Angleterre, & de la belle Selerine sœur du Roy de Portugal: nouuellement mise en nostre vulgaire Françoys.

De la naissance du prince Palla-

dien, & de l'auanture estrange qui auint le iour de sa natiuité en
la cité de Londres, deuant le palais du roy Milanor.

Chapitre   Premier.

V temps que le puissant & spacieux Empire de Grece,
& de l'Asie tresfertile estoit souz le pouuoir du grand
Turc, & que sur l'Empire Romain commandoit le sage empereur Iustinian, dominateur des hautes & basses Alemaignes, regnoit en la grand' Bretaigne (que
nous disons à present Angleterre) vn prince nommé
Milanor, lequel des son enfance fut si bien nourry & instruit es lettres hu-
maines & sciences liberales qu'il fut estimé vn parangon entre les doctes

A   auant

L'HISTOIRE

auant qu'attaindre l'an dixhuytiesme de son aage. Y estant paruenu, ses gouuerneurs pour le rendre perfet en toutes choses requises à vn grand seigneur, le firent exercer à manier & piquer cheuaulx, rompre lances, voltiger, escrimer, & soy ayder dextrement de toutes sortes d'armes : en quoy il fut en peu de temps si excellent que tous les Princes, Seigneurs, & sugetz de son royaume n'en estoient pas moins ayses qu'esbahis, s'estimás heureux d'estre souz la puissance & gouuernement d'vn tel Roy, & non seulement eux, mais aussi plusieurs autres nations, & Princes estrangers: & principalement les roys d'Escoce & Norgales ses voysins, lesquelz ayás entendu la grand' bonté, prouësse, magnanimité, & aultres vertuz louables de ce Roy cy, delibererent de se faire amys de luy & des siens, quoy qu'il leur deust couster estimans bien qu'estans confederez & alliez auec luy qu'autre Roy ou Prince, tel qu'il fust, ne leur oseroit mener guerre. Et pour ce enuoyerent leurs embassades luy promettre & iurer paix, amitié & concorde inuiolable auecq' obeïssance & recognoissance comme leur superieur, à quoy ilz furent receuz humainement auec grand triumphe & contentemét, chose qui leur seruit bien depuis comme nous pourrons veoir quelque foys par le discours de nostre hystoire.

Or estant auerty le roy de Portugal des grandes vertuz & pouuoir de roy Milanor, & que tant de Roys & Princes cherchoyent son alliance & amitié, il besongna si bien par ambassades enuers luy & ses gouuerneurs qu'il luy fit espouser sa sœur nommée Selerine, belle en perfection, ieune & gracieuse entre toutes les princesses de son temps : si ne fut gueres ceste Portugaloyse auec le Roy son mary qu'elle conceust vn beau filz à la naissance duquel auint vn cas esmerueillable & tel que vous orrez. Estant la royne en trauail se vint leuer vne nuée sur la cité de Londres, fort obscure & espesse, ensemble vne infinité d'esclairs, tonnerres & fouldres auec tel tremblement de terre que tous ceux de la ville pensoient estre totalement ruinez & que la fin du monde fust venuë : & dura ceste espouentable tempeste bien l'espace de deux heures & iusques à ce que la Royne fust deliurée de sa portée que la nuée cómença à s'escarter, & le temps à se serener & rendre clair & beau. Tout cest orage passé, le monde qui de peur & grande frayeur s'estoit mussé la pluspart au fond des caues pour ne voir & ouyr les esclatz du tonnerre peu à peu, tout craintif, commença à se monstrer : mais aussi tost que ceux qui estoient demourans pres le palais du Roy vindrent à ouurir leurs fenestres, descouurirent au mylieu de la grand' place troys statues de bronze haulte d'enuiron huit piedz, & ioignant chascune d'icelles vne collonne de marbre noir, sur l'vne desquelles estoit posé vn escu de fin acier bien poly & luysant graué tout à l'entour & enrichi de plusieurs pierres precieuses fait par tel artifice & tellement trempé qu'il estoit impossible à coup d'arquebuze ny aultre baston (tant fust il bien aceré & offensible) qui le peult faucer ny corrompre, & au dessous de l'escu sur le mesme perron estoient grauez ces vers en lettres en lettres Ionicques que la statue monstroit auecq' le doyt indice de la main droite.

>*Pallas la sage déesse,*
>*Qui ainsi m'a façonné,*
>*Veult qu'vn iour ie sois donné*
>*Au nompareil en prouësse.*

La seconde statue monstroit sur la collonne qui estoit aupres d'elle, le dieu Cupidon d'enuiron deux piedz de hauteur fait d'vne pierre de Strin tenant son arc & ses flesches dorées en son poing, dessouz les piedz duquel estoyent insculpées ces lignes en lettres latines.

>*Nul, tant soit-il cruel ou doulx,*
>*Ne me peult oster de ce lieu,*
>*S'il n'est loyal par dessus tous*
>*Car ie suis des amans le dieu.*

La troisiesme statue, faite à la semblance d'vne belle & puissante femme, monstroit sur la collonne d'aupres d'elle l'ymage de la déesse Venus d'albastre blanc ayant sur sa teste vne coróne d'or enrichie tout à l'entour de plusieurs rubis, diamans, esmeraudes & autres pierres precieuses de grande valeur: ceste ymage de Venus tenoit son brandon en la main gauche & de l'autre monstroit sa coronne: au reste elle auoit souz ses piedz vne table d'attente en laquelle estoyent fort bien imprimez ces deux vers françoys.

>*Ceste coronne est ordonnée à celle*
>*Qui en beaulté toutes autres excelle.*

Les deux premieres statues: representans deux forts & puissans hommes sauuages portoyent chascune vn grand cymeterre pendu en escharpe & tellement estoyent charmées que quiconques s'ingeroit de saysir l'escu ou le Cupidon, il estoit incontinent assailly de l'vne des deux, & ne le laissoyent point qu'il ne demourast vaincu : plusieurs Cheualiers tant Anglois qu'autres s'y auanturerent depuis, mais elles demourerent tousiours victorieuses, iusques à ce que vint le Cheualier pour qui estoit destinée l'auanture qui les vaincquit comme nous dirons quelque foys cy apres. Semblablement quant à l'ymage de Venus, les dames qui se hazardoyét de luy oster la coronne se trouuoyent si rudement repoussées par la statue qui estoit aupres que celles qui y auoient esté vne foys se gardoient bien d'y retourner l'autre : & ainsi se maintint iusques au temps qu'arriua la Damoyselle qui surpassoit toutes les autres en beauté à laquelle la

A ii   coronne

coronne estoit vouée.

Apres que tant de peuple eut long temps regardé & consideré ceste auanture tant estrange, & non sans grand esbahissement, les principaux voyans les portes du palais encores fermées, s'y en allerent hurter & auertirent le Roy de la merueille auenuë, qui n'en fut pas moins esbahy que les autres, ny la Royne aussi qui auoit eu si grande frayeur oyant les esclatz & coups du tonnerre espouentable que celà luy auança son fruit & acoucha plustost de demye heure qu'elle n'eust fait, toutesfoys l'enfant vint au monde sans luy donner grand' douleur & si bien fait & formé qu'il est impossible de mieux, ayant plus des traitz du pere que de la mere, dont elle se resiouïssoit grandement en son cueur, pensant que cest enfant seroit vn gage d'vne amitié inuiolable entre le Roy & elle qui eust bien voulu estre debout pour aller voir ce nouueau spectacle. Or ne voulant le Roy croyre si de leger à ce populaire, se transporta luy mesmes en personne sur le lieu, auec tous les Princes & grandz seigneurs de sa court, & si tost qu'il eust cogneu la verité du faict, enuoya chercher de tous costez les plus sçauans Philosophes de son Royaume lesquelz ayant sceu l'auanture, asseurerent le Roy qu'à l'heure que celà estoit auenu deuoit naistre vn enfant qui excederoit en bonté, prouësse, & loyauté, tous les Cheualiers de la terre: pour la renommée duquel, vn sage Nigromancien auoit ordonné en ce poinct l'auanture, à fin que lon cogneust à l'œil sa vertu & magnanimité par dessus tous ceux qui se viendroient esprouuer & hazarder à leuer l'escu de sa place & le Cupidon semblablement. Et ne pensons point, Sire, dirent les sages, que cecy soit reserué à aultre qu'à vostre filz nouueau né puis qu'au poinct de sa naissance il est auenu, ou pour le moins à vn qui viendra de luy: car nous auons ia de long temps preueu qu'il doit estre si vaillant & renómé au fait des armes & en loyauté qu'il ne trouuera homme qui le seconde. Et quant à l'ymage de Venus qui porte la riche coronne sçachez aussi, sire, qu'elle n'est reseruée à aultre qu'à vne petite fille que deuez auoir, laquelle excedera en beau- & bonne grace toutes celles de son temps: & s'il vous plaist voir par experience que ce que nous disons est vray, il ne vous fault que faire venir de toutes pars les plus belles Damoyselles qui se pourront trouuer & leur permettre de leuer la coronne de dessus la teste de l'ymage, & si vous eustes oncques du passetemps croyez que vous en receürez alors: car la statue de bronze que vous voyez les repoussera de telle sorte qu'elles se repentiront de leur hardiesse: le Roy ioyeux le possible de si bonnes nouuelles: Foy de Prince, dist il, i'en feray faire l'espreuue auant peu de iours, & veux que les plus belles filles de ceste ville soient les premieres, & si elles n'en viennent à bouti'en feray auertir celles des aultres villes de mon royaume, voyre les Escossoyses & Norgaloyses qui ont le bruit entre plusieurs nations d'estre fort belles. Or allons ce pendant, dist il, en auertir la Royne, qui sera, comme ie croy, fort ioyeuse que

ceste

ceste merueille soit reseruée pour son petit filz : Et comme il vouloit partir de là, getta sa veuë sur les escriteaux, que nous auons dit cy dessus, lesquelz il n'auoit encores fait lire, & les ayant entenduz tous troys : vrayment, dist il, ie veux pour l'amour de Pallas qui a forgé ce bel escu, que mon filz soit nommé sur les fons Palladien : ce qui fut fait comme nous dirons cy apres.

Comme le roy Milanor raconta à

la Royne la merueille des trois statues, & des Tournoys & triumphes faitz au baptesme de son filz qui fut nommé Palladien.

Chapitre II.

E Roy ayant bien veu & consideré ceste chose tant estrange, & entendu la fin d'icelle, il s'en retourna tout ioyeux au palais vers la Royne à laquelle il en fit le cõte bien au long & tout ce que luy en auoient dit les sages, dont elle fut tant ayse que rien plus. Au reste, dist il, ma Dame, il nous fault auiser du batesme de nostre filz quelz parrains vous plaist il que nous ayons. Sire, respondit la Royne, ie remetz tout celà à vostre bonne discretion & auis. Puis qu'ainsi est, dist il, i'en-

A iij

il, j'enuoyray prier noz voysins les Roys d'Escoce & Norgalles. Lors sur le champ furent depeschez ambassades qui executerent en peu de iours leur charge, & si bien y fut donné ordre que trois sepmaines apres, toutes choses requises au batesme d'vn grand prince furent prestes. Les deux parrains arriuez en equipage riche & triumphant, furent receuz honorablement, tant du Roy, de toute sa court, que des citoyens de Londres, auecq' la marraine qui estoit femme d'vn des plus grandz Princes d'Angleterre, & ayans ces deux Roys salüé la Royne acouchée & les Dames, le roy Milanor les mena voir l'estrange auanture auenuë à la naissance de son filz dont ilz s'esmerueillerent fort: de là remonterent au palais ou les tables estoyent dressées & le festin preparé auecq' grand' magnificence: & y furent seruis ces deux Roys auec tous les grandz Seigneurs, Princes, & Dames d'Angleterre, excepté la Royne qui gardoit encores la chambre. Le souper paracheué, ne fut question que de dancer & se resiouïr, iusques à ce que le roy Milanor se retira, apres qu'il eut mené luy mesmes les deux Roys ses comperes iusques en leurs chambres tendües de riche tapisserie, ou ilz reposerét à leur ayse. Le lendemain fut l'enfant en grand' pompe porté en la grande Eglise ou il fut batisé & nommé par les parrains, à la priere du Roy, Palladien, puis reporté au palais à la mere en mesme triumphe: là fut le festin tant sumptueux que tout le monde en estoit esbahy, les tables haulsées, commença le bal & dãses en toutes manieres, mommeries, ieux, & mile sortes d'esbatemens à l'honneur des Dames, pendant que les Princes & seigneurs qui se vouloyent monstrer au Tournoy, s'equipoient, esperans tous de gaigner le pris ordonné au mieux faisant qui estoit vne bague d'or propre à pendre au col, en laquelle y auoit vne riche esmeraude enchassée au mylieu de trois dyamans vallans cinq cens ducatz. Or vous deuez entendre qu'vn chascun fit tresbien son deuoir à la iouste qui dura huit iours, mais sur tous le roy d'Escoce, ieune Prince en l'aage de vingtsix ans, fut estimé par les iuges auoir le mieux fait, par ce emporta-il le pris: Et si dedans le palays toute la noblesse se resiouïssoit, croyez que les Citoyens n'en faisoiét pas moins de leur costé, vous les eussiez veuz en grandes assemblées par les places & carrefours de la ville, dansans au tour des feuz de ioye, & les tables chargées de viandes au commandement de tous les passans: car le Roy estoit tant aymé de ses sugetz qu'ilz n'espargnoyent rien pour luy faire honneur. Ce seroit chose trop longue de vous reciter par le menu les Theatres qui furent faitz en plusieurs endroitz de la ville, les comedies & aultres manieres de ieux representez à l'antique durant quinze iours entiers que dura la feste, il me suffira de vous dire que le roy Milanor, voyant vn soir les roys d'Escoce & de Norgalles, tenir propos ensemble d'eux retirer en leur païs, voulut qu'ilz eussent le passetemps de voir esprouuer, auant leur partement, l'auanture des troys statuës: & pource fit publier à son de trompe en sa court & par tous les carrefours de la ville de Londres, que tous Cheualiers &

Gentilz-

Gentilz-hommes euſſent à ſe trouuer le lendemain enuiron le mydy deuant le palais pour eſprouuer l'auãture du riche eſcu, & du dieu Cupidon & que s'il s'y en trouuoit aucun qui les peuſt oſter de leur place, qu'il les luy donnoit de bon cueur: Et le ſemblable fit publier de l'ymage de Venus à la riche coronne qui eſtoit vouée & promiſe à celle qui ſeroit la plus acomplie en beaulté, dont pluſieurs Damoyſelles tant de la court que des Citadines, commencerent à ſe reſiouïr, penſant bien chaſcune à par ſoy emporter la coronne comme la plus belle: parquoy delibererent toutes de s'y trouuer au iour & heure aſsignéz, & dieu ſcet, ſi ce pendant leurs eſpritz furent empeſchez à trouuer moyens d'augmenter leur beaulté naturelle par quelque artifice, fuſt d'habitz, d'onguentz, eaux artificielles, perfums & autres choſes à ce propices, & dont pluſieurs Damoyſelles, qui ont quelque imperfection de nature, ſçauent au iourd'huy bien vſer.

Venu le lendemain que l'auanture ſe deuoit eſprouuer, le roy Milanor auecq' les roys d'Eſcoce & Norgalles & toutes les Dames, ſe tranſporterent en la grand' place ou eſtoit l'auanture: & là ſur vn large eſchaffault fort bien couuert & tapiſſé prindrent place pour voir & cognoiſtre les plus vaillans Cheualiers qui s'auantureroyent de prendre l'eſcu. Or ne ne furent ilz pluſtoſt là arriuez que douze gentilz-hommes Angloys eſtimez les plus vaillans & magnanimes du païs ſe preſenterẽt bien armez pour s'eſprouuer: mais ilz ne voulurent cõmencer, penſans que leur roy Milanor ou bien les deux Roys parrains vouluſſent eſtre les premiers & en auoir l'honneur. Ce que voyant le Roy (& ſçachant bien que celà ne luy eſtoit voué ny à eulx auſsi) leur diſt en ſe ſouzriant. Commencez, commencez hardiment, quant à moy ie me veux garder pour la fin & meſsieurs mes comperes auſsi: Incontinent que le Roy eut dit ces parolles: celluy d'entre eux qui s'eſtimoit le plus vaillant, s'auança pour monter quatre degrez qui eſtoient au baze d'vne chaſcune collonne à fin de pouuoir attaindre à ce qui eſtoit deſſus, mais il n'eut pas pluſtoſt le pied ſur la premiere marche que la ſtatue de bronze qui eſtoit auprès, deſgaina ſon cymeterre, & commença à chamailler fort rudement ſur le Cheualier qui mit incontinent la main à l'eſpée & ſe deffendit vaillamment bien bõne eſpace, & tant que, ne pouuant plus ſouſtenir ſes peſans coups, ſe retira arriere ſi las & meurdry qu'à peine ſe pouuoit il ſouſtenir, dont le Roy & toute ſa compagnie, & tout le peuple auſsi (qui eſtoit là accouru pour voir la merueille) ne furent pas moins ioyeux qu'eſbahys. Pendant qu'vn chacun en deuiſoit diuerſement, ſe preſenta vn autre Cheualier lequel ayant l'eſpée au poing ne s'entremit d'aller prendre l'eſcu predeſtiné, ains d'vne grande fureur & animoſité vint aſſaillir la ſtatue qui gardoit l'eſcu, eſtimant bien l'auoir plus à ſon ayſe & l'emporter à ſon plaiſir, qu'autrement, mais il y fit auſsi mal ſes beſongnes que le premier. Vint le tiers, qui fut auſsi doucemẽt careſſé que les deux, le quart, le quint & le ſixieſme ſemblablement iuſques au ſeptieſme qui tint bon plus long

L'HISTOIRE

temps que tous les precedens & maugré la statue monta iusques sur la troysiesme marche pres d'empoigner le riche escu, qui donna vne grande crainte au Roy qu'il ne l'emportast, mais ainsi qu'il haulsoit le bras gauche pour le prendre (se deffendant tousiours du droit) la statue le tira si rudement par l'vne des iambes qu'il fit culbuter le pauure Cheualier du hault en bas : & se trouua si estourdy qu'il demoura long temps en la place sans se pouuoir releuer. Lors le Roy, l'ayant fait oster de là dist, ie voy bien qu'à ces sept n'est predestiné l'escu, il fault voir que feront les autres cinq. A l'instant se presenta vn ieune Cheualier fort brusq' & deliberé, lequel ayant en son bras gauche vne targe Romanesque (de laquelle il se pouuoit quasi entierement couurir quand bon luy sembloit) & en la main droite vne courte espée d'armes, se print à courir d'vne grande roydeur droit à la colonne sur laquelle estoit posé le riche escu & monta iusques au dernier degré, mais il en descendit plustost qu'il ne pensoit: car la statue luy rua tel coup aux iarretz qu'il les luy fit plier, & par mesme moyen tumber par terre tout de son long. Ha mon gentilhomme, dist lors le Roy en se riant, vous y deuiez aller vn peu plus modestement, non pas y courir ainsi à l'estourdy, entendistes vous iamais le dire du Philosophe? *Haste toy lentement*, ie croy que non : or bien, bien, que lon le lieue & face penser s'il est blessé, & qu'il laisse faire sa vengeance à ses compagnons qui viendront apres luy. Estant tiré hors de là, vint le neufiesme, lequel, pensant auoir auantage sur la statue, qui n'auoit autres armes que son cymeterre, print vne Corcesque en son poing, de laquelle il commença d'assez loing à s'en escrimer, & s'aprocha si pres de la colonne qu'il pouuoit toucher le riche escu auec sa Corcesque, ce qu'il tascha faire par plusieursfois, pour le ruer par terre, mais sentant qu'il estoit trop fermement attaché, se voulut ingerer de monter sur les marches pour l'esbranler. Lors la statue, qui n'auoit encores fait semblant de rien deffendre, luy deschargea vn si pesant coup sur l'armet qu'il luy fit estinceler les yeux en la teste, & voulant redoubler, le gentil-homme mist sa Corcesque au deuant qui fut brisée en quatre ou cinq pieces, & luy culbuté par terre comme les aultres. Vrayement, dist lors le Roy, vous estes excusé & hors du combat maintenant puis que vostre baston est rompu. Sur ces entrefaites arriua la Royne laquelle s'y fit aporter en vne chaire, ayant entendu par vn de ses gentilz-hommes le plaisir que donnoient les Cheualiers à tout le monde, voulans gaigner l'escu predestiné au plus renommé & excellent en prouësse, & si tost qu'elle fut posée sur l'eschafault entre les Roys d'Escosse & Norgalles ses comperes, se mist en place le dixiesme Cheualier, hault & puissant lequel sembloit à son port & à sa contenance estre fort hardy & auantureux: cestuy cy, ayant la dague en vne main & l'espée en l'autre, s'aprocha de la collonne ou posoit le riche escu, & voulant monter sur les marches pour le prendre la, statue se mist au deuant de luy & le repoussa deux grandz pas en arriere : dequoy le Cheualier despité

le posile possible s'en vint la teste baissée à l'encontre de la statue, qui le rengea si bien en peu de temps, que de trois iours de là il n'eut talent d'y retourner. Comment, dist lors la Royne, tous les autres ont ilz esté aussi doucement traitez comment cestuy cy ? Ma dame, respondit le roy de Norgalles, encores mieux, bien est vray qu'il y en a eu troys ou quatre (de dix qui s'y sont esprouuez) lesquelz se sont maintenuz plus longuement au combat & monté iusques au dernier degré. Sur ma foy, dist elle, voyci vne chose autant estrange dont i'ouy iamais parler, mais ie desireroys fort que les gentilz-hommes esprouuassent aussi bien l'auanture de la seconde collonne, sur laquelle est le dieu d'Amour qui ne se peult gaigner (à ce que i'ay entendu) que par le plus loyal Cheualier de la terre, par ce moyen nous cognoistrons ceux qui ont le plus merite enuers leurs Dames pour leur loyauté. Le Roy entendāt ce que disoit la Royne luy respondit: Vrayment m'amye, i'en suis bien content, & veux qu'il soit fait aussi tost que ces deux que vous voyez se feront esprouuez encores à l'escu, ce disant l'vnziesme, auec l'espée & le bouclier, se vint ioindre à la statue & commença à ruer dessus si viuement & dru qu'il sembloit à vn chascun qu'il demoureroit vaincueur: mais la chance tourna bien tost: car comme il pensoit monter les degrez du pied de la collonne, il se trouua tellement chargé que force luy fut mettre vn genou en terre & ne faire autre chose que parer aux coups, si qu'en fin, il demoura vaincu & couché tout de son long en la place. Le dernier, deliberāt venger ses compagnons s'en vint comme vn homme furieux droit à la statue, auec la cape & l'espée au poing en intention de la pousser de toute sa force & la terracer, ce qu'il n'auint, mais au contraire la statue le voyant courir à elle de si grande roydeur se destourna dextrement de sorte que le pauure Gentilhomme, ne pouuant arrester sa course, alla donner de la teste si puissamment contre la collonne qu'il recula troys pas & tomba en la place tout estourdy: dequoy chascun se print à rire, & n'eust esté la bonté de son armet il se fust mis la teste en pieces: Foy de Prince, dist le Roy, cestuy cy à esté bien tost vaincu, & sans donner coup ny atteinte à son ennemy: ie voy bien que cest escu demourera là long temps si aultres Cheualiers que de mon Royaume ne l'en ostent, or sus, sus, qu'on ne s'y amuse plus, voyons ceux qui se sentent les plus loyaux en ceste compagnie nous les cognoistrons à l'espreuue du dieu Cupidon, mais ie veux permettre esprouuer l'auanture à tous Cheualiers tant de mon Royaume qu'estrangers : & pource, dist il, à vn de ses Chambellans, faites icy venir presentement vn Herauld qui publie que tous ceux qui voudront esprouuer l'auanture du dieu Cupidon s'y mettent en deuoir : ce qui fut fait tout sur le champ,

Comme

L'HISTOIRE

Comme plusieurs Cheualiers &
gentilzhommes d'Angleterre, Escoce & Norgalles, s'auanturerent à leuer l'ymage du dieu d'Amours, destinée au plus loyal. Et comme tous furent repoussez, & les Damoyselles semblablement à l'auanture de la riche coronne.

Chapitre. III.

Ncontinent que le roy Milanor eut fait crier par vn heraud ce qu'auez entendu sur la fin du chapitre precedent, plusieurs se presenterent tous armez mais le Roy leur commanda de soy desarmer, car, dist il, la loyauté ne s'aquiert par armes puis qu'elle gist au cueur & en la pensée de l'homme. Sire, dist lors la Royne, si vous ne m'auiez asseurée à qui est reserué l'acheuement de ceste auanture, ie vous prieroys de l'esprouuer le premier, doncques ma dame, respondit le Roy se souzriant, auez-vous quelque deffiance de ma loyauté: Vous me pardonnerez, sire, dist la Royne, ie n'ay rien moins en moy que cela, mais au contraire ie m'asseure tant d'icelle que ie la vouldroys estre à vn chascun congneuë, car ce ne redonderoit qu'à mon honneur & au vostre. Disant cela vint vn ieune gentilhomme Angloys qui s'efforça de monter sur les marches qui enuironnoient le pied de la colonne sur laquelle estoit le Cupidon mais haussant le pied droit pour monter la premiere marche, la statue le repoussa si rudement qu'elle le renuersa les piedz en hault dequoy chascun se print à rire: Ha vrayment, dist le Roy, il y a bien peu de loyauté en vous puis que n'auez peu approcher de plus pres la collonne seulement: si vostre maistresse estoit en ceste compagnie, elle auroit bonne occasion de faire vn autre seruiteur. A l'instant en vint vn autre lequel, ayant plusieursfois inuoqué le nom & faueur de sa Dame, monta sans aucun empeschement iusques sur la troisiesme marche, & voulant attaindre sur la quatriesme, la statue le repoussa tout doucement & le fit descendre lequel, cognoissant bien que par force il ne pourroit passer outre, se retira entre ceux qui attendoyent qu'il eust fait son deuoir, en bonne foy, dist la Royne, cestuy cy a beaucoup plus fait que l'autre, & luy est fort tenüe la Dame qu'il ayme: car il fault bien dire qu'il soit loyal puis que la statue l'a laisser monter si hault: or voyons que feront les aultres. Lors se presenta vn Gentilhomme de la court du roy de Nouargue qui ne sceut aprocher de deux grandz pas la collonne, obstant que la statue s'auança pour le repousser dequoy il fut si honteux qu'il ne s'osa mostrer depuis de tout le iour. Ce que voyant le roy de Nouargue qui le cognoissoit luy dist en se mocquant de luy, par dieu, mon gentilhomme, vous ne deuiez prendre la dre la peine de venir ſi loing pour faire ceſte belle vaillantiſe, & qu'auiōs nous à faire, beauſire, de ſçauoir & cognoiſtre le peu de loyauté qui eſt en vous. Couſin, diſt le roy d'Eſcoſſe, il ne luy en doit challoir : car il ſcet bien que ſa maiſtreſſe n'eſt pas en ceſte compagnie. Vous dites vray, mais mais ie vous aſſeure que ſi ie la cognoiſſoys ie ne fauldroys à l'en auertir : Ha i'en voy encor' vn autre des miens qui ſe prepare à l'eſpreuue, il vengera s'il peult la honte de ſon compagnon, ce diſant, le gentilhomme s'aprocha de la collonne & monta iuſques ſur la derniere marche ſans aucun deſtourbier, mais comme il leuoit les bras pour prendre l'ymage du Cupidon, la ſtatue le retira par la ſeinture & le fit deſcendre, à ce que ie voy diſt le Roy de Norgalles chaſcun en approche ſelon le merite & grandeur de ſa loyauté : Tandis qu'il diſoit ces parolles, ſortit d'entre la foule du peuple vn gentilhomme eſtranger & incogneu lequel (ſe voulant haſter pour deuancer vn aultre qui ia eſtoit pres de la ſtatue) tresbucha ſi lourdement qu'il ſe deſnoua l'vn des bras & demoura là long temps demy paſmé ſans ſe pouuoir releuer, qui appreſta bien à rire à tous les aſſiſtans, la pluſpart deſquelz ne ſçauoient d'ou il eſtoit ſorty ſi à l'eſtourdy pour prendre là ſa meſure auec ſi peu d'honneur, & pendant qu'on s'amuſoit à regarder la contenance de ce gentil Cheualier, l'autre s'efforçoit de monter les degrez de la collonne d'ou la ſtatue le repouſſa par deux ou trois fois, & le voyant opiniaſtre, ains qu'il vouloit à toute force remonter, elle le pouſſa ſi rudemét ſur le premier qui eſtoit trebuſché qu'il penſoit auoir les coſtes rompuës. A l'heure meſme en vint vn aultre qui n'en eut pas moins, puis vn aultre, & puis vn autre, tous leſquelz en ſortirent à leur honte & confuſion iuſques à ce qu'il ſe preſenta vn petit Eſcoçoys boſſu & contrefait, qui plaiſantoit ordinairement deuant le Roy, il vous auoit ſans plus cinq ou ſix poilz de barbe en l'vn des coſtez du menton, le nez tordz & deux dans deuant, au reſte d'vne couleur baſannée & touſiours morueux & gratelleux par tout le corps : il auoit eſpouſé vne femme de meſmes & auſſi belle & propre que luy, de laquelle il eſtoit tāt ialoux que rien plus : Ce gentil officier cy, voyant tant de gens repouſſez de la ſtatue, faulte de garder loyauté à leurs femmes & amies, penſa en ſoymeſmes qu'il n'auoit iamais rompu ſon mariage, ains touſiours gardé ſa foy & loyauté à ſa femme : parquoy delibera d'aller eſprouuer l'auanture comme les autres, ſe promettans d'en venir à bout, & emporter le Cupidon en Eſcoce. Pour ce ayant demandé au Roy ſon maiſtre & obtenu congé de ce faire, deſcendit de deſſus l'eſchaffault & s'en vint, auec vn petit baſton en ſa main, droit à la collonne du Cupidon & monta iuſques ſur la quatrieſme & plus haulte marche ſans que la ſtatue de bronze fiſt aucun ſigne de ſe remuër, & voulant ce gentil boſſu, embraſſer l'ymage du Cupidon, la ſtatue ſe hauſſa & luy oſta le petit baſton qu'il tenoit dont elle luy en donna quatre ou cinq bons coups ſur les doitz. I'en ſuis, diſt lors le roy d'Eſcoſſe bien ayſe, i'euſſe eſté trop marry qu'vne ſi laide &

chetiue

chetiue creature eust emporté l'honneur de ceste auanture. En bonne foy, Sire, respondit la Royne, ie sçauoys bien que ce n'estoit pas pour luy ny pour homme de ceste compagnie, non pas, ma dame, respondit le roy d'Escoce, veu ce que le Roy m'en a dit & raconté selon l'auis & opinion des sages de son royaume. Toutesfoys, Sire, dist la Royne, vostre petit homme s'est trouué le plus loyal, & gardant foy à sa partie, que Gentilhomme qui se soit esprouué de tout le iour. Certes, ma dame, respond le roy d'Escoce, c'est maugré luy qu'il est loyal car estant si laid & detestable, comment pourroit-il trouuer femme qui voulust de luy. Ie croy à la verité, dist la Royne, que s'en est la principale cause. Le pauure bossu ce pendant descendit les degrez soufflants en ses doitz, & maudissant les statues, ydoles & ymages, & celuy qui les auoit la posées: dont tout le monde se rioit: le roy Milanor le voyant tant colleré, luy dist, mon petit gentilhomme mon amy, vous auez esté batu de vostre baston ne deuiez vous pas considerer que les autres ny en auoient point porté: or à fin que l'honneur vous demoure, ie ne veux plus qu'aucun si auanture nous auons assez eu de passetemps des hommes il fault que les Dames esprouuent à gaigner par leur beauté la riche coronne de Venus, car aussi bien ie voy que le iour se passe. Lors vous eussiez veu Dames, Damoyselles, & filles de toutes pars s'aprocher pour gaigner la coronne: mais par ce que les Dames de la court vouloient aussi bien se mettre à l'espreuue que les Citadines & estrangeres, le Roy fit faire commandement qu'aucune ne s'ingerast de s'y presenter qu'apres les Courtisanes. Adoncq' les Dames & Damoyselles de la Royne qui s'estimoient plus belles, descendirent en la place & commencerent les vnes apres les aultres à se presenter auec vne grande reuerence deuant la statue de bronze puis a monter les marches qui estoient au pied de la collône sur qui estoit posée l'ymage de Venus ayant sur son chef la riche coronne comme dit est: mais les deux premieres qui s'auancerent de monter, furent si rudement repoussées par la statue que sans les autres qui les suyuoient elles fussent tumbées par terre: or ces deux ne se retirerent pas si tost vers la Royne leur maistresse ains attendirent que toutes leurs compaignes se fussent esprouuées, deux desquelles sans plus monterent iusques au dernier degré, les aultres furent honteusement repoussées. Apres celà vindrent les Damoyselles citadines & estrangeres, qui furent repoussées quasi toutes, plus dru que mousches, vray est qu'il y auoit si grand foulle à y monter qu'elles s'empeschoient l'vne l'autre, & quant la statue en poussoit vne elle en faisoit choir trois ou quatre, à quoy le Roy & les Dames de la court prenoient fort grand plaisir, & principalement celles qui auoient esté repoussées, craignans que ces bourgeoyses ne vinssent à fin de ce à quoy elles auoient failly.

Comme

PALLADIENNE. Fueil. VII

Comme apres tous les triumphes

faitz pour la solennité du baptesme du prince Palladien, & les passetemps des troys statues, les roys d'Escoce & Norgales prindrent congé du roy Milanor & de la Royne, & s'en
retournerent en leurs pays.

Chapitre.   IIII.

Yans tous ces Seigneurs & Dames eu le passetemps tel qu'auez entendu à l'espreuue des trois ymages fatales, ilz se retirerent au palais (sonans vn grand nombre de trompettes, clairons & cornetz) & là furent les tables dressées ou chascun s'assist en son lieu acoustumé puis furent seruis plus magnificquement qu'ilz n'auoient encores esté, par ce que les Roys d'Escoce & Norgalles deuoient partir le landemain pour s'en retourner en leurs païs, dequoy estans auertys les Citadins, pour leur faire honneur, & à leur Prince, s'assemblerent en plusieurs bandes, & vindrent apres le souper au palais, en masques acoustrez diuersement d'habitz riches & sumptueux, dont le roy Milanor leur sceut tresbon gré. Apres que les Citadins de Londres eurent bien dansé & mené les Dames, voyci entrer en la salle douze gentilzhommes de la Court, tous armez à blanc, & chascun l'espée d'armes au poing qui se rengerent six d'vn costé & six d'autre, ayant seulemét entre deux pour barriere deux picques que deux des archers du Roy tenoiét: & ainsi com-

B   mencerent

mencerent à chamailler l'vn sur l'autre tant que leurs espées furent rompuës & leurs harnois tous desclouez. Celà fait, ilz se retirerent pour faire place a douze aultres qui combatirent à la picque, à l'espieu, à la hache d'armes, puis à l'espée d'armes en foulle de sorte qu'en peu d'heure la salle fut toute semée de pieces de leurs harnoys de panaches, esclatz de picques haches & espées rompuës, bref, vn chacun cherchoit tous moyens de donner du passetemps au roy Milanor, à la Royne, à ces deux Roys d'Escosse & Norgalles, lesquelz apres tous ces esbatz, prindrent cógé du Roy de la Royne, & des Dames, consequemment des autres grandz Princes & Millortz Angloys auxquelz le Roy commanda de les aller le lendemain conuoyer iusques à vn chasteau de plaisance distāt de Londres d'en uiron troys lieuës, & ou (dist il) leur sera apresté le disner. A tant tous les remercimens faitz les accollades & adieux donnez de costé & d'autre, les deux Roys estrangers se retirent en leurs chambres qui estoient dans le palais, & le roy Milanor en la sienne tresioyeux dequoy tous les triumphes & festins s'estoient bien portez, & encores plus de se voir pere d'vn si bel enfant qu'estoit Palladien, lequel deuoit passer en prouësse & loyauté, tous les Cheualiers de son temps, dont il remercioit & louoit souuent Dieu en son cueur.

Or venu le matin, les roys d'Escoce & Norgalles partirent de Londres acompagnez des plus grandz seigneurs d'Angleterre & des principaux gouuerneurs de la ville qui les conduyrent iusques au lieu de plaisance ou le roy Milanor auoit commandé preparer leur disner, là arriuez ilz trouuerent tout prest, & furent traïtez magnificquement veu que le lieu estoit loing de villes. Les tables leuées, les seigneurs d'Angleterre conuoyerent encor' les deux Roys, vne grāde demye lieuë par delà ou tous prindrent congé d'eux excepté troys des gouuerneurs de Londres qui les conuoyerent iusques hors du Royaume, & qui auoient charge de deffreyer tout leur trein par toutes les villes & lieux ou ilz passoient. Ce pendant, le Roy & la Royne furent auertis que la nourrice du petit prince Palladien estoit malade & se trouuoit fort mal: parquoy il commanda à ses medecins d'en trouuer vne le plustost que lon pourroit qui fust saine, deliberée, & de bonnes complexions: car, dist il, l'enfant retiendra plustost les complexions de sa nourrice que du pere ny de la mere qui l'ont engendré: à ceste cause les medecins en firent venir plusieurs & les visiterent comme estoit lors la coustume, mais entre toutes ilz n'en trouuerent point de mieux temperée ny complexionnée qu'vne ienne Damoyselle femme en secondes noces d'un bon vieil Gentilhomme apellé Romandrin de Gales, à laquelle il fut donné pour l'allaiter & nourrir iusques en l'aage de quatre ans: ce que fit tresuoluntiers la ieune Damoyselle, & si tresbien s'en aquita, qu'on le luy laissa iusques en l'aage de cinq ans pour autant qu'on le voyoit croistre & amender à veuë d'œil. Enuiron ce temps la Royne acoucha de deux filles d'vne portée, l'vne nómée Mercilane belle en tonte

perfection,

perfection, & l'autre Floréc au batefme defquelles fe firent de grandz triumphes, auxquelz ne nous amuferons pour le prefent, ny aux Infantes femblablement: ains les lairrons croiftre & inftruire fouz la mere pour reprendre noftre ieune Prince. Ayant doncq' icelluy cinq ans completz, le Roy le mift entre les mains d'vn homme fort docte & exercé es lãgues grecque & latine qui l'inftruyfit fi bien en icelles que fur fon aage de dix ans il les entendoit & parloit aufsi bien que fon propre maternel Anglois Depuis il fut mis fous la charge d'vn bon vieil Cheualier & d'vn ieune efcuyer prompt & adextre à picquer cheuaux, efcrimer & bien manier toutes fortes d'armes, à quoy le ieune prince prenoit tel plaifir qu'il en fceut en peu de temps ce qu'il eft pofsible d'en apprendre & plus que ceux qui luy môftroient: il n'eftoient toutesfoys fi ardant à telz esbatz ny à la chaffe aufsi, qu'il ne fe fift fouuent lire quelque bon hyftorien Grec ou Latin pour mieux entendre les fubtilitez, cautelles & rufes dont les anciens auoient vfé en guerre: & quelquesfoys que le temps n'eftoit beau ny propre pour prendre le plaifir des champs, il apprenoit la muficque à iouër du luth, de l'efpinette & aultres inftrumens armonieux, defquelz fouuét il fonnoit deuant le Roy & la Royne qui y prenoient fort grand plaifir. Eftant ce ieune Prince ainfi doué de tant de vertuz & ciuilitez honneftes, commença à fentir fon hault & magnanime cueur, tellement que pour efprouuer fes forces dreffoit fouuent des parties auec d'autres ieunes Princes & Gentilzhommes de fon aage, à courir en lice, rompre lances, combatre à la maffe, à l'efpée d'armes & aultres baftons tant à pied qu'a cheual: en quoy il ne trouuoit fon pareil, qui luy donna enuie d'eftre faict Cheualier, à fin d'aller chercher les auantures eftranges, ainfi qu'auoit faict le Roy fon pere la plufpart de fon temps. Or demoura il bien fix ou fept moys en ce vouloir n'en ofant prier ny faire prier le Roy, pour crainte d'eftre refufé à caufe de fon ieune aage, mais les deftinées, qui auoient preucu les haultz & efmerueillables faitz d'armes qu'il deuoit executer, & les enchantemens eftranges auxquelz il deuoit mettre fin) ne le voulurent laiffer longuement oyfif en la court de fon pere, entre les Dames, ains obtemperant à fon bon defir, trouuerent moyen de le faire armer Cheualier par les mains du Roy fon pere, ainfi que nous dirons cy apres.

Comme le duc Temorée de Milan enuoya fon filz Mantilée en Angleterre pour eftre fait Cheualier, auec le prince Palladien, & comme Mantilée s'enamoura de l'infante Mercilane.

Chapitre. V.

L'HISTOIRE

N ce temps le duc de Milan auoit vn filz apellé Mantilée, ieune Prince & de bonne nature, beau, & adroit aux armes le possible, aagé d'enuiron dixhuit ans, lequel ayant ouy plusieursfoys parler des vertuz & generosité du prince Palladien d'Angleterre, & de l'auanture estrange auenuë à sa naissance, à laquelle aucun n'auoit encores donné fin, eut affection de l'aller voir & de cognoistre ce Prince tant renommé: A' ceste cause, voyant vn iour le Duc son pere tout ioyeux & deliberé se proumener par le iardin, s'en alla presenter à luy, & le pria humblement luy vouloir donner congé (pour vn troys ou quatre moys) de s'acheminer en Angleterre à fin d'auoir cognoissance au vertueux & renommé prince Palladien: & au preux & debônaire Roy Milanor son pere auec lequel, dist il, tous Roys, & Princes bien nez & aymans la vertu, desirent auoir alliance: & de ce, fait preuue le roy de Portugal, les roys d'Escoce & Norgalles, & plusieurs autres Princes estrágers: à fin aussi, monsieur, que sous vostre vouloir ie sois armé Cheualier de sa main, s'il luy plaist me faire cest honneur, ce qu'il ne me refusera, comme i'espere, veu l'humanité grande qui est en luy, & le respect & consideration qu'il aura à vostre personne quât il sçaura que ie suis vostre filz. Le Duc l'oyant ainsi parler, fut bien ayse de cognoistre son bon vouloir, & par ce content de luy ottroyer ce qu'il demandoit. Vrayement, luy respondit il, puis que le roy de France & luy sont maintenant en bonne paix ensemble, ie veux bien que vous l'alliez voir, & l'asseurer qu'il a vn amy perpetuel en moy: or bien deliberez vous de partir quant vous vouldrez, ie commanderay tantost de donner ordre à vostre equipage, mais, dist il, en se souzriant, ne retournez pas que vous n'ayez esprouué l'auenture tant renommée qui est deuant son palais des le iour de la naissance de son filz, & si vous y pouuez mettre fin priez hardimét le Roy de vous donner l'accollée: car vous meriterez bien d'estre Cheualier, veu que tât d'autres qui s'y sont esprouuez n'y ont rien fait, Mantilée, ayant humblement remercié le Duc son pere, du congé qu'il luy otroyoit, monsieur, dist il, ie vous prometz bien que i'en feray mon deuoir auant que de retourner par deça, & deusse-ie estre plus rudement repoussé qu'aucun qui s'y soit encores esprouué, depuis que l'auanture a esté là ordonnée. A tant, le Duc appella vn de ses maistre d'hostel auquel il commanda de faire l'estat de son filz pour aller en Angleterre & que tout son equipage fust prest pour partir le troisiesme iour ensuyuant: à quoy n'y eut faulte & partit de Milan le prince Mantilée auec tout son trein, le lendemain de la Pentecouste & fit tant par sa diligence qu'ayât passé par plusieurs belles villes de la France qu'il desiroit voir, il arriua à Boulongne ou il s'embarqua & eut le vent si à souhait qu'en moins de dixhuit heures il fut passé en Angleterre. Le roy Milanor estant auerty de son arriuée, en fut tresioyeux & manda par tous les lieux ou il deuoit passer qu'on le receust & traitast honorablement : & le

sçachant

sçachant aprocher pres de Londres, fit faire commandement aux gouuerneurs de la ville d'aller au deuant de luy iusques à vn grand quart de lieuë de là : & au prince Palladien de l'aller receuoir à la porte de la ville, & quant à luy il l'attendit au Palais auec la Royne & les Dames. Ainsi fut fait que le Roy le comanda, & receu le prince Milannoys auec grand ioye tant des Citadins, que du prince Palladien acōpagné de plusieurs grandz seigneurs d'Angleterre, à tous lesquelz ayant Mantilée fait la reuerence auec telle modestie qu'il sçauoit bien faire, se retira à costé du prince Palladien auquel il parla en ceste sorte. La renommée de tant de vertuz louables qui acompagnent la prouësse & magnanimité qui est en vous, tresillustre Prince, m'a incité & stimulé pour vous cognoistre, de m'acheminer en ceste vostre terre, qui se doit, à bon droit, dire & maintenir tresheureuse d'auoir pour son Roy & seigneur vn tel personnage que vostre pere, les vertuz duquel vous suyuez & imitez si bien qu'vn chascun en est esmerueillé. Or vueille dieu, monsieur, les continuer en vous deux, & me face ceste grace, qu'il vous plaise me receuoir en vostre compagnie comme celuy qui est prest de vous obeïr en tout & par tout. Seigneur Mantilée, respondit le prince Palladien, ie suis certain que ie n'ay la disme des perfections que vous m'attribuez aussi ie croy ce que vous en dites ne proceder que d'vne bonne affection que me portez, au rapport de la renommée volage, & manteuse ordinairement : toutesfoys il ne me desplaist point qu'ayez ceste opinion de moy ains en suis tresayse, puis qu'elle est cause que nous auons ce bien de vous voir & cognoistre en ce païs comme nostre amy & confederé : car i'ay entendu du Roy qu'il cognoist mōsieur le Duc vostre pere des qu'il estoit Cheualier errant cherchant par païs les auantures : & pource vous soyez le tresbien venu, vous asseurant que ie vous receüray tresvolontiers auecq' moy, cōme mon compagnon & bon amy. L'ayant le prince Mantilée, remercié de son bon vouloir fut conduit droit au palais deuant lequel il s'arresta quelque peu pour contempler les statues & lire les escriteaux que tant il desiroit voir : & dont il fut merueilleusement esbahy : de là monterent en la grand' salle ou estoit le Roy qui le receut fort humainement & de bon cueur, aussi firent tous les Princes & grandz seigneurs de sa Court qui estoient aupres de luy : car ilz auoient ouy plusieursfois parler au Roy de la prouësse & haulte cheualerie du duc de Milan son pere, & de luy aussi. Apres toutes les caresses & bienuenuës faites par le Roy qui sceut du ieune Prince la cause qui l'auoit acheminé en sa court, il l'enuoya (auec le prince Palladien) saluër la Royne & les Dames ses filles : mais Amour qui ne luy auoit encor' fait sentir sa puissance, le print allors tellement au descouuert, qu'ayant fait la reuerence à la Royne s'aprocha des deux Infantes qui estoient auec elles pour lors, & les salua gracieusement, à telle heure que baisant la premiere née qui se nommoit Mercilane, se trouua incontinent si tresespris de son amour, qu'il demoura fiché deuant elle bonne piece sans pouuoir proferer vne

rer vne seule parolle, tant estoit rauy en la contemplation de sa beauté, à quoy print bien garde la Princesse, & pensant que cest estonnement luy procedast de quelque honte, ou crainte (qui acompagne souuent ieunes gens se trouuans en la presence de grandes Dames) print ce ieune Prince par la main & luy dist. Or ça, monsieur, vous soyez le tresbien venu, vous auez pris beaucoup de peine & trauail pour, de si loing, nous venir voir, ie ne sçay quelle recompense vous en fera le Roy ny nous aussi. Le prince Mantilée ayant vn peu repris ses esprits, luy respondit. Madame, ie n'ay eu en venant par deça, trauail ny ennuy, ains tout passetemps & plaisir: car il y a long temps que i'auois grand desir & affection de venir presenter mon seruice au Roy vostre pere, tant pour les vertuz dont il est renommé par toute la terre que pour l'amytié & ancienne cognoissance que luy & le Duc mon pere, ont ensemble des qu'ilz estoient ieunes Cheualiers errans: aussi pour voir & cognoistre monsieur le prince vostre frere (qui ne trouue au iourd'huy son second en prouësse ny en chose qu'il entreprenne) & vous semblablemens mes Dames, dist il(regardāt la princesse Florée)que dieu n'a douées seulement de toutes vertuz, mais aussi de beauté extreme & gracieux maintien : Et quant ie n'aurois autre bien par deça que de voir vn chef d'œuure de nature en vous deux, ie me reputeroys trop plus heureux & recompensé de ma venuë que si i'estois fait Empereur de toutes les Gaulles, & encores plus si ie vous pouuois faire seruice qui vous fust agreable. Disant ces parolles il regardoit fort ententiuemēt la princesse Mercilane, qui n'en faisoit pas moins en son endroit, le trouuant le plus beau Prince qu'elle eust encores veu, apres Palladien son frere & fut si sage qu'à voir sa phisionomie & contenance elle cogneut bien qu'il luy portoit amitié, dont en son cueur elle receuoit vn grand contentement, & pour l'entretenir en ceste bonne affection luy respondit, Seigneur Mantilée, ie vous mercie treshumblement de l'enuie & bon vouloir qu'auez de faire seruice au Roy mon pere & à moy semblablement qui ne l'ay, ny ne puis le meriter en vostre endroit, & pource ie vous prieray receuoir, pour recompense, mon bon vouloir, ou le pouuoir me default, & comme Mantilée luy vouloit respondre, le prince Palladien s'aprocha qui rompit leurs propos, & luy dist. Ie vous prie, monsieur mon compagnon, vous retirer en vostre chambre pour vous rafraischir en attendant le souper car il n'est posible que ne soyez trauaillé du long chemin qu'auez fait en si peu de iours qu'il y a que vous estes party de Milan. Mantilée, doutant que la Royne ne voulust reposer, obtempera voluntiers à ce que luy dist le prince Palladien, & pource ayant donné le bon vespre à la Royne, & aux Infantes, fut conduit en la chambre qui luy estoit preparée dans le palais, du costé & pres de celle du Prince, & là se refreschit & changea d'habillemens fort braues & riches, qui ne fut pas sans penser à ce que luy auoit dit l'infante Mercilane : laquelle aussi tost qu'il fut party, ne se peut tenir deuant sa sœur de louër affectneusemēt la beauté &

té & bonne grace du prince Milannoys, & si bien l'imprima en son cueur qu'elle delibera l'aymer & n'en auoir iamais d'autre à mary, si c'estoit le plaisir du Roy son pere & de la Royne, ainsi sentant ce nouueau feu, se trouuoit toute hors de soy & commença deslors à se monstrer fort pensiue, & à deuenir plus curieuse que de coustume à s'acoustrer, & tenir miste & propre, sans toutesfoys declarer à personne ce qu'elle auoit sur le cueur, car elle vouloit auant cognoistre la constance & fermeté du Prince: & si l'amour qu'il luy portoit estoit point faint ou dissimulé.

L'heure du soupper venuë, & les tables dressées auint si bien que le prince Mátilée fut assis tout vis à vis de sa bien aymée Mercilane, qui n'en fut marrie comme vous pouuez penser, à fin de mieux & à son ayse le contempler, & luy elle au semblable, dequoy la princesse Florée s'aperceut, voyant sa seur quelquefoys changer couleur & souspirer souuent, ce qu'elle n'auoit acoustumé de faire & deslors en deuint vn peu ialouse, estimant que le Prince se deuoit aussi tost predre à elle qu'à sa sœur, combien qu'elle n'en fist pour lors aucun semblant: mais ce fut le bon qu'apres les tables leuées & qu'vn chascun se getta au bal le Prince mena dáser l'infante Mercilane & laissa Florée qui en fut si mal contente qu'en despit de ce, tousiours se tenoit aupres d'eux tellement qu'ilz n'eussent sceu dire vn mot l'vn à l'autre qu'elle ne l'eust bien entendu: dequoy se doutant le Prince pria de rechef Mercilane de danser qui en fut trescontente à fin qu'aux poses du bal ilz peussent parler ensemble familierement & sans qu'aucun les empeschaft, qui fut lors bien faschée ce fut l'infante Florée, les voyant ainsi deuiser d'affection ce luy sembloit. Le bal finy & que le Roy & la Royne se voulurent retirer, Mantilée leur donna le bon soir, & aux Dames semblablement puis auec le prince Palladien s'en alla en sa chambre ou (apres plusieurs propoz qu'ilz eurent ensemble) coclurent de prier des le lendemain le Roy les vouloir faire Cheualiers ensemblement: puis se retira Palladien laissant Mantilée fort content des bons propos amoureux que luy auoit tenuz sa Dame, esperant bien & proposant en soy-mesmes faire tant d'armes & vaillatises quand il seroit Cheualier que l'infante auroit occasion de l'aymer & luy ottroyer ce qu'il desiroit tant auoir d'elle qui estoit le fruict de douce iouïssance, & ainsi auec ce plaisant pensemét & ymagination se mist au lict ou il reposa tresbien iusques au lendemain matin : l'infante d'autre costé n'estoit pas moins agitée d'amoureuses fantasies: à laquelle des le soir mesme, le prince Palladien son frere rapporta que Mantilée & luy auoient arresté ensemble de suplier le Roy les armer tous deux Cheualiers: dont elle fut tresayse, & delibera deslors de le retenir pour son Cheualier.

B iiii   Comme

L'HISTOIRE
Comme les princes Palladien &

Mantilée auec plusieurs autres grandz seigneurs furent faitz Cheualiers par les mains du bon roy Milanor, & d'vne auanture qui auint en sa court, à laquelle Palladien
& Mantilée donnerent fin,

Chapitre.   VI.

Es tenebres de la nuict n'auoient encor' du tout quité la place à la belle & plaisante Aurore, quant le prince Palladien acompagné de plusieurs Gentilzhommes, vint bucquer à la porte de la chambre de Mantilée qui n'estoit encores abillé, auquel ayant donné le bon iour il dist. Comment, monsieur mon compagnon, il semble qu'ayez oublié ce que nous deliberasmes hyer au soir vous & moy. Vous me pardonnerez monsieur, respondit Mantilée ie n'ay pas la memoire si courte, mais i'ay trouué le repos de la nuit si doux qu'il m'a engardé de me leuer plustost. Estant habillé Mantilée fort richement & le prince Palladien, luy & leur suitte, s'en allerent donner le bon iour au Roy, à la Royne & aux Infantes lesquelles ilz menerét à la messe du Roy, auquel (la messe dite) tous deux se presenterent, & à genoux le suppliant treshumblement que son plaisir fust les vouloir armer Cheualiers. Le Roy les ayant fait leuer, & cognoissant leur gentil cueur, & principalement du prince Mantilée qui portoit la parolle pour tous, leur respondit. Vraymēt mes

amys,

amys, vous ne serez refusez de vostre demande, & loué grandement vostre bon vouloir, vray est que vous estes encores fort ieunes tous, mais le bon desir & la prouësse que i'espere en vous à l'auenir suppleraà vostre aage, & pour ce faites ceste nuict la veille, & demain (qui sera la feste du faint sacrement) ie vous donneray l'acollée. Les deux Princes & les autres ioyeux le possible, remercierent le Roy de bien bon cueur & luy ayans baisé les mains se retirerent pour donner ordre à leurs harnoys & equipage. La nuict venuë ilz se rendirent en la chapelle & là veillerent toute la nuict: la Royne & les Infantes leur tindrent compagnie la plusart d'icelles tant estoient aysés de l'honneur qu'ilz deuoient receuoir le iour ensuyuant & principalement l'infante Mercilane qui ne se pouuoit saouller de contempler son bon amy. Le matin enuiron huit heures, le Roy & les Dames vindrent qui ouyrent la messe que l'Archeuesque d'Autone celebra: & si tost qu'elle fut acheuée, le Roy se preparant pour faire les ceremonies requises en telz affaires, entrerent en la chapelle deux Damoyselles fort bien acoustrées chascune desquelles portoit en escharpe vne riche espée auec son fourreau, & les conduysoit vn Cheualier armé de toutes pieces, dequoy vn chascun s'esbahit fort: & s'estans aprochées du Roy, & fait la reuerence ainsi qu'il apartenoit, l'vne des deux luy dist tout hautement en ceste maniere. Tresillustre & vertueux Roy entre tous ceux qui viuent au iourd'huy, ie t'auerty que ce Cheualier mon frere, a esté enchanté par vne magicienne, pour n'auoir voulu acomplir son desir charnel, en sorte que depuis qu'il l'eut refusée, il n'a voulu hanter ny conuerser auec femme du monde, ny mesmes auec la sienne que voyci, ains les hait toutes au morir qui m'est vn grand desplaisir & à ma belle sœur encores plus de se voir ainsi haye de son mary sans l'auoir en rien offensé. Or auons nous trauersé maintz païs & contrées pour trouuer homme ou femme qui le peust desenchanter, mais nous auons par tout perdu noz peines, vray est, que passans par la petite Egipte nous auons trouué vne dame fort ancienne qui nous a de sa grace donné ces deux espées, & asseurées qu'il ne sera descharmé que par deux Cheualiers les plus vaillans & loyaux de leurs temps, lesquelz (& non aultres) pourront desgainer ces deux espées que voyci les meilleures qui furent oncques forgées: & nous dist d'auantage que les noms des Cheualiers qui les desgaineront sont grauez au long d'icelles, par ce o' Roy redouté, nous te supplions treshumblement faire esprouuer ceste triste auanture par tes Cheualiers: car nous auons entendu qu'en ta court y en a de fort vaillans & en gránd nombre. Si le Roy & tous les asistans furét esbahis de la venuë de ces deux Damoyselles & du Cheualier ilz le furent encores plus de la raison de cest enchátement: En bonne foy, dist la Royne, i'en ay pitié, ce pauure Gentilhomme pour auoir bien fait & gardé loyauté, en reçoit maintenant de l'ennuy & sa femme aussi. Vrayment, respondit le Roy, la villaine qui fit ce charme pour telle ocasion, estoit bien enragée que pleust à dieu la tenir maintenant icy,
ie croy

L'HISTOIRE

ie croy que ie luy ferois bien deffaire l'enchantement ou son corps ne peseroit vne once de pouldre auant qu'il fust le vespre, & se tournant vers la Damoyselle sœur du Cheualier luy dist. M'amye, ie feray tresvoluntiers ce dont me requerez & n'eussiez sceu venir à temps plus commode, car la pluspart des meilleurs Cheualiers de mon royaume sont maintenant en ma Court, & d'auantage vous en voyez icy vne quantité ausquelz ie veux donner l'acollée: apres que i'auray faict, ilz esprouueront l'auanture. Lors le Roy arma tous ces nouueaux Cheualiers, puis s'auancerent les plus anciens pour tirer les espées enchantées: mais il n'y en eut pas vn qui les sceut tirer hors du fourreau plus d'vn pied, fors Orliman de Flandres & Durandel de Cleues qui les desgainerent à demy. Les nouueaux Cheualiers Palladien & Mantilée, voyans que personne ne les pouuoit tirer entierement s'auancerent & les ayans prinses, les tirerent aussi facilement comme les leurs propres, si tous deux furent ayses d'auoir donné fin à l'auanture, ce ne fut rien au pris de l'infante Mercilane qui cogneut par ceste premiere espreuue la bonté de cheuallerie & loyauté de son amy. Adonc les Damoyselles ayans rendu graces au tout puissant & remercié le Roy, la sœur du Cheualier luy dist : Sire, ce n'est pas tout, il fault s'il vous plaist que mon frere donne l'acollée auec ces espées aux deux Cheualiers qui les ont tirées & qu'ilz luy promettent vn don dont il les requerra, vrayment, respondit Roy, i'en suis trescontent mais voyons ie vous prie auant ce qui est escrit sur les lames de ces espées : lors Palladien s'aprocha auec celle qu'il tenoit & deuant tous y leut en grosse lettre romaine PALLADIEN D'AQVILE'E, dequoy il ne fut pas moins ioyeux qu'esbahy ny tous les assistans aussi pour ce surnom d'Aquilée qui estoit donné à Palladien : car Aquilée est vn Royaume possedé & sous la puissance des Princes Payens & Palladien estoit Chrestien, or ilz ne sceurent qu'en penser pour lors, parquoy prierent le prince Mantilée monstrer la sienne ou il trouua engraué en mesmes caracteres que l'autre. MANTILE'E LE MILANNOYS dequoy il ne fut pas moins ioyeux que son compagnon ny l'infante Mercilane qui auoit tousiours l'œil sur luy, s'embrasant tousiours de plus en plus le feu attisé dans son chaste cueur. Le Cheualier estrange se sentant desenchanté, prit les espées & d'icelles donna l'acolée aux deux Princes, puis leur dist, mes seigneurs, vous m'acorderez, s'il vous plaist vn don. Ouy dea, seigneur, respondirent ilz, le Roy vous l'a ia ottroyé pour nous, demandez seulement. Ie vous prie doncques, dist il, partir d'icy dans trois iours pour me tenir compagnie ou ie vous conduiray, à cela ne fauldrons nous, respondit le prince Palladien, des demain si vous voulez. Non, non dist le Roy, vous n'estes pas si hasté : encores vous fault il penser en quel equipage vous partirez d'icy & vostre compagnon auec : d'auantage ie veux bien que ce bō Cheualier & ces Damoyselles se rafraischissent quelques iours en ma court. Or si le prince Palladien fut bien ayse de se mettre aux champs pour trouuer les auantures, croyez que Mantilée en fut

autant

PALLADIENNE. Fueil. XII.

autant marry, voyant qu'il luy falloit si tost laisser sa bien aymée Mercilane, laquelle ayant entendu ce qui estoit arresté entre eux monstra bien à sa contenance, & au changement de sa couleur vermeille en palle & morme, combien tel depart luy desplaisoit : & n'eust esté qu'elle esperoit dedans les trois iours trouuer quelque moyen de rompre ce voyage elle se fust pasmée en la place. Le prince Mantilée, voyāt sa dame la larme à l'œil, se douta bien de la cause & cogneut lors qu'elle luy portoit affection grande, qui fut cause que pour le grand regret qu'il auoit d'auoir fait la promesse au Cheualier, il luy print vne telle foyblesse que perdant sa naïue couleur se vint appuyer sur l'espaulle de l'vn de ses Gentilzhommes qui estoit là: dequoy s'aperceuant le Roy, tout ebahy, luy dist: Qu'est-ce cy, seigneur Mantilée, vous trouuez-vous mal? Ouy, sire, respondit il, & ne me trouuay de ma vie ainsi surpris de telle foyblesse. Foy de prince, dist il, ie voy bien d'ou cela vous prouiét, il est tard & vous n'auez encores mangé du iourd'huy : Sire, dist le gentilhomme qui le soustenoit, ie croyrois bien que ce ne luy procede d'autre part : car il n'a pas acoustumé de ieusner si tard. Allons doncques disner, respondit le Roy ie sens bien mon estomach qui demande à manger.

Du festin qui fut fait apres que les
deux princes Palladien & Mantilée furent armez Chenaliers: & comme ilz esprouuerent l'auanture des statues de Bronse, à laquelle ilz ne peurent donner fin.

Chapitre. VII.

Ainsi sortit le Roy, de sa chapelle auec tous les seigneurs & Dames : & entrerent en la grande salle ou les tables estoient dressées, & là furent seruis auec telle sumptuosité de toutes sortes de viandes qu'on sçauroit souhaiter: Le prince Mantilée, qui auoit vn peu repris ses forces, s'asist en sa place acoustumée tout deuant l'infante Mercilane: mais de malheur elle auoit sa sœur Florée assise aupres d'elle & qui en estoit (comme ie vous ay dit) vn peu ialouse : qui fut cause que ces deux pauures amans n'oserent parler ensemble de leurs affaires, tout le long du disner, fors d'humbles & affectionnez regardz qui donnoient assez à entendre l'vn à l'autre l'alteration de leurs cueurs. Les tables leuées, les vns se mirent à baller les autres à deuiser auec les Dames & y eut de bonne auanture vn des ieunes Cheualiers, grand seigneur d'Angleterre, qui mena dancer l'infante Florée: ce pendant le prince Milannoys eut vn peu de loysir de deuiser auec sa Dame : Et bien monsieur, luy dist elle, il
fault

fault que vous nous laissiez dedans troys iours d'icy: certeinemét ie n'eusse pas pensé que si tost nous eussiez voulu abandonner. Asseurez-vous, ma Dame, que i'en suis autant fasché que de chose qu'il me pourroit auenir: mais pource que ie ne puis honnestement & sans blesser grandement mon honneur, contreuenir à ma promesse, ie vous prometz & iure par la foy que ie vous doy, retourner en ceste court le plustost, qu'il me sera possible & si ce Cheualier que nous auons promis de suyure nous veult escarter trop loing de ce royaume ie trouueray bien moyen honneste d'abandonner sa compagnie: ce pendant ie vous supplie me faire tant de bien & de faueur que de me retenir pour vostre Cheualier, & si maintenant ie ne le merite pour n'auoir fait encor' espreuue de ma personne qui vous peult inciter à m'ottroyer ce bien, i'espere faire tant à l'auenir que ne vous en repentirez. A ah! monsieur, respondit elle, vous auez desia tant gaigné sur moy, que ie ne vous sçaurois refuser chose dont me requeriez: ie vous retien doncques pour mon Cheualier vous priant (dist elle, tirant vn riche diamant de son doit) garder ceste bague & la porter pour l'amour de moy par tout ou vous irez. Ma Dame, dist il, prenant l'agneau, ie vous mercie treshumblement, & vous prometz la tenir & garder plus cherement que ma propre personne, combien certes qu'il ne vous falloit me donner chose pour auoir souuenance de vous: car vous estes ia si tresauant imprimée en mon cueur qu'il n'y a Fortune (bóne ou mauuaise qu'elle soit) qui vous en puisse effacer, & comme elle pensoit luy respondre, le Roy qui deuisoit auec la Royne, se leua de sa chaire & s'aprochant du prince Mantilée dist, sus, sus, nous aurons assez loysir de danser apres souper, il fault que les nouueaux Cheualiers voysent aux lices, pour esprouuer si depuis qu'ilz ont eu l'acollée leurs forces sont point augmentées. Alors cesserent les instrumens & les danses, & s'allerent armer tous les Cheualiers qui en furent bien ioyeux & par dessus tous le prince Mantilée, pour l'enuie qu'il auoit de monstrer ce qu'il sçauoit bien faire à la iouste, lequel se souuenant de l'auanture des statues eut affection de l'esprouuer auant qu'entrer en lice: Parquoy, pria le Roy de luy permettre d'en faire l'espreuue ce qu'il luy ottroya de bon cueur, & à tous les autres semblablement. Doncques estans tous prestz d'entrer à l'estour, le Roy les fit venir en la place ou estoient les statues, & là le prince Palladien à la priere de Mantilée se presenta le premier à l'espreuue de l'escu, disant. I'ay entendu que tous ceux qui se sont voulu ingerer de prendre cest escu ont esté repoussez fort rudement par ceste statue, mais s'estoit, peult estre, par faulte de luy demander congé de le prendre: & pource ie la veux arraisonner & sçauoir d'elle si l'escu m'est destiné. A' ces motz s'aprocha de la statue tout armé qu'il estoit, & luy dist en ceste sorte. Ie vous prie, mon genilhomme me permettre de prendre cest escu sans que ie vous combate, ou bien si ie ne le puis auoir aultrement, deliberez-vous de vous deffendre. Lors la statue, faite à la semblance d'vn homme sauuage, luy respondit. Ie ne veux

me comme combatre à si ieune ne tant peu experimenté Cheualier comme tu es: parquoy ie te conseille d'aller faire espreuue de ta bonté : puis ie te receuray au combat : autrement ne pense pas approcher l'escu. Ie voy bien, dist Palladien à Mantilée, que la fin de cecy ne m'est pas reseruée : regardez si vous y pourrez faire plus que moy. Adoncq' le prince Milannoys voulut monter les marches pour aller prendre l'escu : mais la statue luy mist la main au deuant disant : ce n'est toy aussi, pour maintenant, qui te doys esprouuer à prendre l'escu, il conuient que tu sois experimenté d'auantage, & te contente. Ie croy bien, dist Mantilée, que ie n'ay encor' merité si grand guerdon, pour le peu d'experience que i'ay aux armes & pource ie m'en desisteray, mais quand au dieu Cupidon, predestiné au plus loyal, ie m'y veux hazarder : & vous monsieur, dist il, au prince Palladien. Sur ma foy, respondit il, ie n'y feray pas presse : car ie n'ay encor' eu que desmesler auec le dieu d'Amour, ny ne sçay quelle puissance il a sur les humains, à tout le moins ne l'ay-ie point esprouuée. Si ay bien moy dist Mantilée & pource i'essayray tout à ceste heure d'auoir son ymage. Ce disant getta sa veuë sur la princesse Mercilane, puis mist la main à l'espée & d'vne grande asseurance, s'aprocha de la statue, qui aussi tost desgaina son cimeterre, & commencerent vn chamaillis & combat si cruel &, furieux que tout le monde en estoit esbahy, mesmes le bon roy Milanor qui ne pensoit que la statue deust combatre, non plus qu'elle auoit fait, du temps de la naissance du prince Palladien, y auoit enuiron dixsept ans, contre tous ceux qui auoient attenté de leuer l'ymage du Cupidon : mais Mantillée se monstra si vaillant & de grand cueur que par quatre ou cinq fois maulgré la statue il monta iusques au dernier degré prest de prendre le Cupidon neantmoins à la parfin (chascun pensant qu'il le deust emporter) il se trouua si meurdry de coups qu'il tomba à la renuerse tout esuanouy, dont le Roy & tous les assistans furent marris le possible & entre autres l'infante Mercilane qui pensoit asseurément qu'il fust expiré, luy voyant son harnoys rompu en plusieurs endroitz & le sang en sortir ce luy sembloit. Ah gentil Prince disoit elle, en soy-mesmes, si vous estes mort i'en suis la seule cause : car ie sçay certainement qu'auez entrepris ceste auanture pour l'amour de moy. Las que vous est chere vostre venuë en ce Royaume, & la grande affection que m'auez portée. Pendant que l'infante Mercilane faisoit telz regretz, le prince Palladien & autres Chevaliers, leuerent Mantilée lequel ilz desarmerent, & cogneurent qu'il n'estoit aucunement blessé, mais seulement las & trauaillé de s'estre si long temps deffendu des pesans coups que luy auoit donné la statue sur laquelle on ne vit aucune apparence de coups combien qu'on eust assez entendu & veu le deuoir que Mantilée faisoit de l'offenser. Estant reuenu à soy & repris sa couleur naturelle, il y voulut retourner & combatre de rechef la statue, mais le Roy l'en engarda disant, monsieur, il me semble que c'est assez, vous vous estes mis en vostre deuoir, laissez faire aux aultres s'il

C   vous

vous plaift : lors plufieurs s'y auanturerent, mais ilz furent aufsi mal traitez que le prince Mantilée lequel demoura merueilleufement marry de n'auoir donné fin à l'auanture, penfant bien que l'infante Mercilane fe pourroit defifter de l'aymer comme indigne de fon amour pour eftre fi peu loyal, à quoy (à la verité) elle eut quelque foupçon de prime face, toutesfoys à la fin penfa en foymefmes, que la foy & loyauté ne fe pouuoient monftrer en vn homme, fors apres la iouïffance de fa Dame : Or, dift elle, ie ne luy ay encores permis ce poinct, parquoy ie ne le puis ny ne doy arguer de m'auoir fauffé la foy, par ainfi l'Infante auec cefte opinion s'apaifa & continua toufiours en elle de plus en plus l'affection qu'elle auoit au Prince. Le Roy voyant que le Soleil commençoit fort à decliner ne voulut pour cefte iournée que l'eftour fut commencé, ains differé iufques au lendemain, dont le prince Milannoys ne fut pas fort content, pour l'efperance qu'il auoit de fe monftrer à la ioufte & recouurer fon honneur deuant fa Dame, laquelle à grand peine ofoit il regarder tant eftoit honteux d'auoir efté ainfi acouftré de cefte lourde maffe de bronfe. Ainfi doncques le Roy & tous les Cheualiers fe retirerent pour s'aller defarmer & rafraifchir attendant le foupper ou tous fe trouuerent & eut le Prince moyen de deuifer priuément & a fon ayfe à l'Infante s'amye, qui le fceut tresbien excufer auec les raifons qu'elle s'eftoit perfuadées & qu'auez entenduës qui rendit le Prince content dieu fcet combien.

Du Tournoy qui fut fait ou Man
tilée emporta l'honueur & vainquit deux Cheualiers eftrangers.

Chapitre.   VIII.

Le iour

E iour venu que l'eſtour deuoit cõmencer tous les vieux & nouueaux Cheualiers s'apreſtérent pour y faire leur deuoir, excepté le prince Mantilée, lequel, faignant aller courir vn lieüre attendant le diſner, emprunta la trompe du prince Palladien, & ſortit de la ville ayant fait porter ſon harnois & tout ſon equipage pour la iouſte en vne maiſon de plaiſance(qui eſtoit à demy quart de lieüe de la ville apartenãt à vn riche citadin, duquel Mantilée fut receu & traité au moins mal qu'il peut. Ce pendant le Roy fit commancer les iouſtes, bien esbahy dequoy le prince Mantilée ne s'y trouuoit, le Prince auſsi & l'infante Mercilane qui ne l'ayant veu au diſner ſoupçonnoit qu'il s'en fuſt allé ſans dire à dieu, pour le deſplaiſir qu'il auoit eu le iour precedant n'ayant peu donner fin à l'auanture du Cupidon: Or ſe preſenterent d'vne part ſur les rengs Muſtiel de Roſtocq & Brunifor ſon frere auec aultres gentilz Cheualiers: & d'autre coſté Durandel de Cleues, Orliman de Flandres & leur compagnie en fort bon equipage. Le Roy, leur ayant fait ſigne de faire leur deuoir Muſtiel & Durandel mettans leurs lances en l'arreſt coururẽt l'vn contre l'autre & s'attaignirent de ſi droit fil que tous deux rompirent ſans ſe faire autre mal & ayans reprins chaſcun vne lance des plus fortes qu'ilz peurent choyſir en l'aſtellier coururent de rechef, & de telle force & roydeur ſe choquerent que tous deux furent portez par terre & leur lances briſées. Pendant qu'ilz remonterent, Brunifort & Orliman firent leur deuoir l'vn contre l'autre, mais la fortune diſt ſi bien à Brunifort, qui eſtoit hault & membru, qu'il deſarçonna Orliman & ne ſceut tánt bien faire qu'il ne print le ſault auec ſon deſtrier, dont tout honteux ſe releua & voulut recommencer mais il n'en eut gueres moins à la ſeconde courſe qu'à la premiere. Apres luy ſe preſenta Sedonis filz du conte de Sofoc, auquel Brunifort fit vuyder les arçõs de la premiere attainte & ſe deſnoüa vn bras à la cheutte qui luy donna ſi grand' douleur qu'il ne ſe peut releuer ſans l'ayde de ſes gents qui eſtoient là preſens. Voyant celà Grindaye filz du conte d'Orton, le voulut venger & pource ſe ſaiſiſſant d'vne forte lance, brocha ſon cheual à l'encontre de Brunifort qu'il rencontra de telle heurte, que ſi ſa lace ne ſe fut eſclatée à grand peine euſt euité la cheutte tant l'attaignit de grand force & Brunifort de malheur faillit d'attainte dequoy tout deſpité retourna incontinent en lice, & ſi bien print Grindaye qu'il l'enuoya luy & ſon cheual en vn monceau ſi doucement que de tout le iour n'eut enuye de recommencer: autant en fit il à pluſieurs aultres qui vindrent apres, ſi bien qu'vn chaſcun luy donnoit l'honneur pour ce iour, & ſe vouloit retirer le Roy quant entrerent en place deux Cheualiers bien montez & qui monſtroient à leur contenance braue auoir quelque bonté en eux, ilz portoient harnoys blancs comme nouueaux Cheualiers, non differans l'vn de l'autre que des eſcuz car l'vn portoit dans le ſien trois grifons volans de ſable, ſur champ d'argent: & l'autre en por-

C ii   toit

toit troys d'argent en champ de fable. Ayans ces deux Cheualiers eftranges fait pannader & volter leurs cheuaux deuant les Dames, l'vn d'eux fe mit en lice & donna carriere à fon cheual contre Brunifort qui le receut de grand courage: mais nonobftant tout fon effort & hardieffe fon cheual bruncha & fut contraint Brunifort de mettre pied à terre pour laiffer releuer fon cheual: ce pendant Muftiel, picque contre l'autre Cheualier eftrange & fe rencontrerent de telle force que leurs lances brifées tumberent quafi tous deux: à la feconde charge Muftiel fut abatu & en tumbant les refnes de fon cheual fe rompirent qui luy demourerét entre les mains. Pufieurs des Cheualiers (qui auoient ia couru contre Brunifort & fon compagnon) furent merueilleufement esbahis & marris que l'honneur demouraft à ces Cheualiers eftrangers, parquoy recommencerent à rentrer en lice contre eux eftimans bien leur donner tant d'affaires qu'ilz y demoureroient mais ilz furent bien loing de leur conte: car il n'y en eut pas vn qui ne demouraft vaincu, le Roy demoura tout eftôné de voir tant de prouëffe en ces deux Cheualiers & le prince Palladien principalement qui n'auoit voulu iouster à caufe que fon compagnon Mantilée n'y eftoit. Et comme le Roy eftoit fur le point de fe retirer & faire donner le pris à ces deux Cheualiers eftranges en arriua vn aultre armé à blanc qui luy fit bien toft changer d'opinion, portant en fon efcu vn cueur de gueulles lié d'vne chefne d'or: & fans faire reuerance ny brauades que bien peu de peur d'eftre cogneu, brocha fon cheual des efperons & courut contre l'vn des Cheualiers eftranges de telle forte que tous deux rompirent vaillamment: & à la feconde foys, ayant chafcun choyfi la plus forte lance qu'ilz peurent, le dernier Cheualier rencontra de fi droit fil le premier des deux qu'il le renuoya par deffus la croupe de fon cheual arpenter la terre, dequoy fon compagnon irrité, defirant bien le venger fe prefenta & d'vn grand courage courut à l'encontre du Cheualier au cueur enchefné, qu'il rencontra fi rudement qu'il luy fit perdre l'vn des eftriers fans toutesfoys rompre ne l'vn ne l'autre: car leurs harnoys eftoient fi bien polis que les lances glifferent au long pour ce coup fans pouuoir autrement mordre, a vrayment, dift lors le Roy, voylà bon commencement de faire la vengeance du premier, ce difant il les vit preparer pour la deuxiefme charge & fe rencontrerent fi bien les deux champions que le dernier venu fit culbuter le cheual de fon homme par terre & rompit poitral & fangles qui fut caufe que le Cheualier tumba fur le fable la felle de fon cheual rompuë entre fes iambes. Sire, s'efcria il incontinant, ie ne doy pas eftre tenu pour vaincu n'y abatu puis que par la faulte de mon cheual & la rompure des fangles ie fuis tumbé: parquoy (s'il vous plaift) i'en prendray vn aultre & verrons a qui la fortune dira: I'en fuis content, refpondit le Roy, puis que ie voy que celluy à qui vous auez affaire le veult bien, lors ayant pris vn cheual frais & bien enharnaché, courut de rechef contre ce dernier Cheualier qui de cefte rencontre l'efleua plus d'vn grand pied hors de la felle:

mais

mais pour ce ne tumba, ains, fourniſſant ſon poindre, rompit ſon boys auſsi bien que l'autre ſans toutesfoys le faire mouuoir aucunement: & retournans prendre nouuelles lances, la fortune diſt ſi mal a ceſtuy cy qu'il fut renuerſé par terre & ſon cheual luy eſchappa dont il fut tãt irrité qu'il mit la main à l'eſpée & marchant à l'encontre du Cheualier qui l'auoit abatu luy diſt, Cheualier, ie confeſſe qu'auez eu le deſſus de moy à la lance, ie vous prie que ie m'eſpreuue contre vous à l'eſpée pour voir ſi la fortune vous y ſera autant fauorable. L'autre qui ne demandoit pas mieux, deſgaina incõtinent pour combatre: mais le Roy les fit ceſſer, diſant non, non, ie ne veux pas que lon combate icy à outrance, car ie n'ay ordonné la iouſte que pour plaiſir & pour l'exercice des Cheualiers & paſſetemps des Dames, c'eſt aſſez pour ce iourd'huy, ie vous priè, en ſigne d'amitié vous entr'acoller & me dire qui vous eſtes à fin que ie vous face l'honneur que meritez. Treſvoluntiers, ſire, reſpondit le Cheualier vaincu ayant oſté ſon armet, mon compagnon & moy ſerons amys de ce Cheualier car il merite d'eſtre grandement aymé & honoré pour ſa proueſſe : quant à noz noms & qui nous ſommes, entendez que ie m'apelle Landaſtanis filz du roy de Norgalles, & mon compagnon Cypriner filz du roy d'Eſcoce. Incontinent que le roy Milanor & le prince Palladien eurent entendu qui eſtoient les deux Cheualiers, ilz deſcendirent de deſſus leur eſchaffault, & ce pendant ilz ſe prindrent à careſſer & acoler le dernier Cheualier qui durant leur propos auoit touſiours eu l'œil ſur l'infante Mercilane : ainſi deſcenduz le Roy, Palladien, & aultres grandz ſeigneurs, embraſſerent les ieunes princes d'Eſcoce & de Norgalles & quant vindrent à bien vienner, le dernier Cheualier cogneurent que c'eſtoit le prince Mantilée, dõt ilz furent tous merueilleuſement esbahys. Et dea, monſieur, luy diſt le Roy, qui vous a meu de nous donner ceſte algarade? Sire, reſpondit Mantilée, vous ſçauez que ie ſuis nouueau Cheualier, à ceſte cauſe encor' peu experimenté aux armes, parquoy ie n'ay oſé me deſcouurir deuant voſtre mageſté craignant que la fortune ne me fuſt au iourd'huy autant contraire qu'hyer, dont i'euſſe eſté trop deſplaiſant. A vrayment, diſt le Roy, vous ne deuez deſormais craindre à vous monſtrer par tout car veu ſi bon commencement que ie vous ay veu faire, il n'eſt poſsible que la fortune vous puiſſe nuyre. Lors de rechef s'entr'acollerent les troys Cheualiers iurans entre eux vne amitié & alliance perpetuelle qu'ilz continuerent toute leur vie comme vous pourrez voir par le diſcours de noſtre hiſtoire, cela fait le Roy les mena ſaluër la Royne & les Dames, & en y allant le prince Palladien diſt à Mantilée. Sur mon dieu, monſieur mon compagnon, ie n'euſſe iamais penſé que vous vous fuſsiez caché de moy veu la grande amytié iurée entre nous deux. Que voulez-vous monſieur, reſpondit il, ie craignois ce que i'ay dit au Roy. Ainſi deuiſans arriuerent ſur l'eſchaffault ou eſtoient les Dames & ſi elles furét fort ioyeuſes de la venuë de ces deux Princes, croyez que ce ne fut rien au pris de l'infante Mercilane pour

L'HISTOIRE

le retour de son Mantilée lequel elle pensoit estre perdu ou absenté pour auoir esté si rudement repoussé à l'espreuue du dieu d'Amour ainsi qu'auez entendu. Toutes les caresses & bien venuës faites de costé & d'autre, tous s'en allerent au palais, ou les logis des deux Princes nouueaux venuz estoiét apprestez & s'estans retirez en leurs chambres le Roy leur enuoya à chacun vn riche mâteau: puis s'en vindrent soupper & entretenir les Dames, dont la court estoit pour lors bien garnie & des plus belles de toute l'Angleterre. Le bal finy & les princes Norgalloys & Escoçoys retirez en leurs chambres. Palladien & Mantilée, allerent prendre congé d'eux les prians de les excuser si plus longuement ne leur pouuoient tenir compagnie car, dirent ilz, nous sommes contraintz de promesse a suyure vn Cheualier qui n'agueres estoit enchanté & ores desenchanté par nostre moyen : Alors leur conterent au long l'auanture des deux Damoyselles & du Cheualier, puis leur donnant le bon soir prindrent congé d'eux & se retirerent en leurs chambres auec deliberation d'en faire autant le landemain matin au Roy, à la Royne, & aux Princesses.

Comme les princes Palladien &

Mantilée partirent de Londres auec le Cheualier qui auoit esté enchanté, & les deux Damoyselles : & de ce qu'ilz trouuerent en chemin.

Chapitre. IX.

Les deux

Es deux princes, Palladien & Mantilée, ne faillirent à se leuer du grand matin pour se mettre en equipage & se garnir de ce qu'il leur estoit necessaire pour les champs Estans prestz, allerent en la chambre du Roy (auec le Cheualier desenchanté & les deux Damoyselles) & ayans pris congé de luy & de la Royne qui estoit encor' au lit, entrerent en la chambre des Infantes ia leuées, car Mercilane auoit entendu des le soir que le Cheualier desenchâté s'en vouloit aller le lendemain, parquoy les voyant entrer se print incontinent à plorer, se doutant bien qu'ilz vouloient prendre congé d'elles & dire à dieu. Qu'est-ce cy, ma Dame, luy dist Palladien, vous desplaist il de nostre depart ? Helas non, monsieur, respondit elle, mais ie crains & doute fort que vostre retour ne soit empesché par quelque infortune, car vous estes encor' ieune & n'auez acoustumé d'aller par païs. Dea ma sœur, dist il, ie le vous confesse, mais il fault par tout commencement : d'auantage vous sçauez que la promesse qu'auons faite à ce Cheualier nous y contraint, & ne voudrois pour chose du monde y contreuenir : vray est, que nous pourrons estre de retour bien tost. Ie vous en asseure, ma dame, dist le Cheualier desenchanté: car ie ne les meneray loing de ce Royaume ny en lieu dágereux. Mantilée auoit le cueur si serré de voir ainsi larmoyer sa maistresse qu'il ne luy peut dire vn seul mot : Palladien voyant cela se douta bien de quelque alteration d'amour parquoy prenant congé le premier de ses sœurs sortit auec le Cheualier & les Damoyselles, laissant Mantilée seul pour parler & dire a dieu plus priuément : mais il ne luy peut autre chose dire fors, ma dame vous sçauez ce que ie vous ay promis, en ce disant (la larme, à l'œil & tout tremblant) la baisa & la princesse Florée semblablement, puis sortit & alla trouuer le prince Palladien & leurs Escuyers qui l'attendoient auec les cheuaux à la porte du Palais. Ainsi partirent les deux compagnons d'armes & leur compagnie bien deliberez de monstrer & faire cognoistre leur magnanime cueur & la bonté & prouësse qui estoit en eux, specialement le prince Mantilée pour l'amour de sa bien aymée Mercilane laquelle, aussi tost qu'il fut party de sa chambre se mist seule en son cabinet & là continuant ses pleurs fit mille piteux regretz. A ah, amour, qui eust iamais pensé ta puissance si forte ! las tu m'as tellement naüré le cueur qu'il m'est impossible de plus gueres viure si mon loyal amy n'y donne remede : Helas c'est luy seul, c'est luy qui me peult guerir. Làs que ne nous est il aussi bien permis de voyager & voir les païs estranges comme aux hommes ! vous ne seriez pas maintenant sans moy, ó cher amy, ny moy sans vous ! O' miserable nostre condition d'estre ainsi assuietties! plusieurs autres amoureux regretz, faisoit la dolente Mercilane, lesquelz nous laisserons pour reprendre noz nouueaux Cheualiers qui ne furent d'vn quart de lieuë eslongnez de la ville que Palladien pria le Cheualier desenchanté luy dire quelle part ilz tiroient, d'ou il estoit, comment & pourquoy

L'HISTOIRE

on l'auoit ainſi enchanté. Monſieur, reſpondit le Cheualier, ie ſatisferois treſvoluntiers à voſtre demande, mais il me ſeroit impoſsible vous raconter mon infortune ſans larmoyer & ſouſpirer profondement tant me deſplaiſt de la rememorer: parquoy ie vous prie vous contenter que ma ſœur la vous recite au long, car elle le ſcet auſsi bien & mieux que moy. Vrayment reſpondit le Prince il me plaiſt tresbien, lors s'aprochans tous de la Damoyſelle (fors le Cheualier) commença à leur dire ainſi. Puis qu'il vous plaiſt, Seigneurs, entendre l'infortune de ce Cheualier, ie la diray treſvoluntiers: vous deuez ſçauoir qu'elle eſt aultre que ie ne la contay en la preſence du Roy & de vous le iour que fuſtes armez Cheualiers: mais ie deſguiſé ainſi la verité craignant que le Roy ne vous euſt voulu permettre de vous acheminer auec nous. Entendez doncq' que ce Cheualier & mon frere & ceſte Damoyſelle ma couſine, tous trois natifz du royaume de Hongrie, durant qu'il eſtoit ſur la puiſſance du Turc, or fut mon frere marié auec vne des plus riches & belles Damoyſelles du païs, qui ſouloit demourer en vne petite ville ſituée ſur les frontieres: là ou vn gentilhomme, non gueres moins aagé que vous, print familiarité auec luy & pour la grande amitié qu'ilz ſe portoient l'vn à l'autre mon frere le pria de ſe venir loger en ſa maiſon auec deux ſiens proches parens, ce qu'il ne refuſa, mais helas ce fut bien à noſtre malheur, car aperceuant la femme de mon frere douée d'autant perfaite beauté qu'on ſçauroit voir, s'enamoura d'elle en telle ſorte qu'il delibera de faire toutes les choſes à luy poſsibles pour en auoir la iouïſſance (oubliant tout l'honneur & l'amitié qu'il deuoit à ſon hoſte) mais pour prieres, ſollicitations, dons, ou promeſſes qu'il luy fiſt, oncques ne peut obtenir d'elle ce que tant il deſiroit, au moyen dequoy ce gentilhomme quaſi tout deſeſperé eut recours à vn enchanteur qui luy donna ne ſçay quelle drogue auec laquelle il fit perdre la parolle à ma ſœur à fin qu'en la rauiſſant & tranſportāt de ſa maiſon ne ſe peut deffendre ny crier ayde: Ainſi ce gentilhomme, ayant vne nuict attitré deux de ſes freres s'en vint tout coyement en la chambre de ma ſœur & voyant que mon frere & tous ſes ſeruiteurs dormoient la rauit oultre ſon gré & la donna à ſes freres qui la porterent en vn nauire preſt à faire voyle: par ce moyen furent en peu d'heure fort eſlongnez du port, & la menerent en vn fort chaſteau appartenant au gentilhomme lequel, combien qu'il la tint en ſon ſon pouuoir n'en a oncques ſceu obtenir que dur refus & deſdain, mais il eſpere auec le temps luy amollir ſon cueur & la traite, en attendant, aux mieux qu'il luy eſt poſsible. Or le landemain matin trouuant ſa femme & ſes hoſtes perduz ſe douta bien du mal auenu, & quant il le ſceut au vray par quelques cabarriers qui les auoient veu partir ſe ſerra tant au cueur & ſi fort aprehenda ceſte iniure qu'il eſtoit ſur le poinct de ſe deſeſperer: Ha a mauldit & malheureux trahiſtre, diſoit il, eſt ce cy la recompenſe de l'amytié que ie t'ay portée? de l'honneur & bon traitement que ie t'ay fait te logeant en ma maiſon? Allons allons apres mes amis, portons le feu,

portons

portons l'eau, portons le glaiue, pour brusler, noyer, tuer le meschant a-
dultere qui m'a rauy ma vie & toute mon esperance, ah ah, amye tant aymée, est il bien possible que cecy m'ait esté fait de ton cósentement?moy,
qui t'aymois plus que mon cueur ? Làs ie suis bien certain que non. Vne
nostre tante (qui auoit autresfois esté mariée à vn sage Nigromancien)
voyant ce pauure homme à demy hors du sens ainsi se tormenter pour la
perte de sa femme en eut pitié,& pour remedier au mal qu'elle preuoyoit
luy auenir, escriuit vne lettre à vne sage matrosne qui se tient au Royaume d'Aquilée nous commandant la luy porter & mener quant & nous
mon frere, ce que nous fismes & trouuasmes la bonne vieille au lieu ou s'a-
dressoit la lettre qui estoit en vn petit desert montuëux & n'auoit là aultre habitation fors quelques caues qui restoient d'vn vieux bastiment rui-
né, & aupres, vne fonteine sortant d'entre les racines d'vn gros Orme.
Aussi tost que ceste femme nous aperceut demanda la lettre que nous luy
portions, laquelle veuë nous commanda reposer prer la fonteine pendant
qu'elle s'en alla en sa cauerne querir les deux espées qu'auez veuës lesquelles elle vint tremper en ceste fonteine barbotant ne sçay quelles parolles
entre ses dents, puis les enguesna & nous dist: Tenez Damoyselles, voylà deux espées qui ne peuuent estre desgainées sinon par les deux meilleurs Cheualiers de la terre à l'ayde desquelz ce Gentilhomme cy recou-
urera sa perte & sera vengé du tort qui luy a esté fait : par ce menez le &
suyuez les cours des Roys & Princes renommez d'auoir de gentilz Cheualiers, & les deux qui pourront tirer les espées vous conduyrez au lieu
ou est la perte qui tormente tant ce gentilhomme, auquel (pour l'amour
de celle qui l'enuoye a moy) ie donneray tout presentement vn remede
pour luy diminuër vne partie de la douleur qu'il sent. Disant celà elle
nous bailla les espées, puis auec vn petit baston qui la soustenoit frappa
trois coups l'Orme qui estoit creux dont il sortit vn oyseau gettant vn cry
fort triste & espouëntable : puis auec ce baston troubla l'eau proferant encor' quelques motz : celà fait en ayant prins plein le creux de sa main luy
vint respandre sur la teste: Or allez, dist elle, maintenant & me recom-
mandez à vostre tante, & aux deux Cheualiers qui desgaineront les espées, desquelles ie veux que vostre frere leur baille l'accollée, parce que
leur force, vertu & magnanimité en augmenteront beaucoup, ainsi seigneurs, nous laissasmes la vieille, & depuis (suyuant ce qu'elle nous a-
uoit dit) auons tant cherché & trauersé que nous vous auons trouué qui
estes ceux à qui l'auanture estoit reseruée de mettre à fin. Et voylà messieurs entierement le discours de l'infortune de mon frere reste a vous dire que nous vous códuysons en Hongrie au chasteau ou est ma belle sœur
enfermée & le meschant qui la rauit a mon frere, sans toutesfois qu'il soit
en sa puissance de luy faire aucune force ou deshonneur: car vne foys, ce
malheureux la voulant forcer ceste mienne tante dont ie vous ay parlé y
arriua d'auanture & ayant getté le paillard par les espaulles hors de la
chambre

L'HISTOIRE

chambre laquelle elle enchanta si bien qu'autre que mon frere n'y peult entrer, mais encor' auec vostre ayde : Parquoy messieurs (s'il vous plaist) vous ne refuserez à faire œuure tant charitable, & nous venger du trahistre qui nous a fait ce tort ce qui vous sera facile de faire puis qu'ainsi nous la predit ceste sage prophetisse. Les deux Princes entendans la trahyson si grande luy respondirent. Vrayment, Damoyselle, nous nous y employrons à nostre possible, & encor' que ne l'eussions promis, ny ne nous en eusiez priez, de nostre bon gré nous nous y fussions presentez veu l'enormité du fait, dequoy elle les remercia bien humblement : & de ce propos les entretint quasi bien deux iournées sans rencontrer aucune auanture digne de reciter.

Comme les princes Palladien &
Mantilée, rencontrerent quatre Cheualiers qu'ilz combatirent, & qu'elle en fut l'issue.

Chapitre. X.

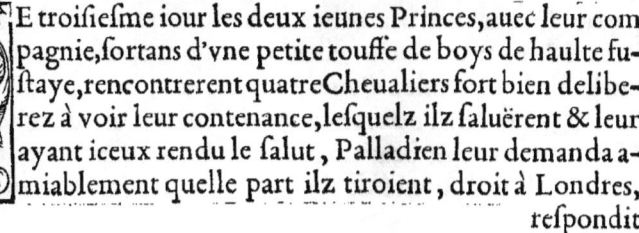

LE troisiesme iour les deux ieunes Princes, auec leur compagnie, sortans d'vne petite touffe de boys de haulte fustaye, rencontrerent quatre Cheualiers fort bien deliberez à voir leur contenance, lesquelz ilz saluërent & leur ayant iceux rendu le salut, Palladien leur demanda amiablement quelle part ilz tiroient, droit à Londres, respondit

respondit l'vn d'iceux (ou nous auons entendu qu'eſt le Roy) à fin d'eſprouuer vne auanture de deux eſpées que lon y a aportées n'agueres & ne
ſe peuuét deſgainer que par les deux meilleurs Cheualiers de toute la terre: Seigneurs, reſpondit Palladien, ſi vous n'y allez pour autre choſe, vous
vous en pouuez bien retourner: car deux ieunes Cheualiers y ont donné
fin depuis huit iours ença. Deux ieunes Cheualiers, reſpódit l'autre, & de
quelle contrée? L'vn, diſt Palladien, eſt Angloys & l'autre Milannoys,
lors le Cheualier en ſe riant, par dieu, diſt il, s'il eſt ainſi, ie cognois bien
que l'enchantement n'eſtoit pas fort dificile à deffaire & qu'il n'eſtoit pas
fait de l'eſprit d'vn bó maiſtre, puis qu'vn Italien & vn Angloys l'ont mis
à fin: car on voit bien peu d'Italiens bons Cheualiers, il y a ordinairement
en eux plus d'oſtentation & de brauades, que d'effect, & aux Anglois encores moins, qui ont le renom en pluſieurs païs: d'eſtre peu hardis au fait
des armes. Les deux ieunes Princes oyans ainſi deſpriſer les Gentilzhommes de leurs païs, commencerent à ſe mettre en vne collere extreme &
principalement le prince Mantilée qui auec vn ſourcy refrongné & le viſage tout enflambé d'ire s'auança & prenant la parolle, diſt au Cheualier,
& dea mon gentilhomme, d'ou eſtes vous qui ſçauez ſi bien collauder les
Cheualiers Angloys & Milannoys? qui vous meut d'en parler en ceſte
ſorte, beau ſire, veu meſmes qu'eſtes ſur leurs terres & en leurs païs? par
noſtre Dame vous monſtrez bien qu'il n'y a pas beaucoup de ceruelle en
voſtre teſte. Sans collere, ſans collere, reſpondit le Cheualier, ie voy bien
à voſtre couleur que vous vous eſchauffez en voſtre harnois, mais ſi vous
vouliez beaucoup continuër, vous trouueriez icy des Eſpagnolz qui a-
mortiroient bien toſt ceſte fumée. Et vous auez rencontré, diſt Mantilée,
vn Angloys & vn Milannoys qui ont mis à fin l'auanture des deux eſpées
enchantées, & qui tout preſentement vous monſtreront voſtre indiſcre-
tion. Ce diſant ſe retira a ſon eſcuyer qui luy portoit ſa lance & la ſaiſiſſant
voulut courir à celluy contre qui il auoit conteſté, quant le prince Palladien luy eſcria: Monſieur mon compagnon, ie vous prie me les laiſſer traiter, car ie doy commencer le premier, veu que le premier i'ay eſté offencé
& d'auantage ilz ſont ſur ma terre, c'eſt à moy à cognoiſtre de leur faulte
& en faire la raiſon, pendant qu'il diſoit celà il laça ſon armet & prit la lance que luy portoit ſon Eſcuyer: Seigneur Mantilée, diſt il, ie vous prie de
rechef me laiſſer faire auec ces braues, & ne vous en meſler ſi ne me voyez
auoir bien affaire de voſtre ayde: Monſieur, reſpondit Mantilée, ie le
veux bien puis qu'il vous plaiſt combien que ie deſireroys fort eſtre de la
partie. Incontinent Palladien ſans attendre autre choſe miſt la lance en
l'arreſt & courut contre celluy qui auoit parlé pour tous les autres leſquelz (s'eſtans recullez d'vne bóne carriere) ſe preparoient pour faire leur
deuoir, or ſe rencontrerent les deux champions de telle vehemence que
l'Eſpagnol rompit brauement ſur le Prince ſans toutesfois l'offenſer en
rien à cauſe de la bonté de ſon harnoys qui eſtoit tout blanc & bien poly:

mais

mais l'Espagnol n'en eschapa pas ainsi: car le Prince luy mist la lance à trauers le bras gauche dont il sentit telle douleur que, laschât la bride de son cheual, il se laissa cheoir de dessus tout pasmé : ce que voyans les aultres trois, coururent tous ensemble sur le Prince qui donna si ferme attainte au premier, qu'il le rua les piedz dessus par terre & print vn si grand choc au tumber la teste la premiere qu'il se tordit le col, les deux qui restoient sans lances, par ce qu'ilz les auoient rompuës sur le Prince, mirent la main aux espées, & commencerent à chamailler & ruer sur luy d'vne force merueilleuse, esperans bien prendre vengeance de leurs compagnons, mais ilz se trouuerent bien loing de leur conte : car le Prince se voyant n'auoir plus affaire qu'à ces deux cy, print vn si grand cueur que du trois ou quatriesme coup qu'il rua sur l'vn d'iceux, il le coucha à ses piedz tout estourdy : le dernier qui se vit ainsi seul, tourna incontinent dos & voulut gaigner le hault, mais le Prince, qui estoit fort agile & dispos, l'engarda bien d'aller loing, au moyen d'vn coup de taille qu'il luy rua sur le iarret droit dont il tumba & voulant luy oster l'armet pour luy trancher la teste s'escria piteusement: ah, sire Cheualier, sauuez moy la vie, ie me rendz à vous ce que i'ay fait en vostre endroit n'a esté que pour reuécher mon frere qui est celluy qu'auez abatu le premier, que maudite soit l'heure qu'il parla oncques si indiscretement à vous : ce n'est pas icy la premiere foys qu'il m'a mis en grand danger de ma personne pour soustenir ses querelles trop legeres. Ie vous prendray tous à mercy, dist le Prince, moyennant que me iuriez & promettiez faire vne chose, c'est qu'au plustost que serez gueriz de voz playes, vous vous transporterez à la court du roy d'Angleterre, &, vous submettans à sa volunté & mercy, luy direz que les deux Cheualiers, qui conduysent le Cheualier desenchanté auec les deux Damoyselles, se recommandent à sa bonne grace, & vous enuoyent à luy pour en disposer à son plaisir : ce faisant ne faillez à luy raconter l'ocasion pourquoy vous estes enuoyez, autant en direz à la Royne & aux deux infantes Mercilane & Florée. Helas, seigneur, tresvoluntiers acompliray de ma part vostre volonté, mais quant à mon frere & des autres, ie croy qu'ilz ne passeront iamais plus oultre : car à ce que ie puis cognoistre ie ne voy en eux aucun signe de vie. Ilz n'ont rien, dist lors le prince Mantilée, qu'ilz n'ayent bien merité, fault il ainsi detracter & mespriser les Cheualiers estranges, mesmes taxer toute vne nation ? or sus, sus voyons comme les aultres se portent : lors venans au premier Cheualier abatu le trouuerent tout roy de mort en la place tant à cause de la grande perte de son sang par la playe du bras, que de son armet qu'il n'auoit sceu deslacer & l'oster de sa teste pour prendre air. A ah (dist lors son frere) pauure infortuné ie t'auois bien dit plusieursfois que ton orgueil & oultrecuydance te causeroit quelque iour la mort! Prenez y exemple, luy dist le Cheualier desenchanté, & soyez vne autre foys plus courtoys & gracieux aux Cheualiers soiét ieunes ou vieux, vous pensiez & voz compagnons aussi, que ces deux ieunes Prin-

nes Princes euſſent autant peu de force & vertu qu'ilz ont peu de barbe, mais il ne fault pas ainſi meſurer les perſonnes, helas monſieur, reſpondit l'autre ie l'aperçoy bien maintenant dont il me deſplaiſt : & ie vous prie que ie ſçache ſi mes couſins ont eſté auſſi mal traitez comme mon frere. Ie le veux, diſt Palladien, & s'aprochans d'iceux, entendirent l'vn ſe plaindre piteuſement : ô dieu, diſoit il, ſecourez moy! ayez pitié de moy! & l'autre qui auoit eſté paſmé iuſques alors, reuint à ſoy, & iettant vn grand ſouſpir ſe voulut releuer, mais le prince Palladien luy preſentant l'eſpée ſur la gorge : Paillart, ſi vous ne voſtre compagnon, bougez, vous eſtes mortz : il fault ſi voulez racheter voz vies que me promettiez de vous aller rendre à la mercy du roy d'Angleterre luy racontant, pourquoy, comment, & de qui vous auez eſté vaincuz : Seigneur, reſpondit l'vn, il n'y a choſe que ne vous promettons & executions pour racheter noz vies, & pource ie vous iure que ie ne fauldray à faire voſtre volonté. Et vous, diſt le Prince à l'autre, ne m'en promettez vous pas autant ? Le pauure Cheualier (qui auoit le col tout tors de la cheute) n'eut la puiſſance de luy reſpondre ſinon par ſignes des mains qu'il luy tendit, monſtrant aſſez à ſa contenance ſon conſentement. Or ſuyuez voſtre chemin quant vous voudrez, & vous allez faire penſer, diſt le Prince, lors commanda à ſes Eſcuyers qu'ilz aydaſſent aux Cheualiers à reprendre leurs cheuaux eſchapez, ce qu'ilz firent promptement, & eux remontez deſſus à bien grand peine, s'en allerent au prochain bourg faire penſer leurs playes & enuoyerent querir leur compagnon qu'ilz firent inhumer, & deplorer à la mode de leurs païs. Ainſi eſchaperent ces trois Cheualiers, au moyen de la promeſſe qu'ilz firent au prince Palladien : mais ilz n'en tindrent conte depuis, comme nous pourrons voir quelquefoys par le diſcours de noſtre hiſtoire.

Comme les Princes auec leur com-
pagnie arriuerent au royaume de Hongrie, ou eſtoit le gentilhomme
qui auoit rauy la femme du Cheualier deſenchanté, & de
ce qui leur auint en chemin.

Chapitre. XI.

Es deux Princes, ayans laiſſé les quatre Cheualiers en l'eſtat qu'auez entendu, ſuyuirent leur chemin & tant firent ceſte iournée qu'ilz arriuerent au port de Gorfort ou ilz s'embarquerent vn matin que la mer eſtoit fort calme : & attendans le vent propice pour paſſer en Holande ſe mirent à deuiſer de la bône grace des Cheualiers

ualiers vaincuz le iour precedant, & mefmes de celluy qui auoit le col tordz, lequel ne peut refpondre aucune chofe pour la douleur qu'il fentoit, mais ilz ne furent gueres fur telz deuis qu'il fallut donner les voyles au bon vent qui fe leua, & finglans cefte mer de Zelande furent en vn iour & demy à Triel ou ilz fe refraifchirét & fit le prince Palladien racouftrer fon harnoys qui auoit efté rompu & faucé en quelques endroitz au combat qu'il auoit eu contre les quatre Cheualiers fur les limites d'Angleterre. De là trauerfans toute cefte cofte de Hollande pafferent le Rhin & entrerent es Alemaignes, ou arriuans fur les frontieres de Boheme virent d'affez loing venir deuers eux vn Lyon portant entre fes dentz vn petit enfant emmaillotté & vne ieune femme villageoyfe qui couroit apres fe defconfortant à merueilles. Sur mon honneur, dift lors Palladien, fi ce n'eft là quelque befte fauuage qui emporte vn enfant : ie vous prie que deux de nous mettent pied à terre & les autres fe tiennent preftz pour deftourner la befte fi elle veult d'auanture prendre autre chemin, & ie vous donne ma vie fi nous ne luy faifons lafcher prife. C'eft tresbien auifé dift Mantilée, lors mettans pied à terre fe faifirent de leurs efcuz & mirent les efpées au poing. La pauure ieune femme les voyāt en ceft equipage fe douta bien que c'eftoit pour la fecourir, & pource leur efcria qu'ilz allaffent garder l'entrée de la cauerne ou la befte repairoit, leur monftrāt l'endroit, Mantilée y acourut incontinent & là attendit ce gentil nourricier lequel voulant entrer en fa taniere auec fa proye, par dieu monfieur du Lyon, dift le Prince, il ne fera pas vray : la befte irritée de trouuer empefchement mift bas l'enfant & furieufement fe vint getter fur Mantilée qui du premier coup d'efpée qu'il luy rua fur la tefte luy en abatit vne grande partie auec l'oreille : & redoublant fon coup luy fit voller vne des pates par terre dont le Lyon, comme enragé fe print à mugir & braire, de forte qu'a fon cry fortit de la cauerne vne Lyonne, ayant fes petitz, laquelle vint par derriere fe lancer courageufement fur le Prince qui n'auoit encor' abatu le Lyon, combien qu'il luy euft baillé plufieurs grandz coups, mais la meflée ne dura gueres depuis car Palladien & les Efcuyers qui s'eftoient mis à l'efcart pour enclorre la befte acourrurent au fecours l'vn def quelz vint mettre la lance qu'il portoit, au trauers du ventre du Lyon qui tenoit encores bon contre Mantilée, & le prince Palladien, aborda fur la Lyonne à laquelle il rua fi grand coup fur les reins qu'il la fendit iufques aux entrailles & tumba morte fur le champ, cependant la ieune femmelette arriua qui leua fon enfançon qu'elle penfoit mort ou bien pres de mort, mais Dieu l'auoit gardé de ceft inconuenient : ce que cognoiffant la dolente fe mift à genoux deuant les Princes, difant. Helas feigneurs, cent mille mercis, vous m'auez rendu mon enfant qui eftoit deuoré fans vous : L'vne des Damoyfelles print l'enfant entre fes bras & le voyant fi beau, dift à la mere, vrayment m'amye, c'euft efté dommage veu la beauté dont nature l'a doué, mais comment ne vous en donnez-vous autrement de

garde

garde veu qu'en ce païs y a de telles bestes. Ma Damoyselle, respondit la ieune femme, ce n'a esté du tout par ma faulte que cest inconuenient est auenu, car voulant aller querir vn faix de fagotz que mon mary fait en ces tailliz que voyez, i'ay donné mon enfant en garde à vne mienne voysine or ne sçay encor' comment elle l'a laissé emporter, mais en m'en retournát du boys i'ay bien recogneu l'enfant à ses langes que le Lyon emportoit: & vous asseure bien que ce n'est pas le premier: car depuis six moys on en a trouué deux perduz de ce petit village ou nous ne sommes que dix ou douze mesnages, & pensoient les peres & les meres que quelques passans les eussent desrobez: mais on peult bien maintenant cognoistre qui en a esté le larron. Or tenez m'amye, donnez luy le tetin & en soyez desormais plus songneuse, toutesfoys la beste qui vous a fait si belle peur (& à nous aussi) n'en fera plus de telles. Certes ma Damoyselle, respondit la ieune femme, il n'y a pas long temps, qu'en m'en allant au boys (comme ie faisois tantost) ie vy entrer le vilain animal dedans ceste cauerne, mais ie pensois le voyant de loing que ce fust vn des chiens de nostre vilage, & puis que vous auez trouué le pere & la mere ie me douterois bien que les petitz ne sont pas loing, on le peult cognoistre aux tettes de ceste Lyonne. Foy de Prince ie le sçauray tout maintenant, dist Mantilée, & voulant entrer dans la cauerne son escu au bras & l'espée au poing, non monsieur mon compagnon, luy dist le prince Palladien, il fait trop obscur la dedans, ny entrons point que nous n'ayons du feu, car il y pourroit auoir quelques aultres bestes venimeuses dont vous ny moy ne nous sçaurions garder ne les voyant point: d'auantage s'il y a encor' des Lyons le feu ne nous sera que bon par ce que i'ay entendu qu'ilz le craignent fort: C'est auis fut trouué bon par Mantilée, à ceste cause enuoyerent la ieune femme au bourg qui estoit pres de là, querir vne gerbe de paille & du feu, à quoy elle ne faillit & amena auec elle six ou sept païsans embastonez d'espieux, fourches & iauelines, lesquelz tenans chacun vne poignée de foyr reallumé entrerent en la cauerne auec les Princes, pendant que leurs Escuyers senoient leurs cheuaux, & là bien auant vous trouuerent troys ieunes lyonneaux qui iouoient ensemble comme petitz chiens, & aupres de leur giste abondance de drapeletz: Ha vrayment, dist lors le prince Palladien voyci beau petit ieu il fault que les Damoyselles & ceste ieune femme voyent cecy, & les ayant fait apeller par les païsans, entrerent toutes tremblantes de paour, mais elles furent asseurées quant elles virent le peu de force des petitz faons, voyez m'amye, voyez, dist Mantilée, à la ieune femme voylà les animaux qui deuoient faire vne gorge chaulde de vostre enfant. Làs monsieur vous dites vray, respondit elle, & certainement nous sommes tous bien tenuz à vous de nous auoir depesché le païs de ces villaines & cruelles creatures: ô dieu quel dommage elles eussent peu faire à l'auenir. Ie vous asseure dist Palladien à Mantilée, que si nous n'estions si loing d'Angleterre, ie les enuoyrois au Roy, pourueu qu'ilz se peussent

D ii   nourrir

nourrir d'icy là, monsieur, respondit l'vn des païsans, i'entreprendray bien s'il vous plaist de les nourrir (car ilz sont ia grandetz) & ie les porteray iusques en Angleterre à qui il vous plaira, ie sçay bien comme il les fault traiter, il me souuient, que n'ayant encor' douze ans, feu mon pere en trouua vn petit en ces taillis lequel, auec du lait de vache & du pain, il nourrit & esleua ny plus ny moins qu'on feroit vn petit chien : quand il fut grand & bien apriuoysé il le mena à nostre Roy, qui en fit depuis present au Roy de France. Vrayment, dist le Prince, si tu veux faire cela pour moy ie te bailleray argent pour faire tes despens iusques là & de ceux que tu voudras prendre pour t'acompagner, auec lettres & saufconduit, & si t'asseure que tu ne t'en reuiendras tes mains vuydes. A a monsieur, respondit le païsant, ie pense bien cela, car nous auons maintesfoys ouy dire que le roy d'Angleterre Milanor est vn des meilleurs & vertueux Princes de la terre, & pource, ores que ie ne receusse autre bien de luy que de le voir, ie feroys assez contenté : d'auantage vous auez tant fait pour nous, mettant à mort ces deux dangereuses bestes, qu'il nous seroit impossible vous en rendre digne recompense. Ainsi sortans de la cauerne les bonnes gens allerent querir des hottes & des paniers ou ilz mirent les petitz Lyonneaux : Ce pendant le prince rescriuit au Roy son pere auquel il manda bien amplement de leur voyage, & sur tout de la prouësse du prince Mantilée qui auoit combatu & mis à mort les Lyons: ce ne fut pas aussi sans faire ses affectionnées recommendations à l'infante Mercilane entre toutes les Dames, ce fait il donna les lettres au bon homme auec son saufconduit & argent, lequel partit des le lendemain luy quatriesme auec les lyonneaux & prindrent le chemin d'Angleterre. D'autre part les Cheualiers remontez auec leur compagnie suyuirent le chemin de Hongrie, ou ilz arriuerent en peu de iours sur le midy & en vne petite bourgade, distant seulement d'vne lieuë du chasteau ou estoit le Cheualier qui tenoit la femme du gentilhôme desenchanté, là il fut conclu & arresté entre les Princes qu'ilz se refraischiroient en ce lieu tout le reste du iour & que le lendemain, la sœur du Cheualier enchanté iroit accuser l'autre de trahison & qu'on le luy maintiendroit seul à seul, ou deux contre deux ou bien trois contre troys, tout ainsi qu'il vouldroit choysir. Cela ainsi deliberé, chascun se mist à faire bonne chere, puis s'en allerent reposer de bonne heure à fin d'estre le lendemain de bon matin prestz d'executer leur deliberation. Estans tous couchez le prince Mantilée se print à penser profondement à sa Mercilane, deliberant faire tant d'armes pour l'amour d'elle qu'à leur retour son frere Palladien luy en feroit le recit & moyenneroit le mariage d'entre eux : Palladien d'autre part ne pensoit qu'à se faire valoir & acquerir bruit par sa prouësse & cheualerie. Ainsi en telz gracieux pensements les deux ieunes Princes s'endormirent, & fut incontinent auis à Palladien qu'vne grand Dame se vint presenter deuant luy laquelle proferant quelques motz tout bas luy mist la main doucement sur la teste puis
sortit

sortit de la chambre & refermant l'huys d'icelle fit ce luy sembla si grand bruit qu'il se resueilla & pensa assez longuement qui pourroit estre ceste Dame, mais il ne peut pour lors en auoir aucune cognoissance ne que vouloit dire ce qu'elle luy auoit fait, il ne fut toutesfoys gueres de iours depuis sans la cognoistre comme nous verrons cy apres.

Du combat qu'eurent les Princes
Palladien Mantilée, & le Cheualier desenchanté contre le Cheualier rauisseur & ses freres, & qu'elle en fut l'issuë.

Chapitre. XII.

Es deux Princes passerent la nuict comme auez entendu mais s'ilz eurent des pensemens & visions : croyez que le Cheualier desenchanté n'en eut pas moins qu'eux pour le souuenir de sa femme que luy tenoit le trahistre qu'il auoit de si bon cueur logé & traité en sa maison, dequoy il luy faisoit plus de mal & se sentoit trop plus offensé que si c'eust esté vn aultre qu'il n'eust point cogneu. Or si tost que le iour commença à se monstrer il fut incontinent sur piedz & s'en alla en la chambre des Damoyselles les faire leuer pour aller vistement faire le message au Cheualier rauisseur, celle qui auoit la charge de luy porter la parolle fut incontinent preste, & ayant pris vn des Escuyers du prince Palladien pour l'acompagner monta à cheual & s'en allerent droit au cha-

D iii steau

steau ou estoit le Cheualier, lequel elle trouua deuant la porte auec trois ou quatre soldatz de ses gés. Lors sans mettre pied à terre ne sans le saluër aucunement, s'aprocha de luy & d'vne contenance audacieuse & parolle asseurée luy dist. Tu sçais bien, meschant que tu es, que violentement & à force as rauy la femme de mon frere qui t'auoit par amitié receu, logé, & traité en sa maison, parquoy ie te dy que tu es lasche & meschant & qu'en ce faisant as commise la plusgrande trahison & desloyauté qui fut iamais pensée: & te donneray en barbe Cheualier qui maintiendra contre toy ce que ie dy estre vray, par combat de sa personne à la tienne, ou si plus te plaist deux contre deux, ou trois contre trois, ie les feray venir en ce lieu, auant qu'il soit mydi sonné. Le Cheualier tout esbahy d'ouïr parler si brauement vne femme, acompagnée seulement d'vn Escuyer, luy respondit. Vrayment, Damoyselle, ie voy bien qu'il n'y a gueres que vous estes descenduë de Paradis, car vous estes encor' fort glorieuse, mais i'espere bien vous rabaisser cest orgueil auant soleil couchant & à celluy ou ceux qui ont entrepris de me combatre pour auoir amené ceans vne Damoyselle que vous dites estre vostre belle sœur laquelle n'en sortira iamais que ie n'en aye fait mon plaisir : or à fin que ie ne perde point temps à contester auec vous, qui monstrez n'auoir pas beaucoup de ceruelle, retournez vous en & amenez quant il vous plaira les troys Cheualiers dont me menassez & ilz en trouueront icy troys aultres (desquelz ie seray l'vn) qui les receüront, au combat & leur dites hardiment qu'ilz n'oubliét rien en chemin car il leur sera bien de mestier d'y employer tout ce qu'ilz sçauent. A' ce mot la Damoyselle tourna bride & s'en retourna auec son Escuyer vers les Princes qui estoient ia tous armez & prestz de monter à cheual, lesquelz ayans entendu la response par la Damoyselle, n'eurent loysir que de boyre chascun vne foys puis monterent sur leurs destriers, & la lance sur la cuysse, se mirent en chemin auec leurs Escuyers & les Damoyselles qui les conduirent. Or pendant que la Damoyselle s'en retourna vers les deux Princes, le Cheualier rauisseur auertit ses deux freres (qui estoient pour lors en son chasteau) de tout ce qu'auez entendu, lesquelz se mirent en equipage pour receuoir les aultres : & d'auantage ce Cheualier commanda armer vingt aultres de ses gens pour les secourir, le cas auenant qu'ilz ne fussent les plus fors, & que s'ilz ne les pouuoient prendre prisonniers qu'ilz les tuassent sans remission. Les Princes, doncques, & le Cheualier desenchanté, arriuez à vn trait d'arc pres du chasteau, firent là arrester leurs Escuyers & les deux Damoyselles pour voir de loing ruer les coups & l'issuë du combat : car dist le prince Palladien, puis qu'ilz ne veulent combatre que troys contre troys, ce n'est raison ny honesteté de nous presenter plus qu'eux. Ce disant virent les troys freres sortir du chasteau fort bien montez à l'auantage ayans chascun vne forte lance, & celuy qui marchoit le premier estoit le rauisseur contre qui le prince Palladien voulut picquer, mais le Cheualier desenchanté le pria de luy laisser faire contre

cestuy

cestuy là, car, dist il, monsieur, c'est moy qu'il a offensé, c'est moy aussi qui luy feray sentir tout presentement le tort qu'il m'a fait me rauissant ma femme, quant à ses deux freres que ie voy apres luy ie vous en laisse faire ie croy qu'auant que le ieu departe que les sçaurez bien chastier. A l'instant brocha son cheual & mist la lance en l'arrest dont il attaignit son homme de si droit fil qu'il le culbuta par terre tout estourdy, & ayant parachué sa carriere le vit debout l'espée au poing, car son cheual luy estoit eschapé, lors le Cheualier enchanté craignant que son destrier ne luy fust tué souz luy, mist pied à terre, & embrassant son escu s'en vint furieusement à l'encontre de son ennemy la teste baissée & brandissant son espée, à ceste heure, trahistre, luy dist il, ie t'auray & te feray repentir du lasche tour qui m'a esté fait par toy & les tiens, à ceste parolle luy rua si grand coup sur son escu qu'il le fendit quasi iusques à la moitié, l'autre ne dormoit pas ains se deffendoit & rechargeoit son ennemy si dru qu'il se trouua quelque peu estonné à ceste premiere charge, mais en fin il le rengea si bien & luy en donna tant de tous costez qu'on luy voyoit decouler le sang tout au long de luy, dont il se trouua tant attenué qu'il ne faisoit plus que reculler & parer aux coups. Ce pendant les Princes besongnoient, dieu scet comment, contre les deux autres freres, & si bien qu'à celluy à qui auoit affaire le prince Palladien fut abatu vn bras tout net, & l'autre qui soustenoit contre le prince Mantilée ne combatoit plus que sur vn genou (ayant l'autre coupé bien à la moytié) quand les vingt Cheualiers mussez en la court du chasteau vindrent à sortir crians les vns aux aultres, ah malheureux que nous sommes nous auons trop attendu à secourir nostre maistre & mesieurs ses freres car on voit à l'œil qu'ilz n'en peuuent plus, là donc que les paillardz qui les sont venuz assaillir soyent enuironnez & prins vifz à fin qu'on leur face endurer mort cruelle, lors tous se ruerent sur les Princes & le Cheualier, mais ilz ne sceurent si tost venir que Palladien n'eust tranché la teste au sien, & Mantilée donné d'vn estoc à trauers de la gorge de l'autre dont il tumba royde en la place, & le Cheualier rauisseur n'estoit gueres mieux: Ce fut lors aux troys à se deffendre contre les vingt qui s'empeschoient l'vn l'autre à qui approcheroit pour mettre le premier la main dessus pour les prendre vifz, mais les premiers qui s'enhardirent d'y toucher furent si bien chastiez qu'oncques puis n'eurent volunté de côbatre, les Escuyers des Princes voyans tant de gens si mal traiter leurs maistres coucherent les lances qu'ilz tenoient & en tuerent troys ou quatre à l'abordée se meslans tout à trauers de la troupe, mais leurs cheuaux leur furét bien tost tuez entre leurs iambes, & eux mesmes n'eussent pas euité la mort, sans le secours du prince Ladisée de Hongrie: lequel de bon heur estoit ce iour allé courre le Cerf de ce costé là: & pource que s'estoit sur les frontieres de Turquie il auoit pris quinze ou vingtz Cheualiers bien armez qui l'acompagnoient & voulut la fortune qu'il entendit d'assez loing les cris & les coups des combatans à ce moyen s'aprochacha auec sa troupe & voyant tant de gens sur les troys Cheualiers & leurs Escuyers qui faisoient vn deuoir esmerueillable de bien fraper & se deffendre, dist. Par dieu il fault bien dire que ce soit icy quelques brigans ou voleurs qui se sont ruez si grand nombre sur ces quatre que ie voy, sus dist il à ses Cheualiers que chascun me suyue & donne aspremẽt sur ceste canaille, lors Lydisée & ses gens entrent pesle mesle au conflict & si bien charpenterent ceux du chasteau, qu'il y en demoura à vn instant quinze ou seize en la place: le reste voyant ce nouueau secours prindrent la fuitte droit au chasteau, mais ilz furent suyuis de si pres qu'ilz n'eurent loysir d'abaisser la bacule apres eux ny fermer la porte. Les deux pauures Damoyselles qui n'auoient fait que plorer & se desconforter voyans les Princes en si grand danger, furent bien resiouyes quant elles aperceurent la victoire gaignée & leurs gens encores sur piedz, si ne furent paresseuses d'aller apres au chasteau ou elles trouuerent le reste de la vilenaille, de leans tous liez & garrottez: ce fait les Princes retournerent ou auoit esté la tuerie & la trouuerent le Cheualier rauisseur encores sain, mais fort blessé lequel ilz firent prendre & mener dans le chasteau, ou aussi tost qu'il recogneut le prince de Hongrie se gettant à ses piedz luy demanda pardon & tous ses gens semblablement qui restoient, mais il n'en voulut rien faire iusques à ce qu'il eust entendu le motif de leur querelle & debat. Lors la Damoyselle sœur du Cheualier luy raconta de poinct en poinct & quant & quant luy dist qui estoient les deux Cheualiers qu'il auoit secouruz, ce qu'entendant les vint incontinent embrasser: A a messeigneurs, dist il, vous soyez les tresbien venuz en ceste terre, ie remercie Dieu qui m'a fait la grace de vous cognoistre. Certes monsieur, respondit Palladien, nous sommes bien tenuz à vous qui estes venu icy tant à poinct car ie croy asseurément que sans vostre secours ces paillardz de ceans nous eussent fort mal traitez. Or ne les doutez plus, dist Lydisée, car auant que ie parte de ce lieu ie feray faire telle iustice de ce qui en reste que vous en deürez estre content: Ce pendant, dist il à ses gens (dont y en eut trois tuez au combat) enfermez les tresbien iusques apres disner & sçachons ou est enfermée la pauure Damoyselle qui fut rauie. A l'instant se presenta vne petite vieille iardiniere qui s'estoit cachée au fondz d'vne caue durant le combat, laquelle prosternée aux piedz des Princes, helas Seigneurs, dist elle, ayez pitié de moy pauure chetiue, ie vous monstreray la chambre ou est enfermée la Damoyselle que vous cherchez, mais quant à la clef le maistre de ceans la porte ordinairement pendue à son col, combien qu'elle ne luy sert de rien car depuis que la Damoyselle y fut enfermée par vne certaine Dame qui se disoit sa tante, homme du monde ne la sceut ouurir. Leuez vous, m'amye, leuez-vous on ne vous fera point de mal, donnez seulement ordre auec mes gens que le disner soit prest, tandis on alla querir la clef que le Cheualier auoit pendãte à son col, auec laquelle les troys Princes tascherent à ouurir l'huys de la chambre: mais il ne leur fut oncques possible

possible : en fin le mary de la Damoyselle la print & l'ouurit bien facilement, & aussi tost sa femme toute esplorée se vint getter à son col : Ah, a mon mary ! si i'ay eu beaucoup de tristesse & ennuy en ce lieu pour le regret de vous auoir perdu, ie pense que n'en auez pas eu moins pour l'amour de moy : mais ó Dieu ! ou est le meschant qui me rauit d'aupres de vous ? Damoyselle m'amye, dist le prince de Hongrie n'ayez plus doute de luy, ie l'en garderay bien que de sa vie ne vous touchera. Helàs monsieur, oncques ne me toucha ny fit deshonneur quant à mon corps, combien qu'il y ayt mis & employé tout son effort, aussi me fusse-ie plustost fait deschirer en mile pieces, tant mieux, dist le Prince, vous en estes tant plus à louër, toutesfoys si en souffrira il la peine meritée : M'amye, m'amye, luy dist le Cheualier son mary, remerciez ces bons Princes icy, car sans leur ayde ie ne vous eusse iamais recouurée ny vous moy, lors la Damoyselle se vint getter à leurs piedz pour leur baiser les mains ce qu'ilz ne luy voulurent permettre, ains la releuant entrerent tous en vne grand' salle ou ilz se desarmerent & firent attendant le disner apareiller leurs playes qui furent trouuées grandes & dangereuses, toutesfoys la Damoyselle qui se cognoissoit fort bien en la chirurgie leur promist entiere guerison dedans dix iours au plus tard. Le disner paracheué le prince Lydisée commanda à quatre de ses gens mener le Cheualier rauisseur, au Roy pour en faire telle punition qu'il meritoit, à quoy il ne faillit : car ayant entendu, par la lettre que luy enuoya Lydisée son filz, le fait tant enorme le fit tirer à quatre cheuaux, & le Prince fit pendre tous ceux qui auoient esté prins à la meslée. Ainsi ne demourerent saufz des gens du Cheualier rauisseur que quelques pauures cuysiniers, palefreniers, & valletz d'estable, lesquelz pour n'estre consentans du fait furent pris à mercy.

Comme la sage Orbiconte apparut au prince Palladien dormant, & des propoz qu'elle luy tint.

Chapitre. XIII.

Ceste execution faite en la sorte qu'auez entenduë les Princes allerent visiter toute la forteresse (ayans premierement bien fait fermer les portes, & mis guet à l'entrée) puis descendirent aux iardins bien peuplez de toutes sortes d'arbres & belles fonteines qui contenterent si bien les Princes qu'ilz delibererent ne partir de ce lieu iusques à ce que leurs playes seroient entierement gueries, les Damoyselles ce pendant racontoient à la femme du Cheualier tout le discours de leur voyage, comme les deux espées enchantées leur furent baillées

L'HISTOIRE

lées par la sage Nigromancienne & la maniere qu'elles auoient esté tirées du fourreau par les deux Princes, & de leurs auantures en venant d'Angleterre, à quoy la bonne Damoyselle prenoit si grand plaisir qu'elle se pasmoit quasi de ioye, & continuërent leurs propoz de la vertu & prouësse des Princes iusques à l'heure du soupper qu'ilz se mirent à table, d'ou ilz entr'ouyrent, sur l'asiette du premier metz, la voix d'vn pauure homme qui crioit tant qu'il pouuoit famine, famine, tuez moy plustost que de me laisser mourir de rage de faim, dont tous furent fort esbahis & voulãs sçauoir ou estoit ce triste tãt desolé qui ainsi crioit, l'vn des valetz de leans leur dist que c'estoit vn de ses compagnons, que le seigneur du chasteau auoit fait mettre en basse fosse pour autant qu'il s'estoit efforcé de faire voye à la Damoyselle rauie. Paillard, dist le prince de Hongrie, pourquoy as-tu tant mis à le dire, par dieu, a peu ne tient que ie ne te face bailler les estriuieres, monseigneur, respondit le valet, i'ay craint de vous en auertir voyant encores le maistre de ceans en vie? Or le va querir, dist le Prince Lydisée & te depesche: Soudain le valet s'en alla au cabinet de son maistre prendre les clefz de la prison & amena le pauure malheureux tant mesgre & herissonné, que la Damoyselle rauie à peine le peut elle recognoistre, helàs messieurs, dist elle à la fin, voylà le pauure garçon qui se mist vne nuict en tout deuoir de me mettre hors de ceans mais nous fusmes descouuers par l'vn des gens du guet dont à ce que ie voy mal luy en est pris. Vrayment m'amye, dist lors le Cheualier, ie veux recognoistre enuers luy le bien qu'il s'est efforcé de vous faire, & pource desmaintenant (s'il plaist à messeigneurs) ie le retiens des miens & luy prometz de le bien traiter & recompenser, vous ferez tresbien, dist le Prince de Hongrie, & de ce ie vous en prie. Lors luy firent oster les fers des piedz & des mains, & le reuestir des meilleurs habitz qui furent trouuez en la garderobe de son maistre, dont il remercia les Princes & le bon Cheualier luy promettant de le suyure & seruir fidelement en tout ce qu'il luy plairoit luy commander. Les tables leuées, les Princes firent deux ou troys tours de iardin pendant que les Damoyselles leur appresterent leurs chambres ou ilz se retirerent de bonne heure par ce qu'ilz estoient las du trauail pris toute la iournée. Or ne fut si tost le Prince Palladien endormy que la Dame qui s'estoit vne foys apparuë a luy, se vint de rechef presenter à ses yeux & luy fut auis qu'elle luy dist. Palladien sçache que ie suis la sage Orbiconte payenne qui pour l'amour & bonne affection que ie te porte à cause de tes vertuz, te suis venu auertir que c'est moy qui ay forgé les deux espées que toy & Mantilée auez euës du Cheualier enchanté, lequel i'ay voulu par ton moyen remettre en son bon sens & premier estat luy faisant recouurer sa femme rauie, & pource que i'ay preueu par ma magie & science occulte que tu me doys vn iour beaucoup ayder & faire monter en hault & honorable estat, ie n'ay voulu te celer que les destinées t'ont reserué l'acheuement de plusieurs grandes & braues entre-

prises,

prises auantures & enchantemens, pour lesquelz neantmoins tu souffriras beaucoup d'ennuys & de trauaux : Ie t'auerty d'auantage que les destinées te gardent vne Damoyselle qui est au iourd'huy nompareille en beauté, pour laquelle chercher & en auoir des nouuelles tu trauerseras maintes contrées auecq' beaucoup de fatigues & ennuys, toutesfoys tu seras secouru par moy, & consolé par la grande renommée que tu entendras de sa beauté & bonne grace sur toutes les Princesses de la terre. Et pource ne faux à te mettre en queste le plustost que tu pourras pour la trouuer : ce que tu feras t'enquestant qui est la plus renommée en beauté qui viue au iourd'huy sur la terre, & ne pense que cecy soit vne fable, ny vn songe : car tu t'en pourroys mal trouuer si tu n'en tenois conte : A' tant se disparut la sage Orbiconte, laissant le ieune Prince fort douteux en son esprit qui pouuoit estre ceste femme payenne qui tant luy vouloit de bien & tellement imprima en son esprit les parolles qu'elle luy auoit dites que les tenât pour toutes veritables, delibera de se mettre en queste pour trouuer la Damoyselle seul fenix entre toutes les belles de la terre, de laquelle deslors il deuint amoureux : à ceste cause conclud de se departir d'auec le prince Mantilée de peur d'auoir vn compagnon & competiteur en ses amours : mais auant que passer plus oultre, & pour sçauoir la cause de cest auertissement d'Orbiconte, il fault entendre qu'elle estoit sœur du roy d'Aquilée, & auoit autresfoys espousé vn Duc grand seigneur en ce Royaume, duquel elle auoit eu trois filles : Or, ayant toute sa vie estudié à ces sottes & supersticieuses sciences de Nigromance, Geomances, & autres telles, elle fit vne reuolution de leur natiuité & cogneut par sa science que si le prince Palladien venoit vne foys à les habiter, qu'elles auroient de luy chascune vn filz, beaux en perfection & surmontans en prouësse & bonté de Cheualerie tous ceux de leur temps, d'auantage que l'vn d'iceux seroit vn iour Empereur & les deux autres Roys : Or pour trouuer moyen de faire acheminer Palladien en ceste contrée, fault sçauoir que le roy d'Aquilée frere d'Orbiconte auoit vne fille la plus belle dont on eust oncques ouy parler, à ce moyen ceste Nigromancienne s'en alla apparoistre au Prince & l'inciter de se mettre en queste de la plus belle fille du monde qui luy estoit promise, pensant bien qu'il n'yroit gueres loing sans ouïr parler de la beauté de ceste fille nommée Aquilée, puis quant il seroit venu en ceste contrée, elle se promettoit de besongner si bien par ses artz, qu'elle le feroit coucher auec ses filles, à fin qu'elle peust voir quelque iour ses petitz filz aux grandz honneurs qui leur estoient promis par les destinées : suyuant la responce desquelles elle s'estoit retirée pour quelque temps en la montaigne, dont nous auons par cy deuant parlé, ou elle forgea les deux espées enchâtées pour commencer d'attraire le prince Palladien au royaume d'Aquilée, ou il arriuera quelque iour, ce pendant nous vous dirons que luy & sa compagnie deuindrent apres que leurs playes furent gueries.

Comme

L'HISTOIRE
Comme le Cheualier desenchan-

té remena sa femme en sa maison, ayant pris congé des Princes, lesquelz peu apres partirent du chasteau du Cheualier rauisseur ou ilz laisserent le prince de Hongrie, & comme le prince Palladien trouua deux Cheualiers assailliz de dix aultres.

Chapitre.   XIIII.

Es Princes doncques demourerent au chasteau du Cheualier rauisseur enuiró quinze iours à faire guerir leurs playes, durant lesquelz le Cheualier desenchanté eut moyen de recouurer vn nauire au plus prochain port, pour le remener en sa maison auec sa femme & les deux Damoyselles: lequel se trouuant bien dispos, print congé des trois Princes les remerciant treshumblement du bien qu'il auoit receu par leur moyen, autant en firent sa femme, sa sœur, & sa cousine non sans grande abondance de larmes de leur costé, & auant que partir le Prince de Hongrie Lydisée leur fit present de deux coffres à bahu pleins de riches bagues, ioyaux & acoustremens trouuez leans auec cheuaux & harnoys au Cheualier desenchanté & à l'homme qui auoit esté trouué es basses fosses pource qu'il s'estoit efforcé de mettre en liberté la Damoyselle rauie comme auez entendu par cydeuant. Ainsi ayans ces quatre pris congé s'acheminerent droit au port ou ilz s'embarquerent & donnans les voyles

voyles au vent la fortune leur fut si amye qu'en peu de iours ilz paruindrent ou ilz desiroyent. Palladien & Mantilée d'autre costé, se sentans dispos & fors assez pour le trauail des armes, delibererent partir de là: Palladien pour suyure sa fortune & chercher la Damoyselle dont luy auoit parlé la sage Orbiconte: & Mantilée pour retourner en Angleterre vers sa bien aymée Mercilane, le seul souuenir de laquelle le faisoit viure Doncques, des le lendemain que le Cheualier desenchanté & sa compagnie furent partis, ces deux Princes se rendirent en la chambre de Lydisée & luy ayans donné le bon iour. Palladien luy dist, monseigneur, puis que nous sommes bien gueriz, la grace à Dieu, & que nous nous sommes acquitez (moyennant vostre bon secours) de la promesse faite au Cheualier qui auoit perdu sa femme comme auez veu, il vous plaira nous donner congé à fin que puissions retourner en noz terres vers noz parens suyuant ce que nous leur auons promis, & le pluftost qu'il nous seroit possible. Ce pendant nous vous remercions tresaffectueusement du bon recueil & traitement qu'il vous a pleu de grace nous faire en vostre terre: au reste auisez qu'il vous plaist de nous. Le prince Lydisée, dolent de perdre la compagnie de deux tant bons Cheualiers, leur respondit. Comment messieurs nous voulez-vous si tost abandonner? sur mon dieu ie suis marry qu'il ne vous plaist demourer en ce païs, estant bien certain que le Roy mon pere en seroit tresayse & vous feroit tout l'honneur à luy possible veu vostre grande vertu & prouësse: Mantilée craignant qu'il ne les priast de demourer là d'auantage luy dist: Monsieur nous ferions bien voluntiers plus long seiour en ce païs n'estoit la promesse dont vous à parlé monsieur mon cópagnon: toutesfoys si ne sommes destournez par quelque auanture ce ne sera sans aller voir & saluër le Roy vostre pere en nous en retournant. Ie vous prie, messieurs, me faire ce bien, & d'attendre encores deux iours seulemét, aussi bien vostre equipage n'est pas encores prest. Les Princes n'oserent refuser Lydisée pour si peu de temps, & tandis il enuoya en diligence à vne iournée de la querir deux harnoys les plus riches & beaux qu'il estoit possible devoir pour lors desquelz il fit present aux deux Princes le iour qu'ilz voulurent partir, & des quatre meilleurs cheuaux de son escuyrie. En cest equipage partirent du chasteau, laissans le Prince Lydisée fort triste lequel pour n'estre entierement guery de ses playes ne les conduysit qu'enuiron vn quart de lieuë loing du chesteau, puis s'y en retourna, & pource qu'il fut auerty que le feu Cheualier rauisseur auoit encor' vn frere autant meschant & mal complexioné qu'on en sçauroit voir il manda au Roy son pere qu'il luy enuoyast gens pour tenir fort leans, & le declara confisqué. Tandis les deux Princes & leurs Escuyers picquerent sans trouuer auanture iusques enuiron midy qu'ilz se trouuerent l'orée d'vne forest ou ilz virent vne fort belle & claire fonteine enuironnée & bien vmbragée de forces ieunes ormeaux feuilluz le possible, pres de laquelle ilz descendirent pour eux rafraischir & manger de ce que leurs Es-

E   cuyers

cuyers auoient aporté : Ayans repeu & mis paiſtre leurs cheuaux aupres d'eux, tous s'endormirent autour de ceſte fonteine à la freſcheur & vmbrage de ces beaux arbriſſeaux : Or le prince Palladien, qui ne pouuoit oſter de ſa fantaſie la Damoyſelle dont luy auoit parlé la ſage Orbiconte, s'eſueilla le premier, & voyant le prince Mantilée & leurs Eſcuyers dormir encor' profondement, ne leur voulut troubler leur repos : & attendant leur reueil, il print ſon armet & ſon eſpée, puis entra dans la foreſt pour entretenir vn peu ſes penſées à part luy : mais il n'eut à peine eſlongné ſes gens d'vn bon trait d'arbaleſtre, qu'il vint deſcouurir vne plaine en ce boys au mylieu de laquelle y auoit vne tante dreſſée & à l'entrée d'icelle deux ou trois faiz de lances, dont il fut aſſez eſmerueillé, toutesfoys penſant bien qu'elle n'eſtoit là ſans cauſe & que dedans y auoit gens, ne ſe voulut monſtrer qu'il n'en euſt veu ſortir quelqu'vn & pource choiſit vn fort buiſſon derrier lequel il ſe miſt de ſorte qu'il pouuoit, ſans eſtre aperceu, clairement voir tous ceux qui en ſortiroient & y entreroient: Or ne demoura il pas en ce lieu vn demy quart d'heure qu'il vit venir de l'autre coſté deux Cheualiers auecq' vne Damoyſelle qui portoit vn eſcu de fin acier tant cler & luyſant qu'alors que le ſoleil dónoit contre il eſblouïſſoit les yeux de ceux qui le regardoient : Les deux Cheualiers voulans paſſer outre la tente ſans dire mot, Palladien en vit ſortir vn qui les arreſta diſant, ce n'eſt par cy qu'il fault paſſer ſans parler, à ce que ie voy, vous eſtes diſpos tous deux & bien armez pour rompre lances & combatre, il vous eſt neceſſaire de monſtrer icy comment vous vous ſçauez ayder des armes, autrement les laiſſer en ce lieu & voz montures quant & quant : & fault deuant toute choſe, que vous, Damoyſelle, me bailliez ceſt eſcu que portez, car il me plaiſt & ie le merite bien : celà ne feray-ie, reſpondit la Damoyſelle, par ce que vous n'eſtes pas celluy à qui il eſt enuoyé, & pour qui il a eſté fait : Si fault il vueillez ou non que ie l'aye, reſpondit le Cheualier de la tente : ce diſant ſe voulut approcher de la Damoyſelle pour luy oſter à force, mais les deux aultres ſe mirent au deuant. Dea luy dirent ilz Cheualier nous ne refuſons pas la iouſte ny le combat contre vous mais de prendre à force l'eſcu que porte ceſte Damoyſelle, il nous ſemble eſtre pluſtoſt le fait de quelques voleurs & brigans que de Cheualiers qui ſe veüllent par vne gayeté de cueur eſprouuer contre les Cheualiers errans. O ho, c'eſt doncques aux iniures, reſpondit l'autre; & par dieu ie l'auray tout à ceſte heure, & ſi vous feray par meſme moyen repentir de voſtre folie & temerité : Sus, s'eſcria il aux Cheualiers qui eſtoient en la tente, ſortez & donnez ſur ces braues qui ont ſi mal apris à parler : à ceſte parolle ſortirent deux à cheual qui chargerent chaſcun vne lance & brochans leurs deſtriers contre les deux de la Damoyſelle (qui n'en firent pas moins de leur coſté) ſe rencontrerent ſi roydement que ceux de la tente furent portez par terre eux & leurs cheuaux dont ilz receurent ſi grand hurt de ceſte cheutte qu'ilz demourerent ſur l'herbe eſuanouys & tous froiſſez

froyssez, à l'instant en vindrent deux aultres qui en eurent tout autant: dont le Cheualier premier qui auoit voulu oster l'escu à la Damoyselle fut tant irrité, que luy-mesmes sortit, monté sur vn gros coursier, & dist à six autres qui restoient. Ah mes amys, voylà ia quatre de noz gens mortz ou pour le moins en grād danger ruons nous tous dessus les meschans qui les ont si mal menez, car seul à seul ne serions pas les plus fortz, la doncq' qui m'aymera si me suyue, incontinent tous coururent les lances baissées aux deux Cheualiers qui furent abatuz de force, mais auant que les autres eussent acheué leurs courses, ilz furent debout & embrassans leurs escuz. mirent les mains aux espées, & les autres semblablement qui tous à la foule cōmencerent à chamailler de tous costez sur les deux Cheualiers, dont les destriers estoient eschapez parmy la plaine, lesquelz la Damoyselle taschoit ce pendant à reprendre en se desconfortant & plorant piteusement l'infortune de leur maistres qui tenoient bon contre les sept, & les auoyent ia fort endommagez quand Palladien voyant le bon cueur & grande prouësse des deux, sortit de son buisson & attrapa l'vn des cheuaux eschapez sur lequel estant monté vint secourir les deux Cheualiers qui n'en pouuoient quasi plus, & à telle heure que se meslant parmy les sept en fit tel carnage en peu de temps que troys tumberent si lourdement qu'oncques puis n'en releuerent, les quatre qui restoient furent si estonnez de voir leurs ennemys auec ce secours qu'ilz commencerent à perdre cueur, & au contraire les autres augmenterent leurs forces & courage se voyans secouruz, tellement qu'en moins de rien la place leur demoura & se rendirent à leur mercy deux qui restoient, dont l'vn encor' se trouua si durement naüré qu'auant qu'il fust demye heure de là alla tenir compagnie aux autres & mourut.

Comme le prince Mantilée retrouua le prince Palladien auec les deux Cheualiers qu'il auoit secouruz, & la Damoyselle qui luy aporta vn escu de la part d'Orbiconte.

Chapitre. XV.

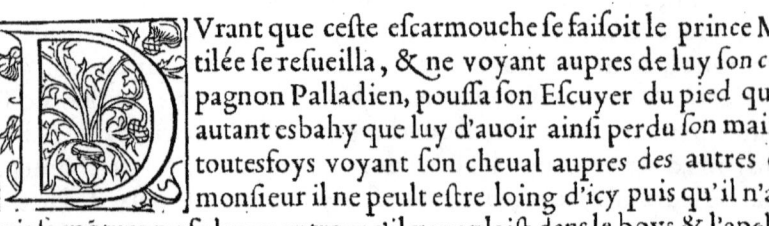Vrant que ceste escarmouche se faisoit le prince Mantilée se resueilla, & ne voyant aupres de luy son compagnon Palladien, poussa son Escuyer du pied qui fut autant esbahy que luy d'auoir ainsi perdu son maistre, toutesfoys voyant son cheual aupres des autres dist, monsieur il ne peult estre loing d'icy puis qu'il n'a pas pris sa mōture ny sa lance, entrons s'il vous plaist dans le boys & l'apellons

ce qui

ce qui pleut à Mantilée : mais ilz n'eurent pas cheminé la distance d'vn get de pierre qu'ilz entr'ouïrent vn bruit & cry de gens comme de combatans: lors sans auoir loysir d'aller prédre leurs cheuaux coururent droit ou ilz entendoient le chamaillis, & entrans en la pleine virent Palladien auec les deux Cheualiers & la Damoyselle & deuant eux vn homme à genoux qui leur escrioit mercy la teste nuë: si Mantilée fut bien ayse, ayãt retrouué son compagnon, il n'en fault point douter lequel s'estant aproché, vit que les deux Cheualiers abaisserent la visiere de leurs armetz & vindrent embrasser le prince Palladien. Làs, seigneur, dirent ilz, nous sommes bien tenuz à vous : car sans le secours que nous auez donné nous estions mors sans doute, Palladien incontinent osta son armet & cogneut que l'vn estoit Durandel de Cleues, & l'autre Orliman de Flandres, de la prouësse desquelz il auoit plusieursfois ouy parler : lors ce fut à récommencer les caresses & acollées entre ses quatre Princes. Puis s'auançant la Damoyselle qui portoit l'escu, se getta de son pallefroy à terre & auec vne grande reuerence dist au prince Palladien (qu'elle cogneut au dessein que luy en auoit fait Orbiconte) Preux Cheualier entre tous ceux qui au iourd'huy marchent sur terre, la sage Orbiconte vous enuoye cest escu & se recommande humblement à vostre bonne grace, vous priant habandonner vostre compagnie pour quelque temps & vous en venir auec moy. Palladien oyant parler de la sage Orbiconte qui s'estoit maintesfoys apparuë à luy en dormant fut autant ayse que son compagnon Mantilée & les deux autres furent esbahis & dolens de perdre si tost sa compagnie :& ayant pris l'escu de la Damoyselle, luy respondit, Damoyselle m'amye, ie remercie vostre maistresse & vous aussi, vous promettant suyure & acompagner par tout ou il vous plaira me conduyre, combien, certes qu'il me poyse beaucoup & me fait grand mal de laisser la compagnie de ces gentilz Princes que voyez, mais puis qu'il plaist à ma dame Orbiconte qu'ores ie les habandonne, ie pense bien & espere que de bref elle me rendra auec eux. Ainsi que Palladien parloit il commença vn peu à changer de couleur & à blesmir, qui donna opinion à la Damoyselle qu'il estoit blessé, parquoy elle luy dist: Seigneur, ie cognoys que vous vous trouuez mal entrons ie vous prie en ceste tante & vous faites desarmer & tous mesfieurs aussi si leur plaist à fin que ie voye si estes point blessez, ma dame Orbiconte me donna au partir vne boette d'onguent artificiel le plus excellent dont on ouyt iamais parler, au moyen duquel ie vous asseure que voz playes (quelques grandes ou profondes qu'elles puissent estre) seront dans vingtquatre heures consolidées. Ainsi entrerent souz la tente, furent desarmez & leurs playes visitées & appareillées par la Damoyselle lesquelles furent trouuées grandes aux deux Cheualiers Durandel & Orliman, non toutesfoys mortelles. Celà fait ilz repeurent des viandes qu'ilz trouuerent leans : & ce pendant le prince Palladien fit amener le prisonnier au bout de la table auquel il dist. Sus rustre, si ne voulez que ie vous
face

face fuyure le chemin de voz compagnons, racontez-nous icy bien au long & fans mentir, qui eſtoit le Cheualier qui premier a voulu oſter l'eſcu que portoit ceſte Damoyſelle, & qui vous a meu de vous camper en ce lieu pour traiter ſi mal les Cheualiers errans. Certainement, ſeigneur, diſt le Cheualier priſonnier, ie ne vous en mentiray de mot. Sçachez doncq' que le premier qui a voulu rauir l'eſcu eſtoit frere d'vn Cheualier (qui par le commandement du Roy, n'agueres a eſté executé à mort) lequel detenoit iniuſtement & par force la femme d'vn autre qui a amenez depuis quinze iours deux Cheualiers au chaſteau ou eſtoit detenuë ceſte femme à force : & ſi bien firent deuoir auec l'ayde du prince de Hongrie qu'ilz prindrent le rauiſſeur priſonnier, tuerent tous ſes gens (& meſmes deux de ſes freres) puis deliurerent la Damoyſelle priſonniere & la rendirent à ſon mary qui (à ce que nous auons entendu) l'a remenée en ſa maiſon. Or monſeigneur, ceſt aultre frere (qui a voulu prendre l'eſcu de force) eſtant bien auerty de tout l'affaire, taſchant de prendre vengeance des deux Cheualiers qui auoient fait mourir ſes trois freres, ſe vint camper en ce lieu, ayant premierement enuoyé eſpions pour faire tant qu'ilz les amenaſſent & conduyſiſſent par cy : or croy-ie qu'il penſoit que meſſieurs, qui conduyſoient ceſte Damoyſelle, fuſſent les deux meſmes qu'il cherchoit, veu qu'il nous auoit commandé de nous ruer tous deſſus, mais, ſoient ilz ou non, il s'eſt bien trouué loing de ſon conte : & voylà meſſieurs la pure verité du fait. Or ie remercye Dieu, diſt le prince Palladien qui nous a engardez de tumber en ce danger : car ſi nous fuiſſions paſſez par cy, les meſchás nous euſſent pris au deſpourueu & à leur auantage veu leur intention. Certes monſieur, diſt la Damoyſelle, i'eſtois bien en plus grand danger que vous, ſi ie n'euſſe rencontré ces deux nobles Cheualiers qui pour me ſecourir ont eſté ſi pres de la mort qu'auez peu voir. Ma Damoyſelle reſpondit Durandel de Cleues, nous n'auons fait en voſtre endroit que noſtre deuoir & ce que tous vrays Cheualiers ſont tenuz de faire. Apres qu'il eurent bien deuiſé & ſe furent refraiſchis à leur ayſe, Palladien, & Mantilée enuoyerent querir leurs cheuaux, ce pendant ilz donnerent congé au priſonnier luy ayant premierement fait iurer que iamais n'ayderoit ne conſentiroit à faire & executer vn meſchant acte. Les cheuaux venuz & tout leur equipage, les Princes, ayans chaſcun choyſi vne des meilleures lances qui reſtoient aux dix Cheualiers, ſuyuirent leur chemin & tant firent le reſte de ceſte iournée qu'ilz arriuerent en vne petite ville ou ilz ſeiournerent trois iours entiers qu'ilz ſe ſentirent entieremét gueris de leurs playes : ce que cognoiſſant la Damoyſelle de la ſage Orbiconte, tira vn ſoir le prince Palladien à part, & luy diſt : Ie vous prie, Seigneur, puis que vous vous trouuez bien guery & diſpos, prendre congé de voz compagnons à fin que des demain de grand matin nous partions pour aller ou ma dame m'a commandé vous conduyre, par ce que vous deuez ſecourir tel perſonnage qui fera puis apres beaucoup pour vous. M'amye,

E iii reſpondit

respondit Palladien, tout presentement ie leur voys dire à dieu: car ie n'ay pas moindre affection de faire seruice à vostre maistresse que vous mesmes, veu l'amitié & faueur qu'elle me porte ne m'ayant iamais veu. A' l'heure se tourna deuers les troys Princes & leur dist: Mesieurs mes compagnons, vous sçauez la promesse que i'ay faite à ceste Damoyselle de la suyure ou il luy plaira me conduyre, or elle me presse de partir, parquoy ie vous suplie ne trouuer mauuais & me pardonner si i'abandonne des demain de grand matin vostre tant bonne compagnie que ie n'oubliray tant que viuray, & si vous prometz bien qu'au plustost qu'il me sera possible ie me retrouueray la part ou i'entédray que serez: tandis auisez qu'il vous plaist de moy. Monseigneur, respondit Mantilée, combien que ceste separation nous soit fort grieue & ennuyeuse, toutesfois puis que c'est pour vostre honneur & profit, aussi pour faire seruice aux Dames & garder vostre promesse, nous porterons patiemment l'ennuy de vostre absence, esperant que de brief nous viendrez retrouuer en Angleterre à la court du Roy vostre pere ou nous auons deliberé nous retirer. Palladien, les ayant priez de faire ses affectionnées recommendations tant au Roy, à la Royne qu'aux Infantes, les embrassa tous troys ensemble, puis chascun à part ayans tous la larme à l'œil: ce fait ilz prindrent congé de la Damoyselle, qui les remercia bien humblement de leur bó secours & sur ce point se retirerent tous, chascun en leurs chambres pour reposer: ce pendant que Licelie Escuyer de Palladien apresta toutes les besongnes de son maistre pour partir le lendemain des l'aube du iour.

Comme Palladien s'en alla auecq'
la Damoyselle d'Orbiconte: & Mantilée, Durandel & Orliman prindrent le chemin d'Angleterre ou ilz furent separez l'vn de l'autre par vne estrange auanture.

Chapitre. XVI.

Vssi tost que le iour commença à poindre le prince Palladien, Licelie son Escuyer & la Damoyselle d'Orbiconte, sortirent de la ville & prindrent le chemin du royaume d'Yrlande, laissans les troys Princes encores endormis lesquelz des le iour mesmes partirent pour tirer vers Angleterre, ou ilz arriuerent en peu de iours sans trouuer auanture sur terre ny sur mer, digne de reciter: Et apres qu'ilz se furent refraischiz troys ou quatre iours à Douure ville maritime sur les frontieres d'Angleterre, sans se faire aucunement cognoistre, se mirent en chemin pour aller trouuer le Roy à Londres ou ilz entendirent qu'il estoit

estoit pour lors, & ayans bien cheuauché enuiron quatre lieuës, virent sortir d'vne forest, par laquelle ilz deuoient passer, deux pauures païsans tous meurdriz & blessez de coups d'espées, dont les Princes esbahis, & se doutans que quelques volleurs les auoient ainsi acoustrez, acoururent soudain à eux le grand galop, helàs seigneurs, s'escria incontinent l'vn des païsans, secourez nous s'il vous plaist: d'ou estes vous, dist le prince Mantilée. Seigneur, nous sommes de Boësme, qui retournons de la court du roy d'Angleterre, auquel auons porté troys petitz Lyons que deux Cheualiers passans par nostre païs nous chargerent d'aporter, & dont ilz mirent à mort les pere & mere qui nous faisoient beaucoup d'ennuy: or en nous en retournant nous auons trouué en ce boys troys brigans qui nous ont mis en l'estat que vous nous voyez, pris l'argent que le Roy nous auoit fait bailler & mis à mort deux de noz compagnons. Lors il va souuenir à Mantilée que s'estoient les bonnes gens qui auoient aporté les Lyonneaux desquelz le prince Palladien & luy auoient tué le pere & la mere sur les limites de Boësme (comme auez entendu cy deuant) à ce moyen, marry le possible d'vn si grand tort fait à ces pauures gens, leur demanda si les larrons estoient à pied ou à cheual: Seigneur, dirent les païsans, ilz sont à pied & ne peuuent estre gueres loing. Incontinent sans aultre inquisition tous picquerent à trauers le boys dans lequel Mantilée & son Escuyer s'escarterent d'vn costé & Durandel & Orliman de l'autre, en esperance d'attraper les voleurs, l'vn desquelz Mantilée aperceut fuyant, & en sa main vne espée encor' toute sanglante: Demoure paillard, demoure, luy escria il, aultrement tu es mort, le larron se voyant pressé & ne pouuoir se sauuer à la fuitte, gaigna vn gros chesne, autour duquel il se print à tournoyer de sorte qu'il ne fut possible au Prince de l'offenser estant à cheual: en fin pendant que son Escuyer amusoit le larron Mantilée mist pied à terre, & l'espée au poing s'en vint charger dessus de sorte que du second coup il la luy mist à trauers le corps iusques à la croysée. Ah monsieur, luy dist son Escuyer, vous ne le deuiez pas tuer: car si d'auanture il n'a sur luy l'argent des pauures gens, il vous eust à tout le moins dit ou il est, & comme le pauure dyable se tourmentoit & veautroit sur l'herbe, sentant les traitz de la mort, luy tumba de son sein vne grosse bourse pleine d'or & d'argent que le prince Mantilée leua, & remontant à cheual retourna tout court au lieu ou il auoit laissé les païsans auxquelz il la rendit, leur disant: Mes àmys ne craignez plus celluy qui vous auoit vollé la bourse: car ie l'ay si bien chastié qu'il n'aura iamais talent d'en plus faire autant: & croy bien que ses compagnons n'en auront pas moins s'ilz sont vne foys rencontrez des Cheualiers que vous auez veuz auec moy. Làs monsieur, dirent les païsans, nous vous remercions treshumblement: cecy, au moins nous seruira à faire penser noz playes: mais, helàs! n'auez-vous point trouué noz compagnons mortz? non, respondit le Prince, menez moy là ou les brigans se sont ruez sur vous: peult estre sont ilz la demourez, lors les

E iiii   pauures

pauures gens tous tremblans rentrerent dans le boys & le conduyſirent au lieu ou ilz auoient eſté deſtrouſſez & là trouuerent vn de leurs compagnons mort eſtendu à trauers le chemin, & l'autre au pied du cheſne vn peu à l'eſcart tirant à la fin: toutesfoys il n'eſtoit encor' ſi bas qu'il ne recogneuſt bien le Prince, comme il donna à entendre par ſignes des yeux, & mains iointes qu'il luy tendoit, dont il eut telle pitié qu'il ne ſe peut tenir de larmoyer, & le voulant faire leuer de deſſus l'herbe, le pauure hôme rendit l'eſprit entre les bras de ſes compagnons, leſquelz par le commandement du Prince s'en allerent faire appareiller leurs playes au premier village & querir de l'ayde pour porter inhumer leurs compagnons en terre ſainte. Tandis le Prince auecq' ſon Eſcuyer ſe mirent à chercher Durandel & Orliman, qui ne faillirent de leur part à trouuer les deux autres brigans, mais ilz ne les ſceurent attraper à cauſe des brouſſailles & buiſſons trop eſpais dans leſquelz ilz ſe muſſerent. Quand doncques les deux Cheualiers cogneurent qu'il leur eſtoit impoſsible de prendre les larrons, ilz paſſerent oultre, par chemins incogneuz & inuſitez penſans bien retrouuer le prince Mantilée à l'iſſuë de la foreſt, mais il auint tout autrement: car eux ſortis, virét bien loing deuant eux deux cheuaucheurs qu'ilz eſtimerent eſtre Mantilée & ſon Eſcuyer, à ce moyen picquerent apres, laiſſans le prince dans le boys les chercher, qui y demoura quaſi iuſques à la nuit cloſe & tellement qu'il fut contraint de s'en aller loger au prochain village ou s'eſtoient retirez les païſans pour faire penſer leurs playes & inhumer leurs compagnons: ce pendant Durandel & Orliman ſe voyans fruſtrez de leur intention, ne voulurent retourner deuers la foreſt ains eſtimans touſiours que Mantilée fuſt deuant, ſuyuirent le chemin de Londres ou ilz arriuerent troys iours auant luy, lequel venant à rememorer leur abſence & celle du prince Palladien, ſe trouua tellement faſché & ennuyé que ſans le ſouuenir de ſa dame Mercilane, & le deſir qu'il auoit de la voir, iamais n'euſt retourné en la court du roy Milanor, qui receut honorablement les deux princes Durandel & Orliman auſsi firent la Royne & les Infantes, auxquelles ilz raconterent des grandes proueſſes des princes Palladien & Mantilée: auſsi la maniere comme tous auoient eſtez ſeparez les vns des aultres telle qu'auez entenduë, mais ſur tout ilz aſſeurerent les Infantes qu'ilz ſeroient de retour à la court de bref & principalement le prince Mantilée qui s'eſtoit eſgaré en la foreſt à l'ocaſion des brigans qui auoient deſtrouſſé les bonnes gens de Boéſme: dequoy la princeſſe Mercilane ne ſe pouuoit contenter craignât qu'il ne luy fuſt meſauenu, toutesfoys l'eſperance de ſon brief retour la fit ſi bien diſſimuler ſon meſcontentement & ennuy qu'ame ne s'en peut oncq' aperceuoir. Or nous la lairrons en ceſt eſtat atendre le prince Mantilée, & ce pendant nous parlerons de ce qu'il luy auint apres que ſes compagnons Durandel & Orliman l'eurent perdu en la foreſt.

Comme

PALLADIENNE.   Fueil.   XXIX.

Comme le prince Mantilée secou-
rut deux Cheualiers contre lesquelz six aultres combatoient : qu'elle
fut la fin de leur meslée, qui estoient les deux Cheualiers
& l'ocasion pourquoy les six se ruerent sur eux.

Chapitre.   XVII.

Antilée estant separé de la compagnie de Durandel &
Orliman, comme auez entendu par le chapitre precedant, il s'en alla, à cause de la nuit qui le pressoit au prochain village ou s'estoient retirez les pauures païsans de
Boësme pour se faire penser, & des le lendemain de
grand matin reprint le chemin de Lódres, tout ennuyé
d'auoir perdu ses deux bons amis les princes de Cleues & de Flandres,
mais il se consoloit & resiouïssoit, pensant à l'ayse & grand plaisir qu'il re-
ceüroit à son arriuée de sa Dame l'infante Mercilane. Ainsi cheuauchant
auec son Escuyer en tel pensement, son cheual laissa le grand chemin & se
mist en vn petit sentier, qui les rendit en vne vallée au fondz de laquelle
decouroit vn ruisseau large seulemét d'enuiron sept ou huit piedz, si profond, neantmoins, qu'on n'y pouuoit bonnement passer à gué, à ce moyen
picquerent contremont le long de ce ruisseau pour voir s'ilz trouueroient
point quelque passage, mais ilz n'eurent gueres cheminé qu'ilz aperceurent de l'autre costé du ruisseau six Cheualiers qui en combatoient deux
lesquelz se deffendoient vaillamment: Le Prince qui auoit le cueur noble
& hault

L'HISTOIRE.

& hault voyant la partie estre mal faite, laça incontinent son armet, print sa lance & picqua droit à eux en intention de deffendre les deux, mais l'vn des Escuyers des six Cheualiers, le voyant venir se douta bien qu'il se mettroit plustost de la part des deux que des six, parquoy courut à vne planche par sur laquelle vn homme de cheual pouuoit passer, & la lança dans l'eau dont le Prince fut tant esmeu de collere que brochant son cheual le fit passer (bon gré mal gré) à nage, qui baissant sa lance courut droit à celluy qui auoit abatu la planche & le trauersa de part en part: ce fait brocha contre les six le premier desquelz il attaignit de sorte que froissant son escu luy mist la lance à trauers le bras & le rua par terre, ou gueres ne demoura qu'il ne rendist l'ame auec le sang: les deux Cheualiers, qui n'en pouuoient quasi plus, se voyans secouruz, reprindrēt courage & tel qu'en moins de rien en firent tomber deux, ce que voyans les troys qui restoiēt se rendirent à leur mercy. Comment, dist Mantilée est-ce l'estat des vrays Cheualiers de se bender six contre deux? par le vray dieu ces deux que vous auez premierement offensez, vous prendront à mercy si leur plaist & vous pardonneront, mais si vous auiez à moy affaire ce ne seroit qu'à bonnes enseignes & sans sçauoir qui vous a meu auecq' voz compagnons de faire vn si meschant acte qui est contre toute raison & droit de cheualerie. A a seigneurs, dirent les deux Cheualiers, c'est à vous à faire d'eux ce qu'il vous plaira: car sans vostre venuë nous eussions eu beaucoup affaire à eschapper de leurs mains: ce disant osterent leurs armetz & gantelletz pour embrasser & remercier le Prince, lequel ayant haulsé seulement sa visiere les recogneut tous deux, l'vn estoit Landastanis de Norgalles & l'autre Simprimer d'Escoce lesquelz il auoit laissez à la court du roy Milanor lors que luy & le prince Palladien en partirent auec le Cheualier desenchanté & les deux Damoyselles, ainsi qu'il vous à esté recité par cy deuant: adonc s'entr'embrasserent ces troys Princes par grand' amour puis interroguerent les troys Cheualiers qui restoient vaincuz, pourquoy ilz s'estoient ainsi ruez tous six sur eux, à quoy l'vn d'iceux respōdit. Sçachez, seigneurs, qu'il y a enuiron vn moys que le prince Palladien d'Angleterre, & vn autre qu'on disoit estre filz du duc de Milan, auquel ce Cheualier (dist il, monstrant Mantilée) ressemble fort bien, furent par les mains du roy Milanor armez Cheualiers: or est il que nous nous trouuans aux Tournoy qui fut fait à ceste solennité, fusmes tous six abatuz par ces deux, dont nous irritez au possible deliberasmes nous venger, à ce moyen estans bien auertis qu'ilz estoient partis de la ville pour conuoyer vn certain Cheualier enchanté & deux Damoyselles, & auoient promis estre de retour à Londres dedans vn moys, nous nous sommes mis sur les chemins en intention de les rencontrer, & pensions à la verité que ce fussiez vous que nous auons assailliz, mais ie cognoys maintenant que nous auons esté trompez & puniz de nostre follie, laquelle il vous plaira de grace nous pardonner, vous promettant que iamais ne nous auiēdra de commettre telle lascheté, ioint

aussi

aufsi qu'il nous feroit impofsible (encores que nous nous voulufsions oublier iufqu'a là)veu les playes dangereufes dont nous fommes chargez,& qui nous rendront à iamais impotens, fi de mort nous efchapons. Seigneurs, dift lors Mantilée à Landaftanis & à Simprimer, ie fuis d'auis que leur pardonniez l'offenfe qu'ilz vous ont faite,veu leur repentence & aufsi qu'ilz en ont receu vne partie du chaftiment merité comme pouez voir. Partie, dites vous bien, feigneur, refpondit Landaftanis: car pour le bon tour qu'ilz ont tafché nous faire,ilz meritoient eftre mis en cent mille pieces: Or allez doncq', dift il, aux troys Cheualiers, qu'ainfi en puiffe il auenir, comme à voz compagnons, & à tous ceux qui fe hazarderont de faire telz actes, quant à vous, ie croy que vous n'y retournerez iamais qu'il ne vous en fouuienne. Lors, laiffans ces troys Cheualiers, Mantilée, Landaftanis & Simprimer remonterent à cheual & pafferent oultre, reprenás le chemin de Londres duquel ilz s'eftoient eflongnez fans y penfer, & par le moyen qu'auez entendu. Eux ainfi cheuauchans enfemble fe prindrent à deuifer & raconter les vns aux aultres de leurs auantures depuis qu'ilz eftoient partis de la court du roy Milanor auquel ilz auoiét promis d'eftre de retour dedans vn moys apres. Et comme Mantilée leur recitoit la maniere de l'efgarement des princes Durandel de Cleues, & Orliman de Flandres, ilz rencontrerent fur le chemin vn bon homme auquel Mantilée demanda. Mon amy as-tu point trouué ce iourd'huy deux Cheualiers qui tirent droit à Londres? Seigneurs, refpondit il, ie ne le vous fçauroys dire à la verité : mais à ce que ie puis cognoiftre il aproche bien pres de mydi. Ie te demande, dift Mantilée, fi tu as point veu paffer deux Cheualiers & deux Efcuyers auec eux. Il y a bien deux grandz lieuës d'icy là, refpondit le païfant, & logez hardiment à l'enfeigne du Faulcon, car vous y trouuerez bon vin blanc & clairet. Par dieu, dift Landaftanis en ce fouzriant, nous fommes bien arriuez, il nous fault approcher plus pres: car à ce que ie puis cognoiftre, il oyt dur: vien ça mon amy (luy efcrya il tout haut)as-tu point veu paffer quatre cheuaucheurs: Lors le pauure homme luy prefentant fa bouteille luy dift, monfieur, s'il vous en plaift tafter ie croy que vous le trouuerez bon. Vrayment, dift Simprimer, tu as raifon, ie vous prie dift il aux aultres, que ie l'interrogue vn petit, ie parleray plus hault que vous & croy que s'il n'a les conduitz de l'ouye du tout eftoupez qu'il m'entendra: ce difant s'aprocha le plus pres qu'il peut & luy cria fort haut à l'oreille: hau compere, hau, as-tu perfonne rencontré fur ce chemin. Monfieur, refpondit l'autre,ilz le vendent fix blancs le pot,taftez en hardiment. C'eft par dieu bien rentré, dift Simprimer, & luy criant encor' plus haut, d'ou es-tu party ce matin, dift il. Le blanc refpondit le bon homme, n'eft fi cher de deux liardz fur pot, aufsi à la verité il n'eft pas fi delicat que ceftuy : Allons Seigneurs, allons dift lors Mantilée, cognoiffez vous pas bien qu'il eft vray fourd, paffons oultre & allons repaiftre au premier logis, car i'ay bon apetit. Croyez dift Landaftanis que nous n'en auons pas uons pas moins, car du iourd'huy n'auons beu ne mangé, ny noz cheuaux semblablement. Ainſi ſuyuans leur chemin crierent tous enſemble au pauure homme: A dieu mon amy, à dieu, à dieu. A a meſſieurs, reſpondit il, ie ne m'en ſoucye pas beaucoup: car i'eſpere (auec l'ayde de ma bouteille) que i'y arriueray auant que le ſoleil ſe couche. A'tant laiſſerent ce ſourd & picquerent droit à vn petit hameau que l'vn de leurs Eſcuyers deſcouurit au pied d'vne vallée ou ilz ſe refreſchirent tout le reſte du iour & firent penſer quelques petites playes qu'ilz auoient receuës en combatant contre les ſix Cheualiers.

Comme les Princes Mantilée,

Landaſtanis, & Simprimer, arriuerent à Londres, du bon recueil que leur fit le Roy, la Royne, & ſpecialement les infantes Mercilane & Florée: auſſi comme ilz les furent voir la nuit auec grand contentement des deux coſtez.

Chapitre.   XVIII.

E lendemain des l'aube du iour les Cheualiers, ſçachans qu'ilz n'eſtoiét qu'à cinq lieuës loing de Londres, monterent à cheual & ſi bien picquerent qu'ilz arriuerent à la ville auant que le Roy ſortiſt de ſa chambre, & montans au palais l'allerent ſaluër lequel fut treſioyeux de leur retour, & n'y voyant le prince Palladien ſon filz eut ſoudain quelque ſoupçon qu'il luy fuſt auenu quelque infortune: mais
Mantilée

Mantilée luy osta bien tost ceste opinion quant il l'eut asseuré qu'il arriueroit de bref, & raconté comment ilz s'estoient esgarez l'vn de l'autre pour attraper en vn boys troys brigans qui auoient vollé les pauures païsans de Boësme: dont le bon Roy fut fort desplaisant. Foy de prince, dit il, i'y mettray si bon ordre auant qu'il soit vn moys d'icy que mon royaume sera purgé de ces volleurs & guetteurs de chemins. Sire respondit Mantilée, vous ferez tresbien, mais ie pense que si monsieur le prince vostre filz en a attrappé quelques vns de ceux qui destrousserent les païsans de Boësme, iamais n'y retourneront: Vrayment, dist le Roy, ie l'auouë de la punition qu'il en fera: car ie suis tresayse, & prens fort grand plaisir à nourrir les petitz lyonneaux que vous m'enuoyastes (& qui se portent bien) esperant quant Ilz seront grandz en auoir du passetemps à les faire combatre les taureaux & les dogues. Ce disant, le Roy & toute sa suitte sortit de sa chambre & s'en alla ouyr la messe apres laquelle les princes furent donner le bon iour à la Royne (l'asseurans du bref retour de son filz Palladien) puis aux deux Infantes qui furent ayses toutes deux, dieu scet combien, pour voir chascune son amy en bône disposition, & ne fut quasi tenu autre propos durant le disner que de la prouësse du prince Palladien & des auâtures que luy & Mantilée auoient mises à fin dont vn chacun estoit grandement resiouy. Or auant que passer outre & pour mieux entendre ce que nous dirons cy apres, vous deuez sçauoir que le prince Landastanis de Norgalles, demoura à la cour du bon roy Milanor quatre ou cinq iours apres que Palladien & Mantilée en furent partis pour conduyre le cheualier desenchanté (comme auez entendu) & ce pendant il s'enamoura de la princesse Florée, laquelle ne fut forte à vaincre, non plus que sa sœur, car apres plusieurs amoureux propos que luy tint Landastanis, elle le retint pour son seul amy & seruiteur, ce qu'ayant gaigné le prince la pria de luy bailler congé de soy aller proumener, auec Simprimer par le royaume d'Angleterre pour voir les bonnes villes & places fortes ce qu'elle luy accorda bien enuis à la charge toutesfoys, dist elle, que vous vous rendrez en cette ville (ou la part que sera le Roy) dedans troys semaines ou vn moys au plus tart qui sera le temps que mon frere Palladien & le prince de Milan seront de retour, à quoy ne faillit Landastanis & en s'en retournant à Londres fut rencontré par Mantilée au danger qu'auez entendu. Eux doncques tant bien receuz de toute la cour & specialement de leurs amyes, firent tant, que venuë l'heure du souper, tous deux furent asis chacun deuant la sienne, qui leur fut vn contentement fort grand, & tel que peuuent bien penser ceux qui se sont trouuez en tel affaire. Le soupper finy & les tables haucées, le bal commença, ou ilz firent deuoir de les mener dancer & aux poses eurent ces quatre le loysir de declairer l'vn à l'autre leurs passions plus que vehementes, de sorte que Mercilane, ne pouuant plus endurer ce mal qui trop la pressoit, fit promettre à son Mantilée que, sur les vnze heures de nuit, qu'vn chascun se-

F   roit reroit retiré, il se trouueroit dans le iardin du Roy sous vne gallerie prochaine de la chambre ou elle & sa seur couchoient, & là dist elle mon amy, nous deuiserons plus priuément & à nostre ayse, car nous ne serons veuz de personne, obstant que le Roy luy mesmes porte la clef de ce iardin & suis certaine que sans la clef on n'y sçauroit entrer par autre lieu que nostre chambre qui ne voudroit sauter par sur la muraille. Mantilée qui auoit plusieursfois consideré le lieu estant en la chambre des Infantes fut ayse de ceste nouuelle dieu sçet combien: & d'auantage il estoit logé assez pres du iardin & à vn endroit ou la muraille estoit si basse qu'vn homme auec peu d'ayde la pouoit bien franchir. Or pendant que Mantilée & Mercilane brassoient cest amoureux complot. Landastanis & Florée n'en faisoient pas moins, promettans l'vn à l'autre de se trouuer au mesme lieu & heure dans le iardin. Le bon fut que, ne sçachans ces deux Princes l'affaire l'vn de l'autre, ilz se rencontrerent tous deux au pied de la muraille du iardin à l'heure afsinée accompagnez seulemét chascun d'vn Escuyer pour les ayder à grimper la muraille & entrer dans le iardin, qui fit que ne se reconnoissans ilz mirent soudain la main aux espées & surpris d'vne ialousie s'entreruerent plusieurs grands coups, iusques à ce que leurs Escuyers s'entreconnurent lesquelz se mirent entre deux & les firent cesser, & n'eust été la bonté des mailles dont ilz estoient couuers, il n'y a point de doute que l'vn ou l'autre y fust demouré, ou tous les deux ensemble. A' la fin s'estans donnez à cognoistre, Mantilée dist à Landastanis: Dea, monsieur mon compagnon, qui vous meine maintenant en ce lieu? Landastanis (qui l'auoit veu parler par affection à Mercilane tout le Iour precedent) se douta bien qu'il estoit la venu pour mesme raison que luy, & pource luy respondit. Par dieu, seigneur Mantilée, ie croy qu'vne semblable occasion à la mienne vous fait icy venir, toutesfoys quant à moy ie proteste & iure que ce n'est pour vous faire tort ny entreprendre sur vous: & si me voulez promettre tenir secret ce que ie vous en diray ie vous osteray hors de tout soupçon: Ie le vous prometz (foy de vray amy, dist Mantilée) Lors Landastanis, ayát fait tirer arriere leurs Escuyers luy raconta l'amour d'entre luy & l'infante Florée, & comme elle luy auoit fait promettre de se trouuer en ce lieu à telle heure. Sachant Mantilée l'affaire de Landastanis en fut tresioyeux: or ie croy (luy dist il) que vous vous doutez bien que i'en suis de mesmes enuers l'infante Mercilane & pource trouuons moyen de franchir ceste muraille à fin que nous leur tenions promesse, car ie me doute bien qu'elles nous atendent. Lors apellerent leurs Escuyers qui leur ayderent à monter. Et ce pendant l'infante Mercilane (couuerte seulement d'vn manteau de nuit de veloux violet fourré de martres) estant à l'vne des fenestres de sa chambre se desconfortoit à merueilles pensant bien son amy mort qu'elle auoit entendu combatre. Estant en telle doute & anxieté l'apperceut, dans le iardin, qui tout doucement s'en venoit deuers la gallerie ou la princesse descendit incontinent

tinent pour le receuoir, mais elle fut bien esbahie car elle y trouua sa seur Florée qui attendoit son Landastanis y auoit bien vne heure: Qui est ce là luy dist elle tout en sursault, ma seur, ma seur, respond Florée, parlez plus bas ie vous prie, vous ny moy n'auons que faire d'estre entendues maintenant en ce lieu, voyre mais m'amye, dist Mercilane, comment n'estes vous couchée ? mais vous mesmes, respond Florée, qui vous ameine icy : or sauez vous qu'il y a, ma seur, ie suis certaine que vous portez amitié au prince Mantilée, & moy au prince Landastanis, auquel (pour parler plus priuement auec luy) i'ay fait promettre de se trouuer en ce lieu, & pource ie vous prie s'il vient ne m'empescher de parler à luy, quant il vous plaira i'en feray autant pour vous au semblable. Mercilane craignant que sa seur ne l'accusast, fut bien ayse d'entendre qu'elle auoit vn amy, & pource luy respódit en l'embrassent. Ma seur m'amye, ie suis tresioyeuse qu'auez si bien rencontré, asseurez-vous que ie ne vous y donneray aucun empeschement ains y ayderay en ce que ie pourray, ie vous prie faire ainsi en mon endroit. Et acheuât la parolle, elle entreueid souz vne treille les deux princes venir droit à elles : mon dieu ! ma seur m'amye, dist elle lors, les voyci venir tous deux cachons nous. En enda, dist Florée qui estoit la plus ieune, ie ne suis pas venuë icy pour me cacher, ains m'enuoys au deuant d'eux, pour sauoir s'ilz sont point blessez l'vn ou l'autre, car i'ay tantost ouy des gens qui s'entrebatoiét hors le iardin. Helàs, dit Mercilane, vous dites vray allons donc ie vous prie, à ce mot s'en allerent le petit pas au deuant des princes, & si elles furent receuës de bon cueur ie le vous laisse à penser, tant y a qu'apres les grandes reuerences, amoureux baisers, & que les deux Princes eurent raconté à leurs amyes le danger ou ilz s'estoient tous deux mis sans leurs Escuyers, Mantilée & Mercilane s'escarterent d'vn costé entre les arbrisseaux plus espais, & Landastanis & Florée de l'autre, souz vn petit pauillon tant couuert & clos de toutes pars de Iacenin qu'il estoit quasi impossible d'y voir par dehors la clarté d'vne chandelle allumée: En ce lieu Landastanis sceut si bien prescher & arraisonner l'infante Florée que pour le recompenser de la bonne amour qu'il luy portoit, luy laissa cueillir ceste fleur virginalle (qu'elle auoit tant cherement gardée iusques alors) sous vne simple promesse de mariage, & si bien trauailla Landastanis à labourer & deffricher ce iardinet que la dame luy fit promettre d'y retourner tous les soirs continuër le labourage à quoy elle print trop plus grand plaisir les nuitz subsequentes qu'à la premiere, & n'auoient à tel amoureux exercice pour tous litz bien parez que la belle herbe verde & druë, & pour couuerture le manteau de nuit de l'infante. Mantilée qui s'estoit retiré auec sa Mercilane, souz des coudres & autres arbrisseaux fort feuilluz, s'assit aupres d'elle & commença à luy raconter tous les trauaux & dangers ou il s'estoit mis pour son amour, cóbien de foys il l'auoit songée & s'estoit souhaitté aupres d'elle : mais en deuisant il auoit bien ceste industrie & hardiesse que maintenant il luy

F ii   destachoit

deſtachoit vne eſpingle, maintenant vne autre de ſon manteau qu'elle a-
uoit attaché par le deuant & les laiſſoit choir tout de volunté,à fin qu'elle
ne ſe peut rattacher,ſi bien qu'en peu d'heure il eut ceſte delicate poitrine
à commandement,qu'elle taſchoit de couurir auec ſes petites mains blanches, & ce pendant le prince gaignoit la iarretiere, le genou, & quelquefoys vn peu plus haut, tant qu'a la fin faignant ne ſe pouoir plus reuan-
cher, l'embraſſa eſtroitement par le col & ſe laiſſa choir toute eſtendue
ſur l'herbe, le Prince alors ne fut point pareſſeux de pourſuyure ſon entrepriſe & de battre & aſſaillir la place qu'il deſiroit conquerir ſur toute
choſe, ains ayant deſtourné & repouſſé tout ce qu'il luy donnoit empeſchement pour gaigner l'entrée beſongna ſi bien qu'il y paruint & fit breche ſi raiſonnable que la place fut entieremēt renduë à ſa mercy & le gar-
dien d'icelle quant & quant qui luy iura de là en auāt fidelité & de le receuoir le plus humainement qu'il luy ſeroit poſsible toutesfoys & quantes que ſon plaiſir ſeroit y venir paſſer le temps & le pria de ce faire bien
ſouuent ce qu'il luy promiſt de bon cueur. Pendantque ces amoureux a-
cordz ſe faiſoient & confirmoyent par doux acollemens la meilleure part
de la nuit ſe paſſa & tant que la claire Aurore commença à monſtrer ſa
vermeille couleur que l'infante Mercilane apperceut la premiere, dont
elle ne fut vn ſeul brin ioyeuſe voyant qu'il luy eſtoit force d'abandon-
donner ce vaillant capitaine qui auoit fait ſi bon deuoir d'aſſaillir & com
batre la place non iamais au parauant aſſaillie ny combatuë. Elle doncq'
ayant auerty le prince de reprendre ſes armes & ſe diſpoſer de s'en retour
ner en ſon logis auant que le iour fuſt plus grand, il ſe mit de rechef en
campagne & redreſſa vne eſcarmouche ſi bruſque & gallāte que la Princeſſe eut cauſe de s'en contenter. Ainſi ſortans de leur verd donion,ſe tenant par les mains,vindrent auertir le prince Landaſtanis & l'infante Florée de ſoy retirer ce qu'ilz firent à leur grand regret, ayant pris congé à
amiablement l'vn de l'autre & promis de retourner au meſme lieu la nuit
enſuyuant. Ces deux princes doncques retirez en leurs logis ſe coucherent tresbien chacun entre deux beaux draps & repoſerent iuſques ſur les
neuf ou dix heures du matin: & les Princeſſes ſemblablement,qui conti-
nuërēt ce paſſetemps pluſieurs nuitées depuis. Or à fin que ne nous eſloi-
gnons trop du prince Palladien, qui eſt le principal perſonnage de noſtre
hiſtoire, nous laiſſerons les Infantes iouïr à leur plaiſir de leurs amys &
retournerons à luy & à la Damoyſelle de la ſage Orbiconte.

Comme

Comme le prince Palladien fut

conduit au royaume de Dace par la Damoyselle d'Orbiconte qui luy auoit aporté l'escu, & comme il recourut vn Cheualier que six autres menoient en prison.

Chapitre XIX.

IL vous peult souuenir comme la damoyselle d'Orbiconte emmena Palladien auec elle, apres qu'il eut prins congé des princes Mantilée, Durandel de Cleues & Orliman de Flandres : Or firent ilz tant de chemin eux deux qu'ilz trauerserent le royaume de Hongrie sans trouuer auenture, & entrerent au royaume de Dace ou apres plusieurs propos que luy tint la Damoyselle de sa maistresse Orbiconte, il luy demanda qui estoit celuy qu'il deuoit secourir. Seigneur, respondit elle, i'espere que nous le verrons au iourd'huy, c'est vn Cheualier qui le merite, & ne faudra à recognoistre de bref en vostre endroit le bien qu'il aura receu par vostre moyen le deliurant de mort cruelle ou perpetuelle prison. Ainsi deuisans peruindrēt (qu'il estoit ia tard) au pied d'vne petite montaigne peuplée de ieunes ormeaux, couldres, & broussailles fort espais, au dessus de laquelle y auoit vn chasteau qui sembloit estre fort & deffensable. Là arriuez la Damoyselle pria Palladien de descendre & entrer auec elle dās ce taillis le plus espais ce qu'il fit & son Escuyer aussi, & se mirent en vn endroit ou ilz ne pouoient estre descouuers de ceux du chasteau. Estans en ce lieu ilz desbrident leurs cheuaux pour les laisser paistre, & eux ce pendant prindrent leur refection des viandes que la Damoyselle auoit fait charger à l'Escuyer ou ilz auoient disné. Aussi tost qu'ilz eurent repeu entr'ouyrent vn bruit de cheuaux & gens deuisans ensemble qui venoient deuers le chasteau, & se leuant debout la Damoyselle pour voir que c'estoit, apperceut quatre Cheualiers auec leurs Escuyers, & au mylieu d'eux vn homme en chausses & en pourpoint sur vn petit cheual, les mains liées derriere le dos & les piedz par dessouz le ventre du cheual. Seigneur, dist elle lors à Palladien, voylà le personnage dont ie vous ay parlé que quatre Cheualiers meinent prisonnier il est tēps de vous employer pour le secourir, car si vne foys il est mis dans la forteresse ilz le feront mourir miserablement. Palladien incontinent ceignit son espée, & mit son armet en teste, pendant que son Escuyer luy brida son cheual sur lequel estant monté sortit de son embusche la lance sur la cuisse, & sans dire qui a perdu ny gaigné courut droit aux Cheualiers (qui estoient ia à la porte du chasteau arrestez pour descendre le prisonnier) au premier desquelz il donna si rude attainte qu'il le rua par terre

& au tumber se rompit vne iābe toute nette, les troys qui restoient voyans leur compagnon abatu n'eurent loysir que de mettre les lances en l'arrest & courir tous ensemble sur le Prince lequel ayant parfait sa carriere les receut vaillamment & à telle heure qu'a celuy qu'il attaignist mist la lance à trauers le flanc & y demoura le tronçon dont il mourut soudain, les deux autres qui auoient rompu sur le Prince, mirent incontinent la main aux espées & leurs Escuyers quant & quant, puis tous ensemble chargerent dessus, de sorte qu'ilz luy tuerent son cheual entre les iambes, son Escuyer lors le voyant en si grand danger leua la lance du premier qui auoit vne iambe rompuë & donnant carriere à son cheual brocha tout à trauers des paillardz qui commencerent à perdre cueur voyans ce nouueau secours lequel de pleine arriuée en abatit deux qui n'en releuerent oncques puis: tant y a que Palladien & son Escuyer se voyans n'auoir plus affaire qu'à ces quatre augmenterent si bien & leur cueur & leurs forces qu'ilz les coucherent tous à leurs piedz excepté vn qui se voulut sauuer de vitesse dans le chasteau: mais le Prince qui estoit agile & trop plus dispos que luy le r'attint auant qu'il peut gaigner la porte & luy donna telle escharpe qu'il luy separa l'espaule droitte d'auec les costes dont le pauure diable tomba esuanouy, & suyuāt sa course le Prince vint à la porte du chasteau pres laquelle il trouua le portier dormant, & vn gros trousseau de clefz à sa ceinture desquelles (sans l'esueiller) il se saisit & de la porte aussi, gardant que personne ne peut entrer ny sortir, tandis que son Escuyer & la damoyselle d'Orbiconte deslioyent le pauure Cheualier lequel ayant leué vn des escuz & vne espée des Cheualiers mortz s'en vint pour ayder au Prince si d'auenture il trouuoit leans quelque empeschement nouueau: sur ces entrefaittes le portier s'esueilla, & voyant Palladien tenir le guichet de sa porte auec ses clefz, & aupres de luy le Cheualier que les filz de son maistre estoient allé chercher pour le tuer ou amener prisonnier, s'en courut incontinent par vn large escallier cryant tant qu'il peut, au meurdre, au meurdre, à l'ayde, à la force, nous sommes trahys, armez vous seigneurs armez vous, à ce cry, le seigneur de leans (qui estoit vn vieux Cheualier tout grison) s'en courut à vne chambre qui estoit sur la porte du chasteau & mettant la teste à vne fenestre veid ses enfans & leurs gens gisans à terre les vns mors les autres ne vallans gueres mieux dequoy dolent à l'extremité, tomba du haut de soy esuanouy & n'eust esté le secours d'vn de ses valletz qui luy frotta la paume des mains & les temples, ce vieillard eust là expiré, luy reuenu à soy, se fit armer auec sept ou huit de ses gens qui restoient aupres de luy, & estant auerty par son portier, qu'il ny auoit que trois hommes tenans la porte du chasteau, il descendit auec ses gens & comme vn tygre ou lyon enragé se vint getter sur Palladien disant, meschant, en mal'heure vins-tu iamais en ce lieu pour meurdrir mes enfans & toy & le trahistre qui te tient compagnie, à l'instant le Prince, son Escuyer & le Cheualier qui auoit esté recoux, furent enuironnez de tous ses
valletz

valletz garniz de iauelines & espieux, & de leur maistre semblablement qui commença le premier à frapper sur Palladien si grand coup que sans le bon escu que luy auoit enuoyé Orbiconte il estoit en danger d'auoir vne espaulle abatue, mais il sceut bien s'en venger tout à l'heure, car ayāt soustenu le coup, il en rua vn à l'autre sur l'oreille de telle roydeur qu'il le coucha à ses piedz, dont il ne releua oncques puis, & continüant son chamaillis sur les valletz qui pressoient fort son Escuyer & le Cheualier recoux, firent si bien ensemble que de huit qu'ilz estoient il n'y en demoura que deux qui se rendirent à leur mercy. Cela fait le Cheualier se ietta aux genoux de Palladien & le remercia bien humblemēt du secours qu'il luy auoit donné. Palladien l'ayant embrassé & amoureusement caressé apella la damoyselle d'Orbiconte qui estoit hors la porte attendāt l'issuë de leur meslée: & ayant bien fait barrer la porte du chasteau, monterent tous en vne des plus belles chambres de leans ou ilz se desarmerent & leur banda leurs playes la Damoyselle (qui ne furent trouuées dangereuses) puis firent mettre en broche force bonnes viandes apprestées pour le soupper des cheualiers qui furent si mal menez: Et pendant qu'on couuroit les tables Palladien pria le Cheualier luy raconter l'occasion, cōment, & pourquoy les autres l'auoient là amené ainsi lié & garrotté. Seigneur, dist le Cheualier tresvoluntiers vous feray sage de tout sans en desguiser vn seul point. Vous deuez entendre que le seigneur de ceans (qui estoit celuy qu'auez abatu le premier en ceste court) auoit trois filz, l'vn desquelz ie trouuay y a enuiron vn moys, en vne petite garenne que i'ay aupres de ma maison distant à vn mille d'icy, ou le paillard auoit treiné à force vne fort belle ieune fille d'vn païsant mon suget & là dedans la vouloit deshonorer. Or de bonne auanture ie me trouuay à l'endroit & lors qu'il la tenoit souz ses genoux la menaçant de luy coupper la gorge auecvne dague nuë qu'il auoit en la main, si elle ne faisoit sa volunté. Voyant celà, & que la pauure fille estoit quasi hors d'aleine & demye morte, pour auoir fait tout son effort de se deffendre, ie m'approchay & priay amiablement le meschant de se desister de telles choses, mais incontinent sans dire qu'il a cousté ne quoy, lascha sa prise & s'en vint droit à moy l'espée en vne main & la dague en l'autre, dequoy il m'eust outragé sans doute si ie ne me susse mis tresbien en deffence, tant y a qu'a la parfin ie le rāgeay si bien qu'il fut contraint pour sauuer sa vie de se rendre à ma mercy à quoy ie le receuz moyennant la promesse qu'il me fit de ne commettre iamais acte si mal seant à vn gentilhomme, qui doit de tout son pouuoir garder l'honneur des dames & filles de bien: mais le paillard ne me tint pas promesse, car aussi tost que ie l'euz laissé il courut apres la pauure fille (qui se pensoit sauuer & gaigner la maison de son pere) & par despit de ce, qu'il auoit esté vaincu ou autrement, luy mist la dague à trauers la mammelle & la tua: i'accouru au dernier cry qu'elle ietta oncques puis, & fis tant que i'attrapay le meurdrier, qui se mist de rechef bien fort & ferme en def-

L'HISTOIRE

fence contre moy, mais ie le traittay de sorte qu'il demoura en la place & alla tenir compagnie à la pauure fille : or auoit il vn petit laquais qui courut incõtinent en porter les nouuelles au seigneur de ceans & à ses deux enfans, freres de cestuy cy, qui promirent à leur pere en prendre la plus cruelle vengeance qu'ilz pourroient, à ceste cause ilz m'ont tant guetté & fait guetter qu'ilz m'ont pris au iourd'huy me proumenant en ma garenne tout en pourpoint comme vous me voyez: & puis bien dire que sans vostre venuë si a point, c'estoit fait de ma vie: mais i'en suis eschapé de leurs mains par la bonté du seigneur Dieu & de vous, à qui i'en rendz les immortelles graces, mon compagnon, dist Palladien, apres Dieu vous en deuez sçauoir gré à la sage Orbiconte qui a enuoyé ceste Damoyselle me conduyre en ce lieu pour vous secourir. A' à Seigneur, respondit le Cheualier i'en ay bien ouy parler, à ce qu'ay entendu elle est sœur du roy d'Aquilée & ayme merueilleusement les Cheualiers vertueux & vaillantz: ie vous prometz que de bref l'en iray remercier. Palladien entendant parler d'Aquilée, luy va souuenir de l'escriture qui estoit en la lame de son espée : à ceste cause delibera de s'acheminer en Aquilée pour la trouuer à fin qu'elle luy enseignast ou il pourroit trouuer la Damoyselle dont elle l'auoit auerty en dormant: Estant en ce pensement son Escuyer le vint auertir que le souper estoit prest, à ceste cause s'en allerent tous mettre à table & firent bonne chere : Les tables leuées la Damoyselle d'Orbiconte luy dit: Sire Cheualier, vous auez accomply la promesse que vous m'auez faitte dont ie vous mercie: & en feray le rapport à ma dame ma maistresse à laquelle i'ay promis retourner en toute diligence, incontinent qu'auriez secouru ce Cheualier : parquoy ie prendray congé de vous & de luy, pour demain des le grand matin me mettre en chemin. Palladien marry qu'elle s'en retournast si soudain luy dist : Damoyselle m'amye, ie vous conduyray s'il vous plaist pour l'amour de vostre maistresse qui me porte si bonne affection sans l'auoir merité en son endroit. Monsieur, dist la Damoyselle, ie vous mercie de bien bon cueur, ma dame me commanda de m'en retourner seule, m'asseurant que par les chemins ie n'auroys aucun destourbier, & encores qu'elle ne m'en eust parlé ie ne voudroys estre cause de vous remettre si tost sur les champs car voz playes sont trop fresches, mais i'ay d'vn onguent que ie lairray à vostre Escuyer qui vous y seruira bien. Puis doncques, Damoyselle m'amye, dist le prince, que ma compagnie ne vous pourroit seruir, ie vous prie presenter mes humbles recommendations à ma dame vostre maistresse de laquelle ie demourray tant que viuray seruiteur & affectióné Cheualier, & à fin, dist il, que vous souuienne de moy, & pour l'amour du bon escu que m'auez apporté voy la vne chesne d'or que ie vous donne, dont la Damoyselle, la receuant, le remercia, puis ayant pris congé de luy & du Cheualier s'en alla reposer iusques au lendemain matin qu'elle se remit au chemin d'Aquilée, & laissa en ce chasteau le prince Palladien auec le Cheualier qui le mena des le

iour

PALLADIENNE. Fueillet XXXV.
iour mesme en vn sien chasteau à vne petite lieuë de là & en y allant luy monstra le lieu, ou le paillard Cheualier auoit meurdry la ieune fille.

Comme Palladien estant guery

de ses playes, & tirant vers Aquilée, fut auerty de la grand' beauté de Brisalde duchesse de Bulgarie, pour l'amour de laquelle Dardalon le superbe maintenoit ioustes à outrance, & du cruel combat que Palladien & luy eurent ensemble.

Chpaitre   XX.

LE prince Palladien demoura cinq iours au chasteau du Cheualier qu'il auoit recoux, durant lesquelz ses playes se consoliderent & fut honorablement traité par la dame de leans & de trois belles damoyselles ses filles: l'aisnée desquelles le trouua tant gracieux & beau qu'elle le pria par plusieursfoys de demourer en ce lieu, esperant bien luy descouurir sa pensée, mais il n'y voulut oncq' entendre, pour auoir trop en sa fantasie la Damoyselle dont luy auoit parlé la sage Orbiconte, & pour laquelle trouuer il deuoit passer beaucoup de dangers & perilleux hazardz: parquoy se trouuant assez dispos pour porter les armes, print congé du cheualier & des damoyselles en intention d'aller au royaume d'Aquilée: & comme il estoit sur les frontieres de Dace il rencontra

contra vn cheualier tout armé (auec son escuyer qui luy portoit sa lance & son armet) auquel, l'ayant salué, il demanda quelle part il tiroit. Seigneur, respondit le Cheualier, ie voys en Bulgarie, pour m'esprouuer contre vn puissant & fort cheualier qui maintient vne iouste contre tous venans pour l'amour de la duchesse Brisalde estimée pour le iourd'huy la plus belle princesse de la terre & n'a pas plus de seize ans accompliz. Vrayment, dist Palladien, quiconque il soit ie luy en sçay bon gré : & ne sçauez vous comment il se nomme? Dardalon le superbe, respondit l'autre, & si lon dit que ce surnom luy est fort conuenant : par ce qu'il est l'vn des orgueilleux hommes dont on ouyt parler de long temps, & d'auantage cruel, plus qu'vn Tygre ou lyon affamé, mesmes aux cheualiers qui se presentent contre luy à la iouste, lesquelz auenant qu'ilz demourent vaincuz par luy, ne leur pardonne gueres ou point combien qu'ilz se rendent à sa mercy. Foy que ie doy à dieu dist Palladien, ie ne seray pas de son costé quant à cela, & ne l'estime pas fort vaillant, ains plustost couard : car il vse de telle cruauté pour deterrer & donner crainte aux autres de ne se prendre à luy, veu encor' que telles entreprises de Tournoys pour l'amour des Dames ne doiuent estre à outrance : mais pour l'honneur & la gloire seulement : quand ce seroit vn ennemy mortel, encor' le prent on à mercy s'il se rend & tient pour vaincu, les bestes brutes mesmes vsent de ceste humanité, nous en voyons l'exemple es ours, chiens & plusieurs autres qui cessent d'exercer leur rage & fureur sur celles de leur espece qui se soumettent à eux. Il faudroit, respondit le cheualier, à telles gens leur faire de tel pain souppe, c'est a dire qui se verroit auoir l'auantage sur eux, ne leur faire non plus de grace ny pardon qu'ilz ont fait aux autres : & quant à moy ie vous asseure bien que si la fortune me fauorise contre luy, ie n'en auray mercy non plus que d'vn chien enragé. Et par dieu, dist le prince, ie n'auoys intention d'aller de ce costé, mais vous m'auez donné telle enuie de voir le personnage que ie vous acompagneray s'il vous plaist, iusque là, & si ie verray s'il est tant dyable qu'on le fait : Seigneur, respondit le Cheualier, vous me ferez honneur & plaisir, ie ne demande que compagnie. Ainsi doncques sortans les marches de Dace s'embarquerent sur le Danube, & costoyans la Valachie, descendirent en Bulgarie, ou ilz eurent plusieurs combatz contre des Cheualiers errans de tous lesquelz ilz obtindrent le dessus, & tant firent qu'ilz paruindrent à Varne ville maritime en Bulgarie ou estoit Dardalon soustenant l'estour contre tous venans, malgré quasi qu'en eust l'infante Brisalde : car d'autant qu'il estoit grand outre mesure & membru à l'auenant, il estoit fort laid de visage & malgracieux surtout, neantmoins il esperoit par sa prouesse & force acquerir l'amitié d'elle : mais il en estoit bien loing, toutesfoys pource qu'il auoit plusieurs parens des plus gros personnages de Bulgarie & principalement vn cousin Geant, la pauure Infante ne luy osoit monstrer que signe d'amitié : & craignoit fort qu'a la parfin il ne la voulust demander à

mariage

PALLADIENNE. Fueillet XXXVI.

mariage, qui eſtoit la choſe qu'elle craignoit le plus, par ce qu'a peine l'euſt elle peu empeſcher par force, ioint auſſi qu'il eſtoit craint & redouté quaſi de tous ſes ſuietz. Or le prince Palladien & le Cheualier arriuez en la ville s'en allerent tout de ce pas droit au lieu ou ſe faiſoit la iouſte, & à l'heure que Dardalon tenoit vn ieune Cheualier ſous ſes genoux lequel luy diſoit aſſez haut ie me rendz, ie me rendz, ie ſuis vaincu, mais Dardalon faignant ne l'entendre (ny la princeſſe meſme qui luy eſcrioyt qu'il le ſauuaſt) luy oſta l'armet & la teſte quant & quant, dont l'Infante fut fort dolente, mais encores plus quant elle ſceut que le ieune Chevalier eſtoit ſon proche parent. Palladien voyant la cruauté de ce paillard ne ſe peut tenir de luy dire ſi haut que chaſcun l'entendit: Dardalon ie ne te vy iamais qu'à ceſte heure, mais à mon arriuée ie t'ay veu faire vn treſlache tour, mettant à mort ce Cheualier qui ſe mettoit à ta mercy comme vaincu, & t'eſtime encor' plus malheureux & meſchant tout outre de l'auoir refuſé à ceſte Princeſſe que ie voy la haut: & n'eſtoit que ie te voy bleſſé quelque peu en la main, ie maintiendrois contre toy ce que ie te dy. Dardalon, voyant Palladien ſans armet, & ſi ieune, luy reſpondit en ſouzriant, dea mon gentilhomme, qui vous meut de m'iniurier veu que ne me viſtes iamais, ny ſçauez qui ie ſuis comme vous dittes. Ta meſchanceté, reſpondit Palladien, m'a contraint de ce faire & te le maintiendray quand tu voudras. A à vous continuëz doncques, dit Dardalon, ſus ſus tout à ceſte heure la bleſſure que i'ay en la main, ne m'engardera pas que ie ne vous chaſtie & apprenne à parler autrement. Ce diſant remonta à cheual, & empoigna vne lance la plus forte qu'il peut choyſir, puis ayant abaiſſé la veuë de ſon armet, brocha ſon deſtrier & courut à l'encontre de Palladien qui le receut ſi à point qu'il luy fit perdre vn des eſtriers, dont tous les aſſiſtans furent fort eſtonnez veu ſa peſanteur & luy il rompit ſur Palladien ſans l'offenſer en rien, ayans parfait leur courſe mirent tous deux la main à l'eſpée & commencerent à s'entrecharger de ſi grãd courage que c'eſtoit horreur de les voir & ouïr leurs coups qui ne continuërent longuement qu'on ne veid le ſang decouler par terre de coſté & d'autre, mais pour ce ne monſtroient ilz aucun ſigne de foybleſſe, ains ſembloit que le courage leur croiſſoit & augmentoit touſiours de plus en plus. En fin Dardalon, qui n'auoit encor' trouué homme qui luy monſtraſt telle barbe, deſpité dequoy leur combat duroit tant, print ſon eſpée à deux mains & de toute ſa force rua vn coup ſur Palladien penſant bien luy abatre vne eſpaulle pour le moins, mais il le receut ſur ſon bon eſcu le long duquel il gliſſa, & tumbant ſur le col de ſon cheual luy coupa quaſi à demy: ce que voyant Dardalon diſt à Palladien, mignon ie vous feray maintenant aller a pied & ſeruir de littiere à mon cheual. Palladien ſentant le ſien fondre deſſous luy, mit incontinent les piedz hors les eſtriers & ſe couurant dextrement de ſon eſcu, ſe getta bas ſur ſes piedz. Dardalon lors le pourſuyuit de pres penſant luy faire paſſer ſon

cheual

cheual par sur le ventre, mais il en auint bien autrement car Palladien, en passant & repassant luy donna trois ou quatre telles estafilades qu'il tumba par terre & son maistre dessous a qui Palladien rua tant de coups d'espée, deuant qu'il se peut releuer qu'il l'estourdit tout. A la parfin s'estant à bien grand peine despestré de son cheual rua encor' plusieurs coups sur Palladien qui les sçauoit fort bien soustenir de son escu qui estoit de telle trempe que coup d'espée n'y pouuoit mordre non plus que sur vne enclume : & chamaillant ainsi, Dardalon qui auoit perdu & perdoit encor beaucoup de son sang voyant son escu n'estre plus que demy, rua l'autre partie de telle roydeur, contre Palladien que s'il ne se fust bien paré, il le renuoyoit par terre : lors il ne fut paresseux de poursuyure son ennemy qui commença à reculer & parer aux coups, mais d'autant qu'il perdoit & le sang & le courage, d'autant augmentoit il au Prince, qui pour son dernier metz luy ramena si grand coup sur l'armet qu'il l'estourdit & en recullant marcha sur vn esclat de lance qui le fit trebucher tumbant de tout son long esuanouy, le Prince incontinent se getta sur luy & eut tout le loysir de deslacer son armet sans qu'il fist aucun semblant de se deffendre iusques a ce qu'ayant pris l'ær il reuint à soy & se perforça encores d'embracer le Prince au corps pour le mettre souz luy, mais il auoit ia tant perdu de sang qu'il n'eut le pouuoir de ce faire, & pource le prince se voyant auoir le dessus de luy, & prest a luy trancher la teste, getta sa veuë sur la princesse Brisalde pour voir si elle luy feroit point signe de luy sauuer la vie ou non, & cognoissant qu'elle ne s'en esmouuoit aucunement (ny pas vne des Dames) luy mit l'espée à trauers la gorge, puis luy osta la teste, dont tous les asistans furent tresioyeux excepté quelques vns ses parens lesquelz pensans venger sa mort se mirent en deuoir de combatre le Prince, mais il n'en y eut pas vn qui n'y demourast mort ou vaincu, & sans que Palladien receut playe dangereuse. La ieune Duchesse voyant tant de prouësse & vaillâtise en vn Cheualier si beau & qui n'auoit encor' que bien peu de barbe, voulut sçauoir qui il estoit, & pource (ayant commandé de cesser la iouste pour ce iour) l'enuoya prier de venir loger dans son palais ou elle le feroit penser & appariller ses playes par ses chirurgiens, ce que le prince accepta de bien bon cueur, non tant pour la guerison de ses playes que pour l'enuie qu'il auoit de se mettre en la bône grace de la Princesse qui luy sembla la plus belle qu'il eust oncques veuë. Ainsi doncques il fut conduit par deux gentilzhommes en l'vne des meilleures chambres du palais ou il fut desarmé & ses playes visitées & appareillées par les chirurgiens de la duchesse, qui luy enuoya par vne de ses damoyselles vne robe de nuit d'vn satin bleu broché d'or & fourée de loups ceruiers, dont il la remercia treshumblement, & deslors eut bonne esperance de paruenir à son amour, moyennant qu'il eust le moyen de deuiser & parler souuent à elle : car il estimoit que ce pourroit estre celle dont la sage Orbiconte luy auoit parlé, & pour laquelle il s'estoit mis en
tant de

PALLADIENNE. Fueillet XXXVII.
tant de dangers sur les chemins & mesmes contre le superbe Dardalon.

Comme la duchesse Brisalde alla
voir le prince Palladien, du bon recueil qu'elle luy fit, & des propos qu'ilz eurent ensemble : aussi comme il vainquit le Geant Brandidol cousin de Dardalon le superbe.

Chapitre XXI.

LA ieune Duchesse, à qui ce petit dieu aueugle auoit ia baillé vne viue attainte de l'amour du prince Palladien delibera de l'aller voir en sa chambre sçauoir comme il se trouuoit, & faire tāt enuers luy qu'elle le retiendroit en sa cour : parquoy s'estant reuestuë & parée des habitz les plus riches & sumptueux qu'elle eust s'y en alla auec ses Damoyselles, & en y allant rencontra celle par qui elle auoit enuoyé la robe de nuit au prince, laquelle luy dist, ma dame, le Cheualier vous remercie treshumblement du present que luy auez fait, au reste ses playes ne sont pas grandes, car il ne laisse à se proumener par la chambre. I'en suis bien aise, dist la Princesse, mais ne vous estes vous point enquise d'ou & qui il est ? Non certes, ma dame, respond la Damoyselle, toutesfoys à ce que i'ay peu cognoistre à son port & cōtenance il me semble qu'il est de quelque noble & riche maison, & si vous puis bien asseurer que c'est l'vn des plus beaux & gracieux Gentilzhōmes que ie vey de ma vie. Ceste parolle augmenta l'affection amoureuse au cueur de la ieune duchesse, laquelle entrant en la chambre du Prince, luy fit vne bien gran de reuerence, Seigneur Cheualier luy dist elle, vous soyez le tresbien venu, ie vous prie n'espagnez chose qui soit ceans, ne que ie puisse faire pour vous, car ie me sens tant vostre tenuë, pour auoir mis à mort ce cruel Dardalon, qu'il ne sera iour de ma vie que ie ne vous en sçache gré. Le prince incontinent se mettant sur vn genou luy baisa sa main blanche & luy respondit. Ma Dame, si en celà ie vous ay fait chose agreable, i'en suis tresayse & en remercye le seigneur dieu qui m'a fait ceste faueur & grace, vous asseurant si en quelque autre endroit ie vous puis faire seruice que ie m'y employeray de tout mon pouuoir iusques à la mort & d'auantage s'il m'estoit possible. Brisalde qui démouroit quasi toute rauie contemplant sa beauté & bonne grace, le print par la main & l'ayant fait leuer luy dist, En bonne foy, mon gentilhomme ie vous mercie de bien bon cueur, & accepte tresvolontiers l'offre que me faittes de vous employer pour moy, car ie doute fort & crains d'auoir en bref affaire de vostre ayde, & ne fust ce que contre le geant Brandidol (cousin du meschant qu'auez occis) le-

G quel

quel aufsi toft qu'il sçaura la nouuelle de cefte mort ne faudra à s'en venir icy me faire de l'ennuy s'il peut & dira que ie feray caufe de tout le mefchef, car l'autre s'eftoit enamouré de moy & auoit deliberé le Tournoy finy de m'efpoufer par amour ou par force, & luy auoit promis ce Brandidol icy de luy ayder à l'affaire & plufieurs autres aufsi de leur faction (autant mefchans qu'eux) deux defquelz auez mis à mort vaillamment, dont ie fuis autant ayfe que de chofe qui me pourroit guere auenir, & s'il plaifoit au bon dieu me depefcher aufsi bien de ceftuy cy feulement, ie feroys deformais en paix, fans crainte & foupçon en mes païs : car les autres n'oferoient apres attenter de me faire fafcherie, veu le peu de pouuoir qu'ilz ont : Ma dame, refpondit Palladien, penfez que Dieu qui eft tant bon & iufte, ne permettra (veu voftre innocence) qu'aucun tort ou iniuftice vous foit faite, & qu'il fera voz ennemys tumber en ruïne & confufion. Comme il acheuoit ce propos, entra vn maiftre d'hoftel en la chambre qui auertit la ieune ducheffe qu'on auoit couuert pour le foupper, & pource s'en allerent mettre à table & fit affeoir Palladien vis à vis d'elle, prenant fi grand plaifir à le contempler & l'ouïr deuifer, qu'il ne luy fouuenoit de boyre ny de manger, dequoy s'apperceut fort bien Palladien, dont il fe refiouït dieu fcait combien : car fi l'vn eftoit pafsionné d'amour croyez que l'autre n'en auoit pas moins, tellement que quelquefoys tous deux demouroient fi rauis cõtemplans l'vn l'autre, que la parolle leur defailloit, mais pour couurir telle alteration d'efprit, le Prince reuenant à foy, faignoit efcouter les inftrumens de mufique qui fonnoient dans la falle durant le foupper : la princeffe en faifoit tout autant : Le foupper finy & les tables hauffées : elle le print par la main & le fit affeoir en vne baffe chaire auprès d'elle, pendant que plufieurs ieunes Gentilzhõmes & Damoyfelles fe mirent à danfer plufieurs fortes de branles à la mode du païs. Seigneur Cheualier, dift elle à Palladien, vous n'oferiez danfer les chirurgiens le vous ont deffendu : ma dame, refpondit il, fi feray bien s'il vous plaift, car ie n'ay playe fur moy, Dieu mercy, qui m'engarde d'en faire encor' mon deuoir, non feigneur, non, dift elle, ce fera pour vne autrefoys, vous ne vaudrez que mieux de vous repofer pour cefte heure : & encores que ne fufsiez aucunement bleffé fi eft ce que meritez bien le repos, pour le trauail qu'auez ce iourd'huy pris, tant à venir en cefte ville du lieu dont vous m'auez dit, qu'à combatre tant de cheualiers defquelz auez eu le deffus à voftre grand honneur & gloire, A la verité ma Dame, refpondit le Prince, ie me tiens fort honoré & le repute à grande gloire, puis qu'en ce faifant, i'ay fait chofe qui vous eft agreable, au refte, ma Dame, ie vous prie penfer que ie n'ay chofe en ce monde plus en recommandation que de vous obeïr & complaire, comme le plus humble de voz feruiteurs, au nombre defquelz il vous plaira me tenir. A à feigneur, dift elle, voftre valeur & beauté merite bien que teniez autre rang en mon endroit que d'vn fuget ou efclaue, & s'il vous plaift demourer en ce païs ie vous
donneray

donneray à cognoiſtre ſelon ma petite poſsibilité combien i'ayme & ay en honneur & reuerence telles gens que vous. Ma dame, reſpondit Palladien, ie feray tout ce qu'il vous plaira me commander: ce n'eſt enuers vous, dit elle, que ie veux vſer de commandement: mais d'humbles prieres. Diſant ces motz ſa gouuernante (qui eſtoit vne bonne vieille matrone) s'approcha d'elle & luy diſt qu'il eſtoit ia fort tard, à ce moyen temps de s'aller repoſer. Lors la princeſſe (à qui le temps ne duroit gueres eſtāt aupres de celuy qui auoit ia la meilleure part de ſon cueur) ayant conduit le Prince iuſques en ſa chambre, luy donna le bon ſoir, & ſe retira en la ſienne fort contente du bon vouloir qu'elle auoit cogneu en Palladien, la beauté & bonne grace duquel ſe repreſentoient à toutes heures deuant ſes yeux fuſt en dormant ou veillant dont l'amoureuſe affection s'augmentoit de plus en plus: De meſme paſsion eſtoit tourmenté Palladien, de ſorte que ceſte nouuelle playe d'Amour luy faiſoit oublier celles qu'il auoit receuës en combatant le ſuperbe Dardalon & pluſieurs autres Cheualiers, comme dit eſt, & ainſi paſſerent l'vn & l'autre la pluſpart de la nuit en amoureux penſemens, auec eſperance de paruenir chacun à ſon deſir. Le matin, des l'aube du iour, la ieune Ducheſſe outre ſa couſtume fut eſueillée: car la ſolicitude amoureuſe qu'elle auoit en ſon cueur ne luy permettoit le repos accouſtumé. Dequoy elle n'eſtoit faſchée, car veillant prenoit grand plaiſir à penſer en la beauté du Prince auquel (pour continuër l'amour qu'il luy portoit) elle enuoya vn riche dyamant par vne de ſes Damoyſelles auſsi toſt qu'il fut leué, luy faiſant entendre que c'eſtoit la bague qu'elle auoit deliberé de bailler au meilleur combatant & qu'il l'auoit merité ſur tous les autres. Palladien l'ayāt receuë de bien bon cueur la baiſa & miſt en ſon doigt, puis diſt à la Damoyſelle, m'amye remerciez humblement de ma part ma Dame voſtre maiſtreſſe & que ſi ie ne fis hyer choſe qui merite ſi beau & riche preſent, que i'eſpere au iourd'huy le meriter en continüant l'eſtour contre tous venans, s'il luy plaiſt, le me permettre, & l'aſſeurez hardiment que ie n'ay playe ſur moy qui m'en engarde: auſsi à la verité eſtoit il guery cař (eſtant le ſoir retiré ſeul auec ſon Eſcuyr) il fit oindre ſes playes de l'onguent que luy auoit baillé la Damoyſelle de la ſage Orbiconte. La Damoyſelle retourna auec ceſte reſponſe vers ſa maiſtreſſe, qui en fut treſioyeuſe que ſur l'heure elle enuoya preparer vn eſchaffaut pour les Dames & tendre de la plus riche tapaſſerie qu'elle eut : & aux deux boutz des lices force chapeaux & tortis de triumphe, decorez d'armoyries & deuiſes d'Amour, en tables d'attente. La Princeſſe leuée & acouſtrée à l'auantage, Palladien l'alla trouuer en ſa chambre ou luy ayant donné le bon iour la conduyſit à la meſſe & de là au diſner qui fut ſumptueux. Les tables leuées tous les Cheualiers & Gentilzhommes qui auoient vouloir de ſe trouuer aux iouſtes, s'en allerent armer & le prince Palladien ſemblablement qui fut auerty d'vne nouuelle partie qu'auoit dreſſée Alfian prince d'Irlande, beau, ieune, &

fort

fort adextre aux armes, qui eſtoit fort affectionné à la Princeſſe Briſalde, à ce moyen eſtans tous arriuez aux lices il ſe mit auec les ſiens d'vn coſté & commença le premier à courir contre vn Cheualier more incogneu & tout armé à blanc, lequel il rua par terre du premier coup de lance qu'il luy donna tellement qu'a la cheutte il ſe deſnoua vn bras, qui l'excuſa de retourner à la iouſte de tout ce iour, vn autre apres vint, puis vn autre iuſques à douze ou treize qui y firent tous fort mal leurs beſongnes, ce que voyant Palladien ſe miſt ſur les rangs & courut contre luy de telle force & roydeur qu'il le leua vn grand demy pied par deſſus la ſelle & comme ilz vouloient recharger nouuelles lances, arriua vn Cheualier grand outre meſure armé de toutes pieces, qui comme furieux s'eſcria, ou eſt il le meſchant qui a mis à mort mon couſin Dardalon? par le grand dieu ie feray au iourd'huy manger ſa charongne aux chiens, & la malheureuſe qui en a eſté cauſe (parlant de la ieune ducheſſe) or luy auoit on raporté que s'auoit eſté vn ieune Cheualier eſtranger à ceſte cauſe penſant que ce fuſt le prince Alfian d'Irlande qui eſtoit pour lors de ſon coſté, il deſgaina vn grand & long cymeterre qu'il portoit en eſcharpe, duquel il rua ſi grand coup ſur le gentil Alfian qu'il le rua de ſon cheual par terre tout eſtourdy, & voulant deſcendre pour luy trancher la teſte, Palladien qui ſe douta bien que c'eſtoit Brandidol, courut a luy, c'eſt à moy, c'eſt à moy, diſt il a qui tu as affaire i'ay tué ton couſin Dardalon, car ſa cruauté & meſchanceté de ſon cueur le meritoient, lors Brandidol ſans reſpondre autre choſe laiſſa le prince d'Irlande & ſe vint ioindre a Palladien, ſur l'eſcu duquel il rua ſi grand coup que ſans la bôté d'iceluy le ieune prince euſt tenu compagnie à Alfian que ſes Eſcuyers leuerent de terre, pendant que les deux autres chamailloyent & ſe tindrent bien longuement ſans ſe pouuoir offenſer l'vn l'autre : à la fin le geant Brandidol, quaſi enragé de deul & yre de ne pouuoir venir à bout d'vn ſi ieune Cheualier penſa en ſoymeſmes que ſa dexterité à cheual en eſtoit cauſe, & que s'il en vouloit eſtre toſt depeſché il le luy falloit tuer entre les iambes ce qu'il fit, dont la ieune ducheſſe voyant le cheual fondre deſſouz ſon maiſtre penſa qu'il eſtoit mort ſans reſpit, parquoy ſe print à demener le plus extreme deul (& toutes ſes dames auſsi) que lon veid iamais. Helàs gentil Cheualier, diſoit elle, que voſtre venuë en ce païs vous couſtera cher: or voy-ie bien maintenant que ie ſuis au comble de mon malheur! Pendant qu'elle faiſoit ſes plaintes, Palladien ſe getta bas de ſon cheual, & en deſcendát donna ſi grand coup ſur le iarret de celuy du Geant qu'il commença à clocher & ſe demener de ſorte que ſon maiſtre n'en pouuoit plus cheuir & pource ſentant qu'il luy eſtoit neceſſaire de deſcendre, mit l'vn des piedz hors l'eſtrier & ſe voulant ſouleuer pour ſe getter à terre ſon cheual fondit ſouz luy tellement que tous deux tomberent en vn monceau : Palladien ce pendant ne dormoit pas, ains le voyát ainſi empeſtré vn pied encor' dans l'eſtrier luy rua tant de coups ſur ſon armet qu'il luy rompit la viſiere & eut le loyſir de

luy

luy donner à son plaisir quatre ou cinq coups d'estoc dans la veuë, si bien qu'il luy fit sortir l'vn des yeux de la teste, dont le Geant sentit telle douleur qu'il se print à bramer & escrier le plus horriblement qu'on sçauroit penser se veautrant par la place ny plus ny moins qu'vn homme touché du mal caducque, & tant que perdant le sang par plusieurs endroitz de son corps se trouua si affoybly qu'il demoura estandu tout de son long esuanouy, lors le Prince luy sauta sus, & sans demander ny faire signe à la Duchesse, s'il luy sauueroit la vie luy osta l'armet, puis la teste dont il fit present à la Duchesse, estant certain qu'elle en estoit bien ayse veu les parolles qu'ilz auoient euz ensemble le soir precedent. Lors elle commanda que le trompettes sonnassent & que l'estour cessast pour ce iour, & estant descenduë de dessus son eschaffaut s'en vint embrasser le Prince & le remercier humblement de ce que tant auoit fait pour elle que de la deliurer de deux si malheureuses & meschantes personnes qui auoient deliberé la rauir ou destruyre. Estimez ma dame, dist Palladien, que Dieu tout puissant y a besongné, n'ayant voulu que vostre innocence & pureté fussent en rien offensées. Helàs, dist elle, Seigneur ie le croy ainsi & luy en rendz graces de bien bon cueur, maintenant suis-ie asseurée & hors de toute crainte, or allons, allons, dist elle, vous faire penser, car il est impossible que ne soyez naüré veu les pesans coups que ie vous ay veuz soustenir: ma dame, respódit Palladien, ie me sens vn peu las & vain mais de playe dangereuse ie n'en ay point. Lors il fut conduit en sa chambre, & là desarmé & ses playes visitées, l'vne desquelles qui estoit au bras gauche le contraignit de le porter & garder la chambre quelques iours, dont la belle Brisalde estoit fort desplaisante pour la gráde amour & affection qu'elle luy portoit.

Comme le prince Palladien & la

duchesse Brisalde, s'affectionnerent tellement de l'amour l'vn de
l'autre qu'ilz accomplirent ensemble leur desir par
plusieurs iours.

Chapitre   XXII.

G iii   Brisalde

L'HISTOIRE

BRisalde sentant en son cueur l'amoureux feu augmenter ne se pouuoit tenir d'aller tous les iours par plusieurs foys visiter le prince Palladien, qui n'estoit pas moins passionné qu'elle, & demouroient tousiours deux ou trois heures ensemble à deuiser de l'amour, tellement que la princesse ne pouuant plus supporter le mal qui tant la tourmentoit, le declaira tout à plat au Prince luy promettant s'il luy plaisoit demourer auec elle qu'a son pouuoir le traiteroit comme son mary & amy & qu'il luy sembloit ne le pouuoir mieux recompéser pour le bien qu'elle auoit receu de luy (mettant à mort ses deux plus grands ennemys) que de le faire maistre & iouïssant d'elle & de tout son bien. A' quoy Palladien respondit (en la remerciant) qu'il acceptoit tresuoluntiers & de bien bon cueur telle offre : mais qu'il desiroit (auāt que de consommer & faire la solennité du mariage) en auertir son pere le roy d'Angleterre croyant qu'il en seroit bien content. Brisalde entendant que Palladien estoit de si haut lieu, fut plus ayse & affectionnée enuers luy que parauant, mais craignant que le roy d'Angleterre ne trouuast pas bon le mariage, delibera de le consommer auant qu'il en peut estre auerty, & pource elle declaira son secret à vne ieune esclaue more qui la seruoit de fille de chambre, laquelle luy ayda fort bien à faire ses besongnes. Ceste fille voyant sa maistresse ne demander autre chose que d'accomplir son desir auec le Prince luy promist de trouuer vn moyen pour ce faire, à ceste cause estant vn soir à regarder appareiller les playes du Prince, qui estoient quasi toutes consolidées, attendist qu'il fust couché & son Escuyer pareillement en vne garderobe aupres : ce fait elle print secrettement sur la table la clef de sa chambre, puis luy ayant donné le bon soir, retourna vers

sa maisa maistresse à qui elle presenta les affectionnées recommendations du Prince, l'asseurant qu'il se portoit fort bien, au reste ma dame, dist elle, voyci la clef de sa chambre s'il vous plaist l'aller voir ceste nuit vous le pourrez faire facilement sans que personne s'en apperçoyue, non pas son Escuyer mesme: car ie vous asseure qu'il dort bien profondement en la garderobe. O'bon dieu comment la petite more fut de bon cueur embrassée par Brisalde pour tant bonnes & ioyeuses nouuelles, ma mignóne luy dist elle, ie te prometz que si ie puis venir au point que ie desire, outre la liberté que ie te donneray, ie te marieray en tel lieu & si hautement que tu t'en deüras tenir pour bien contente: ce disant se leua de son lit & ayant sans plus sur ses espaulles vn máteau de nuit fourré de martres sublines, s'en alla (accompagnée de sa fidelle messagere) iusques à la chambre du Prince qu'elle ouurit tout coyement tremblant comme la feuille, & l'ayant refermée, & laissé sa more à l'huis, vint destourner le rideau du lit ou estoit le prince couché qui ne dormoit pas encores, au moyen dequoy entreuit incontinent l'vmbre de la Princesse aux raiz de la lune qui donnoient dans la chábre dont il eut vne soudaine frayeur qui le fit vistemét retourner pour voir que c'estoit & prendre son espée qui tenoit tousiours pres de son lit. Holà holà mósieur, luy dist elle, le prenant par la main, ne vous effroyez point tant, auez vous peur d'vne fille toute nuë, asseurez vous, asseurez-vous & ne prenez l'espée contre moy, ie vous prie, car sans espée m'auez si viuement frappée au cueur que ie suis entierement vaincuë & me rendz vostre prisonniere. Palladien, voyant ce que tant il desiroit si pres de luy & à son commandement, fut si tresrauy d'ayse qu'il ne sçauoit bonnement s'il resuoit ou non, làs, disoit il, est il bien possible que soyez vous, ó ma seule esperance! Certes monsieur, respondit elle, ie croy que vous pensez songer ou que ie soys vn fantosme : comment mescognoissez vous celle qui vous ayme plus que son propre cueur? & qui a tát de soin de vostre santé, qu'elle vous vient maintenant visiter pour sçauoir comme vous vous portez. Le Prince incontinent se ietta bas du lit, & osta son escharpe & le cuisinet qui luy soustenoit son bras blessé embrassa la princesse & baisa dieu sçait de quelle affection, ó mon ame, luy disoit il, quel bon Mercure vous a inspirée de me venir maintenant visiter? L'amour que ie vous porte, respond la princesse, & le desir que i'ay de vous voir de bref guery à fin que puissons mettre à effet ce que nous auons arresté entre nous deux: Certes, ma dame, dist Palladien, ie ne sens en moy chose qui m'engarde d'accomplir & confirmer ce que vous sçauez, & tout maintenant, disant celà l'embrassa par le foix du corps & la voulut getter sur son lit à quoy elle fit semblant de repugner quelque temps, & comme elle se deffendoit mignardement, son manteau de nuit qu'elle auoit sur les espaulles luy cheut par terre & demeura nud ce blanc estomach sur qui estoient assis deux petis monts d'yuoire, qu'elle taschoit de cacher auec ses petites mains, mais pendant qu'elle deffendoit ce lieu, le Prince tas-

G iiii   choit à

L'HISTOIRE

choit à en gaigner vn autre, bref il se mist en telle collere & alteration, que malgré toutes les resistences & remonstrances qu'elle luy fist il la posa sur son lit, ou si bien sceut continuer son assaut qu'il se fit maistre de la place dont il desiroit tant iouïr, & en voulant prendre possession de fait, la princesse le prioit qu'il differast l'affaire, iusques à ce qu'il fust bien guery, mais tout cela n'y seruit de rien : car (en luy disant tout bas de peur d'esueiller son Escuyer, hé e mon dieu, mon dieu, monsieur que voulez vous faire, vous gasterez vostre bras, voz playes se rengregeront, laissez moy ie vous prie) il en prit la iouïssance, qui fut pour le commencement quelque peu aygrette à la ieune duchesse, mais auant que partir de là elle le trouua bien douce & plaisante. O' heureux amans! Apres que les deux & troys premiers assaux furent donnez & la collere vn peu moderée des deux costez, ceste amoureuse couple, aux rayons de la lune, demouroient quasi tous rauiz en contemplant la beauté l'vn de l'autre, par ainsi estans saoulez d'vn plaisir ilz se reprenoient à l'autre. De vous raconter icy tous les petitz propos amoureux, les chatouillemens & mignardises qu'ilz s'en tresaisoient pour augmenter leur plaisir, ce seroit trop long, d'auantage ie craindroys d'offenser les cueurs de quelques vns ou vnes tant suiettes à leurs passions & si peu fortes & constantes, que pour la moindre parolle de telles matieres se trouuent scandalisées : parquoy ie ne vous en diray autre chose sinon que ces deux amans passerent la nuit en tel plaisir & contentement que peuuent bien ymaginer ceux qui se sont trouuez en semblables affaires. Ce pendant la fidele Damoyselle esclaue estoit à la porte de la chambre, d'ou elle ne bougea toute nuit attendant sa maistresse & à voir de quel costé venoit le vent : si tost qu'elle aperceut le iour approcher, frapa doucement à la porte pour auertir sa maistresse de se retirer en sa chambre auant que personne fust leué, mais le Prince & elle s'estoient oubliez au lit : car apres leurs doux & amoureux combatz tous deux s'endormirent vn peu deuant iour : dequoy se doutant bien l'esclaue, ouurit doucement la porte auec la clef que sa maistresse luy auoit enchargée de bien garder & entrant en la chambre, ou elle trouua ces deux amans endormis se tenans embrassez l'vn l'autre & les cõtempla en ceste sorte quelque espace de temps, non pas sans penser au grand plaisir & delectation qui s'estoient donnez la nuit & à ie ne sçay quoy d'auantage qu'on peut mieux ymaginer que ie ne le pourroys dire. Or voyant ceste esclaue que si elle attendoit gueres plus à esueiller sa maistresse qu'elle pourroit estre aperceuë, tout doucement luy print la main & la luy serrant s'esueilla en sursaut, & le Prince quant & quant qu'elle tenoit embrassé, qui fut bien esbahy de voir l'esclaue, mais fort marry d'entendre que le iour estoit si prochain, si est ce qu'il ne voulust que la Duchesse se leuast sans qu'il eust prins d'elle le doux congé, & pource luy fit signe qu'elle enuoyast sa Damoyselle voir quel temps il faisoit, lors la Duchesse trescontente de ce, dit à l'esclaue, m'amie allez vous en tousiours deuant en ma chambre & me racoustrez

racouſtrez mon lit, car ie veux encores dormir, ie m'en voys incontinent apres vous, à quoy la Damoyſelle (qui entendoit le per) obtempera ſoudain: & ce pendant ilz remirent les voyles au vent & nauigerent auec autant ou plus de plaiſir qu'ilz n'auoient fait toute la nuit, & principalement la ieune princeſſe qui eſtoit ia ſi bien duitte & appriſe à ce doux exercice qu'elle euſt bien voulu ceſte nuit durer autant que celle en laquelle fut engendré le puiſſant Hercules. Ainſi doncques voyant qu'il eſtoit force de ſe retirer, print congé du Prince (luy ayant promis de retourner tous les ſoirs le viſiter) puis il ſe retira en ſa chambre, ou elle ſe coucha & s'endormit tresbien iuſques entre dix & vnze heures, n'ayāt oncques trouué le dormir plus doux ny gracieux: & le ſemblable fit le Prince de ſon coſté lequel à ſon reueil rēdit les graces immortelles à la Fortune & à Venus & ſon filz qui tant l'auoient fauoriſé & penſoit bien que Briſalde fuſt celle dont luy auoit tenu propos la ſage Orbiconte par pluſieurs fois (comme auez entendu par cy deuant) La princeſſe ſemblablement s'eſtimoit bien heureuſe & fortunée d'auoir gaigné l'amour d'vn tel Prince qui demoura bien enuiron ſix ſemaines auec elle prenās enſemble tous les plaiſirs & paſſetemps dont ilz ſe pouuoient auiſer, mais à la fin la fortune ialouſe d'vn tel bien les ſepara en la ſorte que vous entēdrez preſentement.

D'vne auenture qui auint en la cité de Varne, & de la fin d'icelle par laquelle le prince Palladien delibera s'abſenter de la belle ducheſſe Briſalde.

Chapitre   XXIII.

IL vous peult ſouuenir comme les princes Landaſtinis de Norgalles & Simprinel d'Eſcoce eſtans en la cour du bon roy Milanor d'Angleterre, Landaſtanis s'enamoura de l'infante Florée (ſeur de Palladien) de laquelle il eut iouïſſance par pluſieurs nuitz dans le iardin dont nous auons parlé auquel Mantilée & luy ſe rencontrerent la premiere foys allans voir leurs amyes. Or faut entendre que ſon compagnon Simprinel le laiſſa en Angleterre iouïr de ſes amours & reprit ſon chemin d'Eſcoce: mais auant que d'y retourner voulut aller voir le roy de Norgalles, auquel il apporta nouuelles de la ſanté & bonne conualeſcence de ſon filz Landaſtanis, dont le Roy fut treſioyeux & pria Simprinel de ſeiourner quelque temps en ſa court pour le traiter comme il deſiroit & luy monſtrer les ſingularitez & choſes rares de ſon royaume à quoy Simprinel optempera voluntiers, deſirāt voir quelques nouueautez, mais amour qui l'auoit laiſſé iuſques alors ſans luy donner vne ſeule

atainte

ataintc de ses traitz dorez le frapa tellement au cueur de l'amour de la belle Belanicie fille du roy de Norgalles que n'osant luy declarer son mal en tumba en vne forte & dangereuse maladie, & telle que les medecins ne la peurent oncques cognoistre, ce qui desplaisoit fort au Roy pour la bonne amytié qu'il luy portoit. En fin les medecins ayans remonstré à Simprinel le dãger ou il estoit par faute de ne pouuoir declarer ny donner à entendre son mal, delibera auant mourir de le faire sçauoir au seul medecin qui le pouuoit guerir, c'estoit la princesse Belanicie qui souuent l'alloit visiter & luy enuoyoit par vne sienne Damoyselle plusieurs confitures, & viandes à malades fort excellentes. Vne foys entre autres que ceste Damoyselle le prioit & importunoit de luy declarer son mal & que s'il y auoit chose au monde qu'elle peut faire pour luy tresvoluntiers s'y employroit, le Prince tout perplex & honteux, la prenant par la main luy dist. Damoyselle m'amye, ie vous mercie de la bonne volunté qu'auez de me faire plaisir, lequel ie recognoistray en ce qu'il me sera possible, mais quant au mal qui me tourmente en la sorte que voyez, ie ne le vous declareray si ne me iurez le tenir secret & ne le reueler à autre qu'a celuy que ie vous diray. Sùr mon dieu monsieur, respondit la Damoyselle, ie le vuos prometz ainsi. Lors, le Prince luy dist: Sachez doncques m'amye qu'autre chose ne me cause le mal que me voyez endurer, que l'amour & grande affection que ie porte à vostre maistresse à laquelle i'ay tousiours craint de me declarer pour doute de l'offenser & le Roy semblablement: Comment monsieur, dist la Damoyselle, vous qui estes si grand seigneur & de si haut lieu venu, pensez vous faire deshonneur à ma dame de l'aymer? ou si vous la pensez si hautaine qu'elle le trouuast mauuais de vous? non, non, elle est fille de Roy & vous aussi, & d'auantage, humble & gracieuse autant que Princesse de la terre, ne craignez point de luy faire entendre vostre mal. Helàs m'amye, iamais ie n'auroys la hardiesse, mais s'il vous plaisoit me faire tãt de bien que de luy porter la parolle (moyennant qu'elle ne le trouue point mauuais) ie vous en feray tenu toute ma vie. En enda, monsieur, respond la Damoyselle, ie le feray tresvoluntiers & si sçay bien qu'elle n'en sera mal contente, mais bien ioyeuse, estimant que si elle n'auoit quelque grande beauté & bonne grace, vous ne l'aymeriez pas, or laissez m'en faire, ie m'en voys tout de ce pas vers elle, & vous en raporteray bien tost response: Allez donc m'amye, dist le Prince, & l'asseurez hardiment qu'elle tient ma mort & ma vie entre ses mains. Ainsi s'en retourna la Damoyselle vers sa maistresse à laquelle elle conta tout au lõg l'occasion de la maladie du Prince, dequoy elle fut tresioyeuse pour auoir le moyen d'y remedier, & pource, tout sur le champ renuoya sa messagere par deuers luy, l'asseurer qu'elle n'estoit pas moins affectionnée en son endroit que luy au sien, le priant affectueusement de prendre peine à se guerir pour l'amour d'elle. Le Prince fut si resiouy de si bonne response qu'en moins de quatre iours il reprint sa force & couleur

leur, à quoy aydoient fort les frequentes visitations de la princesse & amoureux propos qu'elle luy tenoit par lesquelz elle luy bailloit vne esperance & attente de peruenir au point qu'il desiroit. Or estant bien guery & ne desirant qu'a faire chose qui peust estre agreable à la Princesse, elle (pour cognoistre s'il l'aymoit perfaitement) ayant ouy parler de la beauté de la duchesse Brisalde, le pria de s'acheminer iusques à Varne en Bulgarie ou elle estoit & là porter son effigie pour maintenir contre tous les Cheualiers qui y faisoient residence qu'elle estoit plus belle que Brisalde, & qu'en ce faisant elle le retenoit pour son Cheualier & seruiteur affectioné. A quoy ne faillit Simprinel, car des le lendemain, il partit accompagné de quatre Escuyers & tant firent par leurs iournées qu'ilz arriuerent en Bulgarie ou ilz eurent nouuelles que la ieune duchesse Brisalde estoit à Varne, parquoy s'y acheminerent & trouua Simprinel force Cheualiers & Gentilzhommes qui ordinairement s'exerçoient à la iouste & au combat de toutes sortes d'armes, estant arriué au lieu du Tournay il posa luy mesmes l'effigie de sa dame sur vn perron estant à l'vn des boutz, puis ayant l'armet & le bonnet ostez, dit si haut qu'vn chascun l'entendit, qu'il maintiendroit contre tous venans à la lance & toutes sortes d'armes que s'amye estoit plus belle & sans comparaison que la duchesse Brisalde (qui n'estoit pour lors au Tournoy) dequoy plusieurs Gentilzhommes de la Duchesse, ne furent pas moins esbahis que mal contens de l'audace de ce ieune Prince lequel auant que d'entrer en l'estour, dist qu'il falloit premierement que lon fit aporter le pourtrait & effigie de la Duchesse à la charge que s'il demouroit vaincueur il l'emporteroit quant & luy, & s'il estoit vaincu, celuy qui le vaincroit feroit sa volunté de celuy de s'amye qui estoit l'infante de Norgales. Ce qui fut trouué raisonnable: à ce moyen lon en auertit la Duchesse qui fit aporter son effigie en place laquelle fut posée aupres de l'autre, puis commença Simprinel à courir contre tous venans & fit tel deuoir ce premier iour qu'il abatit plus de quinze Cheualiers sans que pas vn luy peut faire perdre vn estrier. Or d'auanture le prince Palladien estoit allé ce iour à la chasse dont la Duchesse estoit fort marrye, pensant bien que s'il se fust trouué en la compagnie sa beauté eust esté mieux deffenduë. Le Tournoy finy pour ceste iournée, Simprinel ioyeux d'auoir si bien fait se retira en son logis sans se donner autrement à cognoistre. Et des le lendemain de bien bonne heure se vint presenter de rechef à la iouste ayant fait aporter & mettre le portrait de sa Bellanicie sur le perron & celuy de la Duchesse aupres en bonne volunté de l'emporter quant & luy, auenant la fortune qu'il demourast vaincueur, mais il luy auint autrement: car estant Palladien arriué des premiers aux lices (pour la grande enuie qu'il auoit de deffendre & maintenir la duchesse Brisalde plus belle que toutes autres de la terre) & ayant veu la braue contenace & dexterité de Simprinel qui en abatit trois ou quatre de plain saut Palladien ne voulut plus endurer que tant de Cheualiers & Gentilzhommes de mes de la Duchesse s'amye fussent ainsi traitez par vn seul, à ce moyen se presenta sur les rengs, & dist à Simprinel. Vrayment Cheualier, i'estime & loue vostre entreprise pour estre cause que tant de Cheualiers s'exercent aux armes, mais quant à la Dame que voulez maintenir estre plus belle sans comparaison que ma dame la Duchesse icy presente, ie dy & & veux soustenir le contraire contre vous & tous autres iusques à la mort & croy, que si l'affection ne vous offusquoit la veuë vous changeriez bien tost d'opinion, & confesseriez vousmesmes qu'il n'y a aucune comparaison quant à la beauté, i'aiousteray la bonne grace & entretien. Mon gentilhomme, respond Simprinel, il semble à vous ouïr parler, que vueillez deffendre vostre maistresse auecques la langue seulement, parquoy laissant toutes voz belles remonstrances, ie vous prie deffendez la à l'effet, car vous n'estes encor' assez bon orateur pour me persuader le contraire de ce que i'ay veu de mes deux yeux. Comment, dist Palladien, vous pensez doncques que ie vueille euiter le combat par mes parolles: non, non, asseurez vous que ie vous monstreray à l'effet, combien vous estes loing de vostre conte: Or la donc, respondit Simprinel voyons qui le gaignera de nous deux. Ce disant brocherent leurs destriers & se rencontrerent de telle roydeur & si droit fil que Simprinel, rompant son boys sur le Prince il luy fit perdre l'vn des estriers, & luy & son cheual tomberent tous deux en vn mont, dequoy la Duchesse & tous les assistans furent bien aysés de voir l'arrogance de ce Cheualier si bien rabaissée, lequel toutesfoys ne fut paresseux à se releuer, & embrassant son escu marcha brauement à l'encontre de Palladien qui mit incontinent pied à terre & commença vn combat entre eux fort dangereux qui dura bien longuement sans qu'ilz se peussent en rien offenser l'vn l'autre, tant estoiét leurs escuz & harnoys bons & bien trempez. En fin Palladien se fachant de demourer si longuement sans rien exploitter, fit semblant de ruer vn grand coup sur l'armet de Simprinel, & comme il se paroit auec l'escu & l'espée pour le soustenir, Palladien se coulla dextremét par dessouz & saisit Simprinel au corps lequel se maintint bonne piece roydement, toutesfoys à la parfin tous deux culbuterent par terre & demoura Palladien dessus qui mist incontinent la main à la dague auec laquelle il hauça la visiere de Simprinel. Or ça, dist il, Cheualier, il faut maintenant que vous confessiez ma dame la duchesse Brisalde estre plus accomplie en toute beauté que celle qu'auez maintenuë, autrement ie vous engarderay bien que iamais ne retournerez vers elle puis, dist Simprinel, qu'il a pleu à la fortune de me reduyre en ceste extremité ie me tiens pour vaincu: mais de confesser que m'amye soit moindre ie ne le feray pour mourir, aussi par la condition que ie donnay hier à mon arriuée ie n'y suis tenu, ains seulement de laisser le portrait au vouloir de celuy qui me vaincroit. Ce qui fut asseuré par plusieurs Cheualiers estans là presens, parquoy Palladien le laissa: & s'en alla incontinent prendre le pourtrait de la Duchesse & le mist au dessus de

celuy

PALLADINNE. Fueillet XLIII.

celuy de l'infante Belanicie, regardāt laquelle fort ententiuement la trouua plus parfaitte en beauté & auantagée en tous pointz, la Duchesse les fit
tous deux porter en sa chambre, & cessé l'estour pour ce iour tresioyeuse
d'auoir pour amy vn si preux & vaillant Prince, lequel delibera des l'heu
re la laisser pour chercher Bellanicie, se faisant à croyre que c'estoit celle
dont la sage Orbiconte luy auoit tant de foys parlé. Par ainsi, tout pensif,
se retira en sa chambre pour se desarmer, estant en grand' peine comme il
pourroit faire trouuer bon son depart à la Duchesse & quelle excuse il luy
donneroit en payement: toutesfois quant il venoit à considerer le bon &
amyable recueil & traitement qu'elle luy auoit fait & faisoit encores, il
estoit desmeu de la laisser se persuadant ce que la sage Orbiconte luy en
auoit reuelé estre chose vaine & mensongere: & comme il estoit en si profond pensement, il luy sembla ouïr a ses aureilles vne voix qui luy dist,
Palladien ce n'est icy que tu dois demourer, parquoy suy la bonne fortune qui
t'est promise. Lors il conclud quoy qu'il luy deust auenir de partir des le
landemain & d'en auertir la Duchesse la nuit prochaine qu'il l'yroit voir
ce qu'il fit ainsi que vous entendrez.

Comme Palladien auertit la du-
chesse Brisalde de son partement, & du deuil qu'elle en fit.

Chapitre XXIIII.

Stant Palladien en sa chambre, en soucy tel que vous
pouez penser touchant son partemēt: la ieune Duchesse (qui ne le voyoit à demy son saoul) le vint visiter
pour sçauoir comme il se portoit & s'il n'estoit point
blessé, mais elle sceut que non dont bien ioyeuse le prit
par la main & le mena en la grand' salle de son Palais
ou elle auoit fait couurir pour le soupper, & voulut tenir cour ouuerte ce
iour pour la ioye d'auoir esté si bien vengée du Cheualier qui auoit tant
abaissé sa beauté. Or durant le soupper Palladien ne sceut si bien couurir
ne dissimuler sa pensée, que la Princesse ne s'en auisast, car elle ne pouuoit
gueres destourner sa veuë de luy qu'elle cognoissoit plus triste & taciturne
que de coustume: & pource aussi tost que les tables furent leuées (pendant
que lon passoit le temps au bal) elle le tira à part & le pria affectueusement de luy declarer la cause de son ennuy, luy promettant y remedier
s'il estoit aucunement en sa puissance. En bonne foy ma dame, respondit
Palladien, ie pense à ce Cheualier que i'ay ce iourd'huy combatu, & suis
fort marry dequoy ie ne luy ay demandé son nom & d'ou il est: car il me
semble que ie l'ay autrefoys veu en Angleterre. Comment monsieur, dist
H elle, est

elle, est ce tout ce qui vous fait ainsi pensif? il faut sçauoir s'il est encor' en ceste ville & l'enuoyer prier de me venir voir & que ie luy feray bonne chere, ce que ie vous prometz s'il est de vostre cognoissance, disant cela elle apella vn sien gentilhomme auquel elle commanda de s'enquerir si le Cheualier au portrait de la Damoyselle estoit encor' à la ville & qu'on le fist venir, à quoy le gentilhomme respondit incontinent, qu'il l'auoit veu sortir de la ville auec trois ou quatre autres. Vous voyez monsieur, dist elle lors à Palladien, qu'il n'y a plus de remede ny moyen de l'auoir, & pource ie vous prie de vous resiouïr pour l'amour de moy & si me voulez faire plaisir: car vous voyant ainsi il est impossible que ie puisse estre à mon ayse. Ce que luy promit le Prince & sur ce propos la mena danser auec vne telle grace que chacun en estoit esmerueillé, puis le bal finy la Duchesse s'en alla en sa chambre, ou le Prince la coduit & luy ayant donné le bon soir se retira en la sienne attendant que tout le monde fust couché pour aller voir la Duchesse comme il auoit de coustume & ce pendant il chargea son Escuyer de preparer son harnoys & toutes ses besongnes pour partir le lendemain du matin. L'heure venuë qu'il sembla au Prince que chacun estoit en repos, il se leua doucemét de son lit (de crainte d'esueiller son Escuyer) & ayant sans plus vne robe de nuit sur ses espaules, s'en alla droit à la chambre de la Duchesse & en chemin trouua la more qui le venoit apeller: auquel elle dist que sa maistresse estoit sur le point de l'aller querir elle mesme pource qu'il tardoit tant à venir. Ma mignonne, dist il, ie craignoys d'estre aperceu: ce disant entra en la chambre, & se mist dans le lit, ou il fut receu & caressé de la ieune Princesse d'vne affection telle que chacun peut penser veu l'amytié qu'elle luy portoit, & dieu sçait s'il fit son deuoir enuers elle (luy qui auoit deliberé de partir le lendemain) croyez qu'il en print pour deux foys, estimant bien que de long temps il n'y retourneroit. Or s'estans donnez du plaisir & l'vn & l'autre tant qu'ilz en furent las, le Prince se print à souspirer par deux ou troys foys sans dire mot (pensant comme il feroit entendre à la Princesse son intention de sorte qu'elle n'en fust mal contente) qui la rendist toute esbahie veu que les autresfoys il deuisoit tant bien, & amoureusement quasi toute la nuit & iusques à ce que le sommeil les pressast tous deux & contraignit de cesser leurs amoureux deuis, parquoy elle le supplia de luy dire qui le mouuoit d'ainsi souspirer & se tenir si longuement sans parler. Lors le Prince (mettant toute crainte arriere luy respondit(Ma dame ie vous prie humblement ne trouuer mauuais, ains prendre en la bonne partie ce que i'ay deliberé de faire, pour vostre honneur & pour le mien. Vrayment monsieur, dist elle, ie serois bien hors de moy & esloignée de raison si ie vouloys contreuenir à chose qui concernast l'honneur de nous deux:& pource dites moy hardiment que c'est, vous asseurát n'auoir chose plus en recommendation que vostre bien, honneur & le mien. Ma dame, respondit le Prince ie vous en mercie de bien bon cueur, vous parlez

ainsi

ainsi que doit vne Princesse magnanime & vertueuse, au reng desquelles
ie vous ay toussiours tenuë (& tiens encores) la premiere. Or, ma dame,
pour vous faire entendre mon intention, vous pouuez penser qu'il est fort
difficile (voyre quasi impossible) que nous puissions longuement entretenir noz amours & continuër noz plaisirs ensemble, sans que quelques
vns des vostre ne s'en aperçoyuent, car les affections amoureuses sont ordinairement oublier les personnes, de sorte, qu'il ne leur souuiét pas tousiours de les dissimuler en temps & lieu: & s'il auenoit que fussions descouuers, vostre honneur & le mien en seroient grandement touchez, le vostre principalement, veu le rang & grandeur que vous tenez: parquoy, ma
dame, pour nous oster de ce danger, & à fin que puissions desormais sans
soupçon de personne iouïr l'vn de l'autre, i'ay deliberé de me retirer en
Angleterre vers le Roy mon pere auquel ie feray entendre les promesses
de mariage faites entre nous deux, m'asseurant qu'il ne les trouuera mauuaises & consentira qu'elles soient accomplies & mises à effet. Et de vostre part en auertirez (ce pendant) messieurs voz gouuerneurs & vostre
conseil qui ne vous y contrediront, comme ie pense, estans certains qui &
de quel lieu ie suis issu : par ce moyen vostre honneur & le mien seront
gardez. La pauure Brisalde oyant ainsi parler Palladien, fut subitement
tant esprise d'ennuy & tristesse qu'elle ne luy sceut respondre vn seul mot
dont il fut fort esbahy, veu que son propos n'estoit que raisonnable, toutesfoys côsiderant qu'autre chose ne luy causoit ce mal que l'amour qu'elle luy portoit, se perforça de la consoler, luy faisant plusieurs remonstrances, entre autres le scandalle qui luy auiédroit s'elle venoit vne foys à estre
enceinte: car, dist il, ma Dame, vostre fruit descouuriroit tout nostre affaire, & pource il faut que nostre mariage se perface publiquement le plustost que pourrons, à fin aussi que si d'auanture vous estes des maintenant
empeschée, l'enfant venu à son terme puisse naistre dãs le septiesme moys
apres nostre mariage celebré en public, car il sera aussi bien tenu & repu-
té pour legitime d'vn chacun comme s'il venoit au neufiesme. Pource,
ma dame, ie vous prie y auiser & me donner congé de m'acheminer des
demain matin en Angleterre, vous asseurant qu'au plustost qu'il me sera
possible vous me receuerez en ce lieu. Palladien sceut si bien parler & remonstrer à la Princesse qu'il la fit condescendre à son partement combien
que ce fust contre son bon gré, car il luy estoit fort mal de laisser si tost celuy qui la traitoit tant bien à son plaisir. Leur accord ainsi fait & confir-
mé par doux baisers & estroitz embrassemens, tous deux s'endormirent
iusques au matin, que la fidelle more les vint resueiller vn peu deuant iour
comme elle auoit accoustumé à fin que le Prince ne fust d'aucun apper-
ceu en s'en retournant en sa chambre. Ayant donc prins l'amoureux congé pendant que la more faisoit le guet, & auisoit si personne estoit leué il
print deux brasseletz d'or garnys de riches pierreries qu'il portoit ordinairement en ses bras & les bailla à la belle Brisalde, disant : Ma dame, le

H ii   premier

premier iour que i'arriuay en voſtre cour vous me baillaſtes de voſtre grace vne bague que ie garderay pour l'amour de vous tant que dieu me preſtera vie & ſanté, ie vous prie en recompenſe d'icelle & en ſouuenance de moy, prendre ces braceletz que ma mere me bailla le iour que ie fuz armé Cheualier. Ce que Briſalde refuſa pluſieursfoys, l'aſſeurant qu'il ne luy falloit donner choſe aucune pour auoir ſouuenance de luy : car, diſt elle, monſieur, vous eſtes ſi auant en mon cueur & en ma penſée qu'il eſt impoſſible que ie vous puiſſe iamais oublier pour bien ou mal qu'il m'auienne, & de ce tenez vous tout aſſeuré, dequoy le Prince la remercia, toutesfoys il la pria tant (& auec telle affectiõ) de les garder pour l'amour de luy qu'elle en print l'vn ſeulement, & quant, diſt elle, vous ſerez de retour ie prendray l'autre. Ainſi faiſant vne grande reuerence au Prince, print l'vn des braceletz & le miſt en ſon bras, auec promeſſe & proteſtation qu'il n'en bougeroit que celuy qui le luy auoit baillé ne fuſt de retour vers elle. Ainſi l'ayant baiſée le Prince, s'en retourna bien ioyeux en ſa chambre, ou il ſe remit tresbien entre deux draps, & repoſa iuſques ſur les huit ou neuf heures, ce que ne fit la ieune Ducheſſe de ſa part, ains ſi toſt qu'il l'eut laiſſée ſe print à plorer & lamenter tendrement, ceſte dure departie : ce que voyant ſa petite eſclaue more ne ſe peut tenir de luy demander la cauſe de ſon deuil. A' à more m'amye, reſpondit la Ducheſſe, ie doy bien plorer & ſouſpirer : car au iourd'huy ie pers tout mon bien, mon confort & mon ſupport : L'eſclaue qui ſe douta incontinent de ce que c'eſtoit, luy diſt, comment ma Dame ? le ſeigneur Palladien s'en veut il aller. Helàs ouy, reſpondit Briſalde, il ne m'a eſté aucunement poſſible de l'arreſter ceans d'auantage : mais, diſt l'eſclaue, pour quelle raiſon ? mon dieu ! qui le meut ? Lors la Ducheſſe luy raconta tout au long la cauſe, pourquoy & telle que l'auez entenduë. Sur mon ame, ma Dame, diſt l'eſclaue, c'eſt tresbien auiſé à luy pour la conſeruation de voſtre honneur & le ſien, en bonne foy il monſtre bien par celà qu'il eſt ſage & preuoyãt ce qu'il vous auiendra bien toſt comme ie penſe. Et qu'eſt ce m'amye ? diſt la Ducheſſe : c'eſt, reſpondit l'eſclaue en ſe ſouzriant, le mal qui auient ordinairement aux ieunes Dames mariées ou qui ont leurs amys à commandement, c'eſt vn mal de ventre, ſont les petiz piedz que vous ſentirez de bref ſi dieu plaiſt : A' à m'amye, diſt la Princeſſe, dieu ne vueille que ce mal m'auienne ſi toſt, ie ſerois deshonorée : non ſeriez point ma Dame, reſpond l'eſclaue, ſi monſieur reuient dedans ſix ſemaine ou deux moys accomplir la ſolennité du mariage d'entre vous deux : car ie ſçay bien, & l'ay veu par experience, qu'vne femme peut porter à ſix moys & à ſept auſſi bien iuſqu'à dix & à vnze, vray eſt que l'enfant ne viura pas ſi toſt qu'au terme ordinaire & prefix qui eſt de neuf moys, & par ce ma dame, ne vous ſouciez. Certainement m'amye dit la Ducheſſe il m'en a dit tout autant que vous, qui me donne quelque conſolation, ioint qu'il me ſemble qu'il ne me fauſera point ſa promeſſe. Non, non, ma Dame, diſt l'eſclaue

PALLADIENNE. Fueillet XLV.

l'esclaue, ne vous tormentez point auant le temps, car encor' que ce dont ie me doute vous fust auenu ie trouueroys bien maniere de sauuer vostre honneur & vostre fruit quant & quant, pensez donc seulement de vous resiouïr attendant le retour de monsieur, aussi bien ne vous osez vous trouuer ensemble qu'en crainte & doute, tous les iours en danger que quelqu'vn de voz gens ne s'en doute, qui en pourroit mal faire son profit. La ieune Princesse fut si bien consolée de son esclaue qu'elle se rendormit iusques bien tard. Et aussi tost qu'elle fut resueillée & sceut que le Prince estoit leué & se preparoit pour partir, elle luy enuoya, par son esclaue, vne grand bourse de veloux toute pleine de pieces d'or, tant que la fille pouuoit quasi soustenir, le priant bien fort de la prendre pour luy suruenir à son voyage, & d'auantage que son plaisir fust de ne partir iusques apres le disner : ce que Palladien luy acorda & print seulement quelque quantité d'escuz & luy enuoya le reste, ayant fait present à la bonne messagere d'vne chesne d'or pesant enuiron trente escuz, que sa seur la princesse Mercilane luy auoit baillée, lors qu'il partit d'Angleterre auec Mantilée & le Cheualier enchanté comme auez entendu par cy deuant.

Comme Palladien (ayant pris con

gé de la belle Brisalde) partit de Varne pour s'acheminer au royaume de Norgalles, & du combat dangereux qu'il eut contre Simprinel, lequel il recognut estant prest de luy trancher la teste.

Chpaitre XXV.

H iii   La bel-

L'HISTOIRE

La belle Brifalde (ayant entendu par fa fidele efclaue la refponfe de Palladien) enuoya querir tous les plus grandz feigneurs de fa court aufquelz elle pria d'aller conuoyer le Prince iufques à vne lieuë ou deux de la ville, & tandis le difner fut preft & les tables dreffées ou elle fe trouua toute habillée de noir pour denoter & faire entendre à fon amy l'ennuy qu'elle fupportoit pour fon depart: ce qu'il cogneut incontinent & pource dift tout bas à fon Efcuyer qu'il allaft ofter tous les panaches de fon armet, & du chanfrain de fon cheual iufques à ce qu'ilz fuffent aux champs, ce qui fut fait. Le difner paracheué, Palladien tout armé (hors d'armet & des ganteletz) vint humblement remercier la Ducheffe du bon recueil & traitement qu'elle luy auoit fait, enfemble de fa grande liberalité que ie recognoiftray, dift il, en tout ce qu'il vous plaira me commander. Monfieur, refpondit la Princeffe en plorant, vous auez tant fait pour moy que ie vous en feray tenuë toute ma vie, vous en remerciant autant qu'il m'eft poffible, au refte ie vous fupplie affectueufement tenir la promeffe à celle qui veult demourer à iamais voftre treshumble feruante, lors la pauure Princeffe ne fceut tant commander à foy qu'elle ne l'embraffaft & baifaft par plufieursfoys ayant le cueur fi ferré, qu'oncques ne luy peut dire ce doloreux & fafcheux mot, à Dieu. Ayant donc ainfi pris congé de la dolente Ducheffe (qui demoura tout le refte du iour en fa chambre à plorer & regretter fon amy) dift à Dieu, à toutes les autres Dames & Damoyfelles (qui ne purent contenir les larmes voyans plorer leur maiftreffe) puis alla monter à cheual auec tous les Seigneurs & Gentilzhommes principaux de la Ducheffe qui le conuoyerent iufques a deux grandes lieuës de là, ou les ayant embraffez tous l'vn apres l'autre print congé d'eux, & fuyuit fon chemin de Norgalles, mais il n'eut pas piqué vn quart de lieuë, qu'il entendit derriere luy vn Cheualier & trois Efcuyers gallopans roydement, l'vn defquelz luy efcria demourez, demourez Cheualier en voicy vn qui veult parler à vous & de pres. A ces parolles Palladien tourna incontinent vifage, print fon armet & fa lance: & dift à l'autre Quiconques foit celuy qui veut parler à moy de fi pres que vous dites, fi eft ce que ie ne le lairray approcher de plus pres que la longueur de ma lance fi ie n'ay cognoiffance de luy & pourquoy il me vient icy chercher à cefte heure & à fi grand' hafte. Pendant que Palladien parloit en cefte forte, le Cheualier qui le vouloit combatre, mift armet en tefte & chargea fa lance, puis luy refpondit. Puis que tu me veux cognoiftre, faches que ie fuis celuy que tu vainquis hyer non point par prouëffe, mais par fortune: Or ie veux experimenter encor' vne foys fi elle te fera maintenant autant fauorable, & pource garde toy de moy. Ce dit donna des efperons à fon deftrier & courut encontre Palladien qui n'eut le loyfir que d'abaiffer fa vifiere & coucher fa lance en l'arreft dont il attaignit l'autre, mais fi mal à point qu'elle gliffa le long du

cofté

cofté fans fe rompre ny rien offenfer parce qu'il n'auoit eu le loyfir de donner carriere à fon cheual, ains feulement fouftint l'impetuofité de fon ennemy qui le print fi bien qu'il le leua par deffus la felle pres d'vn grand demy pied : dequoy Palladien marry le pofsible, ayant parfait fa carriere retourna tout court en intention de bien auoir fa reuenche & l'autre au femblable de pourfuyure fa fortune, mais elle luy dift encores fi mal pour ce fecond coup que fe rencontrans tous deux fe choquerent fi rudement eux & leurs cheuaux qu'ilz culbuterent l'vn fur l'autre, fans fe faire grand mal : car fubit ilz fe releuerent laiffans courir leurs cheuaux à trauers cháp que leurs Efcuyers eurent beaucoup de maux à reprendre : fpecialement celuy de Palladien ieune & fort que Brifalde luy auoit baillé, lequel gaigna vn petit bocage là aupres ou il fentit des iumens qui eftoient d'vne abaye fituée au mylieu de ce bocage, & là il fut reprins par celuy qui les gardoit & rendu à l'Efcuyer lequel retournant vers fon maiftre le veid la dague au poing qui tenoit l'autre Cheualier fouz fes genoux luy deflaçant le heaume, & les autres Efcuyers qui defcendoient de fur leurs cheuaux pour l'aller fecourir, mais auant qu'ilz fuffent aupres les virent tous deux fe leuer & s'entr'acoller par grand' amytié, dont ilz furent merueilleufement esbahis veu le cruel & dangereux combat qui s'eftoit paffé entre eux au parauant. Et pour fçauoir comme cefte auanture auint faut entendre que Palladien ayant ofté le heaume du cheualier fon ennemy & preft à luy mettre la dague en la gorge, il le recognut pour Simprinel prince d'Efcoce : & Simprinel luy au femblable l'oyant parler & le voyát feulement par fa viliere qu'il auoit hauffée. Ainfi fe careffans l'vn l'autre Palladien le veid changer de couleur, qui luy donna foupçon qu'il eftoit bleffé, parquoy il luy dift : Allons monfieur mon compagnon, retirons nous au prochain village pour faire appareiller voz playes, car à ce qu'il me femble vous eftes bleffé. Il eft, dift il vray, mais non pas fort grace à Dieu & à vous qui m'auez fauué la vie : or il y a vne abaye au mylieu de ce petit boys par ou ie paffay en m'en allant à Varne, la y a vn religieux qui eft fort bon chirurgien, retirons nous leans nous y ferons bien traitez & receuz par l'abé qui eft frere d'vn gentilhomme qui fut tout fon temps Cheualier errant & vaillant homme au pofsible, qui eft la caufe pourquoy ce bon homme cy ayme tant les Cheualiers. Allons donc dift Palladien, car vous pourriez perdre tant de fang que plus grand mal vous en auiendroit. Lors remonterent fur leurs cheuaux & s'acheminerent à l'abaye ou ilz trouuerent l'abé qui les receut fort humainement & de bien bon cueur lequel fachant Simprinel, eftre bleffé, fit venir le religieux qui luy apareilla & banda fes playes qui n'eftoient dangereufes : car le bon harnoys & efcu qu'il portoit l'auoient garenty de plus grandes bleffures. Ce fait Palladien & luy, tandis qu'on apreftoit le foupper, s'en allerent promener par les beaux iardins ou les fonteines de toutes pars murmuroient : La ilz raconterent l'vn à l'autre de leurs fortunes & auentures depuis la premiere foys qu'ilz s'eſtoient veuz en Angleterre : Simprimel principalement fit tout le diſcours des amours d'entre luy & la belle Bellanicie de Norgalles tel que vous l'auez entendu par cy deuant. Ce qu'entendant Palladien (pour la grande amytié qu'il portoit à Simprinel) delibera non ſeulement ſoy deſiſter de la queſte & pourſuitte de Bellanicie, mais d'ayder à ſon amy en cet endroit : & pource luy diſt, Seigneur Simprinel ie ſçay quelle maladie c'eſt que d'aymer, ſans recueillir le fruit d'amours, ie l'ay experimenté depuis que ne vous auoys veu, parquoy ſi voulez que ie vous tienne compagnie iuſques en Norgalles, ie me perforceray de ſi bien parler pour vous que ma dame voſtre maiſtreſſe ne trouuera mauuais que vous luy raportiez ſon pourtrait ny celuy de la ducheſſe comme elle l'en auoit prié. A quoy Simprinel ne voulut entendre ains deſirant le rauoir par quelque moyen que ce fuſt ou mourir en la peine, remercia Palladien de la bonne volunté qu'il auoit en ſon endroit, & qu'ores qu'il fuſt bien guery & aſſez fort pour ſe mettre en chemin il ne le feroit, parce, diſt il, que i'ay promis à ma dame de faire encor' vn autre voyage pour l'amour d'elle & me commanda d'y aller ſeul : Palladien ſentant bien qu'il ne vouloit compagnie : delibera d'aller d'autre coſté & ſuyure ſon auanture : à ce moyen ayant encor' demouré deux iours en l'abaye & veu que les playes de Simprinel ſe portoient bien il print congé de luy & du bon abbé qu'il remercia affectueuſemét du bon recueil & traittement qu'il luy auoit fait.

Comme Palladien s'acheminant

au royaume de Norgalles, fut auerty que le prince Ceſar de Rome maintenoit vnes iouſtes dedans Paris, pour l'amytie de la belle Ceſarienne fille du roy de France : Et d'vne auenture qu'il trouua entrant en Norgalles.

Chapitre XXVI.

PAlladien vn dimenche matin partit de l'abaye auec Licelie ſon Eſcuyer, & ſe miſt en chemin auec deliberation de ne s'arreſter en lieu du monde qu'il ne fuſt en Norgalles pour preſenter les recommendations de ſon bon amy Simprinel à Belanicie ainſi qu'il luy auoit promis, & tant trauerſa de païs ſans trouuer aucnture qui l'arreſtaſt plus d'vne heure, qu'il paruint au royaume d'Irláde, ou il n'eut cheminé demye iournée qu'il entendit aſſez loing derriere luy vn courrier auquel il demáda gracieuſement d'ou il venoit & quelle part il tiroit. A quoy il luy reſpódit qu'il eſtoit au Roy de France & que par ſon commandement

mandement il alloit en la cour du roy de Norgalles le prier de faire publier par tout son Royaume que le prince Cesar de Rome auoit entrepris de dresser vnes ioustes & de combatre contre tous venans l'espace d'vn moys durant, pour l'amour de la belle Rosemonde de France à laquelle il s'estoit tant affectionné qu'au seul renom de sa grande beauté & bonne grace il s'en estoit venu de Rome en France, en intention d'aquerir son amour par sa prouësse & vaillantise en soustenant contre tous venans qu'elle estoit la plus belle Princesse de tout l'Vniuers, & pource qu'il a entendu que le roy de Norgalles à vne fille douée d'extreme beauté, il m'a enuoyé par deuers luy l'auertir de l'entreprise, estimant bien que plusieurs de ses Cheualiers viendront en France maintenir la beauté de sa fille. Puis de là ie m'en iray en Bulgarie en faire tout autant à la court de la Duchesse Brisalde qui est aussi estimée & renommée des plus belles que lon puisse voir, & si dit on qu'elle a autour d'elle plusieurs braues & vaillans Cheualiers, qui ne faudront, comme ie pense à venir maintenir leur Dame entre les belles. Le prince Palladien ne fut pas moins esbahy que ioyeux de ceste entreprise entendant sa dame Brisalde, qui l'auoit si bien receu & traité, estre nombrée entre les plus belles : Et voyant que le courrier vouloit suyure son chemin, luy dist, vrayment mon amy ie vous mercie des nouuelles que m'auez contées, mais ie vous prie dites moy à quel iour comence l'estour. Le iour de la myaoust respondit le courrier qui sera enuiron d'icy à six semaines. Alors il suyuit son chemin laissant Palladien tout ioyeux, lequel dés l'heure arresta en son esprit qu'aussi tost qu'il auroit salué le roy de Norgalles & l'infante Belanicie sa fille, il s'en yroit en France s'esprouuer contre le prince Cesarien : & pour ce, piqua si bien qu'il arriua peu de iours apres au royaume de Norgalles, dans lequel ayant cheminé iusques sur l'heure de vespres sans trouuer auēture, il entreueid bien loing deuant luy dixhuit ou vint Cheualiers tous bien armez & plusieurs Escuyers qui leur portoient leurs lances & armetz : & approchant vn peu plus pres veid apres eux vne littiere suyuie de sept ou huit Damoyselles & autant de gentilzhommes qui les entretenoient : & comme il se vouloit destourner pour n'empescher le chemin, l'vn des Cheualiers de la trouppe pensant qu'il le fist par crainte ou couardise, pria la dame qui estoit en la littiere qu'elle luy enuoya vne de ses Damoyselles dire que s'il vouloit donner trois coups de lance qu'il trouueroit homme qui le receūroit, autrement qu'ilz le tiendroient pour craintif & couard : ce que la dame fit incontinent executer par celle qui estoit plus prochaine de sa littiere à laquelle Palladien respondit, dites hardiment aux Cheualiers qui vous enuoyent à moy que ie ne me suis destourné pour crainte ou doute que i'eusse deux, mais pour n'empescher leur chemin & que puis qu'il leur plaist esprouuer que ie sçay faire à la iouste, ie l'accepte de bon cueur & que mō cheual n'est point tant las ny moy aussi que ie ne me tienne encor' bien dessus, ie croy dist la Damoyselle qu'il vous en sera bon mestier auant que

passiez

passiez outre & qu'apresterez à rire à ma Dame Bellanicie qui est en ceste littiere que voyez. Ce dit elle s'en retourna dire la responce aux Chevaliers qui en furent fort ioyeux & la Dame semblablement qui pour en auoir le plaisir plus à son ayse fit descouurir sa littiere & veit aussi tost vn de ses Cheualiers courir contre Palladien qui du premier coup de lance qui luy donna l'enuoya bas par dessus la crouppe de son cheual: le second voulant venger son compagnon en receut tout autant, le tiers & le quart pareillement iusques au cinqiesme sur lequel Palladien rompit son boys & l'autre aussi sur luy, parquoy bien glorieux pour auoir mieux fait que ses compagnons il eut enuie de recharger nouueau boys pour courre encor' & iusques à tant que l'vn ou l'autre fust porté par terre, ce que luy accorda voluntiers Palladien & pource reprindrent chacun vne lance de ceux qui auoient esté abatuz & coururent de rechef de telle force que Palladien rencontrant l'arçon de la selle du cheual de l'autre la porta par terre & celuy qui estoit dedans quant & quant si doucement qu'il pensoit auoir les reins rompuz, à quoy la Dame qui estoit dans la littiere prenoit bien grand plaisir, car de tous ses Cheualiers abatuz il ny' en auoit pas vn qui ne se sentist de la iouste, l'vn plaignoit les reins, l'autre le bras, l'autre clochoit, les autres couroiét apres leurs cheuaux, esgarez parmy la plaine, bref c'estoit vn passetemps que de les voir : lors dist Palladien se souriant: Vrayment la Damoyselle qui m'est venu semondre à la iouste a bien dit que i'apresterois à rire à ma Dame sa maistresse, mais elle n'entendoit pas que ce fust en ceste sorte. A' l'instant il en veid vn autre qui se mist sur les rengs prest à courre contre luy, lequel fut aussi doucement receu & traité que les autres, comment dist lors la Dame de la littiere n'y aura il pas vn de tous mes Gentilzhommes qui sache abatre ce Cheualier ? Vrayment il me semble que ceux qui courront maintenant contre luy n'aurót pas beaucoup à faire car & luy & son cheual doyuent estre las. Et comme elle acheuoit ces parolles s'en presenta vn autre qui fut abatu si rudement luy & son cheual qui demourant pendu à l'vn des estriers son cheual le treina à trauers champ bien longuement & iusques à ce qu'a force de ruer & se demener il rompit ses sangles & laissa là son maistre plus esperdu & estonné qu'vn fondeur de cloches, ayant les mains toutes escorchées par dedans pour s'estre soustenu dessus durant que son cheual le trainoit: que maudit soit de dieu, disoit il, qui a esté le premier inuenteur & cause de ce beau ieu. Entretant que les autres se rioyent & gaboient de cestuy cy, mesmes ceux qui se sentoient blessez comme luy, arriua vn Cheualier acompagné de deux Escuyers, l'vn desquelz luy portoit la lance, l'autre l'armet & quant à luy il portoit vn escu semé de toutes sortes de fleurs & au mylieu deux cueurs de gueulles liez ensemble, lequel ayant veu de loing vne partie de l'execution qu'auoit fait le prince Palladien contre les Cheualiers, luy dist : Cheualier ie vous en ay veu icy abatre quatre ou cinq, dont il me desplaist, veu qu'à ce que ie puis cognoistre à leurs harnoys & contenance

tenance ilz sont Norgalloys qui ont de long temps le renom d'estre naiz & adextres aux armes, toutesfoys vous leur auez monstré qu'ilz ne se tiennent pas si bien à cheual que vous : or pource que ie suis de ce païs cõme eux ie desireroys fort m'esprouuer contre vous (si n'estes trop las) & rompre vne lance ou deux, pour voir si la fortune me sera tant contraire, qu'a eux. Vrayment respondit Palladien, vous ne serez refusé pour trois coups de lance, non pas pour six si tant ie puis durer contre vous, & si encor' il vous plaist d'auoir le passetemps du combat de l'espée, ie vous en feray passer vostre enuie. Certes, dist le Cheualier incogneu, i'en suis trescontent. Lors s'eloignans l'vn de l'autre d'vne bonne carriere, mirent les lances en l'arrest, & brochans leurs destriers se rencontrerent de si droit fil que tous deux rompirent brauement & volleret leurs lances en esclatz, dont les Cheualiers de la Princesse furent tous bien ioyeux pensans bien auoir trouué homme qui les vengeroit : ceste course passée ilz rechargerent nouuelles lances, & se rencontrerent de rechef si impetueusement & de telle force que leurs cheuaux tomberent tous deux sur cul : ce que voyans leurs maistres mirent subitement pied à terre & embrassans leurs escuz, marcherent fierement l'vn à l'autre les espées nuës aux poings desquelles il s'entrechamaillerent de tel courage qu'en moins de rien on veid les mailles & pieces de leurs haubertz voller par terre & leurs espées sanglantes principalement celle de Palladien, car il auoit tant endommagé & le harnoys & l'escu de son ennemy que lon le voyoit à nud en plusieurs endroitz : toutesfoys il ne faisoit aucun semblant de lasseté ny de crainte, ains tousiours de mieux en mieux chargeoit Palladien sans cesse qui (à cause de son bon escu) n'estoit blessé que bien peu ioint aussi qu'il estoit fort adextre & agile à se bien deffendre & à assaillir aussi. La princesse Bellanicie, voyant de sa littiere ce dangereux combat, & qu'il estoit impossible qu'a la fin l'vn ou l'autre n'y demourast, ou (peult estre) tous deux ensemble, en eut compassion, & desirant empescher la mort de deux tant bons Cheualiers pour si petite occasion, parquoy elle enuoya deux de ses Damoyselles les prier de cesser leur meslée : ce qu'ilz firent à grand regret & principalement Palladien à qui tous les assistans aiugeoyent le dessus de son ennemy qui commençoit à se lasser & tournoyer ne faisant que parer aux coups. Eux retirez l'vn d'vn costé & l'autre d'autre, l'infante les pria par vn de ses Cheualiers de soy venir reposer & refraischir en vne maison de plaisance ou elle alloit bien pres de là & qu'elle les traitteroit & feroit penser leurs playes à son possible : puis les presenteroit au Roy son pere qui seroit bien ayse de les auoir en sa cour veu leur grand prouësse & valeur. Palladien qui ne demandoit qu'a parler à elle & la cognoistre en fut trescontent, l'autre Cheualier aussi, parquoy s'aprochans tous deux de sa littiere pour la saluër, ayans ostez leurs armetz & ganteletz, s'entrecogneurent : & n'ayant Palladien la patience de saluër l'infante alla embrasser le Cheualier & luy dist (quasi la larme à l'œil) O' bon dieu!
Seigneur

L'HISTOIRE

Seigneur Landaſtanis, que la fortune nous eſt bien contraire, helàs en quel danger nous ſommes nous veuz tous deux preſentement! Certainement ie croy (ſans l'auis de ma dame voſtre ſeur que voyez, vous & moy fuſſions priuez maintenant de vie: Landaſtanis, recognoiſſant ſon compagnon d'armes, ne fut pas moins esbahy que luy : ah a, diſt il ſeigneur Palladien, quelle fortune vous ameine en ce païs, helàs elle vous eſt bien dure, & à moy encores plus, car ſans ma ſeur qui nous a ſeparez, il n'y a point de doute qu'a la longue i'y fuſſe demouré. Si l'infante Bellanicie fut bien esbahye de voir ſon frere en ce lieu ſi mal traité & le prince d'Angleterre (dont elle auoit tant ouy parler) vous le pouuez penſer, & tous les autres Cheualiers pareillement leſquelz entendans que c'eſtoit leur Prince mirent tous pied à terre & là le deſarmerent & banderét ſes playes au mieux qu'ilz peurent, puis le monterent ſur vne petite beſte d'amble qu'auoit vn maiſtre d'hoſtel du Roy qui conduyſoit la Princeſſe en ceſte maiſon de plaiſance qui n'eſtoit qu'à deux lieuës loing de la ville ou eſtoit pour lors le Roy, & en y allant Palladien fut touſiours coſte à coſte de la belle Bellanicie à laquelle il eut le loyſir de racóter des nouuelles de ſon amy Simprinel & de luy preſenter ſes affectueuſes recommandations à ſa bonne grace & ſouuenance, l'aſſeurant qu'il ſeroit de retour de brief. Dequoy la ieune infante fut treſioyeuſe combien qu'elle n'en fit le ſemblant deuant Palladien, pour m'auoir encor' autre cognoiſſance de luy que de ſa renómée. Ainſi deuiſans arriuerent au lieu de plaiſance ou leurs playes furent viſitées, & eux traitez magnifiquement au ſoupper, puis ayans fait trois tours de iardin monterent tous à cheual & s'en allerent rians & deuiſans à la ville, ou ilz furent receuz honorablement du Roy & de la Royne, & ſpecialement Palladien pour la bonne renommée de luy qui eſtoit ia tant frequente en tous lieux que lon ne parloit d'autre choſe entre les Cheualiers & gentilzhommes plus vaillans. La collation de toutes ſortes de confitures & dragées leur fut donnée puis le Roy luy meſmes la Royne & l'infante Belanicie menerent le prince Palladien en la chambre qui luy eſtoit preparée autant richement tapiſſée qu'il eſt poſſible, ou le Roy luy raconta, comme le courrier du Roy de France eſtoit venu publier le tournoy entrepris par le prince Ceſarien: ce que ſçauoit bien Palladien & luy ſeruit celà d'excuſe pour prendre congé & ne demourer la plus de ceſte nuit: & pource voulant le Roy ſe retirer & le laiſſer repoſer. Le Prince luy diſt qu'il auoit deliberé de partir le lendemain pour s'en aller en France s'eſprouuer à la iouſte contre le prince Ceſarien qui eſtoit eſtimé fort vaillant, & par tant que ſon plaiſir fuſt de luy bailler congé. Seigneur Palladien, reſpondit le Roy, quant vous aurez encores icy demouré douze ou quinze iours, vous aurez aſſez loyſir de vous acheminer en France, car le tournoy ne commencera que le iour de la myaouſt, & pource ie vous prie & conſeille vous rafraiſchir ceans. A' quoy Palladien (pour obtenir ſon congé) diſt qu'il vouloit auant, paſſer en Angleterre & la ſe remettre

en bon

PALLADIENNE. Fueillet XLIX.

en bon equipage: car ie fay bien, dift il, que le Roy & la Royne m'atendent de long temps, leur ayant promis quant ie party d'eftre là de retour beaucoup plus toft que ie ne feray. En bonne foy feigneur, dift la Royne, fi eft ce(puis que tant auez demouré) que vous ne nous refuferez pas demain tout le iour: Ma dame dift l'infante Bellanicie, s'il vous concede la iournée de demain, ie le prieray humblement de me donner l'autre, par ainfi ce ne feront que deux iours qu'il demourra icy. Tant gracieufement fceurent parler & la mere & la fille, que Palladien leur promit de demourer encor' deux iours: ce qu'il fit, puis ayant prins congé du Roy, d'elles & du prince Landaftanis (qui faifoit apprefter fon equipage pour s'en aller à Paris) s'achemina en France, acompagné de fon Efcuyer tant feulement lefquelz nous lairrons aller pour retourner à Simprinel que nous auons laiffé en Bulgarie dans l'abaye, ou il faifoit guerir fes playes ainfi qu'auez entendu.

Comme Simprinel eftant guery

de fes playes retourna à Varne, ou il vainquit Alfian & gaigna le portrait de la ducheffe Brifalde.

Chapitre XXVII.

I   Eftant

L'HISTOIRE

Stant Simprinel guery de ses playes, dolent netámoins le possible de n'auoir peu gaigner le pourtrait de la duchesse Brisalde & encores plus d'y auoir laissé celuy de l'infante Belanicie s'amye, delibera en soy mesme de le recouurer, ou de mourir en la peine, car autrement il n'eust iamais osé retourner en Norgalles: Et pource, ayant pris congé du bon abé & du religieux qui l'auoit bié pensé, s'en retourna à Varne, là arriué se transporta au lieu des lices (ou plusieurs ieunes Cheualiers s'exerçoient à rompre lances & combatre de toutes armes & tout armé demanda deuant tous, si le Cheualier qui l'auoit vaincu (y auoit enuiron trois semaines) estoit en la compagnie, & qu'il luy maintien droit n'auoir esté vaincu de bon droit à la lance, ains par la faute de son cheual, & aussi quant au combat de l'espée qu'il luy auoit ioué vn tour de Breton le saisissant au corps, les Cheualiers qui estoient la pour lors, furent bien esbahis de voir ce Cheualier retourner demander le combat contre celuy qui l'auoit vaillamment vaincu, & mesmes la Duchesse, qui estoit sur son eschaffaut acoustumé, qui luy fit responde incontinent qu'il n'y estoit pas, & (que ores qu'il y fust) il ne le receüroit au combat ayant esté vaincu la premiere foys par luy, puis doncques, dist il, qu'il n'y est pas, ie maintiendray mon dire contre tous autres. Alfian d'Irlande ieune Cheualier errant (qui n'agueres estoit arriué en ce païs) ayant entendu que celuy qui l'auoit vaincu estoit le prince d'Angleterre, se presenta à la Duchesse, & la pria affectueusement luy permettre de combatre ce Cheualier, la Duchesse qui auoit veu executer de grands faitz d'armes à Alfian luy ottroya pensant bien qu'il demoureroit vaincueur. Et pource se preparant pour iouster, Simprinel luy dist. Cheualier, puis que voulez icy representer celuy que ie maintiens ne m'auoir vaincu de bon droit, il faut donc que faciez raporter les pourtraitz de ma Dame & maistresse, & de ma dame la duchesse Brisalde, à fin que si ie vous puis vaincre (comme i'espere) ie les puisse emporter auec moy & en faire à ma fantasie. La Duchesse, oyant celà, les fit aporter incontinent tous deux & estans posez sur le perron le sien au dessus de l'autre, comme l'ayant merité, les deux Cheualiers coururent de telle roydeur l'vn contre l'autre qu'ilz culbuterent tous deux auec leurs cheuaux, tellement que si leurs lances ne se fussent rompuës, ilz se les eussent mises à trauers le corps: toutesfoys ceste cheute (combien qu'elle fust lourde) ne les engarda qu'ilz ne se releuassent soudainement & marchans l'vn contre l'autre d'vn pas fier & hardy auec vn maintien furieux & asseuré commencerent à s'entrechamailler des espées si cruellement & dru qu'elles demourerent à la fin rompues toutes deux, iusques presques à la poignée de sorte que s'estans longuement chamaillez auec les pommeaux ilz vindrent à la fin aux prinses, mais ilz ne se purent oncques terracer l'vn l'autre, dequoy Simprinel fort indigné se print à luy dire, Cheualier si voulez que nostre meslée prenne tost fin, recommençons

mençons aux efpées: Ce que voulut tresbien Alfian qui n'auoit pas moindre defir de vaincre que l'autre. Ainfi doncques fe defcharpans prindrent nouuelles efpées d'armes que leurs Efcuyers tenoient toutes preftes, & recommencerent leur chamaillis plus chaut que deuant, mais la fortune fut pour Simprinel, car apres plufieurs coups qu'il rua fur fon ennemy, il luy en defchargea vn fi puiffamment fur l'armet qu'il fit entrer l'efpée deux grands doitz auant & luy entama la tefte iufques au tais, dont il fut fi eftourdy qu'il commença à chanceler ce que voyant Simprinel redoubla deux ou trois coups quafi au mefme endroit, tellemét que l'autre fut contraint mettre vn genoil à terre, ou il fe maintint encor' bonne piece parant toufiours aux coups: mais en fin il túba à la renuerfe efuanouy. Lors Simprinel fe getta fur luy, & fans aucune refiftence luy ofta l'armet qui fit que Alfian ayant ær reuint à foy, lequel fe trouua bien esbahy de voir la pointe de la dague que Simprinel luy tenoit fi pres de la gorge, luy difant qu'il fe rendift & taint pour vaincu, autrement qu'il le tueroit: à quoy Alfian obtempera pour fauuer fa vie: Ce fait Simprinel fe tournant deuers la ieune Duchefle, luy demanda gracieufement s'il luy plaifoit pas qu'il emportaft les pourtraitz quant & luy, mais elle ne fit pas femblant de le regarder tant eftoit marrie de l'inconuenient auenu à celuy qui eftoit en fort grand danger de mort, pour auoir fouftenu fa beauté, toutesfoys elle dift aux Iuges qui eftoient aupres d'elle qu'ilz luy fiffent raifon, au refte qu'on luy dift qu'il fe retiraft hors fes terres, dans trois iours. A quoy fon gouuerneur qui eftoit l'vn des Iuges luy refpódit qu'elle offenferoit grandement fon honneur fi elle vfoit de tel traitemét aux Cheualiers errans en fa cour d'auantage, dift il, quelquesvns ont entendu qu'il eft grand feigneur, parquoy, s'il eft ainfi, il vous en pourroit vn iour auenir de l'ennuy. Bien dóc, elle, faites en comme vous auiferez, & qu'on ne luy en parle point, car aufsi bien ie croy qu'il ne la fera pas icy longue. Adonc le gouuerneur, dift à Simprinel. Seigneur Cheualier puis qu'il a efté acordé que le vaincueur auroit les pourtraitz, c'eft raifon qu'ilz vous demourent, parquoy faittes en à voftre difcretion, ma dame le veut bien. Lors Simprinel faifant vne grande reuerence à la Duchefle, & tous ceux qui eftoient fur l'efchaffaut aupres d'elle, s'en alla prendre les pourtraitz & les bailla à vn de fes Efcuyers, puis remonté à cheual s'en retourna ce iour mefmes iufques en l'abaye ou il auoit efté péfé de fes premieres playes, le plus ioyeux du monde de fa bonne fortune, là ayant encor' feiourné trois ou quatre iours (durant lefquelz le religieux luy appareilla quelques legeres playes) il fe mift au chemin de Norgalles, ou il arriua en peu de iours fans aucun deftourbier ny auanture quelconques par les chemins: & dieu fçait s'il fut bien venu & careffé de tous les feigneurs & dames de la court principalement de la princeffe Bellanicie quand elle veid le pourtrait de la duchefle Brifalde qui luy fembla moins belle qu'elle, s'eftimant au refte bien fortunée d'eftre tant aymée d'vn fi vaillant & beau Prince que Simprinel, lequel

I ii   deflors

L'HISTOIRE

deslors elle ayma comme soymesme & proposa de iamais n'en auoir d'autre en mariage, mais si elle estoit bien affectionnée en son endroit, croyez quant à luy qu'il l'estoit encores d'auantage enuers elle qui le pria vn soir de la demander en mariage au Roy son pere & à la Royne aussi, estant bien asseurée, dist elle, qu'ilz en seront trescontens. Ce que luy promist faire Simprinel, mais il en voulut auant auertir le prince Landastanis son frere & entendre de luy sur ce son opinion, & pour ce se proumenans eux deux vne apres souppée dans les iardins, apres plusieurs propoz & deuis qu'ilz eurent ensemble Simprinel commença à luy parler de la grande & vraye amour qu'il portoit à l'infante sa seur & que s'il plaisoit au Roy & à la Royne la luy bailler en mariage qu'il s'estimeroit le plus heureux du monde. Landastanis, qui le sçauoit vn iour deuoir estre roy d'Escoce, fut bien ioyeux de ceste nouuelle & luy promist qu'il en parleroit des le iour mesmes au Roy & à la Royne, ce qu'il fit & eurent tresagreable le mariage, pourueu que le roy d'Escoce en fust content de sa part, parquoy des le lendemain fut enuoyé par deuers luy vn embassade l'auertir que le prince Simprinel son filz, est si tresaffectionné enuers la belle infante Bellanicie qu'il l'auoit fair demander en mariage à son pere qui la luy auoit accordé de bien bon cueur, reseruant toutesfoys sire, dist l'embassade, vostre volunté & consentement. Le Roy d'Escoce, qui estoit ia fort aagé, fut tout resiouy d'entendre l'affaire, parquoy l'ayant fait à sçauoir à la Royne (qui auoit plusieurs foys desiré ceste alliance) respondirét à l'ambassade qu'ilz estoient trescontens & ioyeux du mariage, & que si leur aage leur eust permis d'endurer le trauail des champs voluntiers ilz se fussent transportez à Norgalles pour assister à la solennité & acomplissemét du mariage, mais qu'ilz y enuoyroient des plus grands seigneurs d'Escoce y cóparoistre au lieu d'eux: ce qu'ilz firent & s'en retournerent les Norgalloys auec les seigneurs d'Escoce en Norgalles ou fut le mariage solennisé & consummé en grád triumphe, & contentement des deux ieunes amans. Or la feste passée qui dura huit iours entiers, les seigneurs Escoçoys, ayans pris cógé de toute la court s'en retournerent en Escoce laissans leur ieune Prince se donner du bon temps auec sa bien aymée, lequel vn iour entre autres, deuisant auec Landastanis son beau frere: luy raconta tout le discours de ses amours auec Bellanicie, & comme il auoit esté vaincu par le prince Palladien en la cité de Varne en Bulgarie y ayant porté le pourtrait de Bellanicie qu'il perdit, aussi comme & par quel moyen il l'auoit recouuré ensemble celuy de la duchesse Brisalde: Ce que Landastanis trouua fort mauuais veu la gracieuseté dont auoit vsé enuers luy Palladien aux deux combatz qu'ilz auoient eu ensemble: Et pource, monsieur mon frere, dist il, ie suis d'auis, que nous nous acheminons de bref en France, ou nous le trouuerons, & qu'auec quelques bons moyens nous facions tant qu'il ne vous sache mauuais gré du tour que luy auez fait. Ie suis, respondit Simprinel bien de cest auis & m'asseure, veu l'honnesteté & grand' bonté

que i'ay

PALLADIENNE. Fueillet LIII.

que i'ay cognuë en luy, qu'il me pardonnera ceste faute & principalement quand il entendra que la force d'amour la me fit faire. Celà doncques conclu entre ces deux ieunes Princes, ilz donnerent ordre d'apprester tout leur appareil & equipage pour partir dedás quinze iours au plus tard, dont ilz auertirent le Roy, la Royne, & la princesse Bellanicie qui n'en fut aucunement contente pensant à l'ennuy & au mal qu'elle endureroit pour l'absence de son bon amy & mary.

Comme le prince Palladien allant

en France, rencontra le duc de Galles, des propoz qu'ilz eurent
ensemble, & de la mort de deux Cheualiers qu'il
trouua dans vn boys.

Chapitre   XXVIII.

Andis que les deux ieunes princes Simprinel & Landastanis faisoient leurs preparatifz pour s'acheminer en France, Palladien suyuant son chemin arriua en Angleterre ou il ne se voulut faire cognoistre n'y aller à la cour du Roy son pere, craignant qu'il n'y fust empesché de parfaire son voyage, ioint aussi que sa bougette estoit encores bien garnie de l'argent que luy auoit baillé la duchesse Brisalde: parquoy trauersa quasi tout le royaume (sans se donner à cognoistre) sur les fins duquel il trouua Panaldin duc de Galles (accompagné de dixhuit ou vingt Cheualiers fort braues & bien montez) lequel s'en alloit en France, pour se trouuer au Tournoy que Cesarien auoit entrepris par le commandement de l'infante de Naples nommée Agricie à laquelle il portoit fort grand' amytié, & s'estans saluez l'vn l'autre Palladien le cogneut incontinent, car il l'auoit autresfoys veu en la cour de son pere, toutesfoys ne se voulut monifester à luy, ny donner à cognoistre honteux de n'auoir autre compagnie que son escuyer Melicie, vaillant neantmoins & adextre le possible, & pour ce, ne tenant contenance que de simple Cheualier errant, le duc luy demáda en se riant ou il s'acheminoit. En France, seigneur, respondit Palladien. Et quel affaire vous meine là, dist le Duc. Non autre, replica Palladien, sinon le desir que i'ay de me trouuer au Tournoy, entrepris par le prince Cesarien de Rome pour l'amour de la belle Rosemonde de France. Lors le Duc commença à se gaber de luy, le voyant si ieune qu'il n'auoit encor' qu'vn bien peu de barbe. Ainsi donc, luy dist il, vous allez desployer la force de voz bras contre luy. A la verité, respond Palladien, i'ay bien intention de m'esprouuer contre luy & d'autres auec. Vrayment, dist le Duc, vous auez bon courage, vous estes hardy, ie le croy

I iii   mais si

mais si vous en vouliez tant combatre comme vous dites, ie vous conseilleroys de ne vous attacher du premier au prince Cesarien: car il vous pourroit bien engarder de vous combatre apres à d'autres. De par dieu soit, respond Palladien, si ie suys vaincu, il faudra prendre en patience, ie suis (comme chascun est) suiet à la fortune. Vous estes doncques, dist le Duc, le Cheualier de Fortune, elle est vostre maistresse, ie m'en doutoys bien, car il me semble aussi que vous en portez vne peinte en vostre escu. Palladien, voyant bien qu'il se railloit de luy, respondit: Vrayment monsieur, vous y auez mal allumé pour ce coup, de prendre le dieu d'Amour pour fortune. Ha i'ay failly voyrement, dist le Duc, ie voy bien maintenant que c'est vn Cupidon, & voulez denoter par ceste belle deuise que vous estes amoureux, foy que ie doy à cheualerie ie m'en doutoys bien, vostre phisionomie, & mesmement vostre barbe, le me donnent à cognoistre. Palladien (à qui la collere commençoit à môter pour se voir ainsi moqué) luy dist, Seigneur, combien que ma barbe soit bien ieune, si est ce que la vostre ne luy fera point de peur. A ce mot le Duc se print encor' plus fort à rire que deuant, & dist à Palladien: Sans collere, sans collere mon gentilhomme, il fait ores assez chaut, ne vous eschauffez point d'auantage, car le temps est dangereux aux maladies. Vous auriez bon mestier, respond Palladien, de faire guerir celle que vous auez en la teste, & qui parauenture quelque iour la vous fera chastier pour la faire deuenir vn peu plus sage. Est il bien possible, dist le Duc, pour le moins ce ne serez vous pas qui la me chastiera, comme ie pense, car la vostre est vn peu trop mal façonnée, & par dieu respond Palladien, ie vous asseure bien que la premiere foys que ie vous pourray prendre, vostre personne à la mienne, ie peigneray la vostre, & en voyla mon gage pour vous en faire souuenir, ce disant luy getta vn escharpe de taffetas qu'il auoit autour de son col, & tournant bride par vn sentier qui menoit à vn petit boys assez pres de là, laissa le Duc suyure le grand chemin, lequel ayant fait leuer l'escharpe de Palladien, luy escria trois ou quatre foys à dieu cheüre a dieu, a dieu. A quoy Palladien ne fit semblant d'entendre, ains suyuit son chemin iusques à l'entrée du bocage, à l'entrée duquel il trouua vne fort belle & plaisante fonteine, qui luy donna enuie de descendre & se rafraischir aupres pour vn peu passer sa collere, en bonne intention, neantmoins de trouuer le duc de Galles à Paris, & là luy presenter le combat. Or estans son escuyer Licelie & luy descenduz aupres de la fonteine, ilz laisserent paistre leurs cheuaux, tandit Palladien, couché sur son manteau se print à reposer & Licelie entra dans le boys pour prendre garde que leurs cheuaux qui y paissoient ne s'escartassent, mais il n'eut eslongné la fonteine d'vn bon get de pierre, qu'il trouua vn cheualier & vn Escuyer tout freschement occis, qui le rendirent si effroyé que retournant esueiller son maistre Palladien, luy dist: monsieur retirons nous, suyuons nostre chemin, il ne fait pas bon en ce lieu, car ie viens de trouuer icy aupres dans ces halliers deux hommes

tuez n'a

tuez n'a pas vingtquatre heures, il faut dire que s'ont esté brigans qui repairent en ce lieu. Palladien oyant son Escuyer, se leua incontinent en sursaut, & se fit mener au lieu ou estoient les cadauers, bien esbahy de les voir ainsi meurdriz, cognoissant toutesfoys à leurs escuz & harnois tous dehachez & desclouëz qu'ilz s'estoient bien longuement & vaillamment deffenduz. Sur mon honneur, dist il, ces deux personnages icy ont esté pris en desarroy & par plusieurs, veu les grands coups que ie leur voy : or remontons à cheual & allons au premier village querir gens pour les inhumer, car s'ilz demouroient icy longuement, les bestes ou oyseaux les pourroient manger. Lors Licelie reprint leurs cheuaux, tandis que le Prince retourna à la fonteine prendre sa lance, son escu, & son armet qu'il mist en sa teste: & voulant mettre le pied en l'estrier, il apperceut vn Cheualier venir droit à luy à grand course de cheual, lequel luy escria d'assez loing. Mon frere ie vous prie me vouloir pardonner si i'ay tant tardé à venir. Palladien, cognoissant bien qu'il le prenoit pour vn autre, luy dist, Seigneur, ie ne suis celuy que vous pensez, ny ne voudroys estre car (peut estre) que vous demandez vn Cheualier que mon Escuyer à maintenant trouué dans ce taillis fort mal en point & son Escuyer quant & quant, lesquelz ie pense auoir esté meurdris par grand trahison. Lors le Cheualier tout sangmeu, helàs monsieur, respondit il à Palladien, ie vous prie me monstrer le lieu ou ilz sont, car ie me doute fort d'vn grand malheur, à quoy Palladien ne fit refus : ains le mena voir les mortz lesquelz l'autre recogneut incótinent. Làs, làs! mon cher frere Limedes ie voy bien maintenant qu'estes tombé entre les mains du trahistre Durnelfe, ô mon dieu quel malheur! ah, Amour, Amour! que tu es cause de grands maux. Puis se tournant deuers Palladien, luy dist : Helas, Cheualier si vous sçauiez l'occasion de cest inconuenient, vous en auriez pitié & horreur: & si m'asseure que voluntiers vous vous employriez à ayder à venger la trahison & meschanceté dont a vsé le paillard qui a mis mon frere en si triste estat. Ie vous prie, dist Palladien, contez moy l'affaire, & ie vous iure & prometz que si i'y entends de la trahison & meschanceté, ie m'employeray à venger de tout mon pouuoir la mort de vostre frere, & tandis mon Escuyer ira au prochain village querir gens pour emporter les corps & les faire inhumer. Seigneur, dist Durcāde(ainsi s'apelloit le cheualier)s'il vous plaist l'enuoyer à ce chasteau que voyez la loing apartenāt à vn mien cousin, il y trouuera gens assez qui viendront leuer les corps, & quant & quát nous y serons les tresbien venuz. Ce qui pleut tresbien au Prince. Ainsi ayant enuoyéLicelie au chasteau: Durcande cómenca à raconter l'occasion de l'inconuenient auenu à son frere: Seigneur, dist il à Palladien, vous deuez entendre, que feu mon frere que voyez, aymoit extrememét (& de bonne amour) vne ieune Damoyselle vertueuse & belle le possible fille d'vn gentilhomme nostre voysin, à laquelle aussi portoit amytié vn trahistre & malheureux nommé Durnelfe (qui est le meurdrier de mon frere sans doute)

doute) mais la Damoyselle ne faisoit cas de luy pour les mauuaises graces & complexions dốt il est plein, & luy a dit elle mesmes plusieursfoys que iamais n'auroit autre amy ny mary que mon frere, dequoy le meschãt enuieux marry de se voir ainsi refusé conceut vne haine mortelle cõtre mon frere & deslors à tasché par plusieursfoys de le surprendre à son auantage, à quoy mon frere a tousiours donné remede iusques à ce iourd'huy que la Damoyselle l'auoit enuoyé prier de se trouuer en ce lieu pour parler à elle: ce que sachant mon frere il m'a enuoyé querir pour luy faire compagnie, mais helàs! le malheur a voulu qu'il ne m'a pas attendu, ains s'en est icy venu le premier, ou ie pense que Durnelfe son ennemy l'a guetté & mis en l'estat que voyez car ie suis asseuré qu'il n'auoit ennemy en tout ce païs autre que cestuy. Vrayment, dist Palladien, voylà vn lasche tour: il pensoit par ce moyen que la Damoyselle cõuertiroit en luy l'amour qu'elle auoit à vostre frere, le sachant mort, mais il en est bien abusé: car si elle l'aymoit de bonne amour en sa vie, à peine le pourra elle oublier apres sa mort: & si d'auanture elle vient a faire vn autre amy, iamais ne s'adonnera à cestuy cy, puis qu'vne foys elle l'a refusé tout à plat. Or, seigneur mon amy, auisons comme nous en pourrons faire la vengeance, car ie vous asseure que ie vous y ayderay & employray ma personne iusques à la mort Sire Cheualier, respondit Durcande en le remerciant, le lieu ou se tient le meschant n'est pas loin d'icy, & vous y meneroys s'il n'estoit si tard, mais il vaut mieux que nous attendions iusques a demain, & au iourd'huy ie feray inhumer les corps au chasteau de mon cousin, ou nous irons loger s'il vous plaist. Disant ces motz il apperceut vne troupe de gens de pied & de cheual venãs du costé du chasteau que le seigneur d'iceluy amenoit lesquelz furent incõtinent à eux & firent leuer & emporter les corps dans le chasteau, ou ilz furent inhumez en la chapelle honorablement, & Palladien & Durcande les bien venuz & receuz du gentilhomme. Eux estans prestz de se retirer en leurs chambres pour reposer, vint vn laquais de la part du pere de la Damoyselle, auertir le seigneur du chasteau que Durnelfe auoit rauy la Damoyselle dont nous parlõs, & l'emmenoit en vn de ses chasteaux qu'il luy nomma? ce qu'entendans Palladien & Durcande, delibererent de le guetter & l'aller attendre le lendemain sur les chemins pour secourir la Damoyselle, ce qui fut fait ainsi que vous entendrez.

Comme Palladien & Durcande

rencontrerent Durnelfe qui auoit tué les deux Cheualiers, & de ce qui en auint.

Chapitre XXIX.

Le ma-

PALLADIENNE. Fueillet LIII.

E matin auſsi toſt que le iour commença à ſe monſtrer Palladien & Durcande, bien armez & equipez ſortirẽt du chaſteau pour aller au lieu, ou ilz penſoient que Durnelfe ſe ſeroit retiré auec la Damoyſelle, & ayans piqué enuiron deux lieuës Durcande deſcouurit de loin vne trouppe de cheuaucheurs qui ſe haſtoient fort de gaigner chemin, comme il luy eſtoit auis, parquoy ſoupçonna incontinent que c'eſtoit Durnelfe qui emmenoit la Damoyſelle, & pource diſt au prince Palladien : Seigneur, voyez vous ceſte trouppe qui vient deuers nous ? ſur ma vie que c'eſt le meſchant que nous cherchons, qu'eſt il de faire ? Qu'il eſt de faire, reſpond Palladien, il les faut charger fort & ferme : Monſieur, diſt Durcande, à ce que ie puis voir ilz ſon beaucoup, parquoy nous ne les pourrons pas auoir à noſtre ayſe, ny ſans grand danger de noz perſonnes : mais voicy que i'ay auiſé, il y a vn paſſage fort eſtroit à la ſortie de ce petit boys, allons nous embuſcher là aupres, nous les pourrons auoir tous l'vn apres l'autre : car à grand' peine y peuuent paſſer deux de front : ce conſeil fut trouué bon par Palladien, à ce moyen piquerent dans le boys ou il ſe cacherent derriere vn fort buiſſon pres du deſtroit par ou deuoient paſſer les autres leſquelz ne tarderent à venir, & comme ilz furent pres d'enuiron vn get de pierre Durcande entendit Durnelfe diſant. Ma Damoyſelle m'amye, ie ne puis penſer qu'auez peu voir en moy qui vous face vſer de ſi grande rigueur en mon endroit, eſtimez vous Limedes auoir quelque choſe d'auantage que moy, ſoit richeſſe, vaillantiſe ou loyauté ? non, non aſſeurez vous que ie le paſſe en toutes ces choſes, & ſi ay entendu qu'il ne vous ayme point, quelque ſemblant qu'il vous face, parquoy ie vous prie de prendre le certain & laiſſer l'incertain, vous ſçauez cõbien d'ennuiz & de trauaux i'ay endurez & endure encores pour l'amour que ie vous porte, ne me ſoyez doncques tant dure. La Damoyſelle, à qui le babil de ce gentil amoureux faſchoit le plus du monde, luy reſpondit. Monſieur ie vous ay ia pluſieurs foys dit & prié que vous vous deportiez de pourſuyure mon amour, ie vous en prie encor' de rechef : car i'ay promis & iuré qu'autre que Limedes n'aura iamais part en moy, & vous tenez tout aſſeuré que (combien que vous me teniez maintenant en voſtre puiſſance) ie me donneroys pluſtoſt la mort. Durcande, entendant ce propos, diſt à Palladien, il n'y a point de faute, monſieur, que c'eſt noſtre homme qui emmeine la Damoyſelle dont ie vous ay parlé, & pource laiſſons paſſer vne partie d'eux puis nous les chargerons (quand à moy ie vous prie me laiſſer faire auec le trahiſtre) ce pendant noz Eſcuyers tiendront bien les autres ſur cul & les engarderont facilement de paſſer outre pour ſecourir leurs compagnons, ce conſeil fut auſſi toſt mis à execution : car eſtant paſſé Durnelfe auec la Damoyſelle & quatre Cheualiers apres, Palladien & Durcande ſortirent de leur embuſche & brochans leurs cheuaux & la lance en l'arreſt, Durcande luy eſcria : A ceſte heure trahiſtre compareras

pareras-tu le meschant & lasche tour que tu as fait mettant à mort malheureusement, & par trahison, mon frere Limedes & son Escuyer. L'autre qui se tenoit sur ses gardes (& estoit tout prest de bien faire) à ces motz tourna bride & couchant son boys, piqua si roydement contre Durcande que tous deux rompirent & culbuterent eux & leurs cheuaux sur l'herbe, sans s'offenser aucunement, qui fit qu'ausi tost ilz furent debout & embrassans leurs escuz marcherent d'vne hardiesse incroyable l'vn à l'autre & furieusement s'entrechamaillerent bien long temps, sansqu'on eust peu iuger à qui demoureroit le camp, tant estoient tous deux adextrez à se bien deffendre : & tandis Palladien se rua sur les quatre, au premier desquelz il ne faillit à faire passer la lance à trauers les flancs luy laissant le tronçon de la lance dans les tripes, dont il tumba mort en terre demourant neantmoins pendu par le pied à l'vn des estriers de sorte que son cheual tout espouenté le treina parmy broussailles & buissons si auant dedás le boys qu'on ne sceut qu'il deuint, les trois autres voyans ce malheur auenu à leur compagnon, desirans le venger, coucherent tous sur Palladien (qui auoit leué la lance du premier abatu) deux desquelz ne faillirent à rompre sur luy: mais l'autre non, car Palladien le print si bien qu'il le vous renuoya bas par dessus la crouppe de son cheual sans luy faire mal qui l'engardast de se releuer soudainemét & mettre la main à l'espée auec les deux autres qui se prindrent à chamailler si dru, que sans le bon escu que luy auoit enuoyé la sage Orbiconte & son bon cueur & dexterité, il n'y a point de faute qu'il y fust demouré pour gage: mais en fin il les rengea si bien qu'en ayant rué deux des trois morts à ses piedz & prest d'enuoyer l'autre apres eux, la Damoyselle qui se desconfortoit de la mort de son amy, se vint getter à ses piedz, disant : Helàs Cheualier, ie vous prie pour l'amour de moy sauuer cestuy cy qui s'est tousiours offert à moy pour me faire seruice & trouuer moyen de me remettre en liberté : ce que tresvoluntiers fit Palladien & le print à mercy, puis voyant Durcande ne pouuoir auoir le dessus de Durnelfe s'approcha de luy, disant. C'est à moy, c'est à moy, seigneur Durcande à chastier telz mignons que cestuy cy retirez vous auec noz Escuyers que les autres taschent de forcer, & me laissez vn petit manier cestuy cy. A ce mot rua si verde attainte sur l'armet de Durnelfe qu'il luy fit estinceler les yeux en la teste, & redoublant son coup luy rompit sa visiere, puis luy rua vn estoc à trauers de la veuë dont le pauure diable sentit si grieue douleur, que laissant Palladien s'en courut droit à la Damoyselle pour venger sur elle sa mort, luy escriant, ah meschante c'est par toy que ie meurs : mais il fut suiuy de si pres, par le Prince, qu'il ne luy donna le loysir de marcher plus de cinq ou six pas, & d'vn coup qu'il luy rua par derriere sur l'armet le fit trebucher le nez contre terre aux piedz de la pauure dolente qui reprint vn peu de cueur voyát son ennemy mort sur lequel elle se rua, & auec l'ayde d'vne sienne fille de chambre (que Durnelfe auoit enleuée quant & elle) luy creua les yeux
d'vn

d'vn petit cousteau qu'elle tira, maintenant, dist elle, as tu receu le guerdon de tes demerites. Durnelfe, fentant vne douleur extreme, fe veautroit par la place comme vn homme hors du fens, & mordant la terre de fine rage & tout ce qu'il rencontroit, rendit l'efprit à tous les diables à qui de long temps il eftoit voué: & voylà comment Amour luy fut fauorable. Or aufsi toft que Palladien l'eut rué par terre & laiffé entre les mains de la Damoyfelle & fa fille de chambre, il courut ayder à Durcande & aux autres qui eftoient fort empefchez à garder que le refte de la trouppe de Durnelfe ne paffaft, defquelz fut fait tel efchec en peu d'heure que ceux qui eftoient derriere entendans leur maiftre mort & les principaux qui l'accompagnoient, tournerent dos & s'en coururent par vn autre chemin querir de l'ayde qui y vint trop tard: car eftans Palladien & Durcande demourez les maiftres, remonterent à cheual auec les Damoyfelles, & fe retirerent tous en vn chafteau, duquel le feigneur eftoit grand ennemy de Durnelfe, leans ilz furent honorablement receuz & s'y rafraifchirent trois iours entiers, durant lefquelz ilz firent appareiller leurs playes qui ne furent trouuées mortelles : mais grandes toutesfoys & principallement à Durcande pour auoir fi bien fait deuoir contre Durnelfe qui eftoit fort & puiffant plus qu'homme de fon temps. Ayans veu au fecond appareil que leurs playes fe portoient bien, enuoyerent querir le pere de la Damoyfelle, qui fut ioyeux, Dieu fçait combien, quand il fceut les bonnes nouuelles que fa fille auoit efté recouffe des mains du mefchant Durnelfe. Luy arriué, & fachant que par le moyen de Palladien, fa fille auoit efté fauuée, fe getta à fes genoux & (luy prefentant tout ce qui eftoit en fa puiffance) le remercia humblement du bien & honneur qu'il luy auoit fait Palladien qui eftoit prince humain & gracieux, ne voulut rien prendre du gentilhomme, mais cognoiffant que Durcande monftreroit à fa contenance porter amitié à la Damoyfelle, requift à fon pere la luy vouloir bailler en mariage, à quoy il confentit de bon cueur, & elle aufsi qui fut fiancée fur l'heure & quinze iours apres le mariage confommé à leur grand plaifir & contentement. Or fe fentant Palladien bien difpoft, & remafchant à toutes heures les mocqueries du duc de Galles dót il defiroit fort la vengeance, print congé du gentilhomme, de Durcande & fa fiancée, qui furent fort marris, dequoy il les abandonnoit fi toft, & fortant du chafteau fuyuit fon chemin pour aller en France.

Comme Palladien arriua en France, & des auentures qu'il y trouua aufquelles il donnna heureufe fin.

Chapitre   XXX.

L'HISTOIRE

PAlladien s'eſtant embarqué à Larrie eut le vent ſi à gré qu'en moins de ſix heures il aborda à Calais, belle ville & forte, ou il eut nouuelles & entendit que le prince Ceſarien faiſoit à Paris ſes preparatifz ſumptueux pour le tournoy qu'il auoit deliberé de faire pour l'amour de la belle Roſemonde fille du Roy, laquelle (comme nous auons dit) il aymoit eſperdument. Ayant donc le prince Palladien ſeiourné deux iours ſeulement à Calais & viſité toutes les forteresſes d'icelle, ſans ſe donner à cognoiſtre, partit vn matin & print ſon chemin deuers la Picardie, pour viſiter les belles & fortes villes dont le païs eſt decoré & enrichy & ayant cheuauché enuiron ſix ou ſept lieuës, deſcouurit vn chaſteau ſitué ſur vne roche fort haute & taillée par nature, de ſorte qu'elle rendoit ſa ſommité quaſi inacceſsible: & outre le chaſteau conſtruit deſſus eſtoit fort le poſsible, ayãt en ſon circuit ſix groſſes tours fort hautes & au mylieu vne autre qui les ſurpaſſoit toutes: Aprochant de ceſte forterreſſe d'enuiron demye lieuë, & deſirant de l'aller viſiter & cognoiſtre le ſeigneur ou capitaine d'icelle, aperceut à trauers champ ſix hommes bien armez & embaſtonnez qui chaſſoient deuant eux vn gros troupeau de moutons & brebis, & les ſuyuoient quatre ou cinq paſteurs plorans amerement & les prians, qu'ilz leur rendiſſent vne partie de leurs beſtes puis que le tout ne vouloient rendre: mais l'vn de ceux qui les emmenoient, faſché des crieries de ces bergers, ſe retourna par deuers eux & de la hante d'vne hallebarde qu'il tenoit en batit tãt le premier qu'il peut attraper qu'il le laiſſa en la place comme mort, ce pendant les autres gaignoyent au pied. Palladien voyant la meſchanceté cognut bien incontinent que c'eſtoient brigans & volleurs, parquoy ayant lacé ſon armet &
print

pris sa lance piqua droit à celuy qui auoit si mal traité le pauure berger & sans dire qui a gaigné ny perdu, le print si bien qu'il luy mist son glaiue à trauers le corps & le coucha aupres du berger qui faisoit le mort, mais quand il veid son homme n'ayant plus besoin de medecin il se leua tout seignant & gaigna vn petit taillis qui estoit là aupres ou ses compagnons s'estoient sauuez: Les autres qui conduysoient à force le bestial, voyans la hardiesse du prince d'auoir ainsi meurdry leur compagnon, se getterent tous ensemble sur luy, esperans bien prendre vengeance du premier, mais ilz se trouuerent bien loin de leur conte: car des cinq qui restoient il en acoustra si bien les troys qu'ilz y demourerent pour les gages:ce que voyás les deux autres, se prindrent à fuyr deuers le chasteau lesquelz Palladien ne poursuyuit (doutant qu'il ne leur vint secours) ains ayant apellé les pasteurs qui auoient veu vne partie de la meslée, leur dist qu'ilz remenassent leurs bestes à seureté & que pour ce coup, ceux qui les leur auoiét vollées n'en seroient les maistres: helas, seigneur respondirent ilz, nous vous remercions tant qu'il nous est possible:ce n'est icy la premiere foys que nous auons esté vollez par le seigneur de ce chasteau que voyez qui a auec luy leans vn quarente ou cinquante meschans comme luy, qui ne seruent d'autre chose qu'a desrober & tourmenter tous les pauures villageoys d'icy à l'entour, tellement que la pluspart d'iceux se sont retirez aux villes, craignans que quelque iour il ne les fist tuer ou brusler en leurs maisons comme il a ia fait plusieursfoys: & encor' ne luy suffit il de monstrer & exercer sa cruauté & meschanceté sur les habitans d'icy à l'entour, mais il volle & destrousse ordinairement tous les pauures passans marchandz ou autres: Et pource, seigneur, nous vous prions de vous retirer de ce lieu bien tost, car s'il est vne foys auerty du traitement qu'auez fait à ses gens, il ne faudra à sortir & vous courir sus bien acompagné, encor' qu'il soit grand & puissant outre mesure. Et dea, dist le Prince, comment s'appelle il, ne qui le meut de viure ainsi meschamment? Seigneur, respondit l'vn des bergers, on le nomme Brulanfurior, auquel le Roy donna ce chasteau en recompense des seruices qu'il luy auoit faitz par plusieursfoys en ses guerres (car il est estimé fort vaillant & adroit aux armes) or cessantz les guerres il se mist à hanter & suyure la court, ou il s'enamoura tellemét de l'infante Rosemonde fille puisnée du Roy, qu'il osa bien la demander en mariage, ce qui luy fut refusé eu egard à sa qualité, ioint aussi qu'elle ne s'y fust iamais acordée ayant bien voué son cueur à vn autre qui est Prince & fort vertueux. Ce trahistre cy, fasché à merueilles de ce refuz, delibera de l'auoir par quelque maniere que ce fust, par force ou autrement, & pource, ayant vn iour prié le prince Loys, frere de l'infante, de venir visiter son chasteau & les forteresses qu'il y faisoit, s'y en vint en petite compagnie (ne se doutant d'aucune chose mauuaise qu'il luy peut auenir) mais aussi tost qu'il y fut entré, il fit fermer la porte & l'ayant dessaisy de ses armes, & ses gens aussi, les retint tous prisonniers & fit de ce iour là serment

K   au prin-

au Prince qu'il n'en sortiroit de sa vie s'il ne faisoit tant enuers le Roy son pere qu'il luy baillast Rosemonde en mariage : ce que le Prince manda par plusieurs foys au Roy qui n'en a encor' voulu rien faire, esperant trouuer quelque subtil moyen de le rauoir : car la force comme pouez voir y seruiroit de peu ou rien : & qui le fortifie d'auantage est cest autre chasteau que voyez sur ceste autre roche aupres, qui apartient à vn sien frere nommé Frucidant auec lequel il ne fait que piller & rauir tout ce païs. Le pauure berger n'eut plustost acheué ce mot qu'il auisa Brulanfurior seul venir deuers le chasteau droit à eux, monté sur vn fort coursier, bien armé & la lance sur la cuisse : Or sachant par ses gens (qui estoient eschapez d'entre les mains de Palladien) qu'vn seul Cheualier auoit ainsi mal traitté leurs compagnons il voulut sortir seul pour auoir l'honneur de le combatre ou l'amener prisonnier, & pource commanda qu'aucun ne le suyuist. Helàs monsieur, dist lors le berger, sauuez vous voyci le meschant qui ne faudra à vous outrager : Comment, respondit Palladien, estimes-tu que ie me destourne pour vn hôme seul? Non seigneur, dist le berger, mais ie crains qu'il soit suiuy, & par ce si le vouliez auoir seul, il me semble que seroit le meilleur de vous retirer dans ce boys, à fin qu'on ne puisse voir du chasteau vostre meslée, & quant à nous, nous vous ayderons de ce que pourrons, Palladien, trouuant bon le conseil du berger, tourna bride deuers la forest, qui donna courage à Brulanfurior de le suyure, estimant que ce fust par couardise, ceux du chasteau aussi pareillement, qui le voyoient de dessus les creneaux, pensoient qu'il ne taschast qu'a se sauuer, & par ce ne sortirent point pour donner secours à leur maistre lequel ayant suiuy Palladien iusques dans la forest, luy escria arrestez mignon, arrestez, ce n'est par cy qu'il faut passer sans parler à moy, & ne pensez vous sauuer à la fuitte, car ie vous attraperay bien. Palladien faignant ne l'entendre piqua tousiours iusques à ce qu'il se trouua en vn chemin fort estroit ou il retroussa deuers celuy qui le suyuoit, & sans luy dire vn seul mot courut à luy de telle roydeur, que se rencontrant, il fit voller sa lance en esclatz & l'autre faillit d'attainte : mais leurs cheuaux esbranlez à la course se choquerent si rudement l'vn l'autre qu'ilz tumberent en vn monceau & leurs maistres dessus, qui mirent incontinent les mains aux espées & commencerent entre eux vn chamaillis si furieux & cruel qu'en peu d'heure le sang decouloit de leurs corps iusques à terre, & croy que sans le bon escu qu'auoit Palladien, il eust eu du pire, veu les grandz cops que l'autre luy ruoit sans cesse ny relasche. En fin Brulanfurior, tournoyant de costé & d'autre pour trouuer le Prince au descouuert, la fortune voulut qu'il mist le pied en vne orniere qui le fit trebuscher & donner des deux mains en terre : ce pendant le Prince pour luy ayder à se releuer luy doubla deux coups sur l'armet de telle force qu'il le coucha tout de son long estourdy, de sorte qu'il sembloit au pauure dyable que mille estincelles fussent deuant ses yeux, le Prince lors se getta sur luy, & ayant couppé les courroyes de son

armet

armet le getta au loing, puis luy tenant l'espée sur la gorge, luy dist Paillard tu es mort si tu ne te rends à moy, ce que l'autre luy accorda se voyāt si fort pressé & hors de moyen d'offenser Palladien, mais aussi tost qu'il fut releué, il mit la main à sa dague qu'il n'auoit peu tirer estant dessouz, & se mist en effort d'en fraper Palladien à trauers la visiere à quoy ayant failly le print au corps pensant bien le terracer a force de bras, mais Palladien qui estoit fort & royde, se maintint si bien qu'il fit tumber l'autre le premier & luy dessus si estroitement embrassé qu'il n'eut oncques le moyen de tirer sa dague, parquoy prenant trois ou quatre poignées de poussiere luy en remplist & les yeux & la bouche, au reste il luy donna tant de coups de poin auec son gantelet qu'il luy rompit le nez & quasi toutes les dens auant qu'il laschast sa prinse : ce qu'ayant fait Palladien tira sa dague & la luy mist à trauers la gorge. Par dieu, dist il, ie vous garderay bié de plus faire vn si lasche tour à homme auquel vous vous seriez rendu. Brulanfurior sentant qu'il estoit prochain de la mort, commença à se tourmenter & despiter dieu si hautement que les bergers (qui auoient ce pendant destourné leur bestial) l'entendirent bien, parquoy y accoururent & le voyans ainsi veautrer de rage qu'il enduroit se getterent sur luy & auec leurs petitz cousteaux l'esgorgeterent entierement sans iamais le laisser qu'il ne fust bien mort tant auoient peur qu'il ne reschappast. Ce pendant Palladien se getta a genoux & rendit graces à dieu de la victoire qu'il luy auoit donnée sur tant malheureuse & dommageable creature: puis dist aux pasteurs. Or ça mes amys, cestuy cy ne vous fera plus de fascherie, helàs non, monsieur, respondirent ilz, la grace à dieu & à vous, qu'autant en puisse il prendre à Frucidant son frere, qui l'a soustenu & aydé à faire tant de meschancetez & volleries. N'est il possible de l'auoir, dist Palladien : non certes, respond l'vn des bergers : car premierement l'entrée du chasteau n'est permise à aucun qu'on ne sçache qui & dont il est. D'auantage ce Frucidant qui y est maintenant est plus puissant beaucoup & robuste que ce malheureux cy, & si a leans vn cinquante ou soixante pendardz tousiours armez & prestz de faire toutes meschancetez. Ie ne me soucie pas dist Palladien quel nombre ilz soient, moyennāt que ie puisse entrer dedans : car i'espere tant en celuy qui m'a baillé la victoire de cestuy cy qu'il m'aydera à l'autre : & pource pense seulement s'il y a quelque moyen d'y entrer & ne te soucie du reste. Monsieur, respondit le pasteur, autre moyen ne sçay-ie, fors qu'il vous faudroit sur vostre harnois habiller en berger comme nous, & vostre Escuyer aussi, puis prendre vint cinq ou trente de noz moutons, & les chasser deuant vous droit au chasteau ou ie vous conduyray, & ferons à croyre aux gardes & à Frucidant que Brulanfurior nous a enuoyez mener noz moutons leans ou tantost il arriuera pour les nous payer, auec vn Cheualier qu'il ameine prisonnier quant & luy : lors i'estime qu'on nous lairra entrer, car ilz penseront que le Cheualier qu'il amenera soit celuy qui a tué ceux qui nous a-

K ii   uoient

L'HISTOIRE

uoient vollé noz moutons: & quant vous ferez entré faites ainſi que dieu vous conſeillera: de ma part ie ne vous lairray iamais, y deuſſe-ie mourir & tandis que nous irons là mes compagnons garderont & feront paiſtre icy voz cheuaux. Vrayment, diſt Plladien, c'eſt bien auiſé à toy, ton conſeil eſt bon & le ſuiuray, comme t'apelles-tu. Seigneur, reſpondit il, on m'apelle Liboran, preſt à vous faire ſeruice toute ma vie, & vous ſuyure par tout ou il vous plaira. I'en ſuis treſcontent, diſt le Prince, & accepte de bon cueur ton ſeruice: or pour le bon eſprit que tu me ſembles auoir ie veux que deſormais tu ſoys apellé Liboran le bien auiſé, comme digne de porter tel ſurnom. Monſieur, reſpondit Liboran, combien que tel titre honorable ne m'apartienne, i'en ſuis neantmoins treſioyeux puis qu'il vous plaiſt le me donner. A tant ſe retirerent à l'ombrage plus eſpais à coſté du grand chemin, & s'eſtant le prince deſarmé & fait appareiller ſes playes par Licelie ſon Eſcuyer qui portoit touſiours de l'vnguent d'Orbiconte, reprent ſur la verdure des viandes que les bergers auoient en leur pannetiere & de la petite prouiſion que Licelie auoit dans ſa valiſe, attendans paſſer la plus grande chaleur du iour.

Comme Palladien entra dans le
chaſteau de Brulanfurior par l'induſtrie & ſubtilité du berger Liboran, du dangereux combat qu'il eut contre Frucidant le fort & les gardes de leans: & comme il deliura de priſon Loys prince de France, auec quelques autres Cheualiers.

Chapitre   XXXI.

Ayant

PALLADIENNE. Fueillet LVII.

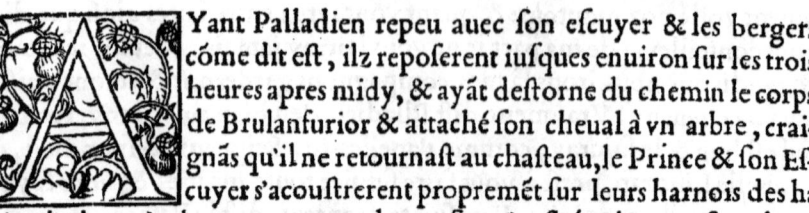Yant Palladien repeu auec son escuyer & les bergers cóme dit est, ilz reposerent iusques enuiron sur les trois heures apres midy, & ayāt destorné du chemin le corps de Brulanfurior & attaché son cheual à vn arbre, craignās qu'il ne retournast au chasteau, le Prince & son Escuyer s'acoustrerent propremēt sur leurs harnois des habitz de deux des bergers, tenantz leurs escuz & espées d'armes souz leurs capelines : & en ceste sorte choysirent vne trenteine des plus meschans moutons qu'ilz chasserent deuant eulx droit au chasteau, ou arriuez, Liboran le bien auisé hurta à la porte. Incontinent se presenta vn gros marroufle à vne fenestre au dessus qui leur demāda assez mal gracieusement qu'ilz cherchoyent. Seigneur dist Liboran, le capitaine Brulāfurior nous a commandé d'amener ceans ces moutons, il vient apres nous auec vn Cheualier qu'il amene tout blecé prisonnier, ie pense que c'est celluy qui a batu quelques gens deceans. L'autre entendant ainsi parler Liboran en auertit incontinēt Frucidant, qui se promenoit en vne salle auec quelques autres, lequel (bien aise de telle nouuelles) feit ouurir la porte à ces bons bergers qui entrent auc leurs moutons que lon seit mettre dedans les estables auec grande quantité d'autres qui auoient les iours precedant esté pillez & vollez sur les bonnes gens, Ce fait le portier mena les bergers en la despence ou il les feit boyre, & pendant qu'ilz estoient leans entr'oyrent quelques gens qui se plaingnoyent & lamentoient piteusement, ce qui esmeut Palladien tellement à pitié (estimant bien que c'estoyent prisonniers) qu'il conclud en soymesmes de les mettre en liberté ou de mourir en la peine : & pource dist à Liborā est il pas temps de besongner, Ouy, seigneur respōdit il : incontinēt Palladien tira son espée & en rua si grand coup sur le chinō du col au portier qu'il luy feit voller la teste a ses piedz, puis luy ayant arraché les clefz qu'il portoit à sa sainture & prins quelques iauelines qui estoient en la despence coururēt fermer la porte, à fin qu'aucun ne peust sortir n'y entrer, puis tous ensemble (assauoir Palladien, Licelie, Liboran & trois autres bergers entrerent en la salle ou estoit Frucidant attendant le retour de son frere Brulanfurior. Incontinent que Liboran l'aperceut, dist à Palladien, ah seigneur, voylà le meschant dont ie vous ay parlé qui a commis plus de maux que son frere que vous auez mis à mort. Comment, dist Frucidāt, est dont mon frere mort? qui vous a fait si hardis d'entrer ceans sans hurter, qu'est ce cy, ou est le portier ? par la mort de mon ame, ie vous en feray repentir tout à ceste heure : Scez tu qu'il y a Frucidant, dist Palladien, ne t'echauffe point tant & te rédz toy & les tiens à ma mercy aultrement ie feray de toy (auec l'ayde de Dieu) tout ainsi que ie fait de ton frere & de ceulx qui auoient rauy le bestial de ces pauures gens icy. Frucidant oyant Palladien, pensa bien qu'il disoit vray, puis que son frere auoit tant mis à retourner, parquoy (escumoit comme vn verrat de rage & colere ou il estoit) saisit vistement vne ron-

K iij   delle

L'HISTOIRE

delle qui estoit sur le bout de la table & desgainant vne espée bastarde qu'il portoit ordinairement sen vint auec tous ses gens ruer sur Palladien, allors dieu scet s'ilz trouuerent à qui parler & s'il y eut du chamaillis en peu d'heure, a veoir Palladien frapper & soy deffendre vous eussiez dit que c'estoit vn Lyon auerré entre quatre ou cinq Dogues car il ne frappoit coup qu'il ne portast, à l'vn faisoit voller le bras par terre, à l'autre la teste, a l'autre fendoit l'espaulle iusques aux costes, bref c'estoit vne chose horrible & esmerueillable des grandz coups qu'il ruoit: & s'il faisoit bien son deuoir contre Frucidant, & quatre autres qui chamailloient sur luy comme sur vne enclume, croyez que Licelie, Liborá & les autres bergers se monstrerent vaillant & de grand cueur contre huit qui les chargeoyent tant qu'à la fin Frucidant voyāt quasi tous ses gens mortz ou fort n'aurez & luy d'autre costé quasi recreu & hors d'aleine, se print a crier à l'ayde & au meurdre si hault que quinze ou seize autres, qui estoyent en vne haulte sale vn peu loin de la, l'entendirent bien, par quoy s'estans armez & embastonnez a la haste descendirent pour secourir Frucidant, mais ilz vindrent vn peu trop tard, car Palladien n'ayant plus a faire qu'à luy feit semblant de luy ruer vn grand coup de taille sur la teste que l'autre para auec sa rondelle, mais au lieu de frapper sur la teste Palladien feignit son coup & luy mist l'espée au trauers du corps : car l'autre n'auoit eu le loysir de s'armer, & ores qu'il l'eust bien eu il ne l'eust pas fait car il s'estimoit & pensoit si fort & vaillāt que les quatre meilleurs & plus hardis cheualiers de France armez ne l'eussent peu vaincre nud, toutesfois vn seul en vint a bout. Or n'eut il pas plustost acheué ceste escarmouche auec Licellie, Liboran & les bergers, que les autres de leans, entrerent en la salle, qui recommancerent à les charger d'vne grande furie & hardiesse, ausquelz le Prince & Licelie feirent teste bien longuement a l'huys de la salle, si bien que de la premiere abordée il y en eut deux qui s'estoyent presentez les premiers qui demouretēt en la place, faisans rempar entre les vns & les autres. Le reste de ceulx du chasteau, voyant qu'ilz ne pouuoyent forcer ces deux cy, s'auiserent d'aller quatre ou cinq d'entre eux par vn autre huys qui respōdoit en vne chambre estant à l'vn des boutz de la salle: ce qu'ilz feirent, & ayant rompu l'huys à grand coups de pied, pensant bien y entrer, mais Liboran & ses trois compaignons les soutindrent si bien auec leurs iauelines qu'ilz auoyent prises, en la despence, que des cinq il y en demoura les quatre qui nen parlerent oncques puis, l'vn desquelz toutesfoys par maleur auant qu'il fust abbatu rua vn caillou de si grād force à la teste d'vn des bergers qu'il le renuoya les piez dessus au milieu de la salle d'ou depuis il ne releua, le dernier, se pensant sauuer, gaingna aux piedz par les escaliers, mais auant qu'il peut estre iusques au second estage, Liboran (qui le suyuoit) luy mist sa iaueline par le fondement si auant qu'il luy feit rendre l'ame sur le champ & culbuta du hault des degrez à bas, puis s'en reuint charger sur les autres qui tenoyent encor' bon contre Palladien

ladien & son Escuyer. Les pauures diables se voyans pris & par derriere&
par deuant cómencerent à perdre cueur & demander pardon & mercy, à
quoy Palladien les receut, mais il ne sceut engarder que Liboran (qui estoit eschauffé comme vn lyon (ne passast la iaueline à trauers le corps de
deux, qui auoiét ia getté bas leurs armes pour se rédre, dequoy Palladien
le reprit aygrement, par ce moyen il n'y en demoura que deux en vie, encores fort blessez. Ceste escarmouche ainsi faite, Palladien pensant qu'il
n'y eust plus leans aucunes gens de deffense, se fit conduyre aux prisons
pour faire sortir & donner liberté à ceux qui y estoient, principalemét au
prince Loys de France, mais il n'eut plustost ouuert l'huys du lieu ou ilz estoiét enfermez, que vingt Cheualiers armez (qui estoient dans les quatre
principales tours de ce chasteau pour la garde d'icelles) vindrent sortir, &
voyans les deux pris à mercy si mal en point, soupçonnerent bien que
Palladien & les siens estoient entrez dans le chasteau par trahison ioint
qu'ilz auoient bien entendu quelque bruit & crierie de gens qui leur sembloient combatre. A ce moyen, tous ensemble se vindrent ruer sur Palladien & sa compagnie, qui n'eurent loysir que de soy serrer & tourner
visage pour les soustenir, tandis que le prince Loys, & ceux qui luy tenoiét
compagnie en prison, sortirent, & coururent en la salle (ou s'estoit faitte
la premiere charge) se saisir des escuz & bastons des occis. Ce fut lors à recommencer de plus belles Palladien, le prince Loys & leurs gens contre
les vingtz qui les chargerent de la premiere furie si brauement qu'ilz furent long temps sans qu'on en veist bruncher vn seul de costé ny d'autre,
toutesfoys à la parfin les deux Princes firent tant qu'ilz se rengerent pres
l'vn de l'autre, & lors reprenans courage plus que deuant se porterent si
bien qu'ilz en mirent six ou sept par terre, Licelie, Liboran le bien auisé
& ses compagnons en firent bien autant & iusques à ce que les autres du
chasteau se voyans les plus foybles (s'estans mis de genoux, & leurs bastós
bas) crierent mercy & se rendirent à la volunté des Princes, qui estoient
tant las & recreuz du combat qu'ilz n'en pouuoient quasi plus. Lors le
prince Loys esmerueillé de la prouësse de Palladien (l'ayant accolé & caressé gracieusement) luy dist, Seigneur ces gallandz icy sont à vous, auisez qu'il vous plaist en faire, il n'a pas tenu à eux qu'ilz ne nous ayent reduit au point ou ilz sont & encores pirement. Ie vous supplie monsieur,
respondit Palladien faites en à vostre volunté, car (si vous estes le prince
Loys de France) c'est vous qu'ilz ont offensé comme i'ay entendu. Certainement, seigneur, dist Loys, ie suis celuy mesmes que le meschant auquel le Roy mon pere auoit dóné ceste place a trahy & emprisonné vaillamment. Monsieur, dist Liboran, il n'en trahira iamais, ny son frere Frucidant ausi, ce bon Cheualier les a tous deux mis à mort vaillamment &
encores bien quinze ou dixhuit que vous pourrez voir tout à ceste heure
en ceste grande salle excepté Brulanfurior que nous auons laissé mort la
bas en ce taillis. Le prince Loys encor' plus ioyeux & esbahy que para-

uant embraſſa de rechef Palladien, le priant de luy dire ſon nom & qui il eſtoit, à fin, diſt il, que ie vous face l'honneur & traitemēt que merite voſtre valleur & bonté, & ſelon le lieu dont eſtes yſſu. Monſieur, reſpondit Palladien, vous me pardonnerez s'il vous plaiſt, ſi en celà ie ne ſatisfais pour le preſent à voſtre deſir : quant i'auray fait quelque acte qui merite de me renommer de la maiſon d'ou ie ſuis, ie ne faudray à me faire cognoiſtre à voſtre ſeigneurie : Bien doncques Seigneur, diſt Loys, ie ne vous en importuneray plus, neantmoins aſſeurez vous que (pour le bien que m'auez fait de me mettre en liberté) vous aurez à iamais en moy vn bon amy : & puis qu'il vous plaiſt me faire preſent de ces mignons icy, ie vous en mercie de bien bon cueur & les accepte, i'en feray vn autre preſent au Roy qui les fera traiter comme ilz le meritent. Ce dit les fit tous deſarmer & ſerrer es priſons, puis enuoya en diligence porter les nouuelles au Roy de ſa deliurance & de tout ce qui s'eſtoit fait par le moyen & proueſſe d'vn Cheualier incogneu. Tandis, les ducz de Sauoye, Guienne & le conte de Champaigne, & autres grandz ſeigneurs François qui auoient eſté arreſtez priſonniers auec le Prince) firent la reuerence à Palladien auec mille accollades & careſſes : meſmes Panaldin duc de Galles, en l'embraſſant le ſupplia humblement luy pardonner & oublier l'iniure qu'il luy auoit faite lors qu'il le rencontra en Angleterre venant en France : ce que Palladien fit treſvoluntiers & ſceut que luy & ſes Cheualiers auoient eſté prins & amenez priſonniers par Brulanfurior. Et ainſi deuiſans entrerent en la ſalle ou ilz trouuerent Frucidant & quatorze de ſes gens morts auec l'vn des bergers, dont tous furent grandement esbahis, & eurent deſlors Palladien en reputation du meilleur Cheualier de la terre. Apres qu'ilz eurent bien conſideré, auec grand esbahiſſement, les grādz coups d'eſpées & d'autres baſtons que Frucidant & les ſiens auoient receu ilz les firent getter par deſſus la muraille du chaſteau dans les foſſez, excepté la teſte de Brulanfurior qui fut miſe au bout d'vne lance ſur la porte de la forterreſſe, & le berger inhumé dans vne vieille chapelle de leans ou Brulanfurior faiſoit mettre ſes prouiſions de boys, lardz, farines, & autres victuailles, qu'il volloit & rauiſſoit ordinairement ſur les pauures villageoys de la à l'entour. Ayans viſité par tout pour ſçauoir s'il y auoit plus perſonne qui leur peut reſiſter ou faire faſcherie, ilz ſe deſarmerent & firent appareiller leurs playes par l'eſcuyer Licelie & vne bōne vieille qu'ilz trouuerent au fond des caues auec deux belles ieunes filles de païſant que Brulanfurior auoit rauies n'auoit gueres, leſquelles le prince Loys renuoya à leurs peres, & ce pendant l'vn des bergers s'en retourna au boys querir ſes compagnons qui gardoient les cheuaux du prince Palladien & de ſon Eſcuyer. Eſtans leurs playes bandées & ayās mis guet à la porte (pour auiſer s'il viendroit point quelque ſecours du chaſteau de Frucidant, qui n'eſtoit qu'à demye lieuë de la) le ſoupper fut apreſté & les tables dreſſées mais ilz ne furent pas pluſtoſt aſſis que dixhuit ou vingt gentilzhommes

& autant

PALLADIENNE. Fueillet LIX.

& autant de Damoyſelles de la à l'entour vindrent hurter à la porte (ayās eſté auertiz de l'affaire par le berger) & requirent ceux qui faiſoient le guet de les laiſſer entrer pour faire la reuerence à leur Prince & au Cheualier qui l'auoit tiré hors de priſon : auſquelz, dirent ilz, voulons faire quelques petis preſens de fruitz & autres choſes. Les gardes en auertirent incontinent le Prince qui les fit entrer & receut en gré leurs preſens qui eſtoient la pluſpart de fruitz & de confitures : Les tables hauſſées les deux Princes faluërent toutes les Damoyſelles l'vne apres l'autre, leſquelles Palladien trouua fort belles & de bonne grace autant qu'il en euſt encores veu en lieu ou il eut eſté, excepté l'infante de Norgalles, & la ducheſſe Briſalde qui luy renouueloit ſouuent ſes douleurs, principalement la nuit eſtant ſeul & ne pouuant dormir pour penſer trop profondement à elle & aux amoureux esbatemens qu'ilz auoient pris par pluſieurs iours enſemble. Ayans doncques ces deux Princes, & autres ſeigneurs Françoys, paſſé le reſte du iour à deuiſer auec les Damoyſelles, & gentilzhommes du païs, tous ſe retirerent en leurs maiſons mõſtrans grandz ſignes de ioye & alegreſſe, pour la deliurance de leur Prince, & heureuſe venuë du Cheualier qui en auoit eſté cauſe, lequel demoura enuiron quinze iours dans le chaſteau auec le prince Loys & autres ſeigneurs Françoys attendans la gueriſon de leurs playes.

Comme les princes Loys & Palladien vindrent à Paris, & des grands faitz d'armes du prince Ceſarien aux iouſtes qu'il maintenoit pour l'amour de la belle Roſemonde.

Chapitre XXXII.

Oncques les princes & leur ſuitte, ayans ſeiourné au chaſteau de Brulanfurior bien quinze iours, ſe ſentirẽt allegez de leurs playes, ſi bien qu'ilz pouuoient endurer le trauail du cheual & le faix des armes. Et pource, ſachans que le iour eſtoit venu auquel le prince Ceſarien deuoit commencer ſon tournoy entrepris à Paris, ſe mirent en chemin : & donna le prince Loys le chaſteau en garde à vn gentilhomme de la aupres iuſques à ce qu'il plairoit au Roy d'en diſpoſer & charge de luy enuoyer tous les priſonniers à Paris ce qu'il fit. Or y arriuerent les princes en peu de iours ſans trouuer auanture digne de reciter & ne voulant Palladien ſe dõner à cognoiſtre au Roy iuſques à tant qu'il ſe fuſt eſprouué contre Ceſarien, pria le prince Loys & les autres l'excuſer ſi le Roy le demandoit, & que des le lendemain il ne faudroit à luy aller

faire

faire la reuerence : & à fin, dist il, au prince Loys que ie ne soys cogneu par mon escu ie vous supplie me laisser le vostre & prenez le mien: ce que le Prince eut pour agreable. Ainsi vindrent les autres au Louure ou estoit logé le Roy, qui les receut fort humainement : la Royne aussi & toutes les Dames: qui demanderent incontinent ou estoit le Cheualier qui auoit mis à mort Brulanfurior & son frere : à quoy le Prince respondit qu'il estoit arriué, mais ne se vouloit faire cognoistre tant qu'il se fust esprouué contre le prince Cesarien. Apres le disner ilz s'en allerent armer & s'en vindrent presenter aux lices qui estoient dressées au lieu acoustumé, ou le prince Cesarien auoit les deux iours precedans abatu bien trente Cheualiers à la iouste, tant Angloys, Italliens, Espagnolz qu'autres estrangers (car les François ne voulurent iouster cõtre celuy qui maintenoit la beauté de leur princesse) dont le prince Loys & ceux de sa trouppe furent grandement esbahis: Or le premier d'entre eux qui se presenta pour courir fut le duc de Galles, qui portoit vn escu ou estoit pourtrait en champ d'azur vn Cheualier combatant vn lyon pource qu'autresfoys il en auoit tué vn, qui estant vn iour eschappé de sa cage, il rencontra l'infante Agricie de Naples, laquelle il eust deuorée sans le secours du Duc auquel depuis elle porta si grand' amour qu'elle le retint pour son vnique seruiteur & amy : & pource, ayant entendu l'entreprise du prince Cesarien, le pria de se transporter à Paris (comme nous auons dit) & maintenir sa beauté exceder celle de Rosemonde de France. Doncques ayant lacé son armet & chargé vne forte lance dist au prince Cesarien. Cheualier ie suis icy pour maintenir ma dame & maistresse Agricie de Naples exceder l'infante Rosemonde en toutes perfections de beauté: & moy, respondit Cesarien, au contraire, que celle que vous nommez ne merite d'estre au reng des belles tant s'en faut qu'elle excede en quelque chose. A ce mot donnerent des esperons à leurs destriers, & se rencontrerent de si droit fil que tous deux rompirent, sans s'esbransler aucunement: puis rechargeans nouuelles lances, & des plus fortes qu'ilz peurent choysir, recommencerent leur course qui fut d'autre effet que la premiere : car Cesarien, attaignit si rudement le duc qu'il luy fit presque donner des espaulles sur la croupe de son cheual, dont il sentit vne grand' douleur : toutesfoys il ne se voulut contenter à celà, ains, rechargeant nouueau boys pour la troisiesme foys, se pensa venger: mais il accreut sa honte, pource qu'au ioindre il faillit d'attainte & Cesarien luy fit vuyder entierement les arçons & tomba par terre si grand saut qu'il demoura là esuanouy: ses Escuyers le leuerent incontinent & l'emporterent sur vn lit ou il fut desarmé & pensé : mais qui eust ouy les regretz & complaintes qu'il faisoit, quant il fut reuenu à soy, il en eust esté meu à pitié : Ah trahistre fortune, disoit il, m'as tu amené si loing pour me faire receuoir ce deshonneur? malheureux & plus malheureux celuy qui met quelque fiance en toy : làs que direz vous, ô ma chere maistresse quant vous entendrez ma desconuenuë! ô mort,

mort!

PALLADIENNE. Fueillet LX.

mort! que ne m'as tu pris quant & quant, i'eusse esté trop plus heureux que de me voir deffauorisé de ma dame. Comment monsieur, luy dist vn de ses gentilzhommes, vous estonnez vous pour celà? sçauez vous pas bien que telles choses, auiennent tous les iours, & à ceux bien souuent qui sont les plus experimentez? non, non, estimez que les combatz sont comme la chance des dez, ou comme vne chose gettée au sort qui tumbe aussi tost sur le fort que sur le foyble, & sur le riche que sus le pauure: Combien en auons nous veu qui estoient estimez les plus braues & vaillans auoir esté vaincuz en camp clos par ceux que lon pensoit pusillanimes & bas de cueur? Consolez vous donc, monsieur, & croyez que ma dame Agricie ne delairra à vous aymer & porter bonne affection pour ce qui vous est auenu, considerant bien que ce n'a esté par faute de bon cueur & de faire vostre deuoir, mais par vn certain malheur. Ainsi auec telles, & autres remonstrances le duc s'apaisa vn peu. Mais, pour retourner au prince Cesarien, il faut entendre que Landastanis de Norgalles & Simprinel d'Escosse estoient là arriuez pensans bien y trouuer Palladien, lesquelz aussi tost que le duc de Galles fut abatu & emporté, se mirent en ieu pour faire leur deuoir de le venger s'ilz pouuoyent, & courut Simprinel le premier qui fut rencontré si rudement par Cesarien qu'il l'esleua bien vn grand demy pied par dessus la selle de son cheual & si bien ne se fust tenu à l'arçon il eust esté renuoyé par terre: à la seconde charge il fut encor' pirement traité, car (voulust ou non) il tumba & son cheual quant & quant, lequel le blessa au pied en se releuant, par ce moyen il fut exempt pour ce iour de plus rentrer en lice. Soudain Landastanis couchant son boys courut de telle roydeur contre Cesarien qu'a la rencontre il luy fit perdre l'vn des estriers & croy que si sa lance eust esté assez forte qu'il l'eust abatu, mais elle se rompit, & celle de Cesarien aussi qui fut bien esbahy d'auoir rencontré si forte partie: à l'autre course la fortune fut pour luy, car (ayant chargé vne des plus fortes lances du monceau) il print si bien Landastanis qu'il l'enuoya imprimer ses espaulles sur le sable & tenir cōpagnie à Simprinel qui se douloit fort de son pied. A l'instant vindrent deux en place fort braues & bien montez, l'vn desquelz portoit vn harnoys azuré tout semé d'estoilles d'or, & en son escu estoit pourtrait vne Damoyselle en chemise, pour ce qu'autresfoys il en auoit recoux vne d'entre les mains d'vn Geant qui l'auoit vne nuit rauie dans son lit. L'autre portoit en son escu de Sinople, l'effigie de Renommée auec ses ælles. Le cheualier à la Damoyselle en chemise s'auança pour courir le premier, mais auant que ce faire il s'aprocha de Cesarien & luy dist: Cheualier, à ce que ie voy, vous auez encores volunté de maintenir la beauté de ma dame Rosemonde exceder toute autre de Chrestienté. Ouy vrayment, respondit Cesarien, & non seulement de chrestienté, mais de toute la terre, voyre de tout le monde. Si est-ce, dist l'autre, que i'ay bien intention de vous faire confesser le contraire auant qu'il soit nuit. Or la donc dist Cesarien, voyons qu'il en
fera,

sera, lors se reculans pour prendre carriere coururent de telle roydeur l'vn contre l'autre que tous deux furent fort esbranslez & vollerent leurs lances en esclatz : au deuxiesme coup le Cheualier à la Damoyselle ne sceut si bien se tenir à cheual qu'il ne tumbast : parquoy, l'autre qui portoit en son escu l'effigie de Renommée, s'approchant de Cesarien luy dist : Cheualier, ie confesse aussi bien que vous la beauté & bonne grace de madame Rosemonde exceder toute autre, mais ie veux maintenir que ie suis plus digne de son amour que vous. Il s'ensuit donc, respondit Cesarien que i'en suis digne, mais que vous l'estes plus que moy, or voyons qui emportera ce, plus, dõt vous vantez, car ie ne le vous ottroyray pas pour vostre parolle seule : Ainsi donnans carriere à leurs cheuaux se choquerent si rudement qu'ilz tumberent quasi tous deux & leurs lances rompirent par la poignée. Ayans parfait leur carriere, ilz en prindrent d'autres qu'ilz rompirent de rechef sans soy faire autre mal, iusques aux tierces & quartes : dequoy tous deux irritez de ne pouuoir trouuer lances assez fortes prierent le Roy d'en faire aporter d'autres, autrement leur cõbat ne pourroit prendre fin, ou bien qu'il leur laissast acheuer à l'espée : ce que le Roy ne voulut, mais bien leur fit donner à chascun vne lance bien forte, auec lesquelles ilz ne faillirent à s'attaindre de telle roydeur que le prince Cesarien fut rué par terre bien lourdement & l'autre en tel branle qu'ayant perdu les estriers, demoura bonne piece mipanché de costé prest à tumber, mais il fit tant à la fin qu'il se remit dans les arçons sans toucher à terre, au moyen que son cheual estoit fort biẽ sanglé. Lors se leua vn bruit & murmure par tout les eschaffaux, les vns marris de voir Cesarien vaincu, les autres qu'il auoit vaincuz fort ioyeux de se voir vengez : & entre ceste rumeur y eut vn gentilhomme François de la maison du Roy, qui dit que le Cheualier estrange auoit mis l'vn des piedz à terre & qu'à ce moyen le prince Cesarien ne se deuoit encor' tenir pour vaincu, ains recommencer si bon luy sembloit, mais les Iuges trouuerent du contraire & donnerent l'honneur au Cheualier de la Renommée, ce que voyant Cesarien, dolent le possible, monta sur l'eschaffaut ou estoit le Roy lequel il pria de rechef luy permettre le combat à l'espée contre le Cheualier qui l'auoit abatu : ce que luy refusa le Roy, pour autãt, dist il, que vous estes ia fort las & pour ce aussi que la cause pour laquelle auez entrepris ceste iouste, qui est l'amour, ne se doit tourner en hayne. A tant se teut le Roy, & se retira Cesarien pres l'infante Rosemonde qui le receut gracieusemẽt & le remercia du deuoir ou il s'estoit mis pour l'amour d'elle l'asseurant qu'elle luy en sçauroit gré toute sa vie sans desister pour celà de le bien aymer : Cõme elle acheuoit ce propos, Palladien se presenta sur les rangz bien marry de n'estre venu pluftost pour combatre le prince Cesarien, toutesfoys n'y voyant point de remede voulut descharger sa collere sur le Cheualier de la Renommée, & pour ce faire s'approcha de luy, disant: Cheualier il me desplaist grandement que ie nevous ay deuácé à la iouste

contre

contre le prince Cesarien, ie m'asseure que vous n'eussiez pas eu la peine de vous attacher à luy. Pourquoy, dist l'autre. Pour autant respondit Palladien, que i'eusse emporté sur luy l'honneur que vous vsurpez & qui a esté mis en doute entre les Iuges : & si vous voulez dire que vous l'ayez merité, ie vous maintiendray presentement le contraire, & d'auantage qu'il ne vous apartient estre seruiteur de ma dame Rosemonde, non pas de la moindre de ses Damoyselles, car (à ce qu'ay entendu) elle n'en a pas vne qui ne merite, pour sa beauté, vn gentilhomme plus beau & de meilleure grace que vous. Dea mon compagnon, dist le Cheualier de la Renommée : vous estes merueilleusement rogue & hautain en parolles, qui vous meut de tant m'abaisser, veu que vous ne sauez qui, n'y d'ou ie suis, ny moy vous au semblable : & si ne veistes iamais chose en moy pourquoy vous deussiez vser de telz propos? mais ie voy bien que ce qui vous fait ainsi causer, est l'affection que vous auez de vous attacher à moy : Or en passerez vous vostre enuie tout maintenant & à la lance & à l'espée : s'il plaist au Roy nous le permettre : & verrons lequel de nous deux mieux meritera par sa prouësse. Lors se tournans deuers le Roy, le Cheualier de la Renommée le supplya affectueusement leur ottroyer le combat des espées, s'ilz venoient iusques la. Ce que le Roy ne voulut faire au commencement : toutesfoys les Iuges & plusieurs Princes & Barons qui estoient là presens, considerans le bon vouloir des deux Cheualiers (aussi qu'ilz estoient estrangers) firent tant que le Roy leur accorda, esperant les sauuer s'il les voyoit en danger d'eux entretuer, ce qu'il fit comme vous verrez.

Du cruel & dangereux combat

qu'eut le prince Palladien contre le Cheualier de la Renommée qui auoit vaincu le prince Cesarien.

Chapitre XXXIII.

LE combat doncques ottroyé aux deux Cheualiers, qui ne demandoient qu'a se coupler l'vn à l'autre ilz se retirerent ou estoient les lances, & en ayant choysi chacun vne telle que bon leur sembla baisserent la veuë de leurs armetz, & brochans leurs cheuaux coururent l'vn contre l'autre de telle roydeur & si legerement qu'ilz sembloient ne toucher du pied en terre, & s'entredonnerent leurs maistres telle attainte, que leurs lances brisées tous deux perdirent les estriers bien pres de tumber, principalement le Cheualier de la Renommée qui se print aux crains de son cheual, lequel rompit à ceste rencontre vne de ses sangles. A la seconde course Palladien ne faillita l'enuoyer luy & son

cheual

cheual en vn moment : & le sien d'autre part fut acculé, mais il se releua promptement & son maistre dessus. Le cheualier de la renommée se voyant bas & son auersaire encor debout, ne fut paresseux à se mettre sur piedz, & embrassant son escu marcha fierement, l'espée au poing, droit à Palladien, Cheualier luy dist il, si vous ne descendez i'engárderay bien vostre monture de vous porter gueres loing. Palladien incontinent meit pied a terre, & marchant contre son ennemy (l'escu au bras & l'espée au poing) getta d'auenture sa veuë sur l'infante Rosemonde qui luy haulsa tellement le cueur que du premier coup qu'il rua sur le Cheualier il feit entrer son espée quatre grandz doigtz dedans son escu: mais il luy fut rendu bien chaudement, car tandis que le Prince s'efforçoit à retirer son espée de l'escu, l'autre luy deschargea sur l'armet trois telz coups qu'il luy feit estinceller les yeulx, & sans l'escu qu'il paroit il luy eust enfonce l'armet dans la teste: à la fin ayant Palladien retiré son espée, s'entrechamaillèrent si dru & menu qu'il faisoyent sortir les estincelles de leurs escutz & heaumes rendans tous les assistantz esmerueillez de leur grand cueur & prouësse, & continuërent leur coups bien vn grand quart d'heure, iusques à ce que le Roy, voyant leurs harnoys tous derompuz & le sang leur decouler par plusieurs endroitz, ne voulu que deux si bons Cheualiers s'entretuassent. Parquoy enuoya le prince Loys son filz les departir à quoy il obeit incontinent & vint bien à heure pour le Cheualier de la Renommé, car il se sentoit tant affoibly du sang qu'il auoit ia perdu & du trauail du combat, que plus ne faisoit que parer aux coups & reculer, Palladien au contraire prenoit cueur le poursuyuant tousiours de mieulx en mieulx, sans monstrer aucun signe de recreance ny lasseté, combien qu'il fust nauré en plusieurs endroitz, ce qui ne luy fust aduenu s'il eust eu son bon escu que luy auoit enuoyé la sage Orbiconte lequel il donna en garde au Prince Loys entrant dedans Paris, craignant estre cognu par le sien, comme auez entendu. Le prince Loys, doncques, les ayant separez au grand regret de Palladien (lequel il cognut bien à son escu) les mena tous deux deuant le Roy qui les ambrassa & receut fort humainement, aussi feit la Royne, L'infante Rosemonde & toutes les dames: monstrans toutefoys beaucoup plus d'amytié, honneur & familiarité à Palladien qu'au Cheualier de la Renommée (qui estoit dom Robert prince de phrise) & tous les princes & seigneurs pareillement dequoy s'aperceuant l'autre, se desplaisoit fort en soymesmes sans en faire toutesfois aucun semblant. Ayant Palladien fait la reuerâce à tous les grandz seigneurs & dames de la court, le prince Loys le print par la main & le presentant au Roy luy dist. Sire, voyci le Cheualier qui m'a deliuré des prisons de Brulanfurior, & qui la, auec son frere, acoustré comme auez peu entendre. Lors le Roy (tresioyeux de le cognoistre) le vint de rechef embrasser & luy dist. Cheualier mon amy, ie suis plus tenu à vous qu'a personne de ce monde, car vous seul auez fait pour moy ce que à grand peine eusse ie peu faire auec toutes mes forces,

& vous

& vous en donneray recompense telle qu'il vous plaira de me demander. Sire, respondit Palladien, ie m'estimeray heureux toute ma vie & me tiendray pour bien recompensé, ayant fait chose qui vous soit agreable. Foy de prince, dist le Roy, vous n'eussiez peu faire chose qui m'eust donné plus de plaisir, contentement & profit, ie dy & à moy, & à mon peuple que de me rendre mon filz, & depesché le païs des meschans qui le me detenoient & faisoient tant de tortz & exactions à mes pauures sugetz que ie desire sur toutes choses tenir en paix & repos : or ie vous prie me dire qui vous estes & vostre nom, vous asseurant que ie n'euz onc plus grande enuie de cognoistre homme que vous, ny de le mieux traiter. Sire respondit le Prince, ie suis Palladien filz du roy Milanor d'Angleterre, vostre bon amy & confederé. Lors, se leuant le Roy, l'accola de rechef pour la troisiesme foys, le prince Loys pareillemét & tous les autres grãds seigneurs de France : & fut pour l'amour de ceste bien venuë, le tournoy cessé pour ce iour : qui fut cause que les princes Landastanis, Simprinel, & Lidisée de Hongrie (qui estoit le Cheualier portant peint en son escu vne Damoyselle en chemise) vindrent faire la reuerence & se dóner à cognoistre au Roy, & a tous les seigneurs de la Court desquelz ilz furent bien receuz & festoyez, comme estoit & est encores leur coustume honneste & louable enuers les Princes & seigneurs estrangers. Ainsi doncques, les bien-venuës & caresses faites, partit toute ceste noblesse de dessus les eschaffaux, & entrerent dans le Louure, ou tous ces seigneurs estrangers furent logez & les playes du prince Palladien & de dom Robert apareillées par les chirurgiens du Roy, qui les alloit luy mesmes souuent visiter auec la royne & l'infante : La beauté & bonne grace de laquelle saisit Palladien si fort au cueur qu'il n'en pouuoit reposer aucunement, dont elle s'apperceut bien vne foys, quant la tenant par sa main blanche, & parlant à elle, la voix luy trembloit & changeoit souuent de couleur : toutesfoys (comme sage & modeste qu'elle estoit) n'en faisoit aucun semblant ny mettoit son affection s'estant ia quasi du tout vouée au prince Cesarien, lequel ayant apres le soupper remercié Palladien, de la vengeáce qu'il auoit faite sur le prince Robert de Phrise, luy iura & promist vne amitié & fraternité inuiolable à iamais. Et si Palladien & Cesarien estoient fort espris de l'amour de la belle Rosemonde, croyez que ce Robert ne leur en deuoit gueres : car à toutes heures il cherchoit les moyens de parler à elle pour luy conter ses douleurs, mais il cognut en peu de temps, qu'elle n'estoit parfort affectionnée enuers luy : d'auantage, il s'apperceut de l'amour que luy portoit Palladien, & le prince Cesarien aussi : dont il se despita tellement qu'il conclud en soymesmes, s'en desister (s'il pouuoit) & laisser la court aussi tost qu'il seroit bien guery de ses playes, ce qu'il fit ainsi que nous dirons cy apres.

L ii   Comme

L'HISTOIRE
Comme les princes Robert de

Phrise, & Lidisée de Hongrie, estans gueris de leurs playes, partirent
de Paris: & d'vne lettre que la sage Orbiconte enuoya au
prince Palladien, estant fort passionné de l'amour
de la belle Rosemonde de France.

Chapitre   XXXIIII.

LE prince Palladien, par le conseil des chirurgiens garda seulement trois iours la chambre: car on ne trouua sur luy playe dangereuse: mais dom Robert de Phrise fut cótraint de la garder douze tous entiers: pource qu'outre les grandes playes qu'il auoit receuës, la collere & melancolie qu'il auoit de se voir si peu fauorisé de l'infante Rosemonde, les luy rangregeoit tellement que sans le soing & bonne diligence des medecins & chirurgiens du Roy, il estoit en grand danger de sa personne. En fin se trouuant assez dispos pour se tenir à cheual & voyant que quelque chose qu'il peut faire ne dire ne sceut aquerir la bóne grace de l'infante) luy: & Lidisée de Hongrie, prindrent congé du Roy, & de tous les seigneurs & Dames de la court, puis sortans de Paris, tirerent vers la Picardie & se rendirent en peu de iours dans Boulongne ou ilz s'embarquerent & passerent en la grand' Bretaigne(que nous apellons maintenant Angleterre)desirans tous deux voir & cognoistre le bon roy Milanor, pour la renómée qu'ilz auoient entendu de sa grande preud'hommie & vertu. Et pource le prince Lidisée auoit lettres de Palladien

pour prepour presenter au Roy, & d'autres de Landastanis à sa bien aymée l'infante Florée qui fut fort ioyeuse d'entendre la bonne santé & disposition de son amy, qui luy mandoit son retour de bref, auec Palladien son frere lequel demoura, ce pendant, à Paris auec Landastanis & Simprinel, ausquelz le Roy (& le prince Loys) faisoient la meilleure chere du monde, tresioyeux d'auoir en sa court ces ieunes Princes si vaillans, principallement Cesarien & sur tous Palladien, qui ne se tenoit pas à la court du tout pour l'amour du Roy ny de ses Princes & seigneurs triumphans & magnifiques, mais bien en intention & souz l'esperance de soy faire maistre & possesseur du cueur & de la volunté de la belle infante Rosemonde, estimant que c'estoit celle dont la sage Orbicote luy auoit parlé par plusieurs foys, & pource estoit tous les iours apres à faire ses approches & s'insinuer en sa bonne grace : elle de son costé l'entretenoit honnestement auec vne douceur & modestie grande, tant pource qu'il estoit filz de Roy, comme elle, que pour sa grande vertu, prouësse, & magnanimité qu'elle auoit veu en luy, pour autant aussi que le Roy son pere luy faisoit tout l'honneur & bon traittement dont il se pouuoit auiser, en consideration du bien qu'il luy auoit fait mettant à mort Brulanfurior & son frere qui tenoient le prince Loys prisonnier pour l'amour d'elle (comme auons dit) toutesfoys quelque bon accueil ou caresse qu'elle luy fist, ce n'estoit que par maniere d'aquit & pour les raisons qu'auez entendues: car elle n'auoit le cueur à autre qu'au prince Cesarien, dequoy Palladien se soupçonna vn iour que (parlant à elle) Cesarien arriua : mais si tost qu'elle l'apperceut la couleur luy changea & monstra quelque signe de crainte & d'amour ensemble, qui causa vne ialousie & à l'vn & à l'autre mais non pas tant à Cesarien qu'a Palladien: car voulant le deuancer delibera de la faire demander le premier en mariage, sans péser aux haynes & querelles qui se pourroient à l'auenir ensuyuir entre eux deux & leurs parens & alliez: car vous deuez penser qu'Amour à les yeux bandez, & ne considere iamais le mal ou deshonneur qui peut auenir, mais seulement le plaisir & la delectation. Or auoit il esté vne heure en ceste opinion (à sauoir de la requerir le premier au Roy son pere en mariage) soudain luy en venoit vn autre en l'esprit, & pensoit en soy-mesmes que si d'auanture elle luy estoit donnée ou tre son vouloir & qu'elle ne l'aymast de bon cueur, iamais ne seroit à son ayse, ains auroit tousiours soupçon qu'elle ne se donnast à l'autre nonobstāt le mariage & qu'elle ne luy fist porter les cornes que lon ne voit point: parquoy il deliberoit lors de le tuer & en depescher le païs (pensant que luy mort elle l'obliroit aussi) & pour ce faire hōnestement & sans soupçon pourpésa de luy susciter vne querelle, pour l'attirer au combat, ou bien de dresser vne partie à la iouste ou il auroit moyen & occasion de s'attacher à luy, ainsi demoura Palladien tout vn iour & vne nuit, machinant la mort de Cesarien, qui estoit d'autre costé à penser de sa vengeance, mais la plus belle & expediente qu'il luy sembloit estoit par poyson, mais la sage Or-

L iii   biconte

biconte dóna ordre que l'vn ny l'autre n'executerent leurs deſſeins & deliberations: car cognoiſſant par ſa magie & liſant comme en vn papier tout ce qu'ilz auoyent dans leurs cueurs, voulut ſeparer Palladien & le faire venir au lieu ou elle l'auoit deſtiné & duquel nous auons parlé au cómancement de noſtre hiſtoire. Et pource, eſtant le ſoir retire en ſa chambre, auec Landaſtanis, Simprinel Licelie & Liboran le bien auiſé, penſant profondement à executer ſa deliberation, entra vn nain fort laid & contrefait, lequel ayant ſalué le Prince, ſans plus, luy preſanta vne lettre, diſant. Seigneur, la ſage Orbiconte vous enuoye ceſte lettre le contenu de laquelle elle vous mande faire, autrement mal vous en prendra. Auſſi toſt qu'il eut dit ces parolles il s'eſuanouyt. Dont Landaſtanis ſe print biéfort a rire: O ho, diſt il, quel tour de ſinge eſt-ce cy? vrayment i'ay pluſieurs fois veu iouer beaucoup de baſteleurs & iógleurs, mais de ma vie ie n'en veiz faire le pareil, que tous les diables eſt il deuenu? l'as tu point veu ſortir, diſt il à Liboran, Par dieu monſieur, reſpondit il, non & en ſuis autant esbay que fuz oncques de choſe, les autres en dirent tout autant & meſmes Palladien ne ſçauoit ou il en eſtoit: mais quant il luy ſouuint de la voix qu'il auoit entenduë à ſes aureilles (ſans rien veoir) lors qu'il deliberoit à Varne de n'abandonner iamais la ducheſſe Briſalde, ne s'en esbait plus & penſa bien que c'eſtoit vn meſſaige d'Orbiconte, à ce moyen, faignant ſe vouloir mettre dans le lit, Landaſtanis & Simprinel ſe retiretét en leurs chambres luy ayant donné le bon ſoir, puis il ouurit la lettre qui contenoit ce qui s'enſuit.

Lettre d'Orbiconte la ſage, à Palladien Prince d'Angleterre.

Ayant certaine cognoiſſance de l'amour extreſme que tu portes à la princeſſe Roſemonde, ó prince vertueux, & de l'ennuy & facherie ou tu es maintenant reduit a cauſe d'elle, ie t'ay volu auertir pour l'amitie que ie te porte (auſſi pour le bien & ſupport que i'epere quelque iour receuoir de toy) que le Prince Ceſarien eſt deſtiné pour elle, & autre que luy ne peult auoir en mariage. Parquoy deporte toy de plus la pourſuiure, & encores moins d'excuter ce que tu as delibere, qui eſt de la faire demander en mariage & de mettre à mort Ceſarien lequel elle ayme de tout ſon cueur: t'aſſeurant qu'vne autre t'eſt reſeruée qui excede en beauté & Roſemóde & toutes celles de la Chreſtienté: le pourtrait de la quelle tu pourras veoir au vif demain entre les mains d'vn Cheualier, que tu vainqueras au combat: & par ce moyen recouureras le pourtrait, puis ayant pris congé de la court, te metteras en chemin pour l'aller trouuer en ſa terre qui te ſera nommée par le Cheualier, & ne crains aucun danger ſur les chemins: car tu ſeras aydé, gardé &
fauoriſe

favorise de la fortune & de moy qui ay preueu toutes ces choses.

Ta bonne amye Orbiconte
la sage & prophetisse.

Palladien, ayant leu ceste lettre se trouua fort esbahy & perplex en son esprit, douteux sil deuoit croire & obtemperer à l'auertissemant d'Obiconte ou poursuyure & executer sa deliberation touchant l'infante Rosemonde, laquelle il trouuoit tant acomplie en toutes parfections de beauté, qu'il estoit imposible, à son auis, qu'en tout le reste du mõde s'en peut trouuer vne autre qui la secondast: dauantage, il en estoit ia si fort attaint qu'il desesperoit d'en pouuoir diuertir sa fantasie: d'aultre part il se desplaisoit fort d'entendre qu'elle n'aymoit que Cesarien & qu'a luy seul estoit vouée. Ainsi, se mettant au lit, passa vne grande partie de la nuit en telz pensemens. Toutefoys en fin, considerant par la lettre d'Orbiconte que ce qu'il auoit seullement pensé de faire luy estoit cler & descouert, conclud d'aiouster foy à son dire si le Cheualier dont elle faisoit mention venoit le l'andemain auec le pourtrait que tant il desiroit veoir: & sur se point il s'endormit iusques au landemain matin.

D'vn Prince payen qui apporta en
la court du Roy de France le pourtrait de l'infante Aquilée, du combat qu'il eut contre Palladien lequel ayant gangné le pourtrait s'en partir de la court.

Chapitre XXXV.

LE Soleil ayant ia descouuert vne grande partie de la terre, le Prince Palladien s'esueilla, & vestit les plus riches habitz qu'il eust, puis s'en vint en la sale du Roy, auec Landastanis & Simprinel, ou ilz trouuerent plusieurs Princes, & gentilzhommes attandant sortir le Roy de sa chãbre pour aller à la messe: apres laquelle celebrée il s'en alla promener par les iardins deuisans auec Palladien tandis qu'on couuroit pour le disner, sur la fin duquel entra en la salle vn Escuyer vestu à la moresque qui demanda à parler au Roy, & le luy ayant monstré vn gentil homme luy feit vne grande reuerance disant. Roy trespuissant ie suis enuoyé de la part du Prince Zarcanel de Chipre (qui est demouré hors ceste ville) par deuers ta maiesté pour supplier icelle de luy permettre venir icy tauertir deuant tes Princes & Barons, d'vne entreprise qu'il a deliberé d'executer en ta presance. Escuier mon amy, respondit le Roy,

L iiii dites à

L'HISTOIRE

dites à voſtre maiſtre qu'il ſera le trsbien venu, & qu'il ne deuoit differer d'entrer en la ville, au reſte que ie luy ottroye voluntiers de venir dire & propoſer tout ce qui luy plaira. L'eſcuier s'en retourna incontinent à ſon maiſtre lequel ayant ſceu l'honneſte reſponce du Roy, cōmanda à deux de ſes gens aller achetter en la ville vne tente & la faire dreſſer en la plaine puis ſe tranſporta au Louure acompagné ſeulement de trois gentils hommes ou il trouua le Roy auquel, ayant fait la reuerance, diſt deuant tous ſes Princes ſeigneurs. Sire, ie croy bien que vous ſauez qu'elle puiſſance Amour à ſus les humains, & combien il leur eſt difficile d'y reſiſter, parquoy ie vous ſupplie ne trouuer eſtrãge ſi ie vous declare ce que l'amour m'a meu de faire, c'eſt que, ayant ouy renómer la beauté de l'infante Aquilée ſur toutes les beautez du monde, couuoyteux de voir choſe ſi excellente, m'acheminay en Aquilée & cogneu par experience, que la renommée ne mentoit en rien, au moyen dequoy ie fuz incōtinent eſpris de ſon amour & feiz tãt enuers elle qu'elle me receut & accepta pour ſon Cheualier, à la charge & condition toutesfoys que ie me tranſporterois auec ſon pourtrait par toutes les cours des Princes Chreſtiens ou il y auroit Dames ou Damoyſelle renommées en beauté, & luy en raporterois le pourtrait d'icelle, que ie ſuis tenu de gaigner au combat contre quiconque voudra les maintenir plus belles qu'elles: & ſi de malheur ie ſuis vaincu ie lairray à mon vainqueur le pourtrait de ma Dame, auſſi, ſi la fortune eſt contre luy reporteray celuy de celle qu'il aura maintenuë. Or, ſire, i'ay entendu que ma dame Roſemonde voſtre fille eſt treſrenommée entre toutes les belles de la Chreſtiété parquoy s'il vous plaiſt me faire deliurer ſon pourtrait aux conditions que i'ay dites, ie ſuis tout preſt de faire mon deuoir, & aller ouurir le pas en c'eſte prochaine plaine hors la ville, ou i'ay fait tendre & dreſſer vne tente. Vrayment, diſt le Roy, i'en ſuis treſcontant & tout maintenant iray auec ma fille & y feray porter ſon pourtait, & lors, s'il y a quelqu'vn qui veuille combatre pour elle, ce ſera à vous a qui parler. Palladien, qui eſtoit la preſent, ſe douta incontinent que c'eſtoit celle dont la ſage Orbiconte faiſoit mention en ſes lettres, & pource s'auança le premier & ſupplia humblemant le Roy luy permettre de maintenir la beauté de madame Roſemonde, contre Zarcanel, ce que le Roy luy ottroya volontiers, dont Ceſarien, qui portoit encor' vn bras en eſcharpe, nen fut pas fort content, car il auoit ia imprimé en ſon eſprit vn ſoupçon & ialouſie contre luy dequoy il eſperoit bien ſe véger auec le temps. Celà doncq' ainſi accordé le Cheualier Zarcanel ſe retira hors la ville en ſa tente, & la bien armé & monté à l'auantage attendit le Roy, qui ne tarda gueres à venir auec Palladien, le Prince Loys & pluſieurs grands ſeigneurs tous en equipage & preſtz à combatre le Cheualier, auenant que Palladien, ne le vainquiſt. La Royne, la Princeſſe auſſi auec toutes les Dames ne faillirent à s'y trouuer pour veoir le pourtrait de la Dame que l'autre auoit ſi hault louée. Doncques, arriuées & montées ſur vn eſchaffault

chaffault virent quaſi en vn meſme inſtant l'effigie de la Dame eſtrãgere attachée au bout d'vne lance,& quant & quant le Cheualier tout preſt de coucher ſa lance & courir contre le Prince Palladien : mais premier que s'eſbranler voulut combatre ſon ennemy de parolles en ceſte ſorte. Dam Cheualier (diſt il) tout ainſi que ce grand monde ne peut endurer deux grandes lumieres. I'enten deux Soleilz, au ſemblable ie ne puis ſouffrir deuant mes yeux les deux figures des rares & premieres beautez de tout l'vniuers, dont l'vne eſt payenne,& l'autre Chreſtienne. Mais ie vous diray : le ieu ſe pourra bien partir entre nous deux ſans coup ferir ſi voulez confeſſer a haute voix deuant laſſiſtence que l'excellente beauté de ma fi gure reſemble au cler Soleil qui luit de iour & celle de la voſtre a la Lune qui luit de nuit. A quoy Palladien reſpondit ainſi, mon Cheualier il n'eſt icy queſtion de Soleil ny de Lune : mais de ſçauoir a la pointe de la lance ou bien de l'eſpée qui aura le deſſus,& lors ſi ie ſuis maiſtre ie ſeray voſtre Soleil,vous ma Lune ſi vous allez a terre,parquoy gardez vous de moy, & n'euſt ſi toſt dit le mot qu'il baiſſa ſa viſiere &pris ſon boys,lacha la bride a ſon cheual & vint rencontrer ſa partie de ſi droit fil & l'autre au ſemblable la ſienne, que les deux lances bien acerées rompirẽt & les eſclas volerent d'vn coſté & d'autre les deux hantes auſſi,mais les deux ennemis s'en trechocquerent ſi durement que le Prince Anglois, fut porté en croupe ſans lacher les reſnes de ſon cheual,ny eſtre offencé:& le Cheualier eſtran ge ne le fuſt onques : mais ce pendant que leur cheuaux parferoient leur carriere leurs eſcuiers eſtoient la tout preſtz, pour leur bailler nouuelles lances affin de recõmencer nouuelle iouſte. A lors le Cheualier eſtrange attaint le Prince Palladien de ſi droit fil qui rompit ſon boys ſans eſtre attains car il eſtoit ſi agille qui ſe courba ſus ſon cheual en telle maniere que le Prince, ne le peut oncques toucher. Dont toute l'aſſemblée fut moult eſbahie & par eſpecial le Conte de Champaigne, qui eſtant à la gauche du Roy tout eſtonné diſt ces parolles.Par dieu Sire, voylà vn autant bon tour de ſoupplesse que i'en viz iamais faire, eſtimez hardimẽt que le Che ualier a les reins à commandement, puis qu'il ſe ſcet tenir ſi royde ſur vn cheual en ceſte ſorte. A la tierce courſe il en fiſt encor' autant & rompit encor' ſur Palladien ſans l'offencer n'y eſbranler aucunement, dont vn chaſcun fut eſbahy & penſoyent que leur combat ne s'acheueroit à la iouſte, car d'vne part Palladien eſtoit ſi fort & royde ſur ſon cheual que l'autre ne l'euſt peu ruer par terre, auſſi ne luy pouuoit il dõner attainte dont il ſe deſpitoit & colleroit en ſoit meſmes Dieu ſcet combien:toutesfois au quatrieſme coup il s'auiſa de le choiſir ſi bas qu'il l'attaindroit:ce que cuy dant faire rencontra l'arçon dedeuant de ſi grand' force que rompant & ſangles & poitrail vous enuoya, auec la ſelle, le Prince de Chipre par terre:lequel ſe releua promptement, &(l'eſcu au bras & l'eſpée au poing) attendit Palladien de pied coy lequel ayant parfourny ſa courſe, deſcendit, & brauement le vint aſſaillir, ſans dire vn ſeul mot, mais s'il trouua en ce

Chiprien

Chiprien de la subtilité & ruse au combat de la lance croyez qu'il n'y en trouua guiere moins au cõbat de l'espée, car il estoit tant adextre & agile qu'il furent longuement sans se pouuoir donner attainte qui portast que sur leurs escuz ou sur leurs espées: à chef de piece, l'escu du Cheualier Chiprien fut tant dehaché & endommagé de coups qu'il ne pouuoit plus que parer ne que mettre au deuant, qui donna moyen au Prince Palladien de l'attaindre sur le bras dont il tenoit ce peu d'escu qui luy restoit, & sur l'armet tant de coups qu'en fin le bras luy faillit & luy cõmencerent les yeux à estinceller en la teste dont il se despita de sorte que laissant tomber ce qui restoit de son escu print son Cemeterre à deux mains & incontinant à quitte ou a double rua tel coup sur la teste de Palladien que sans le bon armet qu'il auoit il luy eust fendu en deux, mais, lautre ne le porta pas loing: car voyant Palladien son beau luy en rua trois coup sur coup sur la partie senestre de la teste qu'il le rendit tout estourdy & tumba de son hault tout estandu sur l'herbe. Par dieu, dirent lors les autres Cheualiers qui s'estoyent preparez pour combatre le Chiprien le cas aduenant qu'il vainquist Palladien, nous n'aurons pas la peine de nous esprouuer contre le Cheualier, allons nous en hardiment desarmer. Ce pendant Palladien tenoit l'autre soubz luy & l'ayant desarmé de la teste le trouua esuanouy, mais il ne fut gueres à l'aer qu'il ne reuint à soy: ce que voyant Palladien luy dist, Cheualier rendez vous comme vaincu, autrement c'est fait de vostre vie. A ah, miserable que ie suis, dist Zarcanel, ie voy bien qu'il est force de me rendre, & non seulement le corps mais l'ame aussi, ayant maintenant perdu ce qui la tenoit en vigeur, c'est la faueur de ma Dame: O' regret, ô douleur nompareille! la fortune m'auoit tant fauorisé iusques à ceste heure & maintenant en vn moment m'a monstré son faux & trompeur visaige. Las ie vous prie, Cheualier, m'oster hors de ceste peine, & acheuez de couper le debile fil de ma triste vie, à fin que plus ie ne languisse, vous ne me sçauriez faire plus grand plaisir en ce monde. Palladien le voyant en tel desespoir en eut pitié de sorte que le releuãt luy dist pour le consoller. Cheualier mon amy vous ne deuez tant vous constrister de ce qui vous est auenu, pensant que c'est vn des tours de fortune, à la quelle tous sommes subietz, il estoit necessaire que le sort tũbast sur vous ou sur moy: & si l'infante, pour la quelle auez entrepris ce voyage, vous ayme bien, elle ne desistera de vous aymer d'auantaige, sachant qu'aurez si bien fait vostre deuoir, ah seigneur, respondit le Chipiren, i'emeroys mieux mourir de mille mortz que de iamais retourner par deuers elle puis que i'ay failly à gangner le portrait de l'infante de France, car elle me dist que iamais ne m'aymeroit si ie ne luy portois, & vous iure & prometz que ie m'en retourneray es terres de mon pere aussi tost qu'il plaira à la fortune me donner guarison de mes playes, & vous l'airray non seulement le pourtrait qu'auez gaigné mais ausi ceux que i'ay apportez d'Andangleterre & Norgalles, quittant des maintenãt & l'amour & ses effectz

puis que

puis que tant il cause à ses seruans d'ennuy & de fascherie. A vostre bon plaisir dist Palladien: Or venez vous en, ce pendant à la ville pour faire appareiller voz playes de peur que pis ne vous auienne: car ie voy qu'auez ia perdu beaucoup de sang: Ce disant se tourna vers le Roy & le pria qu'il commandast à ses chirurgiens de penser les playes de ce Cheualier: car ie vous asseure, Sire, dist il, que ie ne trouuay de ma vie homme plus adextre ny plus rude au combat: ce que le Roy luy acorda tresvolontiers & voulut qu'on le menast au Louure en vne des meilleures chambres de leans ou il fut pensé si songneusement qu'en dix iours il se trouua guery au bout desquelz ayant remercié le Roy du bon recueil & traittement qu'il luy auoit fait, print congé de sa magesté, des princes Loys, Palladien & autres: s'en retourna au Royaume de son pere fort fasché (comme pouez penser) de son infortune. Quant à Palladien, se souuenāt de la lettre d'Orbiconte, aussi ayant ia imprimé en son cueur l'infante Aquilée, dont il auoit le pourtrait, il delibera de prendre congé du Roy pour s'acheminer par deuers elle: & pource vn soir apres soupper, le Roy se proumenant par les iardins luy fit entendre qu'il auoit desir de se retirer en Angleterre vers son pere, à ce moyen le prioit de luy donner congé. Ce que le Roy luy acorda contre son gré estant marry de perdre vn si vaillaut Prince qui decoroit toute sa court. Ainsi donc, ayant pris congé du Roy, des seigneurs & des Dames, partit le lendemain matin de Paris, accompagné de Landastanis & Simprinel, & print le chemin de Milan desirant en passant voir son grand amy Mantilée lequel estoit pour lors en chemin de Normandie pour pacifier vn differant qu'auoit son pere auec le Duc, qui estoit vn homme fort puissant de stature & de gens & d'argent aussi, car il auoit force pirates & escumeurs de mer qui luy rendoient ordinairement vn gros butin des volleries & pillages qu'ilz faisoient.

Comme Palladien s'acheminant

de Paris à Milan, eut vn dangereux combat contre vn Cheualier lequel il eust mis à mort sans vne Damoyselle qui le donna à cognoistre.

Chapitre   XXXVI.

Alladien doncques auec sa compagnie chemina troys iournées sans trouuer auanture digne de reciter, & la quatriesmes approchant d'vne forest au païs de Niuernoys, en veid sortir vn Escuyer se desconfortant & demenant fort grand deul, auquel Palladien (estant pres de luy) dist, Escuyer mon amy qu'auez vous à vous demener

Chiprien de la subtilité & ruse au combat de la lance croyez qu'il n'y en trouua guiere moins au cóbat de l'espée, car il estoit tant adextre & agile qu'il furent longuement sans se pouuoir donner attainte qui portast que sur leurs escuz ou sur leurs espées: à chef de piece, l'escu du Cheualier Chiprien fut tant dehaché & endommagé de coups qu'il ne pouuoit plus que parer ne que mettre au deuant, qui donna moyen au Prince Palladien de l'attaindre sur le bras dont il tenoit ce peu d'escu qui luy restoit, & sur l'ar met tant de coups qu'en fin le bras luy faillit & luy cómencerent les yeux à estinceller en la teste dont il se despita de sorte que laissant tomber ce qui restoit de son escu print son Cemeterre à deux mains & incontinant à quitte ou a double rua tel coup sur la teste de Palladien que sans le bon armet qu'il auoit il luy eust fendu en deux, mais, lautre ne le porta pas loing: car voyant Palladien son beau luy en rua trois coup sur coup sur la partie senestre de la teste qu'il le rendit tout estourdy & tumba de son hault tout estandu sur l'herbe. Par dieu, dirent lors les autres Cheualiers qui s'estoyent preparez pour combatre le Chiprien le cas aduenant qu'il vainquist Palladien, nous n'aurons pas la peine de nous esprouuer contre le Cheualier, allons nous en hardiment desarmer. Ce pendant Palladien tenoit l'autre soubz luy & l'ayant desarmé de la teste le trouua esuanouy, mais il ne fut gueres à l'aer qu'il ne reuint à soy: ce que voyant Palladien luy dist, Cheualier rendez vous comme vaincu, autrement c'est fait de vostre vie. A ah, miserable que ie suis, dist Zarcanel, ie voy bien qu'il est force de me rendre, & non seulement le corps mais l'ame aussi, ayant maintenant perdu ce qui la tenoit en vigeur, c'est la faueur de ma Dame: O' regret, ó douleur nompareille! la fortune m'auoit tant fauorisé iusques à ceste heure & maintenant en vn moment m'a monstré son faux & trom peur visaige. Las ie vous prie, Cheualier, m'oster hors de ceste peine, & acheuez de couper le debile fil de ma triste vie, à fin que plus ie ne languisse, vous ne me sçauriez faire plus grand plaisir en ce monde. Palladien le voyant en tel desespoir en eut pitié de sorte que le releuát luy dist pour le consoller. Cheualier mon amy vous ne deuez tant vous constrister de ce qui vous est auenu, pensant que cest vn des tours de fortune, à la quelle tous sommes subietz, il estoit necessaire que le sort túbast sur vous ou sur moy: & si l'infante, pour la quelle auez entrepris ce voyage, vous ayme bien, elle ne desistera de vous aymer d'auantaige, sachant qu'aurez si bien fait vostre deuoir, ah seigneur, respondit le Chipiren, i'emeroys mieux mourir de mille mortz que de iamais retourner par deuers elle puis que i'ay failly à gangner le portrait de l'infante de France, car elle me dist que iamais ne m'aymeroit si ie ne luy portois, & vous iure & prometz que ie m'en retourneray es terres de mon pere aussi tost qu'il plaira à la fortune me donner guarison de mes playes, & vous l'airray non seulement le pourtrait qu'auez gaigné mais aussi ceux que i'ay apportez d'Andangleterre & Norgalles, quittant des maintenát & l'amour & ses effectz

puis que

PALLADIENNE. Fueil. LXVII.

gereux qui dura bien vn grand quart d'heure sans qu'on peult aperceuoir auquel la fortune disoit le plus : à la parfin celluy qui auoit tué le Cheualier se trouua tant las & son escu & grand part de son harnoys si fort endommagez qu'il commençoit à reculer & ne faisoit plus que parer aux coups, lors que Landastanis & Simprinel s'approcherent de la Damoyselle à laquelle ilz demanderent qui estoit ce Cheualier. Helàs, seigneurs, respondit elle, c'est le prince Mantilée, qui aura, à ce que ie voy, piteuse recompense du bien qu'il m'a fait : m'ostât d'entre les mains du meschant qui me vouloit forcer. Les Princes incontinent s'approcherent des combatans, & se mettans entre deux, dist Landastanis. Seigneur Palladien cessez, cessez de plus poursuyure vostre grand amy Mantilée. Les Princes oyans ainsi parler Landastanis, getterent soudain leurs espées, armetz & escuz par terre, & s'entr'embrasserent amiablement dont la Damoyselle fut bien esbahie, & encores plus l'Escuyer du Cheualier mort, qui voyant telle reconsiliation picqua incontinent & s'enfuit à trauers le boys sans tenir voye ny sentier, car il se douta bien que la verité du fait, pour lequel son maistre auoit esté tué, seroit auerée & qu'il luy en pourroit mal aduenir luy ayant aydé à rauir la Damoyselle. Doncques les caresses & grandes accollées faites entre ces quatre Princes, ilz remonterent tous à cheual & reconduyrent la Damoyselle en sa maison qui n'estoit qu'à demye lieuë de là, & sur le chemin elle leur raconta comme en allant voir vne sienne seur (acompagnée seulement d'vn varlet à pied) le Cheualier mort l'auoit guettée dans ce boys ou il auoit deliberé de la forcer & deshonorer, sans la venuë heureuse du prince Mantilée qui la, dist elle, payé & guerdonné de son merite. Ainsi deuisant ilz arriuerent en la maison de la Damoyselle ou elle visita & appareilla leurs playes au mieulx qu'elle peut : ce fait ilz prindrent le chemin de Milan, & voulut Mantilée s'y en retourner & rompre son voyage de Normandie pour receuoir & bien traiter Palladien en la maison de son pere Themorée lequel il enuoya auertir par vn de ses Escuyers de leur venuë, & la Duchesse sa mere aussi, qui leur feit appareiller leurs logis fort sumptueusement, & commanda le Duc aux citoyens d'aller au deuant des Princes les receuoir & leur faire entrée comme à son propre filz, pour l'amytié & alliance qu'il auoit aux Roys d'Angleterre, Norgalles & Escoce leurs peres, ce que sceurent bien faire les Citoyens & les plus grandz seigneurs de tout le païs. Eulx donc arriuez, Dieu sçait s'ilz furent les bien venuz & receuz, tant de la part du Duc que de la Duchesse qui voulut auant toute chose voir & faire visiter leurs playes & tandis qu'on les appareilloit ilz luy racontoyent l'occasion & la maniere de leur combat, lequel eust prins fin tresdangereuse sans la Damoyselle qui donna à cognoistre le prince Mátilée à Landastanis comme auez entendu. Cela fait, la Duchesse les mena en la grand' salle ou le festin estoit magnificquement & sumptueusement preparé, durant lequel le Duc raconta à Palladien les affaires qu'il auoit euz auec le Duc de Nor-

M   mandie

mandie par luy (peu au parauant) occis en vne bataille, dont la pluspart des Normans estoient sur le poinct de se donner à luy, & se rendre à son obeïssance, à quoy, dist il, ie les veulx receuoir, deliberant de les bien & doulcement traiter à l'auenir, toutesfoys auant qu'en rendre responseà leurs embassadeurs, ie desire en auoir vostre aduis. Monsieur, dist Palladien, il me semble, que ne ferez que bien de les receuoir, puis que de leur plein gré & bon voulloir ilz se donent à vous qu'ilz ont cogneu vertueux & puissant pour les bien maintenir & garder, quant à moy ie le voudroys tresvoluntiers, aussi feroit le Roy mon pere, car nous serions asseurez d'vn bon voysin de ce costé là, & à la mienne volunté que le seigneur Mantilée en eust ia prins possession. I'espere, respondit le Duc, qu'auant troys semaines accomplies, il y sera receu en la capitalle ville comme seigneur, mais si est ce que ie ne me fieray point tant en eulx, que ce pendant, ie ne retienne les hostages qu'ilz m'ont enuoyez iusques à ce que tout le païs se soit tourné ou que ie m'y voye le plus fort, i'ay desia icy les plus grandz seigneurs d'entre eulx qui me pressent de receuoir d'eulx le serment de fidelité & de me coronner leur Duc & seigneur. Il me semble monsieur, dist Palladien, que ne deuez refuser celà, ains le faire au plustost: car les aultres qui ne sont encor' tournez de vostre costé, voyans la chose ia faicte se rengeront beaucoup plus tost. Foy de prince, respond le Duc, vous dites vray & des demain sera faict. Alors il commanda appareiller tout ce qui estoit necessaire à la solennité laquelle fut celebrée en grande pompe & magnificence au grand plaisir & contentement tant des seigneurs de Normandie que des Milannoys. Les triumphes & ieux passez (qui durerent huit iours entiers) & les Princes bien gueris de leurs playes. Palladien, se souuenant des lettres & aduertissement de la sage Orbiconte, delibera de prendre congé d'vn chascun pour suyure son entreprise & queste de la belle Aquilée dont il faisoit porter le portraict ordinairement par Liboran le bien auisé, lequel, ains que partir, il fit armer Cheualier par les mains du Duc de Milan. Or sachant Simprinel sa departie si soudaine & qu'il ne vouloit que son Escuyer & Liboran pour compagnie s'en vint le matin en sa chambre auec Mantilée & Landastanis deuat lesquelz il luy dist (en toute humilité & reuerence) Seigneur Palladien, ie croy que vous sçauez quelle puissance Amour a sur les humains & combien il est difficile de resister & se deffendre contre ses traitz. Vrayement, dist Palladien, ie le sçay voirement, & l'ay bien esprouué depuis vn an ou enuiron, mais à quelle occasion me dites vous celà, seigneur Simprinel, à fin respondit il, que soyez plus prompt & enclin à me pardonner & remettre vne faulte qu'Amour m'a fait faire contre vous depuis peu de temps. Comment, dist Palladien, en quoy me pourriez vous auoir offensé? Ah seigneur, respondit Simprinel, en vne chose qui vous touche grandement & n'en sçauez encor' rien, vous deuez entendre que des le lendemain que m'eustes vaincu aupres de Varne (pour la secõde foys) & que ie failly, non

seulement

seulement à gaigner au combat le pourtrait de la duchesse Brisalde, mais aussi ie perdy celluy de ma Dame & maistresse Belanicie, ie retournay à Varne ou ie combaty plusieurs Cheualiers tant qu'à la parfin ie regaignay le pourtrait de ma Dame & celluy de la Duchesse, vous asseurant que si la fortune m'eust esté encor' vne foys contraire, iamais ne me fusse trouué deuant ma Dame que i'ay depuis espousée de son bon vouloir & consentement, Palladien qui auoit ia quasi du tout oublié le souuenir de la duchesse Brisalde, luy respondit en se riant, vrayement seigneur Simprinel, si vous auez opinion que m'ayez offensé en celà, ie le vous pardonne & remetz de bien bon cueur, & suis bien ayse que l'ayez fait puis qu'il s'en est ensuyui chose qui vous est tant agreable & doulce, comme est le mariage d'entre vous & ma Dame Belanicie, asseurez vous doncques que ie ne lairray pour celà à estre vostre bon amy tant que ie viuray. Ainsi l'ayāt Simprinel remercié affectueusement, prindrent tous congé l'vn de l'autre du Duc & de la Duchesse, puis Palladien print le chemin de Gennes pour illec s'embarquer & tenir la route d'Aquilée : Landastanis & Simprinel tirerent deuers Norgalles, & demoura Mantilée fort triste & fasché de ceste departie, lequel ne demoura gueres qu'il ne s'en allast en Normandie ou il fut receu par tout comme seigneur & superieur. Apres qu'il eut donné ordre aux affaires de la republicque il passa en Angleterre pour visiter sa bien aymée l'Infante Mercilane qui l'attendoit en grand' deuotion comme celuy qu'elle aymoit vniquement en ce monde.

Comme s'estant embarqué Palladien, pour tirer au Royaume d'Aquilée, courut fortune sur mer ou il eut vn dangereux combat contre le corsaire Dormidon qu'il vaincquit auec ses gens.

Chapitre   XXXVII.

L'HISTOIRE

Vant au prince Palladien, il se trouua fort fasché & ennuyé, d'auoir laissé ses bons compagnons, & de se voir accompagné seulement de son escuyer Licelie & de Liboran pour faire vn si loingtain voyage: toutesfois l'amour extreme qu'il portoit à l'Infante Aquilée, & l'espoir qu'il auoit aux monitions & aduertissemens de la sage Orbiconte, luy faisoient oublier tous perilz & dangers qui se pourroient presenter à ses yeulx. Ainsi donc tout melencolique, & concluant en soy-mesmes de ne reposer en lieu n'en place qu'il n'eust trouué ce que tant il desiroit, voulut que deslors on le nommast le Cheualier sans Repos, & ainsi acompagné d'vn continuël pensement & desir de voir sa Dame arriua à Venise, ou s'estant pourueu de toutes choses necessaires pour la marine il s'embarqua & feit mettre ses cheuaulx dans le nauire qui fut acompagné de troys aultres chargez de marchandise qu'ilz portoyent en Listric, & vn matin ayans vent propice pour tenir la route qu'ilz demandoient, firent leuer les ancres & hausser les voyles, mais ilz n'eurent eslongné la rade d'vn quart de lieuë que le vent se va tourner, & se leue vne tempeste si horrible & impetueuse qu'ilz pensoient estre à tous les coups perduz, car en vn moment il sembloit que leurs nauires penetrassent les nuës, soudainement elles sembloient abismées, les Pilotes se voyans en tel peril, ne sceurent aultre chose faire fors abatre les voyles, les mastz & descharger leurs nefz, des marchandises & des viures mesmes qui estoient dedans, pour les laisser aller à la volunté des ventz & de la tempeste, qui dura deux iours entiers, sans sçauoir ou ilz estoient & furent escartez l'vn deça l'autre delà. Estans les ventz acoysez, le vaisseau ou estoit Palladien se trouua en la coste d'Albanie ou ilz esperoiët prendre port de bref, mais

la fortune

la fortune ne les voulut encor' laisser aller pour ceste secousse : car comme ilz racoustroyent leur vaisseau qui estoit rompu en plusieurs endroitz, attendans vent pour les pousser à port, ilz descouurirent vne nef turquesque que la tempeste auoit la getté saine & sauue qui leur dōna plus grand effroy qu'ilz n'auoient encor' eu : car ilz cogneurent que ceulx de dedans estoient corsaires & taschoient par tous moyens de les ioindre. Ah a seigneur, dist lors le pilote à Palladien, nous sommes maintenant tous perduz, i'apperçoy bien qu'ilz sont beaucoup en ce vaisseau & gens de guerre pour le meilleur marcher qu'en puissiōs auoir est d'estre captifz & miserables esclaues toutes noz vies. Comment, dist Palladien, estimes-tu qu'ilz nous ayent à leur ayse, encores que nous soyons moins qu'eux de beaucoup ? non, non, que chascun de nous mette la main aux armes, & les attendons hardiment (aussi bien ne sçaurions nous fuyr) le tout puissant sera pour nous, & ne permettra s'il luy plaist que nous, ses seruiteurs tombions entre les mains de ces chiens mastins qui luy sont tant contraires, là doncq' amys, courage, la force ne gist pas tousiours en la multitude, nostre innocence & pureté nous ayderont à combatre ceulx qui ne hayent que les purs & innocens. Tandis que le Cheualier sans Repos animoit ainsi le pilote & ses compagnons au combat : le capitaine des Corsaires & pirates nommé Dormidon incitoit les siens d'aultre costé à s'approcher & agraffer les vaisseaux, disant : Sus compagnons resiouyssons nous, voycy que Mahon nous enuoye pour nous recompenser de l'ennuy & trauail qu'il nous a fait endurer depuis troys iours, donnons dedans, ilz sont Chrestiens, par ainsi doublement noz ennemys, à ce que ie puis cognoistre c'est vn nauire marchand, nous l'aurons tout à nostre ayse & nous ferons tous riches du butin, ce dit mist son armet en teste, vne grande targue en son bras gauche, & vn pesant & auantageux cimeterre en la main droite, puis, luy sixiesme, se presenta sur le tillac, menaçant auec son cimeterre & criant aux aultres qu'ilz callassent la voyle & se rendissent ses prisonniers, autrement que pas vn d'eulx n'eschapperoit la mort : à quoy le Pilote vouloit obtemperer & se rendre n'eust esté le Cheualier sans Repos qui le reprint aygrement, ô malheureux, luy dist il, aymez vous mieulx viure en seruitude perpetuelle entre ces meschans qui vous tiendront comme bestes brutes, que de mourir honorablement en la loy & foy d'vn seul Dieu nostre createur, lequel ilz vous feront à force de tourmentz renier si vne fois vous venez en leur puissance ? la crainte de la mort vous fera elle auiourd'huy oublier vostre Dieu ? O' trop craintifz, esperez, esperez qu'il nous donnera la victoire & ferons de ces meschans ce qu'ilz ont deliberé faire de nous, & si nous ne sommes tant qu'eux, nous auons le cueur meilleur, les forces plus grandes & la dexterité & experience aux armes. Ces parolles meirent si bien le cueur au ventre du Pillote & de ses gens que tous courans aux armes se vindrent presenter les vns pour combatre auec le Cheualier sans Repos, Licelie, & Liboran, les aultres se placerent es lieux

L'HISTOIRE

lieux plus conuenables pour lancer sur les ennemys, dardz, lances à feu, grenades, perdreaulx & toutes autres sortes de feux missiles dont ilz sçauoient vser. Ce que voyant le pyrate Dormidon, & qu'ilz n'estoient deliberez d'eulx rendre, feit à toute force approcher son vaisseau & accrocher à celluy du Cheualier sans Repos, qui ne s'en estonna aucunement, ains auec vne grande hardiesse & incroyable asseurance, attendit son ennemy lequel, suyui de huict ou dix, s'en vint furieusement getter dans le vaisseau & rua de premiere abordée si grand coup de son cimeterre sur le heaume du Cheualier sans Repos que sans la bonté d'icelluy & l'escu qu'il para sa teste s'en alloit en deux parties, mais il se sceut bien venger sur le champ de ce coup, car il luy en deschargea vn aultre sur sa grand targue si lourdement que la fendant en deux pieces, il rencontra la iointure du poignet qu'il luy separa du bras & tumba auec l'vne des moytiez de la targue toutesfoys Dormidon ne sentit si tost son mal, par ce qu'il estoit eschauffé au combat, ains comme s'il eust esté enragé chamailloit à tors & à trauers sur son ennemy qui luy rendit si bien son change qu'à la parfin se sentant affoybly de la grande abondance du sang qu'il perdoit tumba esuanouy sur le tillac entre ses gens qui auoient ia fait tel deuoir encontre Licelie, Liboran & le Pillote qu'ilz estoient quasi recreuz & n'eust esté les feuz, dardz, & traits, qu'on lançoit aux aultres ie croy qu'en fin ilz fussent demourez les maistres, car ilz estoyent leans bien vingtcinq tous gens de fait & aguerriz qui ne viuoyent que de volleries & pilleries sur mer. Or voyant le Cheualier sans Repos Dormidon abatu se getta incontinent sus & luy ayant osté l'armet de la teste le chatouilla si bien en la gorge auec son espée qu'il luy osta tout moyen de plus retourner au combat. Ce fait il se vint fourrer entre les aultres (trois desquelz Licelie & Liboran auoiét ia abbatuz à leurs piedz) & pour son arriuée donna tel coup sur l'oreille de l'vn qui auoit oublié à prendre son armet, qu'il l'enuoya tenir compagnie aux troys aultres qui secouoient encores le iarret. Ainsi chamaillant à tors & à trauers sur ces turcqs, ne rencontroit bras, iambes, ny teste qu'il ne fist voller bas tant que de vingtcinq Pyrates qu'ilz estoient n'y en demoura que quatre qui se laisserent prendre vifz, & qui promirent & iurerent leur foy au Cheualier sans Repos de le seruir loyaument tout le reste de leur vie, s'il luy plaisoit les prendre à mercy & retenir comme esclaues, l'asseurant que par force le corsaire Dormidon les tenoit auec luy. Le Cheualier sans Repos ne se voulut seruir de telles gens, ains les bailla au Pilote & capitaine du nauire qui leur firent depuis bien gaigner leur pain comme pouuez entendre. Ceste escarmouche ainsi acheuée, ilz pillerent tout ce qu'ilz trouuerent dans ce nauire & ayás getté les corps mortz en la mer, Licelie visita les playes de son maistre le Cheualier sans Repos, de Liboran de luy mesmes & des aultres qui s'estoient employez au combat desquelz y en eut vn qui mourut en luy sondant vne playe qu'vn des Turcqs luy auoit faite en la gorge auec vn iauelot, dont le fer (qui estoit fait en

langue

langue de serpent) estoit empoysonné, aux aultres on ne trouua aucune playes dangereuses, principalement au Cheualier sans Repos, dont tous se prindrent à louër & remercier Dieu. Ce fait ilz mirent à fondz le nauire des Pyrates & racoustrerent le leur au mieulx qu'ilz peurent, puis donnans les voyles au vent prindrent terre en vne Isle la plus prochaine pour eux rafreschir & reposer, laquelle leur sembloit fort belle & delectable pour les grandes forestz, prayries, & fonteines qui y voyoient decouler: mais ilz ne furent pas plustost descenduz auec leurs cheuaux, qui mirent paistre, qu'vne grande flamme se va esleuer au mylieu de l'Isle s'augmentant en rondeur auec grande vehemence & consommant tout, par ou elle passoit: qui rendit le Cheualier sans Repos fort esbahy. Que signifie cecy, dist il au Pilotte, comme se nomme ceste Isle, serions nous bien arriuez en Sicile ou plusieurs ont affermé y auoir vn mont vomissant feu & flamme en abundance? Non seigneur, respondit le Pilote, nous en sommes bien loing. La Sicile dont vous parlez est en la mer Mediterranée, & nous sommes encor en l'Adriatique, fort eslongnez d'Aquilée: car à ce que ie cognoys c'est icy l'Isle du feu, ou lon à aultrefois veu & ouy des choses espouentables & merueilleuses. Vrayement, dist le Cheualier sans Repos, voycy vne chose que ie trouue fort estrange, ie vous prie m'attendre icy deux iours seulement pendant que i'yray visiter ce lieu, & si dedans les deux iours, ie ne retourne, faites voyle si bon vous semble. Non, monsieur, dist le Pilotte, ie vous attendray tant qu'il vous plaira & ne leueray l'ancre que ne soyez de retour ou que ie n'aye certaines nouuelles de vous, encor que le vent que nous attendons, pour prendre la routte d'Aquilée, se leuast: car ie suis de trop plus tenu à vous que de celà, ayant sauué la vie à moy & aux miens.

Des visions estranges & espou-
entables qui se presenterent à la veuë du Cheualier sans Repos en l'Isle du feu, & comme il s'en retourna fort marry de n'auoir peu mettre fin aux enchantemens qui y estoient.

Chapitre XXXVIII.

Alladien ayant entendu l'amytié & bon vouloir du Pilote, monta à cheual auec son Escuyer (laissant Liboran en la nef pour les chercher si d'auanture il tardoient trop à faire retour) puis, sans tenir sente ny chemin picquerent droit ou ilz voyoient la flamme qui tousiours s'augmentoit & ayans fait enuiron vn quart de lieuë de che-

min, ilz defcouurirent plufieurs villes, chafteaux, & fortereffes qui leur fembloyent eftre totalement embrafées & ia à demy ruynées du feu, mais tout celà ne leur donna tant esbahiffement que firent les voix & cris douloureux de plufieurs qu'ilz entédirent fe plaignans au mylieu de ces flammes. Làs! làs! difoit l'vn, iufques a quant, ô Amour, me tiendras-tu en cefte angoiffe & peine doloreufe, l'offenfe que i'ay commife contre ta magefté meritoit elle tant griefue punition? ô moy trop miferable & mal confeillé d'auoir ainfi mefprifé tes faintes loix & puiffance infuportable! pardonne, helàs! pardonne à qui fe repent, & ceffe ta iufte indignation contre ceulx qui te feront deformais obeïffans & loyaux fuietz tant qu'ilz viuront, ou bien donne leur la mort qu'ilz receüront de bon cueur. Ainfi fe plaignoit cefte dolente creature, qui emeut le Cheualier fans Repos tellement à compafsion qu'il ne peut contenir les larmes, & lors il luy va fouuenir du tour qu'il auoit fait à la belle ducheffe Brifalde la delaiffant fans efpoir ny volunté de iamais la reuoir, pour obtemperer aux monitions & aduertiffemens de la fage Orbiconte, & fe mift fi bien à fantafier & refuer fur ceft affaire qu'il demoura bien long temps là planté fans dire mot non plus qu'vn homme rauy & exftaticq'. Ce que voyant Licelie fon Efcuyer, luy dift, retirons nous monfieur ie vous prie, aufsi bien ne fçaurions nous paffer plus oultre, à caufe de cefte flamme qui toufiours s'augmente, comme vous voyez. Licelie, refpondit le Cheualier fans Repos, ie te prie fi tu doutes ou crains quelque chofe en ce lieu, retire toy ds à la nef auec Liboran & me laiffe vn peu contempler cefte merueille. Ia à Dieu ne plaife, monfieur, dift Licelie, que ie vous laiffe feul en ce lieu pour danger ou peril qui fe puiffe prefenter. Suy moy donc, dift le Cheualier fans Repos, ce difant brocha fon cheual & s'approcha fi pres du feu que Liboran ne pouuoit endurer la chaleur tant eftoit vehemente & là furent contrains d'arrefter, car leurs cheuaulx ne vouloyent paffer oultre. Ie ne fçay monfieur, luy dift lors Liboran, qu'auez deliberé de faire ny où voulez aller, fi voulez paffer plus auant il vous fault mettre à pied. A pied me mettray ie doncques, dift le Cheualier fans Repos: car ie ne fens ny ne voy encores chofe qui m'engarde de marcher plus oultre: Ce dit, il defcend de fur fon cheual & le baille à Licelie, pour le mener en main, mais fi toft qu'il eut mis pied à terre, & defgainé fon efpée & embraffé fon efcu, il ouyt vne aultre voix fe complaignant fort piteufement. Helàs, difoit elle, viendra iamais celuy qui me doit deliurer de ce tourment? ou bien la mort que tant ie defire & fouhaite, ô mort! mort! que ton dard me feroit doux maintenant! làs pourquoy differes-tu à exercer fur moy ton office, ie te doy ma vie, que ne la prens-tu puis que de bon cueur ie te la veulx payer. Le Cheualier fans Repos, voulant paffer plus oultre en ouyt vne autre qui difoit. O moy miferable fur tous les miferables qui furent oncques, quant voulant mourir, pour eftre en repos, ne me puis en quelque maniere que ce foit donner la mort. A ce mot, le Cheualier fans Repos, baiffant la te-

fte &

PALLADIENNE. Fueil. LXXI.

ste & tenant l'espée au poing voulut entrer & passer à trauers la flamme esperant paruenir iusques à ceulx qui se plaignoient, & les soulager s'il pouuoit, mais il se trouua incontinent chargé de tous costez de coups de hallebardes & aultres bastons, sans aperceuoir qui le frapoit & traitoit ainsi rudement, si est ce qu'il se deffendoit chamaillant à tors & à trauers tout autour de luy, & luy estoit bien aduis que sans sa resistéce & son bon escu, dont il soustenoit les coups, c'estoit fait de luy. Or ainsi combatant contre ces vmbres, il fit tant qu'il gaigna vn perron de marbre blanc au pied duquel il fut abatu tant las & froissé de coups ce luy sembloit qu'il n'eut oncq' le pouuoir de se leuer de là, & à l'instant cesserent ceulx qui le frapoyent. Or estoit il ia nuict close quant il se trouua en ce lieu, & cesserent leurs voix à se plaindre & le feu à esclairer au lieu duquel se leua vne telle obscurité qu'on ne voyoit ne ciel ne terre, qui contraignit le Cheualier sans Repos de la passer la nuit: mais ce ne fut sans auoir des visions les plus estranges qu'il est possible à homme de penser, maintenant il voyoit vne bande de harpies voltiger à l'entour de luy le menaçans de leurs griffes & crochz, soudain il voyoit vne multitude de serpens volans gettans feu & fumée par la gueulle, lesquelz souuent de leurs æsles & longues queuës recroquillées, luy donnoient de grandz coups qu'il soustenoit sur son escu & quelquefoys luy estoit auis qu'a l'vn il coupoit la queuë qui soudain se reioignoit au corps, à l'autre abatoit la teste, qui estant separée du corps ne laissoit à se getter sur luy & le mordre à oultrance, neantmoins pour toutes telles & autres visions estranges, le bon Cheualier n'en perdit cueur, ains se recommendant deuotement à celluy qui peult tout, elles s'esuanouyrent enuiron deux heures deuant le iour qu'il se print à reposer & en dormant la sage Orbiconte se representa à luy disant:

> Cheualier sans Repos, dont le destin à cure,
> Ne t'arreste en ce lieu tant triste & ennuyeux:
> Mais poursuy ton dessein pour le plus de ton mieulx,
> Car aultre que toy doit acheuer l'auenture.

Celà dit, elle se disparut, & laissa le Cheualier acheuer son somme, qui fut bien esbahy, à son reueil, de se voir en ce lieu seul sans sçauoir par quel costé il deuoit retourner deuers ses gens, & pensant aux parolles que la sage Orbiconte luy auoit dites se leua & se mist à contempler le perron au mylieu duquel y auoit vne statue d'vn marbre noir qui tenoit entre ses bras vne table d'attente en laquelle estoient grauez ces motz en lettres d'or:

Lors que l'inuincible Dragon sera chassé en ce lieu par la belle Serpente, il donnera fin à ces enchantemens en passant par la flamme, & les deux loyaux amans, pour qui le roy Brandalisée les fit, seront descouuers.

Ayant leu ceste prophetie, il fut long temps à penser comme elle s'entendoit

L'HISTOIRE

tendoit, neantmoins il ne la sceut comprendre, bien est vray qu'il se douta bien (suyuant les parolles d'Orbiconte) que la fin de l'auenture estoit predestinée à vn aultre qu'à luy, toutesfoys si voulut il passer plus oultre pour voir s'il y auoit quelque aultre chose de singulier, & comme il se disposoit pour marcher, le feu & la flamme se vont esleuer côme au iour precedant & plusieurs voix à recommencer leurs plaintes & clameurs doloreuses. O seigneur Dieu, dist il, qu'heureux & bien fortuné sera celluy qui mettra fin à cest enchantement, & par mesme moyen deliurera ces pauures miserables qui tant endurent. Disant cela se voulut approcher du lieu ou il les entendoit (qui luy sembloit estre fort pres) mais s'il se trouua bien chargé de coups le iour precedant, croyez qu'il ne le fut pas moins alors, & non seulement se sentit combatu de coups lourdz & pesants, mais aussi de la flamme & fumée qui luy donnoyent souuent à grandes bouffées à trauers le visage : toutesfoys pour tout cela il ne recula, iusques à tant, qu'en chamailloit tousiours de tous costez, & passant d'vne impetuosité à trauers la flamme rencontra vne fort haulte muraille, contre laquelle il donna de la teste fort rudement & lors s'esuanouyt, & la flamme & ceulx qui le chargeoient de coups, dont il ne fut pas moint esbahy qu'au parauant. Or voyant qu'il ne pouuoit passer oultre, reprint son chemin deuers la mer, & trouua à la rencontre son Escuyer Licelie, Liboran, & le Pilote qui le cherchoyent auec leurs cheuaulx : & le voyans tout pensif & melancolique luy demanderent qui luy pouuoit causer ceste tristesse, lors leur raconta tout ce qu'il auoit veu & entendu dant l'Isle, & le regret qu'il auoit de ne pouuoir donner fin aux enchantemens & maulx qu'enduroyent tant de pauures gens qu'il auoit leans entendu se plaindre piteusement. Et ainsi deuisant arriuerent au lieu ou leur nauire estoit à l'ancre, & là s'estans embarquez costoyerent la Dalmatie (qui estoit pour lors au grand Turcq) ou malgré eux leur conuint prendre port, dont le Cheualier sans Repos ne fut mal content, car il auoit de long temps affection de voir ceste contrée de laquelle il sçauoit parler la langue & Licelie aussi, mais non pas Liboran qui fut cause qu'ilz partirent tost de ce lieu (craignans d'estre cogneuz) & prindrent la route d'Aquilée qui estoit pour lors Royaume suiect au au grand Turc, & maintenant aux Venitiens.

Du peril ou le Cheualier sans Repos & les siens se trouuerent au royaume d'Aquilée, & comme ilz en furent deliurez par le Cheualier Broantin.

Chapitre   XXXIX.

Ayant

PALLADIENNE.　　　Fueil. LXXII.

Ayant donc le Cheualier sans Repos prins terre au royaume d'Aquilée, qui estoit le lieu ou il esperoit auoir nouuelles de sa bien aymée, il donna congé à son Pylote de s'en retourner quant il voudroit, & que de luy il auoit deliberé de chercher les auentures estranges en ce païs & passer outre s'il plaisoit à la fortune. Ainsi montant à cheual auec Liboran & Licelie picquerent tout vne matinée sans rencontrer chose qui les arrestast iusques enuiron sur les dix heures du matin qu'ilz se trouuerent en vn petit desert ou vne grosse compagnie de villageoys estoient assemblez à l'entrée d'vne cauerne ou se retiroit ordinairement vn Serpent grand & horrible à merueilles qui faisoit maulx infiniz aux habitans de là à l'entour: car ou il ne pouuoit attraper beufz, cheuaux, iumens, ou moutons pour sa nourriture, il se ruoit sur les hommes, femmes, & enfans desquelz il se paissoit, & n'y auoit encor' eu homme tant hardy fust-il, qu'il l'eust osé assaillir, iusques à ce qu'ilz s'assemblerent auec arbalestres, dardz, frondes & iauelotz, pour autant que la beste auoit ce iour mesmes trouué à l'escart, & assez pres de sa cauerne vne fillette d'enuiron huit à neuf ans, qu'vn bon homme luy auoit veu rauir & emporter. Le Cheualier sans Repos sachant la cause pourquoy ces bonnes gens estoient là assemblez, & voyant que le vent donnoit droitement dans l'embboucheure de la cauerne leur conseilla d'apporter force paille pour getter leans, puis mettre le feu dedans, & vous verrez, dist il, que la beste sortira ne pouuant endurer la fumée que rendra ceste paille. Seigneur respondirent les bonnes gens, nous auōs fait celà plusieursfoys, mais oncques n'a voulu sortir, pour autant qu'il y a quelques endroitz, par lesquelz la flamme s'euapore, ou pource que la cauerne est si ample & profonde que la fraischeur d'icelle rend vn vent qui reiette la fumée du feu que nous y auons fait. Allez moy doncques querir, dist il, deux ou troys flambeaux allumez, & i'entreray dedans. Helàs seigneur, respondirent les bonnes gens ne vous mettez en ce danger, car le serpent est si horrible & puissant qu'il est impossible à vn homme seul de le mettre à mort, seulement nous voudrions trouuer moyen de le faire sortir de son antre, car nous luy pourrions tant donner d'affaires en la campaigne qu'il n'auroit le loysir de rentrer. Laissez m'en faire, dist le Cheualier sans Repos, aportez moy seulement ce que ie vous demande, & vous verrez si ie ne le sçay faire desplacer. Les bonnes gens voyans qu'il estoit estranger, ne se soucierent pas beaucoup de sa mort ny de sa vie, parquoy luy apporterent trois torches allumées qu'il fit prendre à Liboran, & ayans leurs escuz aux bras & les espées nuës aux poings, entrerent leans, ou ilz marcherent bien la distance du trait d'arc sans venir n'y trouuer chose du monde, & passans plus auant virent en vn recoing vne ouuerture ronde ou à peine pouuoit passer vn homme, là Liboran mist ses torches, à la lueur desquelles le serpent se print à chiffler & debatre d'vne estrange sorte, & la petite fille (à

qui il

il auoit ia mangé l'vn des bras) à se plaindre & escrier pitoyablement. Le Cheualier sans Repos voyant ce gentil perroquet auec telle viande, ne peut endurer qu'il la mengeast seul : parquoy s'estant doucement coulé par le pertuis (à l'ayde de Liboran qui se tint à l'entrée auec ses torches) le serpent n'atendit pas qu'il le vint assaillir, mais laschant la pauure fillette qu'il tenoit souz ses griffes se vint getter d'vne furie sur luy, & tellement en tourtilla sa longue queuë autour des iambes du Cheualier sans Repos, qu'il ne sçauoit comment s'en despestrer, & de ses griffes le traitoit si rudement qu'il les luy mist en plusieurs endroitz bien auant dans la chair par entre les lames de son harnoys, le Cheualier sans Repos se voyant ainsi surpris getta sa lance bas & eut recours à sa bonne espée de laquelle il seruit si bien ce mignon en peu d'heure qu'il luy abatit l'vne des griffes de derriere & creua l'vn des yeulx qui fut cause que destordant sa queuë pour la grand' douleur qu'il sentoit se recula de deux grandz pas en arriere & par trois ou quatre foys se lança de si loing sur le Cheualier taschant l'abatre, mais il se tint tousiours royde, & ne failloit à chasque sault que le serpent faisoit sur luy, de le frapper en quelque endroit que ce fust, d'estoch ou de taille, tellement qu'à la parfin la beste commença à perdre & le sang & la force, & au contraire à augmenter au bon Cheualier, lequel fit tant qu'il la rendit morte estenduë sur la place. Ce fait print la pauure fille entre ses bras qui estoit esuanouye, & sortant à tout elle, la presenta aux bonnes gens ayant (comme dit est) vn des bras deuoré laquelle fut portée au village & renduë à sa dolente mere. Or venez mes amys, leur dist il, venez hardiment à ceste heure voir la beste qui tant vous à fait de dommage, ie l'ay mise en telle sorte que iamais ne vous offensera. Ainsi entrans toutes ces bonnes gens en la cauerne du serpent auec ce bon Cheualier, trouuerent la verité du fait, dont ilz rendirent graces à leur grãd dieu & prophete Mahommet, pensans bien que de grace speciale il leur auoit enuoyé cest homme qu'ilz remercierent & commencerent à honorer comme vne chose diuine, & ce qui les rendoit fort esbahis estoit qu'ilz le cognoissoiẽt à sa phisionomie, gestes, & habitz, estranger, neantmoins il parloit bien leur langage. Apres qu'ilz l'eurent bien caressé ilz tirerent le serpent de cest antre en intention de l'enuoyer au grand Seigneur comme chose admirable & fort estrange, ce qu'ilz firent ayans conduict le Cheualier sans Repos en leur bourg, ou ilz le traiterent le plus humainement qu'il leur fut possible, & contrefaisoit Liboran, le muet par ce qu'il ne pouuoit entendre ny parler le langage de ce païs, ioint aussi que si on l'eust cogneu Chrestien il estoit en danger d'estre pris & captif. Apres doncques qu'ilz eurent fait bonne chere en ceste bourgade auec les habitans, & les playes du Cheualier appareillées, ilz prindrent congé d'eulx & suyuirent leur chemin pour tirer en la ville d'Aquilée qui estoit distante bien de cinq iournées de là. Estans partis, les bonnes gens du bourg vuyderent toutes les tripailles du serpent, & l'acoustrerent en sorte qu'il ne se pouuoit corrompre

rompre, puis le menerent au roy d'Aquilée leur seigneur (qui estoit, ainsi que dit est, tributaire au Turc) auquel ilz raconterent comme il auoit esté mis à mort par vn Cheualier errant, qui se faisoit nommer le Cheualier sans Repos, dont il fut fort esbahy, & desira deslors de le voir & cognoistre, estimant bien qu'il estoit homme fort vaillant & preux d'auoir oser seul, assaillir vn tel monstre qui auoit les escailles & la peau dures à merueilles, & pour la nouueauté & estrangeté du cas, le fit mettre sur vne collonne de marbre au mylieu de la court de son palais auec la pate couppée qu'il luy fit si bien rattacher qu'il ne sembloit pas qu'autresfoys elle eust este coupée, ains sembloit la beste n'auoir iamais eu ne coup ne playe. Or pour retourner au Cheualier sans Repos, il fault entendre que luy, Liboran le bien auisé, & Licelie, arriuerent sur le soir en vne petite ville, nommée Enna, qui estoit forte neantmoins, dans laquelle y auoit force gens de guerre tant de pied que de cheual là assemblez pour le Roy d'Aquilée qui auoit guerre contre le Roy de Pannonie, bien deliberé de luy donner la bataille, si tost qu'il auroit tous ses gens prestz. Doncques le Cheualier sans Repos fut logé au lieu ou lon auoit acoustumé de receuoir les Cheualiers errans, pourueu qu'ilz ne fussent Chrestiens (car le nom de Chrestien, estoit pour lors fort odieux en ce païs là) & pource à fin qu'ilz ne fussent descouuers il fallut que Liboran fit le muet pour autant qu'il n'entendoit pas la langue du païs, qui donna assez de plaisir tout le long du souper au Cheualier sans Repos, que troys Gentilz-hommes de là ville estoient venuz voir, mais ce fut bien le mal apres souper, car ayans pris congé des Gentilz-hommes ilz s'en allerent en l'estable voir leurs cheuaux, & là ne pensans pas qu'il y eust aultre qu'eulx se prindrent à deuiser de leurs affaires en langue Françoyse, que tous troys entendoient fort bien, ce qu'oyant vn valet qui s'estoit d'auanture retiré en vn coing pour dormir, en alla auertir le gouuerneur de la ville, aussi tost qu'ilz furent retirez, ce gouuerneur le fit aussi tost sçauoir à cinq ou six des capitaines qu'il enuoya querir, entre lesquelz estoit vn nommé Broantin que le Cheualier sans Repos auoit autresfoys recouru d'entre les mains de six Cheualiers, retournant de Bulgarie en Angleterre, comme nous auons veu par cy deuant, cestuy Broantin, vaillant homme autant que Cheualier de son temps s'estoit retiré en ceste ville, apres que le Cheualier sans Repos l'eut secouru, pour autant que les freres & parens de celuy qu'il tua vaillamment en Bulgarie, le guettoyent & faisoyent guetter ordinairement pour le tuer en quelque sorte que ce fust: & tellemét se fit valloir en vne bataille qu'eut le Roy d'Aquilée, que pour le recompenser du seruice qu'il luy auoit fait & remunerer sa proüesse, il le fit Capitaine & luy donna charge d'vn gros nombre de gens de pied. Estant donc au logis du gouuerneur & sachant qu'il y auoit des Chrestiens en la ville, s'auança de luy dire: Seigneur ce pourroient estre espies ou de noz ennemys de Pannonie, ou des Chrestiens, or ay-ie esté Cheualier errant en l'vn & l'aultre païs, & si i'en parle

N assez

assez bien la langue, parquoy s'il vous plaist que i'aille sçauoir qui ilz sont ie le feray voluntiers, croyant qu'ilz ne fauldront à ce descouurir à moy quant ilz m'entendront, l'auis de Broantin (que tous ceux du païs estimoient Payen) fut trouué bon, & pource fut arresté qu'il iroit seul sçauoir quelles gens c'estoient. Ainsi s'en alla au logis du Cheualier sans Repos qu'il trouua en sa chambre auec Liboran & Licelie, & si tost qu'il le vit se getta incontinent à ses genoux. Ah seigneur Palladien, dist il, vous soyez le tresbien venu, bon Dieu qui vous meine en ce païs tant loing de vostre terre? sans vous ie fusse, long temps a pourry. Le Cheualier sans Repos, esbahy de ceste caresse & en tel païs, luy dist, monsieur mon compagnon, vous me pardonnerez s'il vous plaist, car ie pense ne vous auoir iamais veu & croy que me prenez pour vn autre. A a non, mon seigneur, respondit Broantin, vous souuient il plus du temps que trauersant le païs de Bulgarie, vous me recourustes d'entre six Cheualiers qui se vindrent tous ensemble ruer sur moy? Le Cheualier sans Repos, l'ayant bien & ententiuement regardé, le recogneut, dont il fut fort ioyeux. Vrayement luy dist il en l'embrassant, mon frere & amy, il m'en souuient bien ores, mais à grand peine vous eusse-ie iamais recogneu sans vostre auertissement: or me dites s'il vous plaist, comment vous vous estes retiré en ce païs: Seigneur, respódit Broantin, i'ay tant d'ennemys & auersaires par toute la terre de Dace & de Bulgarie (dont ie suis) pour vn Cheualier que ie mis à mort, que i'ay esté contraint de m'en absenter, toutesfoys ie ne delaisse à me gouuerner selon Dieu aussi bien que si i'estoys par delà. C'est tresbié fait à vous, dit le Cheualier sans Repos, ie vous prie en recompense du plaisir que ie vous fis en Bulgarie, m'instruire côme il me fault gouuerner entre ces gens icy, car ie ne veux estre cogneu Chrestien sachant bien qu'il m'en pourroit prendre mal, & pource ay-ie changé mon nó, car ie me fais ores apeller le Cheualier sans Repos, pour autant qu'ay deliberé ne reposer que n'aye trouué vne personne que ie cherche. Seigneur, dist Broantin, laissez faire à moy, vous ne serez point cogneu, ains le tresbien venu & voz gés aussi, puis que, comme ie voy, vous entendez bien le langage. Ie l'entens assez bien & le parle, dist le Cheualier sans Repos, aussi fait mon Escuyer, mais non fait pas ce Gentilhomme, dist il monstrant Liboran : & pourtant il a entrepris de faire le muet à fin qu'il ne soit cogneu ny nous par luy. Voylà bien auisé, dit Broantin : or vous tenez icy, s'il vous plaist iusques à ce que ie soys de retour, ie m'en voys raporter au gouuerneur qui vous estes, & estimez qu'à ma parolle il vous fera bon recueil, ie vous raconteray puis apres de la guerre que le roy d'Aquilée à entrepris de mener à l'encontre du Roy de Pannonie. Ainsi s'en retourna Broantin au logis du gouuerneur auquel il raporta que le Cheualier sans Repos estoit de sa cognoissance, vaillant & hardy le possible, au reste qu'il tenoit mesme loy que luy. Le gouuerneur pensant que Broantin dist qu'il estoit payen comme luy, fut tresioyeux de la venuë de si bon Cheualier, & pource esperant qu'il pourroit

beaucoup

PALLADIENNE. Fueil. LXXXIIII.

beaucoup ayder à ceste guerre l'enuoya prier par Broatin de le venir voir le lendemain au disner, & qu'il seroit le tresbien venu, ce que fit bien voluntiers Broantin & ne voulut depuis laisser le Cheualier sans Repos.

Comme le Cheualier sans Repos

fut receu honorablement du gouuerneur d'Enna, ville du Royaume d'Aquilée, & d'vne auenture qui y suruint sur la fin du disner, à laquelle Broantin & Liboran le bien auisé donnerent heureuse fin en la presence du Cheualier sans Repos.

Chapitre XL.

LE lendemain, le Cheualier sans Repos, fut conduict par Broantin au logis du gouuerneur de la ville, lequelle receut & caressa autant humainement qu'il est possible cognoissant bien à son port & contenance la bonté & valleur de sa personne, aussi furent tous les Seigneurs & Capitaines qui estoient là assemblez. Les caresses & accollées faites de tous costez, le gouuerneur luy dist. Cheualier, le capitaine Broantin nous a fait tel rapport de vostre preud'hommie & vaillance que ie vous seray amy tant que ie viuray, & si feray entendre au Roy que vous estes icy, m'asseurant qu'il en sera tresioyeux. Seigneur, dist le Cheualier sans Repos, ie vous suplie l'auertir qu'il n'a Gentilhomme plus prest de luy faire seruice que moy & me reputeray bié fortuné si ie puis faire chose qui luy puisse estre agreable, & le verra (aydant le tout puissant) à la guer-
N ii re qu'il

re qu'il eſpere mener contre le Roy de Panonie, comme i'ay entendu, & ou ie ne fauldray à me trouuer auec ce Gentilhomme que voyez (monſtrant Liboran) lequel a depuis peu de temps perdu la parolle par vn catharre qui luy eſt tumbé ſur la moytie du viſage, toutesfoys ſa grande vertu & proueſſe n'en eſt pourtant amoindrie, car ie vous aſſeure bien que ie luy ay depuis veu executer d'autant braues & hazardeux faitz d'armes qu'on ſçauroit gueres voir. Liboran qui ſe doutoit bien que le Cheualier ſans Repos parloit de luy, fit la reuerence au gouuerneur & ſigne de la teſte & des mains qu'il luy preſentoit ſon ſeruice, dont le gouuerneur les remercia tous deux amiablement, & plaignoit fort par ſes parolles l'accident de Liboran qui fut long temps depuis apellé le Cheualier muet. Doncques les prenant tous deux par les mains les mena en ſa ſalle ou (en attendant qu'on couuriſt pour le diſner) raconta bien au long la ſource & motif de la guerre d'entre le Roy ſon maiſtre & le Roy de Panonie, & comme il auoit deliberé de luy donner la bataille auant qu'il fuſt trois ſemaines de là. Et la prime & principale cauſe de leur querelle eſtoit, pour auoir le Roy d'Aquilée refuſé ſa fille (nommé Aquilée) au filz du Roy de Panonie, pour autant qu'il eſtoit plein de toutes mauuaiſes complexions auec ce qu'il n'auoit nulle beauté ny bonne grace en luy : & d'auantage ſeigneur, diſt le gouuerneur, noſtre Princeſſe l'a en ſi grand' horreur & deſdain, que s'il eſtoit ſeigneur & ſeul dominateur de toute la terre, elle aymeroit mieulx ſe donner la mort que de l'eſpouſer, ſi le Cheualier ſans Repos fut bien ayſe d'entendre ce propos de la princeſſe Aquilée, vous le pouuez penſer, n'ayant aultre choſe en l'eſprit quelle, & pour qui il s'eſtoit ſeulement acheminé en ceſte contrée : Certainement, ſeigneur, reſpondit il au gouuerneur, i'ay autrefoys ouy dire que les mariages ou les deux parties ne ſont pas bien d'accord, ne ſe portent ſouuent gueres bien & loué grandement le Roy de n'auoir voulu accorder l'Infante ſa fille à vn ſi mal gracieux perſonnage comme eſt celuy dont vous parlez : car elle eſt (à ce qu'en ay entendu) autant acomplie en perfection de beauté & toutes vertus que Princeſſe de la terre, qui me fait dire que tout homme qui luy pourra faire ſeruice agreable ſe pourra eſtimer le plus heureux & fauoriſé de la fortune qui fut oncques. Ainſi deuiſans on aporta la viande & furent aſsis tous ces ſeigneurs, qui ne parlerent d'aultre choſe durant le diſner que de la guerre & du grand apareil que leur Roy faiſoit, pour icelle, qui eſtoit pour lors en la cité d'Aquilée, ſur la fin du diſner & ſi toſt que les tables furent leuées entra en la ſalle vne bonne Dame de moyen aage tant eſplorée qu'elle demoura bonne eſpace deuant tous ces ſeigneurs ſans pouuoir proferer vn ſeul mot dont ilz furent fort eſmeuz à pitié & compaſsion, m'amye, luy diſt le gouuerneur, ie cognois bien à voſtre contenance que lon vous à fait quelque choſe qui ne vous plaiſt pas, dites moy hardiment la cauſe de voſtre deuil, & ie vous prometz que i'y donneray bon ordre s'il m'eſt poſsible, la bonne Dame, s'eſtant vn peu acoyſée, luy

fit vne

fit vne grande reuerence difant. Helàs feigneur, refpondit elle, lon m'a fait prefentement vn grand tort & dommage, car venans mon mary, mon filz & moy en cefte ville (eux pour le feruice du Roy & moy pour acheter quelques petites befongnes) nous auons efté attains de quatre Cheualiers en la prochaine foreft, lefquelz en trahifon ont pris & liez mon mary & mon filz, qu'ilz emmenent les menaçans de leur faire reparer quelque tort qu'ilz leur ont fait: or fuis-ie bien certaine, qu'ilz les prennent pour d'autres, ou ilz les veullent meurdrir & voler pour leur plaifir, car oncques de ma vie ie ne viz ny fceu que mon mary, ny mon filz euffent querelle au moindre du païs: & comme ie les vouloys fuyure les priant me vouloir dire quel tort leur auoit efté fait, ilz m'ont menacée de m'ofter la tefte de deffus les efpaulles fi bien toft ie ne me retiroys, parquoy à mon grand regret, m'en suis venuë icy, ayant efté auertie sur le chemin par plufieurs bonnes gens qu'il y eft arriué vn Cheualier nommé le Cheualier fans Repos, qu'ilz croyent affeurément auoir efté enuoyé par noftre grand prophete Mahommet pour donner fecours & ayder aux pauures à qui lon fait tort, doncques monfeigneur, ie vous fupplie le me monftrer s'il eft en cefte compagnie, à fin que ie le prie de me donner fecours en ce mien affaire, bien affeurée qu'il ne me refufera non plus qu'il a fait beaucoup d'autres en ce païs, ou il a exécuté plufieurs grandz faitz d'armes impoffibles à la commune puiffance des hommes. Vrayement bonne Dame, dift le gouuerneur ie fuis fort marry de voftre infortune & de celle de voftre mary, & voftre filz auffi, lefquelz ie m'efforceray deuenger, fi vne fois ie puis fçauoir ou fe font retirez les mefchans qui les ont emmenez: au refte quát au Cheualier que vous demandez, ie ne fçay s'il eft en cefte compagnie. Seigneur, refpondit la Dame, felon ce que lon le m'a deffciné, ie le cognoiftray bien s'il y eft, lors regardât de cofté & d'autre, aperceut le Cheualier fans Repos, auquel incontinent elle dift. Helàs, feigneur, c'eft vous que ie cherche, vous auez entendu le tort que quatre mefchans m'ont fait, ie vous fuplie auoir pitié de moy. M'amye, refpondit le Cheualier fans Repos, ie fuis tout preft de faire pour vous tout ce qu'il me fera poffible, auifez par quel moyen ie vous pourroys faire reparer le tort que lon vous fait. Monfieur, dit la Dame, s'il vous plaifoit me fuyure prefentement, ie fuis affeurée qu'auant la nuit nous rencontrerions les trahiftres, car ilz ne penfent pas que ie me foys retirée en cefte ville, ains en ma maifon, dont i'ay pris le chemin en leur prefence, mais trop foudain i'ay tourné bride deça ayant veu la voye qu'ilz tiennent. Le Cheualier fans Repos entendant la Dame, pria le gouuerneur luy dóner congé de la fuyure cefte iournée, ou plus s'il en eftoit de befoing, auec promeffe de retourner le pluftoft qu'il pourroit, & qu'il ne faudroit, pour le moins, à fe trouuer le iour de la bataille que le Roy auoit deliberé donner au Roy de Panonie & fes confederez. Le gouuerneur, oyant ainfi parler le Cheualier fans Repos, fut trefioyeux, parquoy le remercia gracieufement, efperant bien (veu la

renommée qui couroit de ſa prouëſſe & vaillantiſe) qu'il pourroit beaucoup faire à la iournée. Doncques le Cheualier ſans Repos print congé de la compagnie, s'en alla armer, puis luy, Liboran & Licelie ſon Eſcuyer monterent à cheual pour ſuyure la Damoyſelle: mais ilz ne furent pas pluſtoſt partis du logis du gouuerneur que le Cheualier Broantin luy demanda congé de les aller acompagner, à fin ſeigneur, diſt il, que ie ramentoyue au Cheualier ſans Repos la promeſſe qu'il vous a faite de ſe trouuer au iour de la bataille. Ce que le gouuerneur luy acorda voluntiers, parquoy ayant endoſſé ſon harnois, pris vne lance & ſon Eſcuyer vne autre, piquerent apres le Cheualier ſans Repos & la Dame, qu'ilz r'ataignirent auant qu'ilz euſſent eſlongné la ville de demie lieuë, dont & les vns & les autres furent treſioyeux. Ainſi doncques paſſans la foreſt ou le mary & le filz de la Dame auoient eſté ſurpris, paſſerent oultre & ſuyuirent le chemin quelle auoit veu tenir aux volleurs, tant qu'ilz peruindrent enuiron veſpres, pres d'vn chaſteau ou ilz virent entrer les quatre gallans auec les deux pauures priſonniers. Si toſt que le Cheualier ſans Repos les veit, il voulut picquer plus royde pour les attraper, mais Broantin l'en engarda, diſant, Seigneur, ilz pourront gaigner le chaſteau auant que les puiſſiez ataindre, parquoy il me ſemble que ſeroit le meilleur de nous muſſer derriere ces grandes hayes & les attendre qu'ilz ſortent, car i'eſtime qu'ilz ne veullent entrer leans que pour ſe refreſchir vn peu, & s'ilz demeurent trop à ſortir, quelqu'vn de nous y pourra aller & entrer ſecretement pour ſçauoir & voir quel il y fait: ce pendant noz cheuaux qui ſont las ſe repoſerõt vn peu, & nous auſſi, le Cheualier ſans Repos trouua bon ceſt auis, & pource mirent tous pied à terre, & ayans attaché leurs cheuaux à la haye ſe repoſerent aupres d'eulx, enuiron l'eſpace d'vn bon quart d'heure, qu'ilz ouyrẽt le hanniſſement des cheuaux des quatre ſortans du chaſteau auec les deux priſonniers tous deux liez les mains derriere le dos ſur vn gros rouſſin. Broantin lors deſirant monſtrer au Cheualier ſans Repos ce qu'il ſçauoit faire, & Liboran auſſi, le prierent affectueuſement qu'il leur laiſſaſt vn peu manier ces ruſtres, & que c'eſtoit trop peu d'affaire pour luy: ce qu'il leur acorda aſſez enuis touteſfoys, & pour ce monterent à cheual, & comme ilz furent aſſez pres d'eulx & en lieu ou ilz ne ſe pouuoient bonnement ſauuer encor' qu'ilz l'euſſent voulu, ſortirent de leur embuſche & donnans carriere à leurs cheuaux, ſans dire qui a perdu ne gaigné, coururent contre les quatre qui eurent bien le loyſir de mettre leurs lances en l'arreſt, & ſe mirent en deuoir de bien les receuoir, mais ilz ſe monſtrerent vn peu trop foybles pour ce coup, & principalement les deux qui furent attains de Broantin & Liboran, car tous deux tranſpercez d'outre en oultre prindrent le ſault ſi rudement que pour augmenter leur marché l'vn au tomber ſe froiſſa vne iambe, & l'autre vn bras, qui leur cauſa telle douleur qu'ilz demourerent eſuanouys long temps & depuis expirerent ſur l'herbe. Les deux qui reſtoient voyans
leurs

leurs compagnons si mal fauorisez de fortune, les voulurent venger, & pour ce faire coucherent sur Broantin & Liboran qu'ilz rencontrerent de telle roydeur & si droit fil que tous rompirent sans toutesfoys s'estre guere esbranslez les vns les aultres. Ayans paracheué leurs carrieres, ilz mirent soudain les mains aux espées, auec lesquelles ilz commencerent vn fort cruel & dangereux combat qui dura bien longuement & en telle sorte que le Cheualier sans Repos qui regardoit le passetemps, fut deux ou trois foys en doute à qui demoureroit l'honneur, & voulant monter à cheual pour les aller secourir, entendit celuy, contre qui auoit affaire Broantin, tumber du hault de soy si lourdemét que son espée luy volà des poings d'vn costé & l'escu de l'autre: & quant à celuy de Liboran il ne faisoit plus que reculer & parer aux coups qui luy furent si bien redoublez qu'à la parfin perdant le sang de tous costez se trouua tant affoybly qu'il fut contraint se soustenir sur vn genoil. Ce que voyant Liboran luy sceut donner tel coup de pied contre l'estomach qu'il le renuoya le ventre dessus puis luy osta l'armet: & comme il luy escrioit qu'il se rendist, le Cheualier sans Repos s'aprocha, disant à Liboran qui le print à mercy à fin qu'on peust entendre de luy qui il estoit & ses compagnons aussi: mais la Dame ne pensant qu'à sa vengeance ne donna le loysir au pauure dyable de soy rendre: car cognoissant que c'estoit celuy qui l'auoit menacée de luy abatre la teste, tira vn petit cousteau qu'elle auoit dont elle luy donna quatre ou cinq coups en la gorge puis luy creua les deux yeux. O' Dieu, dist alors le Cheualier sans Repos, quel courage de femme, qui iamais l'eust pensée si cruelle, & s'aprochant d'elle luy dist. Vrayement ma Dame, ie suis marry que n'auez reserué cestuy cy vif, pour sçauoir qui l'auoit meu d'ainsi traiter vostre mary & vostre filz, mais ie pardonne à vostre colere que vous n'auez sceu contenir. Làs monsieur, respondit elle, le cas m'est à pardonner, car de tous les quatre ie ne craignois que cestuy cy qui a leué l'espée par trois ou quatre foys pour m'abatre la teste, mais s'il vous plaist, monsieur, vous le pourrez sçauoir des autres, car il me semble que i'en voy là deux qui ne sont encores mortz, & s'estans aprochez d'eux les trouuerent aux derniers souspirs, & l'autre pareillement que Broantin auoit abatu. Ce fait ilz descendirent les prisonniers & les deslierent, qui se mirent à genoux, remercians ceux qui les auoient deliurez, puis tous ensemble s'acheminerent en vn petit chasteau, distát de là d'enuiron deux lieuës lequel apartenoit au mary de la bonne Dame, ou ilz furent tresbien receuz & traitez ceste nuit apres que les playes de Broantin & Liboran furent apareillées par Licelie & vne bonne vieille iardiniere de leans qui cognoissoit fort bien la vertu des herbes.

L'HISTOIRE
Comme le Cheualier sans Repos
fut conduit par Broantin au palais de la sage Orbiconte: & du bon recueil qu'elle luy fit.

Chapitre XLI.

Oncques les Cheualiers, ayans bien reposé toute la nuit se leuerent aussi tost que la belle Aurore commença de chasser les tenebres de dessus la terre, & tandis que Liboran & Licelie faisoient preparer leurs cheuaux, le Cheualier sans Repos s'en alla pourmener aux iardins auec Broantin, auquel il fit entendre (cognoissant l'amytié qu'il luy portoit) l'ocasion & ce qu'il l'auoit fait acheminer en ce royaume loingtain, qui estoit l'amour de la belle infante Aquilée, de laquelle, dist il, ie suis si tresespris, pour le renom de sa grande beauté & vertu, qu'il m'est impossible de iamais en pouuoir aymer d'autre, & si vne foys ie puis acquerir sa bonne grace & celle du Roy son pere, ie me reputeray le plus heureux qu'oncques fut sur la terre: vray est(dont il me poyse) qu'elle est de loy contraire à la mienne, mais auec le temps ie l'y pourray bien faire condescendre. Sur ma foy, monsieur respondit Broantin, l'infante Aquilée est (ce croy)la plus acomplie en toutes perfections de beauté & bonne grace qu'il soit sus terre, & vous asseure que bien tost acquerrez son amour: car vous auez toutes les perfections qu'on sçauroit desirer en vn homme pour se faire aymer,& principalement des Dames:car s'il est question de richesse, vous estes filz de Roy comme elle voyre beaucoup

plus ri-

plus riche & fameux, si lon parle de beauté, vertu, & prouësse, ie ne m'en raporteray pas à moy seul, mais à vne infinité qui l'ont veu par experience. Le Cheualier sans Repos, oyant ainsi parler Broantin à son auantage, luy rompit le propos disant: Mon compagnon, ie vous prie laissons les louanges à Dieu, auquel elles apartiennent, & duquel vient tout ce que nous auons de bon en nous, seulement auisons par quel moyen elle pourra auoir cognoissance de moy & le Roy aussi, sans sçauoir d'ou ie suis. Seigneur, dist Broantin, i'ay bien bon acces au Roy, quant à luy ie me fais bien fort de vous mettre en sa bonne grace, & lors vous aurez bien le moyen de voir & parler à la Princesse: car elle est fort familiere & de facile acces: mais que vous ayez gaigné ce point il suffit, du reste ie vous en lairray faire entre vous deux: neantmoins, ie vous prometz bien & iure que si ie vous y puis faire du seruice d'auátage, ie m'y employeray de tout mon pouuoir iusques à la mort. Mon compagnon mon amy, dist le Cheualier sans Repos, ie te mercie de bien bon cueur, & te prometz recompenser, la bonne volunté que tu as en moy, & pour commencer ie te donne des à present la conté d'Orthon (qui est de mon bien patrimonial) quát tu te voudras retirer auecq' moy en Angleterre. Monseigneur, respondit Broantin, ie vous mercie treshumblement, ce sera quant il vous plaira: poursuyuons tandis vostre affaire enuers le Roy & ma dame Aquilée laquelle ie suis d'auis que nous allions trouuer en Aquilée ou est le Roy pour ceste heure, attendant le secours des Illyriens qu'il espere auoir dans dix-huit ou vingt iours au plus tard qui sera le temps que la bataille se donnera pres Baldine, & en nous en allant là ie vous monstreray vne des singularitez de tout ce païs: c'est le palais de ma dame Orbiconte la sage, le plus excellent & sumptueux que i'en vis oncques. Ie te prie mon grand amy, dist le Cheualier sans Repos, partons tout maintenant sans plus attendre: car i'ay tant ouy parler de ceste bonne Dame là, qu'il me desplairoit grandement de m'en retourner sans la voir ayant l'oportunité de ce faire, i'ay entendu qu'elle est aparentée du Roy. On tient icy, respondit Broantin qu'elle est sa seur bastarde. Sur ce propos entrerent es iardins le seigneur & la Dame du chasteau auec leur filz qui les prierent affectueusement de se rafraischir en ce lieu quelques iours & iusques à ce que les playes de Broantin & Liboran fussent bien gueries. Quant à moy dist Broantin ie ne sens playe sur moy qui m'empesche de porter le harnoys & de bien combatre s'il vient à point, & parce nous n'arresterons icy pour moy. Ie croy aussi, dist le Cheualier sans Repos que Liboran en est tout de mesme dót ie suis tresioyeux: à ce moyen nous prendrons congé de vous, dist il, au Seigneur & à la Dame du chasteau, bien ioyeux de vous reuoir en liberté. Helàs seigneur, dist la Dame, au Cheualier sans Repos, nous vous en sommes tenuz: car sans vostre secours, ie croy que iamais aultre n'y eust peu mettre remede: or puis qu'il ne vous plaist de seiourner icy plus longuement, auisez, seigneur, s'il y a chose ceans qu'il vous plaise, & nous
faites

L'HISTOIRE

faites ce bien de la prendre, non en recompense de ce ce qu'auez fait pour nous, car il seroit impossible le remunerer, mais en souuenance de nous qui demourrons à iamais voz humbles & obeïssans seruiteurs, le Cheualier sans Repos les remercia amiablement & ne voulut oncques rien prendre fors vn pot de conserue de roses qu'il donna en garde à Licelie. Ainsi ayans pris congé de ceux du chasteau, monterent à cheual & prindrent le chemin de Baldine à trauers des rochers & desertz tant pleins de grandz serpens & bestes cruelles, qu'ilz furent par plusieursfoys en danger d'estre deuorez d'icelles, mais leur grand cueur & prouësse les en garentit car ilz en mirét à mort plus d'vn cent en deux iours, au bout desquelz sortans d'vne forest descouurirét de bien loing, à main droite au mylieu d'vne plaine, le palays de la sage Orbiconte d'vne monstre la plus superbe & magnifique qu'il est possible à œil humain de voir ny penser : lors que le soleil donnoit contre les couuertures de ce bastiment, qui estoient toutes dorées de fin or, homme n'y pouuoit arrester la veuë dessus, & si le Cheualier sans Repos fut espris d'vne admiration grande voyant seulement la superficie de tel edifice, il le fut encores plus quant il en aprocha considerant la structure & des murs & des tours toutes de pierres estranges & exquises comme albastre, marbre blanc, gris, & noir, iaspe, porphyre, & autres pierres de toutes couleurs si bien mesl ées & sorties qu'il sembloit que ce fust chose peinte : il estoit enuironné tout à lentour de fossez de quatre vingt piedz de large à fond de cuue fort profondz & pauez par le dessouz de carreaulx de chascun quatre piedz en diamettre si blancs & tresluysans qu'on eust peu voir vne espingle au fond de l'eau viue & claire comme cristal, profunde toutesfoys bien d'enuiron douze piedz. Là, auant qu'entrer, demeurerent bonne espace les Cheualiers à contempler vne infinité d'oyseaulx acquatiques comme signes, canars, canones d'estranges sortes & plumages, qui s'esbanoyent & nourrissoyent leans leurs petitz, ces fossez aussi estoient peuplez de toute espece de poisson d'eau doulce les plus exquis & delicatz, comme de saumons, aloses, lamproyes, truites, brochetz, grosses carpes, perches, vandoyses, & vne multitude infinie d'escreuices en certains creux rempliz de fagotz de sermentz, os, & testes de cheuaux mortz, ou elles se nourrissoyent. Ayans bien contemplé à leur ayse toutes ces singularitez, & les petitz combatz des poissons, principalement des rauissans brochetz pour leurs proyes, ilz vindrent fraper à la porte qui leur fut incontinent ouuerte par le commandement de la sage Dame qui les auoit veuz de sa fenestre arriuer, auxquelz elle fit dire quelle reposoit & qu'ilz attendissent vn peu, & ce pendant qu'on establast leurs cheuaux : ce qui fut fait : puis s'arresterent à contempler la sumptuosité de l'edifice par le dedans qui les rendit plus esbahys que de chose qu'ilz eussent encor' veuë : Au mylieu de la court l'arge d'enuiró cent passées en quarré, & toute pauée de petis quarreaulx de Iaspe & Porphire, y auoit vne statue de Venus faite de fin albastre blanc au naturel qui rendoit

l'eau

PALLADIENNE.   Fueil. LXXVIII.

l'eau claire comme cristal par les deux mammelles & par le bout de son brandon qu'elle tenoit couché le long de son bras droit, & de l'autre son petit Cupido, ayant son arc, ses fleches & sa trousse, auec telle contenance qu'il sembloit que quelques petites goutes d'eau qui tôboyent sur luy, le faschassent beaucoup, & au bas y auoit vn grand bassin d'argent auquel tumboit l'eau & s'escouloit par dessouz terre dans les fossez. Laissans ceste fonteine entrerent souz les galleries larges de quinze grandz piedz & toutes lambrissées & dorées par dessus, tout au long d'vn des costez de ces galleries estoiét fort bien depeintes plusieurs histoires poeticques des plus recreatiues qui soient, comme le discord des troys Déesses, Pallas, Iuno, Venus, le iugement de Paris Alexandre, les amours & metamorphoses de plusieurs, le bancquet des Dieux ou la déesse Discorde se trouua. En vn autre costé les faitz du puissant Hercules, la destruction de la grand' Troye bien au long, le voyage des Argonantes. Plus auant le triumphe de Venus en son char trainé par Colombes, puis les amours de son filz Cupido & de Psiché. D'autre costé, les batailles de plusieurs Empereurs Romains, puis leurs triumphes en Rome, tant bien ordonnez qu'il sembloit voir à l'œil en ceste peinture tout ce qui s'estoit fait à la verité. Brief il y auoit tant de choses excellentes peintes en ces galleries qu'on ne s'y fust iamais ennuyé. Or tandis qu'ilz contentoyent leurs yeux & leurs espritz de toutes ces choses, la sage Orbiconte fit abiller ses trois filles belles en perfection, des habitz les plus riches & sumptueux qu'on sçauroit souhaiter, puis descendit auec elles souz les galleries ou estoit le Cheualier sans Repos, auquel faisant vne grande reuerence (& ses filles semblablement) dist. Seigneur Palladien, vous soyez le tresbien venu, il y a bien long temps que ie vous desire en ce lieu pour vous faire bonne chere & traitement tel que le meritez. Ah, ma Dame, respondit le Cheualier sans Repos, ie vous mercie treshumblement, il n'apartient pas que vostre grandeur s'abaisse de tant en mon endroit qui suis simple Cheualier errant. Non, non seigneur, dist elle, ne vous celez point, ie vous cognois & sçay qui vous estes entrons, entrons, ie vous veux monstrer ma maison, & ne craignez aucune chose, cóbien que soyez icy en vn païs estrange & loing de vostre terre car vous estes ceans en seureté, ma Dame, respondit il, ie ne le pense pas autrement : Ce disant entrerent en vne spacieuse salle toute tapissée & historiée de leur grand prophete Mahommet, tellement que vous y eussiez veu par personnages quasi tout l'Alchoran. Estans leans la sage Dame caressa Broantin, Licelie & Liboran qui faisoit encor' du muet, auquel elle dist, mon filz mon amy, parlez hardiment vostre langage, il n'y a point de danger, ie sçay bien que vous estes Liboran le bien auisé, qui auez auec l'ayde du capitaine Broantin, n'agueres recouru vn Gentilhomme & son filz d'entre les mains de quatre brigandz, qui ont porté la peine de leur meschanceté. Liboran, l'ayant ainsi parler cogneut bien qu'elle estoit deuineresse, ou auoit vn esprit familier qui luy auoit reuelé toutes ces choses

parquoy

parquoy ne ſe voulant celer parla à elle en Françoys & la remercia du bon recueil qu'elle luy faiſoit, veu que de ſa vie il ne luy auoit fait le moindre ſeruice du monde, mais diſt il, ma Dame vous vous pouuez aſſeurer d'auoir en moy vn ſeruiteur treshumble & affectionné. Ie cognoys le bon vouloir de vous tous en mon endroit, reſpondit Orbiconte, & pource ie vous veulx faire bonne chere ceans. Ce dit, elle les mena es chambres qui leur eſtoiēt preparées, toutes tapiſſées haut & bas de drap d'or & ſatin broché, excepté celle ou eſtoit le Cheualier ſans Repos, en laquelle eſtoit peint tout à l'entour l'adultere de Venus auec Mars, & comme le boyteux Vulcan les trouua & print ſur le fait, auec pluſieurs aultres hiſtoyres laciues peintes toutes au nud & ſi pres du naturel qu'il ſembloit ne reſter que la parolle aux perſonnages. Eſtans tous en leurs chambres elle laiſſa le Cheualier ſans Repos auec ſon Eſcuyer qui le deſarma, & ſe retira auec ſes filles en la ſienne, d'ou elle enuoya par deux de ſes Damoyſelles aux Cheualiers à chaſcun vn riche manteau & des Gentilzhommes pour les deſarmer & ſeruir: Et recogneut bien le Cheualier ſans Repos, celle qui luy auoit vne foys aporté l'eſcu en la foreſt, lors qu'il miſt à mort les ſix Cheualiers qui le luy vouloyent oſter à force, ainſi que nous auons dit par cy deuant. Apres doncques qu'ilz furent deſarmez & refraiſchiz elle les fit apeller en ſa chambre, ou elle leur bailla la colation de mille ſortes de confitures exquiſes, puis attendant le ſoupper les mena en ſon cabinet ou l'effigie de Mahommet eſtoit de fer tout doré de fin or, autant grand que le naturel, & ſuſpendue en l'ær entre deux pierres d'aymant, qui ont vertu d'attirer le fer à elles, par ainſi tirans ces pierres chaſcune à ſoy, l'effigie demouroit en l'ær ſans toucher à choſe du monde, & autour d'icelles douze ſtatues de ieunes pucelles ſonnans de toutes ſortes d'inſtrumens de muſicque dont ilz furent ſi treſrauiz qu'ilz penſoient proprement eſtre en paradis. Ayans eſté vne groſſe demye heure à iouïr de ceſte armonie, elle les mena dedans les iardins ou eſtoient les belles fonteines qui arroſoient vne infinité d'arbres & plantes odoriferantes & medecinalles dont elle faiſoit & compoſoit force huylles & vnguentz qu'elle bailloit & enuoyoit ſouuent aux Cheualiers errans qui auoient renom d'eſtre vertueux & vaillans principalement ceux qui maintenoient voluntiers l'honneur des Dames. Oultre ces plantes & herbes tant exquiſes qui y venoient la plus part par artifice, & qui y eſtoient aportées de pluſieurs contrées & païs eſtranges, il y auoit vne infinité de petitz cabinetz tous couuers d'arbres & arbriſſeaux qui retiennēt leur verdeur en toutes ſaiſons comme lauriers, cypres, houx, rommarins & aultres, ſouz leſquelz degoyſoient leur chanſonnettes & ramage mille oyſeletz de toutes couleurs. Ie laiſſe à parler des longs berceaux tous couuertz de roſiers muſcatz, groſeliers d'oultre mer, blancs & rouges, framboyſes & pommiers de paradis, ſemblablement des fleurs odoriferantes & des arbres fruitiers les plus rares & exquis de tout le monde comme orangers grenadiers, datiers, alberges, plantez partie par nature, &

re, & partie par artifice. Ce me seroit aussi chose trop prolixe de raconter toutes les sortes de bestes sauuages & estranges qu'elle leur alla monstrer dans son parc, ioignant du chasteau ou les belles fonteines murmuroient & ruisseloient tout au long comme au iardin, chose fort propre & que les bestes leans repairans desiroient fort. Là, sur le bord d'vne clere fonteine vmbragée de force beaux couldriers francs, & ieunes Ormeaulx, la sage Orbiconte s'assit au mylieu des trois Cheualiers, auxquelz (pendant que ses filles, s'amusoyent à faire des chapeaux & bouquetz des fleurs aportées des iardins, elle se print à raconter de la guerre denoncée entre le roy d'Aquilée son frere & le Roy de Pannonie & ses confederez, leur faisant entendre l'ocasion & motif d'icelle en la sorte & maniere que le gouuerneur d'Enna l'auoit raconté au Cheualier sans Repos, comme vous auez veu au chapitre precedant.

Comme la sage Orbiconte en-

chanta si bien le Cheualier sans Repos, quelle fit coucher ses filles auec luy, & de ce qui en auint.

Chapitre XLII.

Stant le sage Orbiconte dedans le parc sur le bord de la fontaine à deuiser auec les Cheualiers, vint son maistre d'hostel, luy dire qu'il auoit fait courrir pour soupper dans le iardin souz la verdure: parquoy s'en allerent mettre à table, & furent seruis en abondance de viandes les plus exquises & delicates qu'il est pessible à homme

O de sou-

L'HISTOIRE

de souhaiter, auec vn ordre & honesteté telle que les assistans s'en esmerueilloient, quasi autant que de la sumptuosité des viandes rares, & des vins plus frians de toutes sortes qui refraichissoient en grandz flacons d'argent dans la fonteine, qui estoit à l'vn des boutz de la table, là ne fut question que de propos ioyeux & de boyre frais tout le long du souper: durant lequel le Cheualier sans Repos ne se pouuoit pas contenir qu'il ne getast souuentesfoys sa veuë sur les filles d'Orbiconte qui estoyent (comme ie vous ay dit) fort belles & parées à l'auenant: ce que voyant la sage, en fut fort ioyeuse, & pource leur fit signe de le caresser & entretenir sur tous. Le souper finy & les graces renduës à leur mode, les musiciens & bandes des ioueurs d'instrumens qui n'auoient encor cessé, continuerét de sonner si melodieusement qu'vn chacun demouroit quasi rauy de grand plaisir. Or voulant Orbiconte executer vne chose qu'elle auoit de long temps en fantasie qui estoit de faire coucher le Cheualier sans Repos, auec ses filles, le pria (& les autres Cheualiers aussi) de les mener danser: ce pendant, dist elle, ie m'en voys iusques en mon cabinet choysir quelque liure pour me passer le temps: car mes danseries sont passées. Ainsi ayant tiré ses filles à part leur commanda sur leurs vies de ne refuser le Cheualier sans Repos de chose dont il les requist, iusques à luy ottroyer la iouyssance de leurs corps, dont elles ne furent vn seul brin marries, estans toutes trois en aage pour bien executer telle chose, auec ce que le Cheualier leur sembloit le plus beau gentil-hôme qu'elles eussent oncques veu. Elles se mirent doncques à danser auec les Cheualiers, & s'eschaufferent si bien qu'elles ne demandoient que d'estre assaillies, pour se laisser vaincre, comme leur auoit enchargé leur mere, laquelle ce pendant faisoit ses charmes & coniuratiós en la chábre ou deuoit coucher le Cheualier sans Repos. Ce qu'ayant fait s'en retourna au iardin auec vn petit liure en parchemin couuert de velous noir, & marmotant encores quelques paroles entre ses dentz. La nuyt venuë, & la collation prinse dans la grand salle, Broantin & Liboran furent menez en leurs chábres, par vne bonne vieille matrosne de Damoyselle & Escuyers pour les seruir: Et quát au Cheualier sans Repos, Orbicóte acompagnée de ses filles, le mena en la chábre qui luy estoit preparée, ou incontinent luy donna le bon soir à fin qu'il se mist priuément au lit: ce qu'il fit, & Licelie son Escuyer en vne garderobe aupres, lequel elle charma si bien qu'il ne se resueilla oncques qu'il ne fust le lendemain haulte heure. Or estant vn chacun retiré & bien endormy, elle retint en sa chambre vne de ses filles nómée Iunonie, à laquelle elle dist. Ma fille, pour ce que i'ay preueu & cogneu par mes artz & sciences occultes, que tous les enfans engendrez par ce ieune prince qui est ceans, doyuent estre les plus vaillans & vertueux de toute la terre, i'ay deliberé vous soumettre presentement à son plaisir & volunté, à fin qu'à l'aduenir vous puisiez estre mere d'vn qui vous maintiendra & deffendra contre tous, & pource deliberez vous & disposez de venir coucher aupres de luy, & vous gouuernez en son endroit

PALLADIENNE. Fueil. LXXX.

droit ny plus ny moins que si c'estoit vostre mary. Iunonie qui ne demandoit pas mieux, luy respondit, auec vne petite honte, qu'elle estoit toute preste d'obeïr à sa volunté. Lors Orbicôte l'ayant fait despouiller iusques à sa chemise & chargé sur ses espaules vn manteau de nuyt d'vn satin bleu, doublé d'vn veloux cramoysi à panne, print vn flambeau en son poing & la mena par la main en la chambre du Cheualier sans Repos, qui dormoit ia profondament & la fit coucher au long de luy toute nuë, puis sortant de la chambre les laissa ensemble, or ne fut elle pas plustost hors qu'il s'esueilla & en se tournant sentit ceste fille à son costé, dont il fut de prime face aucunement estonné: mais elle l'asseura disant: Comment monsieur vous estonnez vous pour trouuer vne fille qui vous ayme bien, couchée aupres de vous? & que des l'heure qu'elle vous a veu a esté frapée de vostre amour si viuement qu'elle n'a craint de vous venir presenter ce qu'elle a tousiours gardé le plus cher en ce monde, celà dit, elle le chatouilla, tasta & tenta de telle sorte que sans demander quoy ne combien, il se mist apres & si bien la traita toute la nuyt, qu'il la rendit au matin de belle fille, femme toute faite. O combien douce & plaisante leur fut ceste nuit, & cóbien leur despleut la venuë de la belle aurore, & principalement à Iunonie qui estoit contrainte de soy retirer & laisser la viande, quát plus l'apetit luy croissoit & y prenoit goust: mais quoy? il falloit obeïr à la mere & engarder qu'aucun ne s'aperceust de son affaire: Ainsi doncq' ayant baisé de grande affection mile & mile foys le Cheualier qui luy auoit apris vne ioute si plaisante, se retira tout quoyement en la chambre de sa mere qui la fit tresbien recoucher & dormir iusques à l'heure du disner. Le Cheualier d'autre costé (las du doux trauail de la nuyt) se rendormit iusques bien tard: & pensa asseurément à son reueil auoir songé tout ce qu'à bon escient il auoit fait à Iunonie, & pource il ne luy en fit ny monstra aucun semblant non plus qu'au parauant, ny elle aussi à luy lors qu'ilz se trouuerent tous au disner, mais ce ne fut pas assez: car la nuyt ensuyuant, elle ne faillit, par le commandemét de sa mere à retourner se coucher auec le Prince, qui ne la traita pas moins à son plaisir que la nuyt precedente. Le lendemain qui estoit le troisiesme iour, il pria Orbiconte de luy donner conge pour autant, dist il, ma dame que i'ay promis & desire fort de me trouuer à la bataille que le Roy doit donner de bref comme vous sçauez. Seigneur Palladien, respondit elle, il n'est pas encor temps que vous partiez d'icy pour cest affaire ie vous en aduertiray quát il sera de necessité & vous en reposez sur moy: ce pendant ie vous prie vous resiouyr & faire bonne chere ceans: car il n'y a rien qui ne soit à vostre commandement. Le Cheualier sans Repos, l'oyant ainsi parler ne luy sceut que respondre fors la remercier humblement, & qu'il croyroit son conseil. Or pour suyure le fil de nostre histoyre fault entendre que ce mesme soir la sage Orbiconte retint auec elle la seconde de ses filles nommée Palladie, à laquelle elle fit semblables remonstrances qu'à la premiere, & la fit coucher en la mesme sorte, auec le Cheualier

O ii   sans

fans Repos, qui ne fe monftra vn feul brin recreu ny pareffeux à luy monftrer le plaifant branle, par lequel on rend les filles femmes, tant cefte premiere nuyt comme à la feconde : car Orbiconte l'auoit enchanté de forte, que pour quelque effort qu'il fift auec les femmes il ne s'en trouuoit moins gay & deliberé non plus que s'il n'euft rien fait : d'auantage elle le traitoit de viandes miftionnées de certaines drogues qui aydoient beaucoup à fon affaire. Venu doncques le cinquiefme iour, elle voulut que la derniere & plus ieune, nommée Venerée, enduraft le choc aufsi bien que les autres : & pource eftant le Cheualier fans Repos endormy comme de couftume, elle mena cefte cy coucher aupres de luy, apres qu'elle luy eut remonftré le grand bien qu'il luy en auiendroit, laquelle ne fut non plus retiue que fes feurs (combien qu'elle fuft la plus ieune) ains elle fouftint les affaultz & amoureux combatz de fi bon cueur que, peu de temps apres, elle commença à perdre l'apetit & defirer viandes non acouftumées, & au bout de fix fepmaines fentit remuer les petitz piedz, & fes deux fœurs femblablemét à fçauoir Iunonie & Palladie, lefquelles à la fin des neuf moys acoucherent chacune d'vn beau filz, l'vn defquelz fut nómé Clarifée, l'autre Clarifart & l'autre Clarifant, que la fage Orbiconte affeuroit à vn chacun auoir efté engendrez diuinement en fes filles par vn ange enuoyé de leur Dieu : ce que lon croyoit pour autant qu'elle eftoit de tous eftimée prophetiffe & diuine. Ces trois enfans executerent en leur vie de grandz faitz d'armes & mirent à fin plufieurs belles auantures & enchantemens, comme nous dirons quelque foys cy apres. Ainfi donc fut traité le Cheualier fans Repos fept iours entiers à chef defquelz la fage Orbiconte fit vne figure, & cogneut que dans quatre iours apres le Roy fon frere deuoit donner la bataille : & pource vne aprefdinée fe promenant auec les Cheualiers adreffa fa parole au Cheualier fans Repos, & luy dift : Seigneur Palladian puis que vous auez fi bonne volunté de vous trouuer en la bataille que le Roy mon frere doit donner & qu'il a acordée au Roy de Pannonie, il eft maintenant téps de vous difpofer pour partir : car ie vous affeure que dans quatre iours d'icy elle fe donnera, dont ie ne fuis point marrye : car i'ay preueu qu'elle fera au grand detriment, perte, confufion & ruïne de noftre ennemy, & ce par voftre fecours & grande prouëffe, faites donc aprefter voftre cas pour partir demain du matin. Ma dame, refpondit le Cheualier fans Repos, fi c'eft voftre bon plaifir nous partirons des maintenant, nous pourrons encor auiourd'huy gaigner huyt ou dix lieuës. Non, dift elle, croyez moy, & me fuyuez, vous y arriuerez à heure : ce difant elles les mena en fon cabinet ou elle luy fit prefent d'vn harnoys vert tout complet, & à Broantin d'vn azuré & vn efcu ou il eftoit pourtrait, comme il fut deliuré d'entre les brigans par le Cheualier fans Repos. Et à Liboran aufsi elle donna vn harnoys incarnat & vn efcu ou il eftoit pourtrait en la maniere que le Cheualier fans Repos le trouua eftant pafteur. A vous feigneur Palladian, dift elle, ie ne donneray point d'efcu, pour autant que
le voftre

le voftre eft meilleur que pas vn que i'aye, ie diray qu'autre qui foit fur terre, excepté celuy qui eft à Londres deuant le palays de voftre pere qui eft referué à vn qui viendra bien toft en ce monde, duquel neantmoins ie ne cognois encor le pere ny la mere que ie fache, ny le lieu dont ilz font iffuz difant cela elle defcendit & les mena, atendant le fouper, proumener dans le parc auec fes trois filles que Palladian recogneut eftre celles dont il penfoit auoir fongé toutes les nuitz precedentes. S'eftans bonne piece proumenez leans & prins plaifir à contempler tant de beftes fauuages qui y repairoyent, la fage dame fit couurir aupres de la fonteine ou ilz fouperent auec autant ou plus de plaifir & delectation qu'ilz n'auoient encor fait: car vne multitude de cerfz, ieunes fans de biches, mercaffins, & autres beftes fauuages ne laiffoient pour eulx à venir boyre & fe rafraichir à la fonteine. Le fouper finy & les tables leuées, le Cheualier fans Repos print la fage Orbiconte par fouz le bras, & Broantin, Liboran & Licelie, les trois filles, auec lefquelles ilz deuiferent iufques à nuyt clofe. Ce que voyant le Cheualier fans Repos, dift à Orbiconte. Ma dame, à fin que demain matin nous n'interrompions voftre repos, nous prendrons des maintenant congé de vous s'il vous plaift, vous priant de ma part (en recompenfe du bon recueil & bonne chere que nous auez faite) me commander en quoy il vous plaift que ie m'employe pour voftre feruice, auquel ie demourray toute ma vie. Seigneur Palladian, refpondit Orbiconte, ie vous mercie de bien bon cueur, ie fçay que vous vous eftes tresbien acquité de ce que ie defiroys long temps a, de vous : Or partez des demain fi matin qu'il vous plaira, ie vous aduertiray fouuent de mes nouuelles & affaires, & fi vous fauoriferay & ayderay à mon pouuoir en tous lieux que vous ferez, & mefmes à conquefter & iouyr du bien qui vous eft deftiné, entendant de l'infante Aquilée. Ainfi print congé, de la fage Orbiconte, le Cheualier fans Repos & fes compagnons : & de ces filles pareillement, qui furent (chacune en fon endroit) bien marries de perdre fi toft vn tant bon & gracieux hofte. Ce fait tous furent conduitz en leurs chambres acouftumées, ou ilz repoferent tresbien iufques au lendemain matin, & par efpecial le Cheualier fans Repos, qui ne fongea cefte nuyt, ny fut vifité par l'efprit comme de couftume : fi eft-ce qu'il penfa longuement aux paroles que luy auoit dites la fage Orbiconte (prenant congé d'elle) à fçauoir qu'il s'eftoit tresbien acquité de ce qu'elle auoit de long temps defiré auoir de luy, & eut quelque foupçon qu'elle l'euft enchanté & fait auoir la compagnie de fes filles : mais ne pouuant ymaginer à quelle fin elle pourroit auoir fait cela, en ofta fa fantafie, & delibera ne s'en plus enquerir ne foucier.

L'HISTOIRE
De la cruelle bataille qui fut en-
tre les Roys d'Aquilée & Pannonie, ou le Cheualier sans Repos & Liboran se trouuerent, & des merueilleux faitz d'armes qu'ilz y executerent.

Chapitre   XLIII.

LE lendemain matin, estât les Cheualiers esueillez, monterent à cheual auec quelques Gentilzhommes à qui la sage dame Orbiconte auoit commandé de les acompagner iusques à Baldine, distante de là d'enuiron soixâte mile, qui valent trente lieuës Françoyses, ou Alamiden & Zorian enfans du Roy d'Aquilée auec les Ducz de Sclauonie & Liburnie, faisoient la reueuë de toute leur gendarmerie tant de pied que de cheual, & ne s'y estoit peu trouuer le Roy, ains estoit demouré malade en Aquilée auec la Royne & l'Infante. Or suyuant ce qui fut conclud au conseil, le prince Almidien eut la conduite de l'auangarde le duc de Sclauonie, & le prince Zorian de la bataille, & le duc de Liburnie de l'arrieregarde: & vne legion de Dalmatiens & Albanois sur les ælles auec leurs dardz & traitz en quoy ilz estoient expers alors sur toutes autres nations. D'autre part le Roy de Pannonie, son filz, & les Princes de Mysie, Dace, & duc de Dardanie ses confederez, auoient passé les monts Albans, & s'estoient campez au pied d'icelles à vne lieuë pres de Baldine, atendans le iour acordé pour donner la bataille, de laquelle le Roy luy mesmes estoit côducteur ayant tousiours aupres de soy vn Geant nommé Musimalde, grand oultre mesure & hardy à l'auenant, duquel seul il esperoit la victoire, ce Geant portoit ordinairement vne masse d'acier longue d'enuiron douze piedz & poysant vn quintal pour le moins. De son auangarde estoient conducteurs les princes de Mysie & de Dace, & de son arrieregarde le duc de Dardanie & deux mille Thraciens sur les ælles venuz à son secours. Tandis que ces deux Roys ordonnoyent ainsi de leurs gens. Le Cheualier sans Repos, Broantin, Liboran, & les Gentilzhommes d'Orbiconte, faisoient la plus grande diligence qu'il leur estoit possible pour se trouuer vn iour auant la bataille à fin d'eux presenter aux deux princes Aquileiens & faire ce qui leur plairoit commander, mais ilz n'y peurent arriuer que le iour mesmes (& à l'heure que les deux armées s'entrechoquoient) à cause que sur les chemins ilz eurent plusieurs combatz contre vn tas de volleurs & brigans tenans les passages qui deualisoyent & destroussoient ceux qui y alloient au camp, & mesmes le iour deuant que la bataille se donnast, eux n'estans qu'à trois petites lieuës de Baldine, & passans par vne forest fort vmbragée, furent enuironnez de

dixhuit

dixhuit ou vingt cheuaucheurs & quinze ou seize hommes de pied auec force dardz, iauelines, & demypicques, en intention de les mettre tous à mort s'ilz ne se rendoient. Ce que voyant le Cheualier sans Repos, & pensant que fussent ennemys du Roy qui se fussent là escartez de la troupe pour butiner, & voller les passans, dist à ceux de sa compagnie. Mes amys, ie cognois bien à la contenance de ces gens icy que sont ennemys ou volleurs, & pource soient vns ou autres, il nous fault mettre en deffense & iouër des cousteaux, autrement nous sommes tous perduz. A l'instant mist sa lance en l'arrest, Broantin, & Liboran pareillement, & sans tenir autre propos, donnerent à trauers les gens de cheual, trois desquelz ilz faillirent à mettre à mort de la premiere rencontre sans rompre leurs lances & ayans acheué leur carriere retournerent sur les autres qui les atendoient de pied coy ayans dóné charge à leurs hommes de pied de tuer leurs cheuaux en passant (car à peine pouuoient passer trois cheuaucheurs de front par le chemin ou ilz estoient) mais ilz furent bien deceuz de leur intention, pource que les trois Cheualiers retournerent sur eux de telle roydeur qu'à ceste seconde charge ilz en abatirent trois autres, & n'eurent le moyen ny loysir les pietons d'executer leur dessein, ioint que Licelie & les Gentilzhommes d'Orbiconte se mirent en deuoir d'autre costé de les offenser, tant y a que la meslée s'eschauffa si bien entre les Cheualiers & ces volleurs, que voyans les pietons leurs gens de cheual tous mortz ou ruez par terre, commencerent à perdre cueur & à fuyr les vns deça les autres delà à trauers la forest & parmy les halliers plus espais, ou le Cheualier sans Repos & les siens les poursuyuirent iusques quasi à la nuit close, tellement que de trente ou trentecinq voleurs qu'ilz estoient n'y en demeura pas quatre pour en porter les nouuelles aux autres. Mais de malheur, à la fin le Cheualier sans Repos poursuyuant vn de ces paillardz qui couroit & alloit du pied comme vn leürier, s'escarta si auant dedans le boys & Broantin d'aultre costé qu'il estoit plus de mynuit auant qu'ilz se peussent r'assembler, & qui fut encor' le pis pour eulx ilz se fouruoyerent bien de trois grandes lieuës: car pensans estre aux portes de Baldine sur le poinct du iour ilz s'en trouuerent bien à quatre lieuës pres la maison d'vn Gentilhomme qui estoit des deux iours deuant pour se trouuer à la bataille leans ilz firent repaistre leurs cheuaux qui estoient fort las, & quant à eux ilz reposerent vne bonne heure, puis remonterent à cheual, estimans bien arriuer assez à temps, pour se trouuer au commencement de la bataille, mais il fut aultrement car la claire aube du iour ne se fut plustost monstrée que les deux armées commencerent à marcher en bataille l'vne contre l'autre, & les cheuaux legers & escarmoucheurs à faire leur deuoir des deux costez, apres plusieurs harengnes & remonstrances faites par les chefz pour encourager leurs gens au combat, comme estoit & est encores la coustume de faire, qui souuentesfoys y sert de beaucoup. Les Aquileiés firent tant qu'ilz donnerent le soleil à la veuë de leurs ennemys, qui leur

O iiii   seruit

L'HISTOIRE

seruit beaucoup, car par ce moyen leur auangarde & la pluspart de la caualerie fut depuis deffaite: A ce premier hurt des gens de cheual fut fait vn cry tant d'vn costé que d'autre si grand & espouentable: meslé auec le son des trompettes, clairons, & tabourins, qu'on n'eust pas ouy Dieu tonner: vous eusiez veu incontinent par la plaine vne multitude de grandz cheuaulx, courans çà & là, les vns sans maistre, les autres les trainans penduz aux estriers à demy mortz, les vns clochoyent, les aultres (n'aürez de lances ou aultres bastons) tomboyent mortz sur le champ quant & quant leurs maistres qu'ilz auoient tirez hors de la foulle. Là le prince Almiden d'Aquilée se monstra vaillant sur tous les aultres, car estant rompu les premiers rangs des ennemys, il se fit faire telle place & entra si auant qu'il vint au combat main à main contre le Prince de Misie qu'il mist à mort: dequoy estant auerty tout sur le champ le roy de Pannonie (irrité le possible) fit auancer la bataille & mettre son grand dyable de Geant au front qui cõmença à s'escrimer de sorte, auec sa mace, qu'il n'y auoit homme tant de cheual que de pied, se rencontrant deuant luy, qu'il ne ruast par terre: & tellemẽt vous escarmoucha l'auantgarde Aquileienne qu'elle commençoit à bransler & diminuër bien fort, quand le Cheualier sans Repos & les siens arriuerent, lesquelz voyans la fortune mal baster du costé des Aquileiens donnerent à trauers leurs ennemys, desquelz ilz tuerent vne grande quantité auant que leurs lances fussent rompues, & fendirent maulgré tout effort, la presse: tant qu'ilz vindrent iusques au lieu ou estoit le Geant qui faisoit sur tous autres si belle boucherie d'Aquileiens. Ah paillard, luy dist le Cheualier sans Repos, ie te monstreray presentement que le droit & la iustice est plus forte que toute humaine force, ce disant se couurit de son bon escu & luy rua vn grãd coup sur le heaume qui ne porta que bien peu, ains tumbant sur l'espaulle luy fauça bien auant son harnoys, dequoy se voulant venger le Geant haussa la mace, dont il luy pensoit bailler sur la creste de l'armet, mais le Cheualier sans Repos para son bon escu, sur lequel le coup tomba sans y faire aucun dommage, vray est qu'il glissa sur le col de son cheual de telle roydeur qu'il luy fit entrer deux des pointes de la mace si auant que la pauure beste mourut entre les iambes de son maistre, lequel le sentant faillir souz luy se getta legerement sur piedz & couuert de son escu s'auança si pres du Geant qu'il eut le moyen de passer son espée à trauers du ventre de son cheual pendant que Broantin & Liboran l'amusoient: tost apres son cheual tumba mort entre ses iambes & comme il vouloit se descendre, le Cheualier sans Repos luy tint si bien l'estrier qu'il luy fit faire la gambade & le vous renuoya les piedz au hault, puis luy rua tant de coups & sur la teste, & sur le bras dont il tenoit la mace qu'il n'eut oncques le pouuoir de se releuer: ce que voyant le Cheualier sans Repos, il se getta si rudement sur son ventre qu'il luy fit quasi rendre l'ame & luy ayant arraché l'armet de la teste luy bailla trois ou quatre coups d'espée dans la gorge, & le vous laissa là remuër & despiter tous ter tous ces dieux, & faire son testament entre les piedz des cheuaulx. Ce fait il se retire auec les siens qui faisoient rage de combatre, & d'abatre ennemys, & tant en abatirent qu'ilz vindrent iusques au fort de la bataille, ou estoit le Roy de Pannonie, ou fut le grand meurdre & tuerie : car il auoit autour de sa personne cinq cens hommes d'elite (oultre le Geant Musimalde) de plusieurs nations, les plus robustes & puissans qu'on eust peu trouuer en ce temps là, s'ilz firent tresbien leur deuoir enuers leur Roy. les Aquileiens le firent encores mieulx de leur costé, & principalement le Cheualier sans Repos qui fut par deux foys remõté à cheual par le moyen de Broantin. La meslée dura bien vne grosse heure sans qu'on peult iuger de quel costé tumberoit le malheur. A la parfin ceux qui estoient sur les ælles du costé des Pannoniens, voyant leur Geant abatu & leur Roy quasi enuironné de tous costez des ennemys, gettans tous ensemble vn hault cry, rompirent leur ordre & se ruerent à trauers comme sangliers, de telle impetuosité & fureur qu'ilz firent branler leurs ennemis qui pensoient, veu leur grande huée) que ce fust quelque nouueau secours qui leur fust venu : mais cognoissans que non, & qu'ilz iouoyent à la desesperade, ilz reprindrent cueur & si bien les traiterent qu'ilz furent mis en route, commençans à gaigner le hault, les vns deçà, les autres de là, ce qu'entendant le Roy, fit tant qu'il se tira hors de la presse, & se sauua luy sixiesme par les montaignes, aydé & fauorisé d'vn vent qui fit esleuer la poussiere si espesse parmy la bataille qu'on ne se pouuoit quasi cognoistre l'vn l'autre, & de malheur le vent donnoit aux yeulx des Aquileiens qui fut cause que beaucoup d'entre eulx furent tuez ne voyans goutte pour la pouldre qui leur entroit dans la veuë : Quant au Cheualier sans Repos il entra si auant dans la presse tousiours chamaillant de tous costez, qu'il se trouua enuironné & abatu des ennemys qui le leuerent & prindrent prisonnier pensans tenir l'vn des Princes, ce qu'aperceuant Broantin (estant le vent apaisé & la poussiere cessée) piqua droit à ceux qui le tenoient (& debatoient ia entre eux à qui auroit sa rançon) à l'vn desquelz il donna si grand coup de mace qu'il le coucha à ses piedz, & les autres acoustra si bien en peu de drap, qui n'eurent depuis debat entre eulx à qui auroit sa rançon. Ainsi fut recoux le Cheualier sans Repos, & les parolles de la sage Orbiconte veritables lors qu'vn iour elle luy dist par sa Damoyselle qu'il sauueroit vn Cheualier de la mort, qui vne foys le tireroit d'vn grãd danger. Doncques le Cheualier sans Repos se voyant recoux saisit son bon escu & son espée, que luy auoit osté l'vn de ceux qui le menoient prisonnier (c'estoit celuy que Broantin abatit le premier) puis rentrant furieusement en la meslée chargea le reste des ennemys mieux que parauant aussi faisoient de leur part les deux Princes, & les ducz de Sclauonie & Liburnie lesquelz prindrent plusieurs grandz Seigneurs prisonniers entre lesquelz estoient les princes de Dace & de Dardanie : le duc de Misie y fut tué par les mains du prince Almiden & plusieurs autres. Les Panoniens,

niens, doncques furent si mal menez par les Aquileiens qu'ilz prindrent honteusement la fuytte, & si furent de si pres poursuyuis qu'on ne leur bailla le loysir d'eux retirer dans leur camp pour trousser & emmener leurs hardes & bagage. La retraite sonnée & commandement de cesser la tuerie, les Princes firent faire reueuë de leurs gens, dont il en fut trouué tant de mortz que de blessez enuiron trois mil six cens, de quarantecinq mile qu'ilz estoient, & des ennemys bien seize mile mortz & de prisonniers deux mile qui furent enuoyez, partie en Aquilée, & autres en d'autres villes & depuis mis à rançon. Ce fait on despouilla tous les mortz, & furent inhumez, mesmes le Geant, en cinq ou six grandes fosses, au lieu mesme ou la bataille fut donnée (à fin que leurs charongnes n'infectassent l'ær) excepté les personnages de nom du costé du Roy d'Aquilée, qui furent ambamez & portez à leurs parens pour les faire inhumer honorablement. Les autres furent portez à Baldine, ou ilz furent inhumez selon la coustume du païs, apres qu'vn fort eloquent Orateur les eut tous en general & particulier louez selon leurs vertuz & merites. Quant au Duc de Misie qui fut trouué entre les mortz on l'emporta, & fut gardé en la ville dans vn cercueil de plomb, & depuis racheté par les Misiés ses sugetz qui l'emporterent en son païs.

Du bon recueil que firent les princes Aquileiens & autres grands Seigneurs au Cheualier sans Repos & à Liboran, apres la bataille, de la recompense faite par les Princes aux Capitaines & Soldatz, & de la grand ioye que receurent, le Roy, la Royne & l'infante Aquilée sachans la deffaite des ennemys.

Chapitre XLIIII.

Ceste

PALLDIENNE.   Fueil. LXXXVIII.

Este desconfiture faite, comme auez entendu, Les deux princes d'Aquilée s'enquirent ou estoit le Cheualier aux armes vertes qui auoit mis à mort le Geant Musimalde & fait armes incroyables ainsi qu'eulx mesmes disoient auoir veu : mais personne ne leur en sceut dire nouuelles, & comme ilz le faisoyent chercher de tous costez, ilz le virent retourner de vers les montaignes, auec Broantin, Liboran & Licelie, amenans dix ou douze prisonniers quant & eulx qu'ilz auoyent poursuyuis iusques es montaignes s'y pensans sauuer & ou il leur sembloit auoir veu retirer le prince, filz du Roy de Pannonie, lequel le Cheualier sans Repos auoit bonne intention de le mettre à mort s'il l'eust peu atraper, pour l'amour qu'il portoit à l'infante Aquilée, ne voulant auoir vn si laid & mal gracieux amy, comme il auoit entendu que cestuy là estoit. Estans doncques de retour au lieu de la deffaite, Broantin s'auança le premier, & faisant vne grande reuerance aux Princes leur dist. Seigneurs voicy le Cheualier qui a mis a mort Musimalde & esté cause de la bataille gaignée : Incontinent les Princes vindrent embrasser & caresser le Cheualier sans Repos, le remercians treshumblement de s'estre mis en si grand danger pour soustenir leur droit, dequoy luy dirent ilz, le Roy & nous vous en serons tenuz toutes noz vies, & principalement l'infante nostre sœur, que ce gentil veau de Pannonie vouloit auoir par force en mariage. Seigneurs, respondit le Cheualier sans Repos, si la bataille a esté gaignée ç'a esté par le vouloir du tout puissant, lequel donne la victoire à qui il plaist & fault croire que c'est tousiours à ceux qui ont le droit & la raison de leur costé, parce, c'est à luy qu'il en fault rendre les louanges. Quant a moy, ie suis tresayse & me repute bien heureux de m'estre trouué en si bõ endroit pour faire seruice au Roy, & à vous messeigneurs qui estes renommez entre les plus vertueux & vaillans de la terre, ce que vous auez tresbien monstré par effet en ceste bataille, estans voz ennemis en trop plus grand nombre que vous. Or le tout puissant soit loué, dirent ilz, allons nous desarmer & faire visiter noz playes : car il est aysé à voir qu'il n'y en a pas vn de nous tous qu'il ne soit blecé. Ainsi, ayans commandé de mener les derniers prisonniers auec les autres, s'en allerent tous à la ville, ou ilz furent receuz en grande pompe & triomphe, faisans les tabourins, trompettes & clairons deuant eulx vn tel tónerre que c'estoit chose esmerueillable à ouyr. Estans arriuez à la maison de la ville & leurs playes apareillées (qui ne furét trouuées dangereuses) les Princes firent departir les despouilles & le butin entre les souldatz, & quant aux capitaines ilz leur firent de riches presens de ioyaux & vaisselle d'or & d'argent, & d'auantage leur departirent grand nombre de prisonniers, dont ilz eurent depuis grosse somme de deniers pour leur rançon. A vous Seigneurs, dirent les Princes au Cheualier sans Repos & à Liboran, nous ne donnerons rien, estimans que toute la despouille de noz ennemys ne suffiroit pour vostre recompense : mais nous
en lairrons

en lairrons faire au Roy noſtre pere, qui ſçaura mieux vous recompenſer que nous. Seigneurs, reſpondit le Cheualier ſans Repos, ie m'eſtimeray tresheureux & bien recompenſé, ſi ie puis faire ſeruice au Roy qui luy ſoit agreable, à vous auſsi, & à ma Dame voſtre ſœur que i'euſſe depeſchée de ſon bel amoureux, ſi ie l'euſſe peu atraper en ces montaignes comme i'eſperoys: mais ſon cheual a eu meilleures iambes que le mien pour grimper les chemins montueux. Tandis qu'ilz deuiſoyent ainſi ioyeuſement enſemble & que le bancquet s'apreſtoit, les Citoyens faiſoient par toute la ville feuz de ioye, & ſpecialement en dreſſerent vn plus grand que tous les autres au mylieu de la grand place deuãt l'hoſtel de la ville, danſans à leur mode & chantans force hymnes & cantiques à la louange de leurs Princes & du Cheualier ſans Repos, par qui la bataille auoit eſté gaignée. A l'heure meſmes les Princes depeſcherent vn courrier par deuers le Roy, qui eſtoit pour lors en Aquilée, auquel ilz reſcriuirent amplement, comme ilz auoient gaigné la bataille, & par le moyen & ſecours d'vn Cheualier que le capitaine Broantin auoit amené auec luy, lequel ilz eſperoyent mener de bref à ſa mageſté. Le Roy ſachant ces bonnes nouuelles fut ſi ioyeux, qu'il ſe leua du lit ou il giſoit malade d'vne fieüre tierce, à telle heure que la fieüre le laiſſa & ne le reprint oncques puis. Incontinent il enuoya querir la Royne & l'infante Aquilée ſa fille, auſquelles il fit lire les lettres des Princes: ſi elles en furent ioyeuſes vous le pouuez penſer, & par eſpecial l'Infante qui euſt beaucoup mieux aymé que le prince de Pannonie, qui la vouloit auoir à force, euſt tenu la place du Duc de Miſie qui fut tué en la bataille, ou bien qu'il luy euſt tenu compagnie. Or le Roy interrogea le courrier, d'ou & quel homme eſtoit ce gentil Cheualier qui auoit fait tant d'armes. Sire, reſpondit il, ie ne ſçay d'ou il eſt: mais ie vous puis bien aſſeurer qu'il eſt l'vn des plus beaux Gentilzhommes que ie vy de ma vie, & eſt le bruit entre tous voz Capitaines que ſans ſa venuë, auec Broantin & trois ou quatre autres, la bataille eſtoit aſſeurément perduë pour vous: car ayant voſtre auantgarde rompu & mis en route celle de voſtre ennemy, le Geant Muſimalde ſe miſt en la preſſe de telle furie & force, qu'il ne rencontroit rien qu'il n'abatiſt & gens & cheuaulx, tellement que penſans tous voz gens, que ce fuſt quelque Dieu qui euſt prins forme humaine, ilz commençoyent à branler & reculer, quant ce Cheualier icy arriua, lequel voyant la fortune ſi mal dire aux voſtres, ſe fourra à trauers la bataille luy troiſieſme (à ſauoir Broantin & vn autre) & fit tant par ſa proueſſe & magnanimité qu'il ſe vint ioindre au Geãt & le combatit main à main, ſi bien que luy ayant tué ſon cheual entre les iambes il tomba par terre, ou il le chaſtia ſi bien qu'il n'en releua oncques puis. Ce ne fut pas tout ſire: car apres celà, le Roy de Pannonie (qui eſtoit en la bataille) voyant ceſte lourde maſſe de chair abatuë, deuint quaſi tout forcené d'ire & de collere, au moyen dequoy, il s'auança luy meſmes, le Prince ſon filz qui eſtoit aupres de luy, & cinq cens hommes d'elite qu'il auoit pour ſa garde, & ſe ruerent ſur rent sur les voſtres de ſi grand courage, qu'il ſembloit que tous fuſſent enragez: mais leur collere fut en vne demye heure bien abaiſſée: car voyans voz gens la prouëſſe & magnanimité incroyable de ſe Cheualier & de ſon compagnon, ilz prindrent ſi grand cueur & ſi bien les ſeconderent, qu'ilz mirent le Roy & les ſiens tous en route, & n'euſt eſté vn grand vent qui eſleua la pouſsiere ſi eſpeſſe parmy la meſlée, il n'y a point de doute que le Roy & ſon filz euſſent eſté prins ou occis: mais de malheur, le vent donnoit à la veuë de voz gens, qui demourerent là bonne eſpace ne ſe pouuans recognoiſtre, & ce pendant les autres s'eſcarterent & gaignerent le hault par les montaignes & deſtroitz, ou ce Cheualier & ſes compagnons les pourſuyuirent ſi vigoureuſement qu'ilz y en tuerent plus de trente, & en ramenerent priſonniers douze ou quinze. Pour concluſion, Sire, ie ne puis penſer que noſtre grand Prophete ne vous ayt enuoyé ce perſonnage, veu les grandz faitz d'armes qu'il a executez, ſans eſtre bleſſé que bien peu, ny meſsieurs les Princes auſsi. Le bon Roy fut ſi treſayſe, ayant entendu par le courrier comme le tout s'eſtoit porté, qu'il luy fit preſent d'vne cheſne d'or peſant deux cens eſcus, iurant ſon grand Dieu que s'il pouuoit vne foys tenir le Cheualier ſans Repos, qu'il luy feroit tant bon recueil, & le traiteroit ſi bien qu'il ne ſe repentiroit point de luy auoir fait du ſeruice. Lors ayant fait faire commandement aux Citoyens d'Aquilée de faire feuz de ioye, & ſe reſiouyr publiquement, depeſcha courriers par toutes ſes terres & ſeigneuries pour en faire le ſemblable, & rendre graces aux dieux de la victoire qu'ilz luy auoient donnée. L'infante Aquilée, ayant ouy le courrier ſi hault louer & la beauté & la prouëſſe du Cheualier ſans Repos, ſe ſentit incontinent eſpoinçonnée de ſon amour, & des l'heure deſira fort le retour de ſes freres, à fin qu'elle le peuſt voir à ſon plaiſir, & ſi de ſa part elle deſiroit ſa venuë, penſez qu'il tardoit encores plus au Cheualier ſans Repos qu'il la viſt. Or ce iour paſſé en tous plaiſirs & paſſetemps dans Aquilée, le Roy fit le lendemain faire commādement à tous les eſtatz de ſoy preparer pour aller au deuant des Princes ſes enfans & du Cheualier, luy faiſant honneur comme à luy meſmes, le iour qu'ilz arriueroient: à quoy ilz ſe diſpoſerent de bien bon cueur, & en firent leur deuoir, comme nous verrons.

De l'arriuée des princes Aquileiens

du Cheualier ſans Repos & autres en la cité d'Aquilée: & du bon recueil qui leur fut fait tant, du Roy, la Royne, de l'Infante que des Citoyens.

Chapitre　　　XLV.

ES deux princes d'Aquilée, le Cheualier sans Repos, & autres Seigneurs blessez, se tindrét à Baldine cinq iours entiers apres la bataille, atendans que leurs playes fussent hors de danger, & qu'ilz peussent endurer le trauail des cheuaulx. Le sixiesme iour ensuyuant, tous partirent de Baldine & tindrent le chemin d'Aquilée, sur lequel ilz trouuerent plusieurs soldatz Aquileiens s'en retournans en leurs maisons, les vns malades, autres naürez, à tous lesquelz les Princes firent distribuer bonne somme d'argent, & specialement à ceux qui estoient mariez & auoient laissé leurs femmes & enfans pour venir au seruice du Roy. Quant au Cheualier sans Repos, il fit visiter par son escuyer Licelie les playes de plusieurs, & y apliquer de l'onguent que luy auoit baillé la sage Orbiconte au departir de sa maison, dont ilz estoyent gueris incontinent. Ainsi dócques cheuaucherent deux iournées sans trouuer aucun destourbier, à la troisiesme vindrét disner à deux lieuës d'Aquilée, dequoy estant auerty le Roy, le fit sçauoir aux gouuerneurs de la ville, qui monterent à cheual, & s'en alleret au deuant les receuoir à vne petite lieuë de là: Aprochans de la ville enuiron deux traitz d'arc, ilz trouuerent le populaire en grandes troupes & compagnies qui leur alloient au deuant, tant estoyent desireux de veoir leurs Princes, & le vaillant Cheualier dont il estoit si grand bruyt. A la porte de la ville luy furent faites plusieurs harangues, & congratulations pour sa bien venuë: toutes les rues estoient tapissées & si pleines de peuple iusques au palays, qu'ó ne s'y pouuoit quasi tourner, tout le monde se resiouyssoit, iusques aux petis enfans, getans cris & auec aclamations de ioye & de liesse, pour la bien venuë du nouueau Cheualier, auquel le Roy (encor tout debile à cause de sa maladie passée) fit tant d'honneur

neur qu'il le vint receuoir à l'entrée de son palays auec les Princes & grans Seigneurs qui estoient demourez pour luy tenir compagnie durant sa maladie, les deux Princes ses enfans luy baiserent les mains, comme estoit la coustume en signe d'obeïssance, ce que voulant faire le Cheualier sans Repos, le Roy ne luy voulut permettre, ains l'embrassant amyablemét, comme s'il eust esté Roy comme luy ou aussi grand Seigneur. Gentil Cheualier, luy dist il, vous soyez le tresbien venu en vostre maison, vrayement i'ay tant ouy renommer vostre vertu & prouësse, que ie n'euz de ma vie plus grád desir de chose, que i'ay eu de vous cognoistre pour vous remercier & recópenser à mon possible du seruice que m'auez fait en ceste mienne guerre, y hazardant vostre personne sans m'auoir iamais veu ne receu de moy le moindre bien ou faueur du monde. Sire (respondit le Cheualier sans Repos, ie me sens grandement fauorisé de vostre magesté, qui daignez me receuoir tant humainement en vostre Royaume, moy qui suis simple Cheualier errant, & prest neantmoins à m'employer iusques au mourir pour vostre seruice. A a mon filz, dist le bon Roy, ie vous mercie de bien bon cueur, vous vous y estes desia tant employé (& non point en vain) qu'il me seroit impossible de vous en donner recompense condigne: toutesfoys si ie ne la puis par effect, vous l'aurez de bonne affection & volonté qui ne me mancquera iamais en vostre endroit, quelque part que soyez, ce pendant auisez qu'il vous plaist de moy. Autre chose sire, respondit le Cheualier sans Repos, que vostre bonne grace. Helàs mon amy (dist le Roy) ie voudrois qu'il pleust au grand Dieu que ie fusse autant en la bonne grace de ceux qui se sont declarez à tort mes ennemys, comme vous estes en la mienne. Ce disant il le print par la main d'vn costé, & Almiden son filz aisné de l'autre & monterent en la grande salle du palays, ou ilz furent courtoysement receuz & caressez de la Royne, de l'Infante, & des Dames, qui toutes s'estoient acoustrées ce iour à l'auantage pour ceste bien venuë, & specialement l'infante Aquilée, qui reluysoit & aparoissoit entre toutes les autres, cóme vn gros flambeau entre petites chandelles. Les grandes reuerences & bien venuës faites de costé & d'autre, les Cheualiers furent conduitz en leurs chambres pour soy refraichir & changer d'habitz, pendant que le festin s'apareilloit: & là pensant le Cheualier sans Repos à la supernaturelle beauté de l'Infante, demoura si hors de soy que Licelie son Escuyer le deshabilla entierement, & luy vestit d'autres acoustremens sans qu'il y pensast ny s'en aperceust, iusques à ce que le prince Zorian qui estoit le plus ieune, le vint auertir pour le mener au souper & que le Roy estoit prest de se mettre à table. Ainsi doncques s'en allerent en la sale, ou estoit le prince Almidan racontant au Roy & aux Dames les merueilleuses prouësses & vaillantises qu'il auoit veu faire au Cheualier sans Repos lequel (de bon heur) le Roy fit soir aupres de luy & tout vis à vis de l'Infante qui ne demandoit pas mieux que de se trouuer en si bon endroit, pour contempler à son ayse celuy qui auoit desia gaigné tel-

P ii   le part

le part en son cueur qu'oncques puis n'eut desir ny volunté d'en faire autre que luy maistre ny iouyssant, comme nous verrons cy apres, durant le souper ces deux amans ne se repeurent quasi d'autre viande que de se regarder & contempler l'vn l'autre: car les affections amoureuses dont leurs tendres cueurs estoient attains, leur allienoit tellement les espritz qu'ilz en oublioyent le boire & le manger. Le souper finy, ou ne fut parlé que de choses ioyeuses & recreatiues. Le bal commença ou se getterent quelques ieunes Gentilzhommes du Roy & de la Royne, qui n'auoyent esté en la bataille: & ce pendant l'infante Aquilée, qui auoit veu l'amyable recueil que le Roy auoit fait au Cheualier sansRepos, eut bien la hardiesse de s'aprocher de luy, auquel (l'ayant modestement salué) elle dist de bonne grace. Or ça seigneur Cheualier, à ce que i'ay entendu, le Roy & tous nous autres aussi, sommes grandement tenuz à vous, pour vous estre tellement employé en la bataille que noz ennemys ont eu du pire. Le Cheualier sans Repos, d'vne voix tremblante & mal asseurée, luy respondit. Ma dame, il peult estre que quant ie ne m'y susse trouué il leur en fust aduenu tout ainsi, & pource ie ne merite pas en emporter la gloire. Certainement seigneur, dist l'infante vous me pardonnerez, s'il vous plaist : car i'ay ouy asseurer pour verité que, sans vous, la bataille s'en alloit perduë pour nous: mais ie vous suplye dites moy d'ou vous est venuë ceste bonne volonté de nous venir secourir en tel affaire, & dy employer ainsi volontairement & de bon cueur vostre vie. Ma dame, respondit il, vous auez de long temps tellement gaigné sur moy, & tant de puissance en mon endroit que ie ne vouldroys pour mourir vous celer ny deguiser la verité en aucune maniere : sachez donc, ma Dame, & tenez pour certain qu'autre chose ne m'a accóduit ny incité à venir secourir le Roy vostre pere en ceste guerre, que vostre amour, beauté & bonne grace lesquelles i'ay ouy renómer par tout, exceder (comme la verité est) toutes autres de la terre : En bonne foy Seigneur, dist elle, il y a bien peu en moy de tát de vertuz que vous dites: mais (soit ainsi qu'il vous plaira) il ny a ame qui plus soit tenuë à vous remercier que moy: car ie croy asseurement que si la bataille eust esté perduë pour le Roy, il m'eust fallu malgré moy, pour refaire la paix, suyure vn homme le plus laid, le plus meschant & de la plus mauuaise grace du monde à qui i'ay esté refusée en mariage, & voylà le motif & l'ocasion de la guerre d'entre le Roy mon pere & le Roy de Pannonie. Ma dame, respondit le Cheualier, i'en ay entendu tout le pourquoy, par le gouuerneur d'Enna, & par ma dame Orbiconte qui m'a fort humainement receu & traité en sa maison auec ma compagnie. Or ma Dame, si en celà ie vous ay fait seruice ie le tiés pour tresbien employé, & me repute tresheureux d'auoir rópu le dessein de ce Prince tant cótraire aux vertuz & perfections qui vous acompagnent: certainemét c'estoit trop mal choisi à luy, il deuoit chercher son semblable. Helàs monsieur, dist elle, vous parlez à la verité : toutesfois cóbien qu'il soit laid & difforme ie ne l'eusse refusé, s'il eust esté vertueux & honeste, car

car les dons de l'esprit doyuent estre preferez aux dons de nature : mais il n'en a ny de l'vn ny de l'autre. Et comme elle vouloit poursuyure son propos, le Roy se leua de sa chaire, disant tout hault : c'est assez, c'est assez dansé il fault laisser aller reposer les Cheualiers : car ie croy qu'ilz en ont bon besoing. Lors la Princesse, gettant vn profond souspir, fit vne grande reuerence, & donna le bon soir au Cheualier sans Repos, lequel luy ayant par grande affection baisé ses blanches mains suyuit le Roy, auec tous les autres, iusques en sa chambre : puis le bon soir donné fut conduyt en la sienne par les deux Princes, qui l'aymoient tous deux comme s'il eust esté leur frere ou proche parent & principalement Zorian, le plus ieune qui, de ce iour, delibera le suyure quant il partiroit de la court pour chercher auec luy les auantures à la mode des Cheualiers errans. Or comme chacun se retiroit de la salle, l'Infante apella Broantin & s'enquist de luy, qui, & d'ou estoit le Cheualier sans Repos. Ma dame, ie ne vous puis pour l'heure satisfaire à cela (respondit Broantin) mais bien vous asseureray-ie (suyuant ce que i'en ay entendu de ma Dame Orbiconte) qu'il est de Royalle lignée, & quant à moy, ie luy suis tenu de ma vie : car vn iour estant encor' Cheualier errant, ie me trouué surpris & chargé de six qui m'eussent indubitablement mis à mort sans son secours, & me semble que ce fut en la terre de Dace : En bonne foy, dist la Princesse, il me semble, à la verité, estre extrait de hault lieu, quoy qu'il en soit, il a esté fort bien nourry & instruit : mais sçauez vous point qui la meu de s'acheminer en ce païs auecq' si petite compagnie, & se mettre en si grand deuoir pour deffendre vne querelle qui ne luy touchoit en rien. l'entendz ma dame (respondit Broantin) que ce a esté vne Damoyselle qui est renommée la plus belle de toute la terre : L'infante commença lors vn peu à rougir & luy souuint soudain que les paroles de Broantin, acordoient à celles qu'elle auoit entenduës du Cheualier sans Repos, qui augmenta fort l'amoureuse flamme ia fort esprise en son cueur : ce que cogneut bien Broantin, combien qu'elle la dissimulast au mieux qu'il luy estoit possible. Et sur ce propos se retira en sa chambre : & Broantin alla trouuer le Cheualier sans Repos, prest à se mettre dans le lit, auquel il recita le propos que luy auoit tenu l'Infante, par lequel il s'estoit bien aperceu qu'elle luy portoit affection, & pource monsieur (dist il) ne demourez en si beau chemin ; mais poursuyuez vostre affaire & ie vous prometz qu'en viendrez à la fin que desirez. Si le Cheualier sans Repos fut bien ayse de telles nouuelles, & s'il fit bon recueil à Broantin, vous le pouuez penser. Tant y a que deslors, ayant cogneu le doulx & gracieux recueil que l'Infante luy auoit fait & se confiant aux paroles d'Orbiconte, il se persuada que son affaire se porteroit bien, & en tel pensement s'endormit iusques au landemain matin.

L'HISTOIRE
Comme Sulberne, surnommé le

le braue, cousin du geant Musimalde, enuoya requerir saufconduit au Roy d'Aquilée, pour demander le combat contre le Cheualier sans Repos, qui luy fut ottroyé, & de la fin d'iceluy.

Chapitre   **XLVI.**

L E iour venu, les deux princes Aquileiens, le Cheualier sans Repos & autres s'en allerent tous au leuer du Roy, lequel auoit commandé des le soir à ses veneurs, de tendre les toyles en la prochaine forest pour y prendre le plaisir de la beste rousse & du vaultroy, dont ceste contrée est fort abondante: Et quant le Roy, les Seigneurs & les Dames furent prestes de monter à cheual pour aller disner ou se faisoit l'assemblée pres de la forest, arriua vn Escuyer tenát vn geste & maintien si superbe, qu'il ne daigna saluer ny Seigneur ny Dame qui fust: non pas mesmes le Roy, sinon d'vne façon plus orgueilleuse que modeste, auquel il dist fierement. Le braue Sulberne, mon Seigneur & maistre m'enuoye par deuers ta magesté, pour prier icelle luy donner vn saufconduit de trois iours seulement, durant lesquelz il pourra auoir le moyen d'acuser deuant toy, de grande lascheté & presumption vn Cheualier qui est maintenant en ta court, & iceluy combatre en camp clos s'il est tant hardy d'accepter le combat, & il te plaist de l'ottroyer. Le Roy & tous ceux de sa court qui estoient là presens, furent bien estonnez d'ouyr en ceste sorte parler cest Escuyer, & ne pouuoyent penser qui estoit ce Cheualier

que lon

que lon vouloit ainſi charger de grande laſcheté : neantmoins, le Roy ayant vn peu penſé en ſoymeſme à la reſponſe qu'il feroit, luy diſt : Mon amy, ie cognoys ton maiſtre & ſçay qu'il eſt amy de mon ennemy, & par ce moyen le mien : toutesfoys i'ay ſi grand deſir de cognoiſtre ce Cheualier tant laſche & preſumptueux qu'il dit eſtre en ma court, que ie luy bail le volontiers ſaufconduit : & pour-ce dy luy qu'il vienne hardiment auiourd'huy ſur le ſouper au retour de la chaſſe, & que ie l'orray & feray faire toute raiſon, auſſi bien que s'il eſtoit de mes amys. L'eſcuyer ouye la reſponſe du Roy, s'en retourna incontinent à ſon maiſtre qui l'atendoit à vn coing d'vne foreſt qui n'eſtoit qu'à demye lieuë de la ville. Ce pendant le Roy & ſa compagnie s'en allerent à l'aſſemblée diſner, puis entrerent dans le boys, ou ilz eurent le paſſetemps de pluſieurs beſtes ſauuages, tant dans les toyles que dehors. La chaſſe finie, tous reprindrent le chemin de la ville, ou ilz ne furent pas pluſtoſt arriuez & deſcenduz au palays, que Sulberne (qui les auoit veuz retourner) entra acompagné ſeulement d'vn Eſcuyer, & s'eſtant fait conduire en la grand' ſale, recogneut incontinent le Roy (auquel ayant fait la reuerence, non d'vne gayeté de cueur : mais par maniere d'acquit) il diſt deuant tous ces Princes & Gentilzhommes. Ie ſuis auerty ſire, que vous auez maintenant en voſtre court vn homme qui ſe fait nommer le Cheualier ſans Repos, lequel ſe vante par tout d'auoir mis à mort vaillamment & de bonne lutte feu mon couſin Muſimalde le iour de la bataille : ce qui eſt faulx & luy maintiendray qu'il a menty par ſa gorge, & que au cõtraire, tant s'en fault que c'ayt eſté luy ſeul, qu'ilz eſtoit plus de ſoixante : & d'auantage, la faute que luy fit ſon cheual treſbuchant ſur luy, fut cauſe de ſa mort & non point la proueſſe ny vaillantiſe du glorieux qui s'en eſt vanté, lequel n'a force ny hardieſſe qu'aux dentz & à la langue. Le Roy, ſe ſouriant du propos de Sulberne & du combat qu'il demandoit, ſi mal fondé & ſouz ſi peu de raiſon, luy reſpondit. Si tu ne m'allegues autres raiſons pour fonder le combat que tu demandes ie n'ay pas deliberé de te l'ottroyer : car, ſoit que le Cheualier qui tua ton couſin s'en vente ou non, ie n'y trouue point d'offenſe, neantmoins i'ay entendu (& le croy veritablement) que ç'a eſté celuy que tu as nommé, dont ie luy ſçay bon gré & l'en aymeray toute ma vie. Le Cheualier ſans Repos irrité le poſſible des paroles trop iniurieuſes de Sulberne, s'aprochant du Roy luy fit vne grande reuerence, puis luy diſt. Sire ie vous mercie treshumblement de l'amour & faueur qu'il vous plaiſt me porter, ſans l'auoir encor' merité : mais ie vous ſuplie en recompenſe des ſeruices que i'ay deliberé, & prometz vous faire, m'ottroyer le combat contre ce braue icy, qui a controuué tout ce qu'il a dit pour auoir ocaſion de s'attacher à moy. Sulberne, le voyant ſi ieune, n'atendit pas que le Roy luy reſpondiſt, ains print la parole & craignant que le combat ne leur fuſt ottroyé pour n'y auoir raiſon ſuffiſante, s'auiſa de l'acuſer de trahiſon. Ha meſchant, luy diſt il lors, ie te recognois à ceſte heure pour vn trahiſtre, c'eſt

P iiii   toy

L'HISTOIRE

toy fans autre que i'ay veu bien trois moys en la court du roy de Pannonie & à sa soulte, & maintenant tu las laissé. Lors le Cheualier sans Repos, sire dist il, il en a meschamment & faulcement menty, ie suis asseuré qu'il ne me vid oncques qu'à ceste heure, ny moy luy: parquoy, sire, il vous plaira m'octroyer le combat contre luy: autrement ie l'iray combatre hors de vostre Royaume, & veux que me faciez oster la teste si ie ne vous aporte la sienne: car ie me fie tant en mon bon droit & innocence que ie ne fauldray à le faire mourir, fust il encor six fois plus grand & lourd qu'il n'est. Le Roy voyant le grand cueur du Cheualier sans Repos, luy accorda le combat au lendemain, craignant qu'il ne s'absentast de sa court pour aller combatre l'autre hors son royaume. Les iuges doncques acordez par les deux parties, & les bastons pour combatre (à sçauoir à la lance & a l'espée) & le lieu designé, Sulberne s'en retourna bien ioyeux hors la ville ou il s'estoit logé, & le Roy auec sa compagnie s'en allerent mettre à table. Ce pendant les iuges firent dresser & clorre le camp de palis, dans vne plaine tout aupres de la ville, auec eschaffaulx pour le Roy & les Dames, qui ne firent oncques bonne chere tout durant le souper ny le reste du iour, pour la crainte qu'ilz auoient que la fortune ne dist mal au Cheualier sans Repos, qui ne s'en estonna ne peu ne point, ains apres le souper (auant que soy retirer en son logis, à fin donner ordre à son harnois & equipage pour le lendemain) il deuisa bien longuement de ses amours auec la belle Aquilée, qui ne se pouuoit tenir de souspirer & larmoyer tant craignoit, que mal auint à son amy, auquel elle donna pour faueur vne petite chesne d'or esmaillée de blanc & incarnat, qu'elle portoit ordinairement à son col. Ayant doncques donné le bon soir à toute la compagnie, se retira en sa chambre ou il auisa s'il falloit rien à son harnoys, puis se mist en priere & oraison vne bonne partie de la nuyt, priant le tout puissant qui donne les victoires à qui il luy plaist le vouloir ayder à maintenir son bon droit, & monstrer son innocence: L'infante Aquilée n'en fit pas moins de son costé, ny la plus-part des Dames, à tous leurs Dieux & déesses. Au contraire, Sulberne s'estant retiré en son logis, ne fit quasi toute la nuyt que boire & gourmander auec quatre ou cinq Gentilzhommes qu'il auoit amenez auec luy, pour sa compagnie: & se sentant ia victorieux pour certain, deuisoit qu'il feroit de la teste du Cheualier sans Repos, quant il luy auroit tranchée, l'vn luy conseilloit de faire allumer vn feu au mylieu du camp, & là la brusler: L'autre qu'il la deuoit porter au Roy de Pannonie, pour le consoler de sa bataille perduë, & que pour cela luy feroit vn bon present: bref chacun d'eulx en deuisoit selon sa fantasie: mais il auint bien le lendemain autrement qu'ilz ne pensoient comme vous entendrez. Tous les Citoyens sceurent des le soir le combat acordé entre le Cheualier sans Repos & le geant Sulberne, dont il ny en eut pas vn qui n'en fust fort desplaisant pour la difference des deux: car l'vn estoit grãd & puissant outre mesure & l'autre de corpulence & stature moyenne, ieune & bien formé né-

antmoins:

antmoins : parquoy s'eſtans quaſi tous aſſemblez le matin dans leur temple firent prieres à leurs Dieux pour le ieune Cheualier qui auoit eſté cauſe que leur Roy auoit gaigné la bataille. Ce fait ilz ſe rengerent es rues depuis le Palays iuſques au lieu ou eſtoit dreſſé le camp, pour voir ſortir le Cheualier, en la chambre duquel le Roy s'en alla le matin, auec bonne compagnie de Cheualiers & Gentilzhommes qui (luy ayans dóné le bon iour) l'armerent de pied en cap de ſon harnoys vert, que luy auoit baillé la ſage Orbiconte : De là deſcendirent tou en l'oratoire du Roy, ou chacun fit ſon oraiſon aux Dieux pour conſeruer le nouueau Cheualier qui, ce pendant, prioit en ſon cueur noſtre Dieu & createur luy vouloir ayder en ſi iuſte querelle & exterminer ce monſtre, qui tant eſtoit contraire à luy & à ſa loy. Sortans de là, le Roy luy fit preſent du meilleur & plus braue courſier de ſon eſcurie, dont il le remercia treshumblemens. Lors tous pour l'acompagner monterent à cheual, le prince Almiden luy portoit ſa lance, Zorian ſon frere l'armet, & le Cheualier Broantin l'eſcu : Le bon Roy encor' tout debile, marchoit deuant ſur vn petit mulet en houſſe, tenant vn baſton blanc en ſon poing. En tel ordre & equipage entrerét dans le camp, ou quaſi tous les citoyens eſtoient rengez le long des barrieres ſi treſpreſſez qu'il feroit impoſsible de plus : & la Royne, l'Infante & les Dames ſur l'eſchaffault que le Roy leur auoit fait preparer. Eſtans leans, le Cheualier ſans Repos leur fit vne grande reuerence, & entre toutes il choyſit l'Infante qui d'vn doux regard, luy augmenta tellement le courage qu'il luy ſembloit que tout le monde ne l'euſt ſceu vaincre. Ayant fait deux ou trois tours par le camp, laça ſon armet & ſe retira au coſté ou eſtoient les Iuges, atendant que ſon ennemy vint en place : le Roy & les Princes monterent ſur l'eſchaffault des Dames, ou ilz ne furent pluſtoſt que Sulberne vint fort richement armé, monté ſur vn fort & puiſſant rouſin, ayant à ſon col vn large eſcu de fin acier bien poly, vne longue & lourde eſpée à ſon coſté & vne forte lance en ſon poing, qu'il auoit fait faire tout expres, laquelle il manioit & esbranloit ſi rudement que, nonobſtant ſa peſanteur & groſſeur, il la faiſoit plier & obeïr, ne plus ne moins quaſi que vous feriez vne verge de couldre, dont toutes les Dames (principalement l'Infante) ne furent moins esbahies que marries, & commencerent deſlors à deſeſperer du Cheualier ſans Repos, lequel ne s'en eſtonna aucunement, ains voyant ſon ennemy preſt à bien faire, & que les trompetes commencerent à ſonner, geta ſa veue ſur l'Infante, puis donnant des eſperons à ſon cheual, courut de telle roydeur contre Sulberne qu'il luy fauça l'eſcu & rompit ſa lance. L'autre faillit d'atainte, dont il fut ſi treſmarry que, deſirant recouurer ſon honneur à la ſeconde courſe, & le Cheualier ſans Repos continuer ſa fortune, reprint nouuelle lance : & donnans carriere à leurs cheuaux pour la ſeconde foys, s'ataignirent l'vn l'autre ſi rudement que tous deux rompirent, ſe rencontrans leurs cheuaux ſi lourdement au paſſer, que celuy de Sulberne qui eſtoit gros & lourd tomba tout

roy de

roy de mort entre ses iambes, & celuy du Cheualier sans Repos eut vne espaulle rompuë tombant quát & l'autre tous deux en vn tas : neantmoins leurs maistres se leuerent legerement sur piedz, & mettans les mains aux espées, commencerent à s'entrechamailler si cruellemēt, que tout le monde s'en esbahissoit, & auoit horreur de voir les estincelles qu'ilz faisoient sortir de leurs armetz. Ce chamaillis dura bien longuement auant qu'on peut cognoistre à qui en demoureroit l'honneur : à la fin Sulberne faché de tant arrester à vaincre vn si ieune homme, voulant iouer à quitte ou double, print son espée auec les deux mains & en deschargea vn coup si desmesuré sur son ennemy, qu'il luy rompit la couroye de son escu qu'il para au coup, & luy fit par mesme moyen vne grande playe au bras dont il le soustenoit tellement que le sang commença a en ruisseler iusques à terre : ce que voyant Aquilée, tomba du hault de soy esuanouye, pensant bien que son amy fust mort sans aucun respit: dequoy le Roy, la Royne & toutes les Dames furent fort troublées, ne pouuans penser d'ou venoit tel accident à ceste princesse, laquelle ilz firent bien tost reuenir à soy à force de luy froter la paulme des mains, les temples & le nez de vin aigre & eau fresche : Mais ce ne peut estre si secretement que le Cheualier sans Repos ne s'en aperceust bien, lequel se doutant d'ou venoit la maladie, reprint tellement cueur, que se couurant au mieux qu'il peut de son escu qui auoit la couroye rompuë, entra de piedz & de mains sur son ennemy de telle furie qu'il le fit reculer trois pas en arriere, & poursuyuant sa collere luy rua tant de coups d'espée & si dru qu'il luy desclouit & decoupa quasi toutes les courroyes de son harnoys, tellement que lon luy voyoit la chair entamée en plusieurs endroitz & le sang decouler tout au long de luy: & ainsi le chamaillant le Cheualier sans Repos à tors & a trauers, & ne faisant l'autre que parer aux coups pour le lasser & vser puis apres de beau retour il se trouua naüré si griefuement & en tant d'endroitz de son corps, principalement à vn iarret, qu'il fut contraint mettre vn genou à terre pour se soustenir : ce que voyant le Cheualier sans Repos, il redoubla tellement ses coups qu'il luy fit tomber par terre l'espée dont il se paroit. Lors le paure dyable (maugreant & despitant tous ses dieux pour se voir en telle extremité) rua son escu de si grand roydeur contre l'estomach du Cheualier sans Repos, qu'il le renuoya les piedz contremōt tout estourdy de la cheute: L'autre pensant qu'il fust mort ou esuanouy releua son espée, & se traina à grand' peine iusques aupres de luy pour luy oster la teste : mais le Cheualier sans Repos fut plustost releué que l'autre eust moyen de le fraper, & mettant bas son escu qui ne luy faisoit plus qu'empescher print son espée à deux belles mains, de laquelle il caressa si bien Sulberne qu'il le fit tomber le ventre dessus : de sorte que le Cheualier sans Repos eut tout moyen & loysir de luy arracher l'armet de la teste & la luy trencher quant & quant. Ce fait, ayant essuyé son espée & remise au fourreau, il se prosterna à deux genoux deuant tous & remercia Dieu de la victoire qu'il luy auoit donnée

puis s'en

PALLADIENNE. Fueil. XC.

puis s'en vint ou estoit le Roy, lequel fit sonner les trompettes & clairons en signe de ioye & de victoire, & fut reconduit le Cheualier victorieux en grand triomphe dans le Palays; ou le Roy fit visiter & apareiller ses playes deuant luy, mesmes par ses Chirurgiens, lesquelles furent trouuées grandes & principalemét celle du bras: mais non pas dangereuses ny mortelles. Ce fait, le Roy commanda qu'on fichast la teste de Sulberne au bout d'vne lance sur la grand porte du Palays, en memoire du Cheualier vaincueur, quant au corps il permist que lon l'emportast en Pannonie, ce qui fut fait auec grand deul, par les Gentilzhommes qui estoient venuz l'acompaigner.

Comme l'infante Aquilée alloit

souuent visiter le Cheualier sans Repos, & des propos qu'ilz eurent ensemble. Et de l'arriuée de la sage Orbiconte en court, qui donna entiere guerison aux playes du Cheualier.

Chapitre XLVII.

LE Cheualier sans Repos, fut contraint pour la guerison de ses playes, garder le lit, & la chambre, huyt iours entiers, durant lesquelz l'infante Aquilée l'enuoya visiter par plusieurs foys & y alloit souuent elle mesme, voir & sçauoir de luy comme il se portoit: mais ce qui les facha tous deux beaucoup pour quelques iours, estoit qu'ilz ne pouuoient ny n'auoient le moyen de parler ensemble familierement & à leur priué

L'HISTOIRE

leur priué comme ilz desiroient bien : par ce qu'elle ne l'alloit point voir sans compagnie de cinq ou six de ses Gentilz-hommes, & autant de Damoyselles. Et pource vn iour, desirant sçauoir de luy entierement sa volonté & affection enuers elle, se retira vne apresdinée en sa chambre faignant vouloir reposer, & ne retint auec elle que deux de ses plus ieunes Damoyselles, pendant que les autres se promenoient par les iardins & deuisoient auec ses Gentilz-hommes : or pouuoit on aller de sa chambre iusques en en celle du Cheualier sans Repos, par de grandes galleries toutes vitrées sans estre aperceu. A ce moyen acompagnée seulement de ces deux ieunes Damoyselles s'y transporta, & ny trouua que Liboran le bien auisé quelle pensoit veritablement estre muet, lequel si tost qu'elle fut entrée la salua courtoysement, puis la laissant aupres du Cheualier sans Repos pour deuiser à son ayse, se retira à vn coing de la chambre auec les deux ieunes filles : auec lesquelles il se print à deuiser par signes & gestes de si bonne grace, qu'elles y prenoient le plus grand plaisir du monde, regrettans neantmoins souuentesfois son infortune, par ce qu'il estoit fort beau & bien proportionné. Tandis qu'elles s'esbatoient ainsi auec Liboran, leur maistresse Aquilée cognoissant qu'elle pouuoit deuiser familierement auec le Cheualier sans Repos, & sans estre entenduë d'autre que de luy, s'asseit doucement en vne chaire au cheuet de son lit, & luy prenant la main pour taster le poulx luy dist, auec vn profond souspir : Helàs monsieur, que tant ie regrette & plains vostre mal, certainement, d'autant que le Roy, ses suietz (& moy specialement) doiuent loüer les dieux, & benire l'heure de vostre venuë en ce Royaume, pour le grand bien qu'elle nous cause, d'autant la deuez vous maudire, pour y auoir esté si mal traité & mené ia par deux foys. A a ma Dame, respondit le Cheualier sans Repos, c'est tout au contraire, ie ne pense point que tous les Dieux ensemble m'eussent peu fauoriser d'auantage, que de me faire tourner mes pas & me guider en ceste heureuse contrée quant ce ne seroit que pour vous cognoistre, & veoir à l'œil ceste diuine beauté, vertu maintien & bonne grace qui est en vous, & dont le bruit court ia par tout l'vniuers. Monsieur, dist l'Infante, vous parlerez de moy tout ainsi qu'il vous plaira : mais encor' que ie fusse douée de tant de perfections que vous me donnez, si est-ce que i'estimerois peu le tout ensemble pour vous recompenser du bien que m'auez fait entre tous : mais ie vous prie monsieur, laissons celà & me dites s'il vous plaist comme se porte vostre santé & en quelle disposition sont voz playes : car ie vous asseure qu'il n'y a chose en ce mode que plus ie desire que de vous reuoir bien sain & guary. Ma Dame, respondit le Cheualier sans Repos, ie vous remercie treshumblement, quant aux playes que i'ay receues au combat contre Sulberne, ne sont rien au moins bien petites au pris de celle que ie receu, lors que premierement ie vous vy. L'infante entendit incontinent ou il vouloit venir, toutesfoys, faignant le contraire, luy dist. He dea monsieur, comment ne la descouurez vous aux medecins & chirur-

giens du

giens du Roy, qui sont autant expers comme on en sçauroit trouuer sur terre: declarez vostre mal hardiment & n'atendez qu'il prenne croissance, car toute maladie est trop plus facile à guerir à son commencement, que lors qu'elle est enracinée dedans vn corps: ou si vous ne leur voulez declarer & pensez qu'ilz ny puissent donner remede, descouurez le moy familierement comme au plus grand & secret amy que vous ayez en ce monde: vous asseurant que si c'est vn mal dont la guerison soit en la puissance de tous les humains, que ma dame Orbiconte ma tante vous en rendra allegé, & pour ce faire ie ne failliray incontinent à la mander à quoy ie suis certaine qu'elle ne fera faulte. Le Cheualier sans Repos, oyant ainsi parler l'Infante, demoura bonne piece tout rauy sans luy pouuoir respódre, seulement se print à souspirer du profond de son cueur, & tourner la teste de costé & d'autre. Lors l'infante, qu'auez vous monsieur (dist elle) à quoy pensez vous? ne m'oseriez vous descouurir vostre mal? non, non ne craignez point à le me dire ie vous en prie: & si vous vous deffiez de moy, ie m'obligeray à vous par tel serment qu'il vous plaira, de ne le iamais descouurir à creature viuante s'il ne vous plaist, ains sera autant tenu secret comme si l'auiez dit à vn muet, à vn poisson ou vne pierre, voire fust-ce pour estre dame de tout le monde. Le Cheualier sans Repos, ne respondit encor' mot pour tout cela: mais en souspirant se print à regarder fort ententiuement la Princesse, qui le voyant changer de couleur & quasi la larme à l'œil, continua son propos disant. Vrayement monsieur, il me semble, souz vostre correction, que vous me faites tort de craindre à me descouurir vostre mal: Hée ie vous suplie (si me portez quelque peu d'amytié) ne vouloir rendre vostre mal incurable par faulte de le descouurir, & pensez que le celer est l'apast & nourriture des maladies: & que, au contraire elles se guerissent ou allegent facilement estans cogneuës & euidentes. Les paroles de l'Infante de si bon cueur & affection proferées, firent que le Cheualier sans Repos (iettant toute crainte & doute en arriere) luy respondit, ma Dame, puis que si fort me coniurez, & promettez de tenir secret le mal qui tant me tourmente & ne se peult voir, ie le vous diray. Et comme il vouloit commancer, entra en la chambre vn des Gentilzhommes de l'Infante, qui l'aduertit de la venue de la sage Orbiconte, & qu'elle s'en venoit visiter le Cheualier sans Repos: à ce moyen l'Infante sortit pour aller saluer sa tante: mais elle partit vn peu trop tard, car auant qu'elle fust au bout de la gallerie, elle l'eut à la rencontre, & l'ayant bienuiengne & fait la reuerance aussi qu'elle sçauoit bien faire, toutes deux s'en retournerent auec leur suitte en la chambre du Cheualier sans Repos gisant au lit, & Dieu scet s'il fut bien ayse de la venue d'Orbiconte, luy souuenant de ce qu'elle luy auoit vne foys dit en son Palays, sçauoir qu'elle le fauoriseroit & ayderoit à auoir fruiction & iouyssance de ce que plus il aymoit en ce monde, & pourquoy il auoit trauersé tant de païs & exposé sa personne à tant de perilz & dangers. Doncques les caresses & accollées

collées faites entr'eulx deux, elle luy dist tout bas en l'oreille. Courage mon filz auant qu'il soit trois iours d'icy, ie vous rendray guery de toutes voz playes, & specialement de celle qui vous blessé le cueur. Le Cheualier entendant bien ce qu'elle vouloit dire la remercia treshumblement. Puis elle voulut voir ses playes & y aplicqua elle mesme d'vn basme qu'elle auoit aporté, qui eut telle vertu que dedans vingt quatre heures de là, toutes furent refermées & consolidées, de sorte qu'à peine y paroissoient les cicatrices. Ce fait elle, se tournant vers sa niece l'Infante, luy dist en souriant: En bonne foy ma niece vous deuriez bien hayr ce Cheualier qui vous a engardée d'estre mariée à ce beau Prince de Pannonie. Certainement ma Dame, respondit l'Infante, ie confesse luy en estre tenuë & obligée plus qu'à personne qui viue: car il ma sauué & la vie & l'honneur: & au Roy son Royaume, que pleust aux dieux me donner la puissance & le moyen de l'en recompenser comme ie le desirerois bien, il peult estre asseuré que ie ne serois trouuée ingrate en son endroit, toutesfoys ie m'atens que le Roy mon pere luy recognoistra à son pouuoir: ce pendant il prendra de moy ce que ie puis, c'est vne tresbonne volonté & affection enuers luy. Ma dame, respondit le Cheualier, estant en vostre bonne grace, ie me sens mieux recompensé (si ie merite recompense) que si me faisiez present de tout l'Empire de Grece. Sur ce propos entra vn Escuyer du Roy qui vint aduertir ma dame Orbiconte, qu'on auoit couuert pour le souper, & pource, laissant le Cheualier tout consolé, sortit auec l'Infante, & s'en allerent souper en la grand' salle ou le Roy & la Royne les atendoit, durant lequel ne fut quasi tenu autre propos que du Cheualier sans Repos & de ses vertuz & prouësses, à quoy l'Infante prenoit le plus grand plaisir du monde, & ce pendant Amour secretement se renforçoit de plus en plus dans son cueur: ce que cogneut bien à sa contenance la sage Orbiconte sa tante, laquelle (le souper finy) la print par la main & l'ayant tirée à part en vn coing de la salle, luy dist. Ma niece m'amye, depuis que ie suis venuë, i'ay cogneu ie ne sçay quoy en vous qui vous tourmente merueilleusement, ie vous prie le me declarer & descouurir, asseurée que si ie puis vous y donner remede, ie le feray tresvolontiers. L'infante oyant ainsi parler sa tante, deuint toute estonnée & changea incontinent de couleur, pressée tellement de honte, qu'elle ne luy peut sur le champ respondre vn seul mot, tát craignoit que ses amours ne luy fussent descouuertes: toutesfoys ayát bien longuemét songé, pensa en soymesme à la fin que sa tante l'auroit peu cognoistre par sa science: & pource luy respondit la larme à l'œil. Ma dame ie vous prie me faire tant de grace, que i'endure en silence & a part moy mon malheur, & ne me contraignez à vous declarer moymesmes le mal qui me tient si fort au cueur & qui, à vne fille, n'est honneste de souffrir, & encores moins de le descouurir, combien certes qu'il croisse tousiours de heure à autre & de plus en plus, dont il me desplaist grandement: mais non pas tant encor que de ne l'auoir peu guerir & amortir des le commencement

cement, & qu'il fault ores que j'obeysse & face ioug à vne pasſion, de laquelle ie m'eſtois par cy deuant bien deffenduë, eſtimant offencer grandement ma virginité d'en ouyr ſeulement parler. Orbiconte deſirant pluſtoſt luy augmenter ſa paſsion que la diminuer, luy diſt, pour la conſoler: Ma niece vous faites tresbien (veu le rang que vous tenez) de celer ce que vous endurez & que i'ay ſceu & entendu par ma ſcience auant que ie ſoye icy venuë: toutesfoys il vous eſt fort bien ſeant d'auoir honte de deſcourir ce qui eſt plus honneſtes, aux femmes meſmes de celer. Or puis que vous eſtes ſi viuement atainte d'amour, & qu'il s'empara de voſtre cueur des la premiere foys que vous viſtes le Cheualier ſans Repos (& qui a fait pour vous ce que tous les ſuietz de voſtre pere n'euſſent peu faire ſans luy) vous deuez entendre que c'eſt vn mal commun à tous, & que n'eſtes pas ſeule ny la premiere qui a eſprouué ceſte paſsion, ains qu'il y en a eu pluſieurs femmes & filles, nobles & illuſtres (pudiques & bien apriſes neantmoins) qui ont eſté eſpriſes comme vous des flammes de ce puiſſant dieu Amour, qui maiſtriſe & domine(comme lon dit)tous les autres dieux. A ceſte cauſe, regardez de bonne heure (& auant que la maladie prenne plus long trait) à y remedier & donner ordre au mieux que vous pourrez: il eſt bien vray que c'euſt eſté le meilleur & le plus ſouhaitable pour vous de n'experimenter la force d'amour: mais puis que vous l'auez laiſſé entrer ſi auant dans voſtre cueur, & qui (à ce que ie puis voir) vous penetre iuſques à la mouëlle, il me ſemble pour le meilleur & plus expedient que vous ſçaurez faire pour conſeruer voſtre honneur, que deuez renger voſtre volonté & deſir à quelque moyen honneſte & chaſte, par lequel vous iouyrez de voſtre amy & ſi euiterez l'infamie & deshonneur, que toute creature du monde doit fuyr. Helàs ma Dame, reſpondit l'Infante, ie ne ſcay quel moyen plus honneſte que le mariage de luy & de moy mais, ò dieux! comment ſe pourroit il faire: ce ne ſeroit pas honneur à moy d'en faire parler: car il eſt eſtráger & ſi n'ay peu encor' ſçauoir de luy dou ne qu'il il eſt, non pas ſeulement ſon nom. Aſſeurez vous mamye, diſt Orbiconte, qu'il eſt filz d'vn Roy treſvertueux & des plus grans de toute la terre: & ie vous donneray à cognoiſtre, ſi me voulez icy promettre & iurer que le tiendrez ſecret: car ſi le faiſiez autrement vous le mettriez en treſgrand danger de ſa perſonne. Aa, ma Dame, reſpondit Aquilée, j'aymeroys mieux mourir de malle mort que d'eſtre cauſe qu'il receuſt le moindre deſplaiſir du móde, hellas il m'en feroit plus de mal que ſi c'eſtoit moymeſmes: & pource ie vous ſuplie ne me celer rien de ſon eſtre, vous promettant que ie ſuyuray tout ce que vous m'en conſeillerez. Acheuant ces paroles, le Roy ſon pere ſe leua de ſa chaire & la Royne quant & quant leſquelz s'aprochans d'Orbiconte la conduyſirét en ſa chambre ou luy ayans donné le bon ſoir ſe retirerent es leurs auec la princeſſe, qui ſe trouua bien marrie de n'auoir peu entendre dou eſtoit le Cheualier ſans Repos, ce qui l'engarda bien de repoſer la nuit à ſon ayſe: car elle ne ſongea quaſi à autre choſe, & luy dura

Q ii   ceſte

L'HISTOIRE

ceste nuit plus que six autres, tant luy tardoit qu'elle fust passée pour aller vers sa tante entendre la fin du propos qu'elle luy auoit cómencé touchant le Cheualier sans Repos, lequel de son costé n'estoit en gueres moindre fascherie pour n'auoir esté visité apres souper ny d'Orbiconte ny de la Princesse.

Comme la sage Orbiconte donna

*à cognoistre à l'infante Aquilée le Cheualier sans Repos & comme
par son moyen ilz acomplirent leur amoureux desir
souz promesse de mariage.*

Chapitre   XLVIII.

Stant la sage Orbiconte retirée en sa chambre, comme auez entendu, elle fut ioyeuse & marrie tout ensemble, ioyeuse d'auoir si bien fondé & entendu le vouloir de l'Infante sa niece, & marrie de ne luy auoir peu raconter iusques à la fin ce qu'elle luy auoit cómencé du Cheualier sans Repos : mais celà ne la tint gueres, car aussi tost que le lédemain fut venu, l'Infante se leua & enuoya plusieurs foys sçauoir si sa tante estoit leuée, & si tost qu'elle en fut asseurée, se transporta par deuers elle, à laquelle, ayant dóné le bon iour, elle dist : Ma dame, ie n'ay pas oublié le propos que vous me commençastes hier au soir. Vrayement ma niece, respondit Orbiconte, ny moy aussi, & le vous veulx tout presentement continuër & mettre à fin. Ce dit, elles se retirerent seules en vne gar,
derobe-

derobe, ou la bonne Dame commença à parler à l'Infante en ceste sorte.
Mamye, souz la promesse que vous me sistes hersoir, ie vous fais à sçauoir
que le Cheualier sans Repos est Chrestien, filz du Roy d'Angleterre & se
nomme en son propre nom Palladian, en l'honneur de la sage déesse Pallas: Or ayant preueu auant qu'il fust né qu'il seroit le plus vertueux & vaillant Prince de son temps, & que les enfans engédrez de luy l'excederoient
encores de beaucoup: ie le choysi deslors pour estre vostre mary, voyant
vostre mere enceinte de vous, qui naquistes enuiron six moys apres luy, &
à fin que mon dessein vint à effect, & que ie vous peusse voir tant heureuse que d'auoir à mary le parangon & fleur des Princes de toute la terre, ie
l'ay tant sollicité par songes & visions nocturnes: par lettres & messages,
qu'il s'est rendu en ceste terre, couuoyteux le possible de voir la beauté
que ie luy ay fait entédre estre en vous sur toute autre de la terre: & n'eust
esté mon admonition & diligence, ie vous asseure qu'il fust maintenant
marié à la Princesse de France. Ainsi parla la sage Orbiconte à l'infante Aquilée sa niece, puis luy raconta toutes les prouësses & vaillantises
qu'il auoit executées depuis son partement d'Angleterre, tant en France
qu'ailleurs, à quoy elle prenoit fort grand plaisir: Et en fin luy dist, ma niece, il n'est point de besoin d'vser en vostre endroit de longues paroles, vous
pouuez penser que ie ne veulx ny desire plus chose en ce monde que vostre bien & auancement: or est il que ie ne sache pour le present homme
sur la terre plus acomply en toutes perfections ny plus digne de vous que
cestuy cy, soit en richesse, vertu, beauté, & toute autre chose louable que
lon pourroit desirer en vn homme: & si mes yeulx me trompent ie m'en
raporteroys bien aux vostres. Certainement ma Dame, respondit l'Infante, si vous estes trompée, ie le suis aussi: car il me semble estre impossible
de trouuer au monde son second en la moindre vertu & perfection qu'il
ayt en luy: ô Dieux! si vous l'eussiez veu cóbatre le geant Sulbernel Doncques mamie, dist Orbiconte, puis que vous le cognoissez tel qu'il est, &
qu'il vous ayme cóme son propre cueur, & vous aussi luy, ie suis d'auis que
le plutost que vous pourrez le mariage soit consummé entre vous deux, au
deceu du Roy & de la Royne, & me laissez faire apres auec eux, i'acorderay bien tout. Helàs ma dame, dist l'Infante, ie vous voudroys bien obeyr
en celà, si n'estoit qu'il tient vne loy contraire à la mienne. Ne vous souciez
de celà dist Orbiconte: car auant peu de téps tout le Royaume & terres de
vostre pere se conuertiront au christiante, par ce promctez hardiment au
Cheualier de vous faire baptizer si tost que serez en Angleterre, vous ayát
iuré de vous y espouser solennellement, cóme ie sçay que c'est sa volonté,
& en seront trescontens & ioyeux tous ces parés, & les vostres aussi: car lors
(& non plus tost) ilz cognoistrót que ce sera vostre bien, honneur & grand
profit. L'infante qui ne desiroit autre chose que de paruenir à ce poinct,
& de iouyr en quelque maniere que ce fust du Cheualier, luy respódit: Ma
Dame, sachant bien que ne vouldriez que mon honneur & auancemét, ie

Q iii remetz

L'HISTOIRE

remetz le tout à voſtre bonne diſcrétion & auis, auquel ie veux treſvolun-
luntiers obeïr. Doncques diſt Orbiconte, diſpoſez vous de le receuoir ceſte nuit prochaine, comme voſtre bon amy & mary : ie feray dreſſer mon
lit en la chambre qui eſt tout aupres de la ſienne & feray que voſtre mere
vous lairra coucher auecques moy, à fin que vous & luy ayez plus de com-
modité de vous entreuoir. Si ceſt auis fut agreable à l'Infante, ceux & celles le peuuent penſer qui ſe ſont trouuez en telle alteration & apetit qu'elle eſtoit d'eſprouuer ce doux mal que lon fait aux filles pour les rendre
femmes parfaites. Celà ainſi conclud entre la tante & la niece, elles s'en
allerent en la chambre du Cheualier ſans Repos qu'elles trouuerét debout
& tout gay, ſe proumenant auec le Cheualier Broantion qui ſçauoit tout
ſon affaire, mais non pas ce qu'auoit acordé Orbiconte auecque l'Infante,
leſquelles d'vn viſage ioyeux ſaluerent le Cheualier ſans Repos qui eut
lors opinion que ſon cas ſe porteroit bien, & pource les embraſſa toutes
deux par grande affection, remerciant humblement Orbiconte de luy a-
uoir ſi bien guery ſes playes. Monſieur, diſt elle, i'ay intention de faire
beaucoup plus pour vous auant qu'il ſoit vingtquatre heures : il vous peult
ſouuenir du ſerment que vous fiſtes, lors que vouluſtes eſtre apellé le Cheualier ſans Repos, & que ne reprendriez voſtre propre nom iuſques à ce
qu'euſſiez trouué & iouy de celle que plus vous aymiez en ce monde &
qui vous eſt predeſtinée auant que fuſſiez en eſtre. Or prenez hardiment
bon cueur : car entre icy & demain il ne tiendra qu'à vous que ne repre-
niez voſtre propre nom. L'Infante qui entendoit que vouloit dire ſa tente ne ſe pent contenir de ſouzrire & rougir tout enſemble, qui donnoit telle grace à ſa naïue beauté qu'il ſembla bien au Prince ne l'auoir encor' veuë
ſi belle, & autant en ſembla il à l'Infante quant au Prince, car depuis qu'il
eſtoit arriué à la court ne l'auoit veu bien ſain iuſques à lors, ayant eſté premierement fort bleſſé en la bataille (comme auez entendu) puis toſt apres
au combat contre le Geant Sulberne. Apres qu'ilz eurent bien deuiſé eux
trois enſemble, on les vint auertir que le Roy & la Royne eſtoient leuez
& preſtz d'aller au temple aſſiſter aux ceremonies & ſacrifices qui s'y deuoient faire : parquoy ſortans de la chambre du Cheualier ſans Repos, s'en
allerent tenir compagnie au Roy & à la Royne qui furent fort ioyeux de
voir leur hoſte bien guery, lequel eut tout loyſir de deuiſer familierement
auec l'Infante, tant que le ſacrifice dura : puis tous ſe retirerent au palais, ou
s'eſtans proumenez par les iardins enuiron demye heure, s'aſſirent à table
& ne fut parlé durant le diſner que de ieux & eſbatemens. Les tables leuées les vns ſe mirét à danſer, les autres à deuiſer auec leurs mieux aymées,
entre leſquelz le Cheualier ſans Repos n'eſtoit des derniers, pendant que
les deux princes Almidien & Zorian firent vne partie à la balle qui fut
iouée en vn grand pré tout aupres de la ville, ou toutes les Dames ſe trouuerent, là vit on les Gentilzhommes plus alaigres & diſpoſtz, mais ſur tous
le Cheualier ſans Repos qui ſe miſt de la part du ieune prince Zorian qui

eut la

eut la victoire de son costé. Celà fait, ilz se mirent à sauter en toutes manieres de saultz, à courir, à getter la pierre, la barre, & plusieurs autres sortes d'esbatz & exercices, de tous lesquelz le Chevalier sans Repos emporta l'honneur, qui estonna merueilleusement tous les regardans, veu son ieune aage, brief tout ce iour ne se passa qu'en tous plaisirs & esbatz. Sur le soir apres le souper sumptueux & magnifique, Orbiconte, pour mener mieux à fin son entreprise, commanda à vn sien Gentilhomme, en la presence du Roy & de la Royne, qu'il fist dresser ses litz dans la chambre plus prochaine de celle du Chevalier sans Repos, & par mesme moyen pria la Royne de laisser coucher l'Infante auec elle : ce qui luy fut acordé de bien bon cueur. Celà ainsi aresté, elle s'aprocha du Chevalier sans Repos & luy dist tout bas. Monsieur ie vous veux auiourd'huy rendre iouïssant de ce que plus vous aymez en ce monde, & pource faites à ce soir coucher vostre Escuyer en la garderobe, & laissez l'huys de vostre chambre ouuert, de sorte que i'y puisse entrer à toute heure qu'il me plaira. Ce que luy promist faire le Chevalier sans Repos, ioyeux le possible de tant bonnes nouuelles. Doncques les bons soirs donnez, & qu'vn chascun se fut retiré en sa chambre, le Chevalier sans Repos dist à son Escuyer. Ie te pry' Licelie, si tu veux dormir à ton ayse ceste nuit, couche toy en la garderobe, car i'ay tant reposé toutes les nuitz passées, qu'à grand' peine feray-ie que me promener ceste cy, & ce ne pourroit estre sans t'esueiller, monsieur, respondit il, ie feray tout ce qu'il vous plaira. Ainsi estant au lit le Chevalier sans Repos, Licelie se retira & coucha en la garderobe. D'autre part, Orbiconte, ayant fait retirer toutes ses femmes hors sa chambre, demeura seule couchée auec l'Infante, à laquelle (sachant bien que tout le monde estre au repos) elle dist. Or ça ma niece m'amye, nous auons maintenant le temps commode pour acomplir ce dont ie vous ay auiourd'huy parlé, touchant le Chevalier & vous : il est maintenant seul en sa chambre, auisez si vous ne voulez pas venir : ie vous asseure bien que femme ne fut oncques plus heureuse ny reuerée que vous serez le temps à venir. L'Infante toute tremblante de crainte & de ioye, luy respondit. Ma Dame, i'ay telle fiance en l'amytié & bonne affection que vous me portez que ie suis preste à faire tout ce qu'il vous plaira, mais souz vostre correction, ma Dame, il me semble qu'il seroit plus honneste & mieux seant que le Chevalier vint icy que de m'en aller en sa chambre. Vrayement, dist Orbiconte, c'est tresbien auisé à vous & en suis trescontente : or vous tenez doncques icy, & ie le voys faire venir : ce dit elle mist son manteau de nuit sur ses espaules, & s'en alla doucement à l'huis de la chambre du Chevalier qu'elle trouua ouuert & luy se promenant tout en chemise, en attendant ceste tant desirée venuë. Lors le prenant par la main, allons monsieur, dist elle, il y a long temps que vous couchez seul, ie vous veux bailler compagnie qui vous contentera & resiouyra plus que chose qui soit en ce monde. Le Chevalier sans Repos, de grand' ayse qu'il eut, ne se peut tenir d'embrasser & baiser la bonne

L'HISTOIRE

Dame par plusieurs foys, la remerciát de tant de biens qu'elle luy moyennoit : puis gettant vne robe de nuit sur son dos, luy dist : Allons ma Dame ou il vous plaira, ie suis tout prest de vous obeïr, & de bien bon cueur ainsi elle le mena en sa chambre ou estoit couchée l'Infante qui se voulut leuer pour le saluër, mais Orbiconte l'en engarda, disant qu'il ne falloit ia qu'elle fust debout, pour promettre au Cheualier de l'espouser, lors que l'oportunité s'offriroit & soy faire baptiser quant & quant. Ma dame, respondit l'Infante, ie l'entendz ainsi, & veux, s'il luy plaist, qu'il me face promesse reciproque de me prendre pour sa femme, & seule amye fidelle, autrement ie ne le receürois pas auecques moy. Le Cheualier sans Repos, la voyant assise de bien bonne grace en son riche lit, fleurant comme basme & sa coiffure reluyre de toutes pars au moyen de la grande quantité des pierres precieuses, dont elle estoit enrichie luy promit franchement & de bon cueur de l'espouser & qu'autre plus grand bien ne desiroit en ce monde. Orbiconte, cognoissant qu'il ne restoit plus que de mettre l'affaire à execution, & le desir que tous deux en auoient, dist au Cheualier sans Repos. Or monsieur, iouïssez maintenant de ma niece tout à vostre plaisir & la traitez comme vostre femme, & vous, dist elle à l'Infante, receuez le & vous gouuernez enuers luy, & le tenez comme vostre mary : car tel des maintenant le deuez vous reputer : resiouïssez vous doncques en la bonne heure, ie m'en voys coucher en vostre lit, dist elle au Cheualier, & n'ayez doute de chose qui soit, ie vous viédray demain du matin esueiller quand il en sera de besoin. Adonc sortit Orbiconte de la chambre qu'elle ferma & en emporta la clef, laissant ces deux amans ensemble, qui se voyans seulz & asseurez de n'estre aperceuz ny descouuers d'ame viuante, commencerent à dresser vne amoureuse bataille l'vn contre l'autre, le Cheualier fait ses aproches, il parlaméte, l'ennemy ne veult rendre la place sans plusieurs assaux, l'vn dresse ses engins & machines pour batre & assaillir viuement la place, l'autre se rempare & fortifie d'vn simple linceul de fin lin ausi de sa chemise de mesmes, & en toutes manieres, auec ses bras grasseletz & delicates mains blanches, elle destourne & repousse l'ennemy, qui ia remply de sueur & amoureuse collere, s'efforce de gaigner le dessus, destournant ou ruant bas tout ce qui luy fait empeschement : brief il se monstre si vaillant & de bon cueur qu'il monte sur les bouleuers, & tellement poursuit sa pointe qu'il rend à la parfin le capitaine de la place tant mal & las qu'il la luy abandonne entierement à sa volonté, lequel (reprenant vn peu ses espritz & redoublant toutes ses forces qui luy estoient à demy faillies) fit tát qu'il s'en rendit vray possesseur, non pas toutesfoys sans trouuer encor' beaucoup de resistance & empeschement pour entrer dedans : car on n'y auoit iamais fait effort ny breche iusques à lors. Ainsi doncques ayant l'Infante soustenu les deux & trois premiers assaux (lesquelz elle trouua quelque peu rudes & estranges pour y estre toute nouuelle & inexperte) cogneut bien que le Cheualier à qui elle auoit affaire estoit fort & vaillant, à

ce moyen

ce moyen voulant faire auec luy vne paix & alliance perpetuelle, luy promist de ne se iamais rebeller contre luy, ains se monstreroit humble, douce & obeyssante comme à son Seigneur qui l'auoit gaignée de bonne guerre: & pour confirmer ceste promesse se print à le baiser & acoller si estroictement que ceste amoureuse flamme, ia fort diminuée, voire presque amortie, se ralluma es entrailles du Cheualier: de sorte qu'il recommença l'amoureux combat, au grand plaisir & contentement de l'Infante & de luy pareillement, puis deuisans & contemplans l'vn l'autre à la lueur de deux gros flambeaux qui estoient aupres de leur lit, vn doulx sommeil les surprit, & s'endormirent iusques sur les trois heures du matin, qui redresserent nouuelles escarmouches, esquelles l'Infante fit si bien son deuoir de soy deffendre, qu'elle mist le Cheualier sans Repos à la grosse aleine & prest à ce rendre & luy quiter les armes, quant ilz entendirent la sage Orbiconte ouurir l'huys de leur chambre, dont tous deux furent fort deplaisans cognoissans qu'il leur estoit force d'eulx separer si tost, & principalement il faisoit grand mal à l'Infante de se voir oster la viande de deuant elle lors que plus l'apetit luy croissoit, toutesfois il falloit prendre en pacience & soy contenter pour la conseruation de leur honneur: ce que la bonne dame Orbiconte leur sceut tresbien remonstrer. Ayans doncq' fait promesse l'vn à l'autre de se retrouuer ensemble toutes les nuitz atendant l'oportunité & ocasion d'eulx en aller en Angleterre, comme ilz auoient conclud, le Cheualier se retira secretement en sa chambre ou il se recoucha dans son lit & s'endormit, comme celuy qui auoit bon besoin de repos pour le trauail auquel il s'estoit occupé la plus part de la nuyt: & le semblable fit Aquilée aupres de sa tante, qui cogneut bien qu'elle n'auoit pas reposé, comme de coustume, & que le Cheualier sans Repos l'en auoit engardée. Or nous les lairrons continuer en cest amoureux exercice, & se saouller de tous les plaisirs dont ilz se pouuoient auiser, ce pendant nous reprendrons les gentilz Princes & bons Cheualiers que nous laissames en France & autres lieux.

Comme le prince dom Robert de

Phrise, surnommé le Cheualier de la Renommée (ayant pris congé du bon Roy Milanor d'Angleterre, & de Lidijée de Hongrie) trouua vn Cheualier nauré à mort, & de ce qui en auint.

Chapitre   XLIX.

Il vous

L'HISTOIRE

Il vous peult souuenir, comme ayant le Cheualier de la Renommée esté vaincu & fort blessé par le prince Palladian, aux ioustes que Cesarien maintenoit dedans Paris pour l'amour de la belle Rosemonde: il partit auec Lidisée de Hongrie & passerent en Angleterre, ou ilz furent les bien venuz & receuz du roy Milanor, auquel Lidisée presenta lettres de la part du Prince son filz, & autres de Landastanis à l'infante Florée. Or ayans demouré ces deux Princes quelques iours en la court du bon roy d'Angleterre, ilz prindrent congé de luy & des Infantes puis se separerent l'vn de l'autre, Lidisée tira deuers Hongrie pour aller voir le Roy son pere, qu'il auoit entendu estre tombé en vne grosse & dangereuse maladie: & le Cheualier de la Renommée, s'estant embarqué, costoya vne partie de la Normandie & toute la Bretaigne, passa à Bordeaux & de là en Espaigne, tant pour passer sa melancolie & ennuy que luy causoit l'infante Rosemonde de France, que pour s'esprouuer contre les Cheualiers Espaignolz, lesquelz estoient pour lors renommez & tenuz entre les plus vaillans de toute l'Europe. Ayant doncques le Cheualier de la Renommée prins terre en Espaigne, & cheuauché bien six grans lieuës auec son Escuyer, sans trouuer auanture qui l'arrestast ny lieu ou il se peult loger, la nuyt le surprint aupres d'vne forest ou il fut contraint de descendre & laisser paistre son cheual, qui estoit tant las & eslancé du trauail qu'il auoit prins à trauers ces montaignes, qu'à peine ce pouuoit il soustenir, quant à luy, son Escuyer alla couper vne brassée de branches & fueillartz qu'ilz estandirent au pied d'vn grand Orme bien touffu, & là se coucherent sur leurs manteaux, leurs cheuaux attachez aupres de eulx, mais aussi tost quasi qu'ilz eurét la teste sur leurs valises (qui leur seruoient

uoient de trauerſin & cuyſſinet) ilz entr'ouyrent non pas loing d'eulx, là vne voix de quelqu'vn qui ſe plaignoit fort amerement, & ſembloit bien à l'ouyr qu'il eſtoit pres de ſa fin: car ſa voix & ſa parolle luy diminuoient de mot à autre, comme à vne perſonne qui eſt tant atenuée de maladie que plus n'en peult, à ce moyen le Cheualier de la Renommée, pouſſant du coulde ſon Eſcuyer, luy diſt. Eſcoute entens tu pas quelqu'vn ſe plaindre? Ouy monſieur, reſpondit il, & bien piteuſement encor'. Ie te prie, diſt dom Robert, leuons nous & aprochons plus pres pour entendre ce qu'il dit. Ainſi ſe leuans doucement mirent leurs armetz en teſte, & (leurs eſ-pées es poings) marcherent droit ou ilz oyent la voix: laquelle (eſtans a-prochez d'enuiron ſix ou ſept paſſées) ilz entendirent continuer ces plain-tes & regretz en ceſte ſorte. Ah malheureux que ie ſuis! quant ores il me conuient mourir par le coup de la traiſtreſſe main de celuy auquel ie me fioys plus qu'à moymeſme! ò meſchant! que ne me diſoys-tu (à tout le moins) que tu y pretendoys part! i'euſſe peult eſtre, trouué moyen de te ſatisfaire & contenter, ou bien, ſi tu m'euſſes baillé quelque bonne raiſon, ie me fuſſe deſiſté de ma pourſuitte. Pourſuitte, hellàs! pardonnez moy, ò ma Dame, tous les tourmens du monde ne me ſçauroient engarder ny deſtourner de voſtre amour, ny la mort meſmes que ie ſens m'eſtre brief-ue & prochaine. O' trahiſon! ò faulx ſemblant! ò trahiſtre prince Caſtill-lan! que dy-ie Prince! ſi tu es Prince c'eſt des plus malheureux & meſchás qui oncques marcherent ſur terre. Ha a monſieur, luy diſt ſon Eſcuyer, vous deuiez bien penſer & eſtimer (comme ie vous ay dit pluſieurs foys) qu'amour ne demande point de cópaignon, & que tant d'allées & de ve-nuës que faiſoit le meſchant, qui vous donne la mort, par deuers ma Da-me Minorette, n'eſtoient que pour la deceuoir & vous fruſtrer de la part qu'auiez en elle: mais quoy? puis qu'il plaiſt ainſi à la fortune il vous fault prendre en patience, nous y ſommes tous ſuietz. Et doncques, diſt le Che-ualier, la fortune me baille la mort, la fortune commet trahiſon, la fortu-ne fait toutes les meſchancetez du monde? a a traitreſſe! ha a malheureu-ſe! à tout le moins ſi tu m'euſſes rendu iouyſſant de celle qui par ſa beauté, vertu, & conſtance auoit gaigné & du tout tiré à ſoy mon dolent cueur, & à laquelle ie m'eſtois entierement voué & dedié. Las! las! ie ſens ma force tant s'alentir que plus n'en puis! a a Minorette, Minorette, que direz vous, ſachant ma deſconuenuë! hellàs! ie crains beaucoup que l'angoiſſe que voſtre cueur en ſentira, ne vous cauſe vne mort autant douloureuſe, que celle que preſentement ie voys ſouffrir, & qui ne me deſplaiſt, ſinon que pour le deplaiſir & regret qu'en aurez. O dure fortune! puis qu'il te plaiſt me priuer de ceſte lumiere & de ces beaux yeulx de ma Dame, qui ſeulz me nourriſſoient & faiſoient viure, ſoys moy (à tout le moins) tant gracieuſe que ie ne demeure en ce lieu deſert, paſture aux cruelles beſtes ſauuages, ains que ie puiſſe tomber entre ſes mains, à fin qu'elle donne ſe-pulture à ce mien corps miſerable, qui a tant peu fait de conte des dangers

& calami-

L'HISTOIRE

& calamitez de ce monde qu'onques n'en craignit ny fuit vn seul, pourueu qu'il conceruast son honneur & beaulté. Ainsi se plaignoit & lamentoit le Cheualier, auquel (voulant continuer) la parolle luy faillit, & commença à se tourmenter & demener, comme vne personne demoniaque, ou qui meurt d'vne mort forcée. O seigneur Dieu, dist alors son Escuyer, que sera-ce cy! que feray-ie de ce corps, las! ou me retireray-ie: si ie m'en retourne en la maison du Roy son frere il soupçonnera que moymesmes l'auray meurdry! Ah quel malheur! quelle perte! quel creuecueur ce vous sera, ô ma dame Minorette quant vous sçaurez sa mort & l'ocasion d'icelle. Le Cheualier de la Renommée, l'oyant ainsi parler, & craignant qu'il ne s'en allast & laissast là son maistre, sortit de derriere vn buisson ou il s'estoit mussé auec son Escuyer, & s'aprochant de l'autre qui se plaignoit tenant son maistre expiré entre ses bras, luy dist. Mon Gentil-hôme, comme est aduenuë ceste fortune à vostre maistre. L'escuyer fut si espouenté & hors de soy, entre voyant aux raiz de la Lune le Cheualier de la Renommée auec vn second les espées nuës es poings, qu'il ne sceut de prime face luy respondre vne seule parolle, qui donna assez à cognoistre au Cheualier que la soudaine peur en estoit cause: parquoy luy dist de rechef. Comment mon amy, ne parlez vous point à nous ou si vous doutez que soyons quelques gens venuz icy pour vous faire desplaisir? non, non, asseurez-vous que nous vouldriós vous ayder & secourir à nostre possible: & pource contez hardiment vostre desconuenuë. L'escuyer à ces parolles se rasseura vn peu & reuint à soy, puis iettant vn profond souspir, luy respondit, tout en tremblant: Helàs, Seigneur, bien volontiers vous raconteray-ie l'infortune auenuë à mon maistre qui a tout maintenant rendu l'esprit entre mes bras ou vous le voyez, & quant & quant l'ocasion de sa mort. Entendez donc, s'il vous plaist, que mon maistre (qui s'apelloit dom Frionel) estoit frere bastard du roy de Sicile, & autant aymé de luy cóme s'il eust esté son propre frere charnel & legitime, tant le cognoissoit vertueux & vaillant: & pour luy faire entendre la bonne amytié & affection qu'il luy portoit, luy donna la seigneurie de Siracuse auec toutes ces dependances. Or ayant mon maistre ouy parler, depuis six moys en çà, de la grande beauté & bonne grace de l'infante Minorette, fille du roy de Portugal, en deuint amoureux, tellement que, pour auoir moyen de se transporter par deuers elle, il pria le Roy son frere luy permettre de s'en aller en France, cóme Cheualier errant chercher les auantures, ce qui luy fut acordé : mais au lieu de tirer en France, ainsi qu'il auoit donné entendre à son frere, il s'embarqua & print la route de Portugal, ou estant arriué, il fit si bien cognoistre sa vertu & prouësse aux ioustes & tournoys qui s'y faisoient ordinairement pour l'amour de l'Infante, que le Roy le print en amour & tous les grandz Seigneurs & Cheualiers Portugalois, de sorte qu'estant le bien venu & honoré d'vn chacun, à la court mesme de la Royne & toutes les Dames, il sceut si bien captiuer la bonne grace de l'Infante Minorette,

qu'elle

qu'elle le retint pour son Cheualier & fauorit par dessus tous les autres qui luy faisoient l'amour: durant ces entrefaites don Galitrée de Castille, y arriua, lequel aussi tost qu'il vid l'Infante fut tellement espris de son amour, qu'il en mouroit sur piedz, & luy presenta par plusieurs foys son seruice: mais elle n'en tenoit pas grand conte, & luy monstroit bien à sa contenance qu'il ne luy plaisoit tant que mon maistre, dont il coceut contre luy vne enuye & ialousie mortelle : toutesfoys il la sceut si bien dissimuler que, s'acostant de luy, faignoit estre de ses plus grandz amys & l'acompaignoit par tout, & specialement tresvolontiers quant il alloit voir l'Infante, laquelle estant vn iour en sa chambre deuisant auec eulx receut lettres d'vne sienne Damoyselle de ce païs qui autresfoys la seruie, par lesquelles elle luy rescriuoit, que depuis la mort de son mary vn Gentilhomme son voysin n'auoit cessé de la tourmenter pour luy faire quiter quelque rente dont il luy estoit tenu : ce qu'elle n'ayant voulu faire, il auoit trouué moyen de la prendre à force en sa maison & la mener en la sienne, ou il la tenoit prisonniere: & pour ce ceste Damoyselle prioit humblement l'Infante de luy vouloir ayder, & enuoyer quelque secours ou lettres au Gentil-homme, qu'il eust à se desister de plus la greuer ny empescher son bien. L'infante entendant la plainte de sa Damoyselle pria mon maistre, en la presence de l'autre, de soy transporter en ce païs cy pour sçauoir comme il alloit de tout, à quoy mon maistre obeyt & obtempera de bien bon cueur, & s'en vint parler de la part de l'Infante au Gentil-homme qui tenoit la Damoyselle prisonniere, en vn sien chasteau qui n'est pas loing d'icy: mais pour quelques remostrances que luy sceust faire mon maistre, iamais ne la voulut rendre ny se soumettre à raison du monde : mais au contraire se print à iniurier, & dire mile meschancetez & de l'Infante & de mon maistre, lequel, bouillant de courroux d'ouyr ainsi detracter de celle que tant il aymoit, ne se peut contenir de mettre la main à l'espée & se ruer sur l'autre, qui estoit pour lors acompaigné de quatre ou cinq valetz tous embastonnez, desquelz il fut fort griefuement blessé en plusieurs endroitz de son corps : toutesfoys à la parfin Dieu luy ayda : car il mist à mort le Gentilhomme & deux de ces gens, les autres le gaignerent au pied : cela fait il entra dans le chasteau ou la Damoyselle estoit prisonniere & la mist en liberté, puis soudain tout blessé qu'il estoit reprint son chemin pour s'en retourner en Portugal par deuers la Princesse: Or a voulu le malheur qu'auiourd'huy enuiron sur les quatre heures apres midy, comme nous entrions en ceste forest, estant mon maistre tout desarmé à cause de ces playes, le trahistre Galitrée acompagné de quatre autres tous deguisez & bien armez, l'est venu deuancer par vn petit sentier, & s'estant aproché de luy de la logueur de sa lance, luy a dit. Scez tu qu'il y a Frionel, il fault si tu te veux garantir de mort, que tu me iures & faces serment en ce lieu, de quiter le seruice de l'infante Minorette, & que iamais ne retourneras par deuers elle ny en lieu qu'elle soit. Mon maistre, entendant le malheureux ainsi par-

R   ler le

L'HISTOIRE

ler le recogneut incontinent, & fut le plus esbahy du monde de le voir en ce païs : car il l'auoit laissé en Portugal : toutesfoys, combien qu'il fust fort blessé comme ie vous ay dit, si est-ce qu'il luy respondit hardiment qu'il aymeroit mieux quiter la vie, & cent mile si tant en auoit, que de quiter le seruice de l'Infante, & tant que i'auray le moyen & pouuoir de porter armes, ie la maintiendray & suporteray comme ma seule Dame & maistresse. Et par Dieu dist l'autre ie vous en engarderay bien tout à ceste heure : ce disant, ietta sa lance bas & mist la main à vn grand coutelas, & furieusement se rua sur mon maistre, qui n'auoit qu'vn petit bonnet simple sur sa teste, & au reste tout desarmé de corps : car il ne pensoit à rien moins qu'à ceste malheureuse rencontre, toutesfoys il se deffendit bien long téps & iusques à ce qu'il eut les bras nudz tous dehachez, & la teste & corps en l'estat que vous voyez : incontinent que le meschant à executé sa meschanté & inique volonté, voyant mon maistre tumbé par terre à tourné bride auec sa compagnie & s'en est allé. Vrayement mon amy, respódit le Cheualier de la Renommée, vous me racótez icy le plus meschant & malheureux acte dont i'ouy oncques parlé : mais vous qui voyez vostre maistre en tel danger, que ne vous mettiez vous en effort de le secourir. Helàs, monsieur, respondit l'Escuyer, ie le voulu faire par plusieurs foys : mais les quatre autres, qui acompagnoient le meschant, me vindrent enuironner de toutes parts, me menassans de me faire mourir cruellement si ie bougeoys ou faisois semblant de le secourir, & n'y a point de doute qu'ilz le eussent fait & bien à leur ayse : car i'estois tout nud cóme vous me voyez : encores a voulu la fortune que ie n'ay peu trouuer cy a lentour ny chirurgien ny barbier pour venir visiter & bander ses playes. Le Cheualier de la Renommée, voyant les grandz coups que l'autre auoit receuz, ie croy, dist il, que c'eust esté perte de temps : car ie n'y voy playe qui ne soit mortelle. Et le considerant si puissant & bien formé qu'il auoit esté en sa vie se print à souspirer disant, ô Dieu! qu'amour & ialousie sont deux mauuais maulx & dangereux! ie croy qu'il est impossible qu'au monde y en ayt de pires, ne qui ayent porté plus de dómage aux humains. Or sus, sus, mon amy (dist il à l'Escuyer) ie suis d'auis que nous passions le reste de la nuyt en ce lieu, ausi bien ne sçaurions nous ou aller maintenant, & demain du matin nous auiserons du corps de vostre maistre, lequel ie vengeray si iamais ie puis trouuer le paillard qui l'a ainsi malheureusement meurdry. Asseurez-vous Seigneur, dist l'Escuyer, qu'il ce sera retiré en Portugal par deuers l'Infante : car pour l'amour d'elle, comme ie vous ay dit il a fait ce meschant tour à mon maistre, qui l'estimoit & tenoit pour l'vn de ces plus grandz amys. Il n'y a, dist le Cheualier, si grand compagnon ou amy que Amour & ialousie ne mettent en discorde. Lors commanda à son Escuyer aller querir leurs cheuaulx & leurs hardes : ce qu'il fit, & les ayant atachez au prochain arbre, se coucherent tous sur leurs manteaux aupres du corps, de peur que quelques bestes sauuages ne le vinssent deuorer, & là se reposerent ferent attendans la venuë du iour.

Comme le Cheualier de la Renommée fit inhumer le Cheualier mort, puis paſſa en Portugal, où il preſenta le combat à celuy qui l'auoit meſchamment mis à mort, qui luy fut acordé par le Roy.

Chapitre L.

LE lendemain auſsi toſt que le iour commença à poindre le Cheualier de la Renommée ſe leua, & en attendant qu'il fuſt tout cler iour, s'eſcarta vn peu dans la foreſt en ſe promenant, & laiſſa ſon Eſcuyer & celuy du Cheualier mort encor repoſer : mais il ne les eut eſloignez d'vn trait d'arbaleſte qu'il trouua vn petit ruiſſeau de fonteine, dont l'eau en eſtoit clere & nette comme argent, qui luy donna enuie d'en chercher la ſource : à ce moyen, montant contremôt ne chemina gueres qu'il ne la trouuaſt : & comme il s'y rafraichiſſoit & lauoit ſes mains, vint vn bon homme d'hermite auec vn ſeau pour y prendre de l'eau, lequel le Cheualier ſalua amyablement, luy demandant s'ilz eſtoient loing de ville ou de village, ou bien de quelque lieu ou il y euſt chapelle ou cymetiere, pour inhumer (diſt il) vn Cheualier que ie trouuay herſoir mourant, au pied d'vn arbre dans ceſte foreſt, entre les bras de ſon Eſcuyer : Certainement Seigneur, reſpondit l'hermite, il n'ſt pas le premier qui y a eſté meurdry, depuis que i'y ſuis, i'en ay enterré quinze ou ſeize en ma petite chapelle qui eſt beniſte & ſacrée, & s'il vous plaiſt que celuy dont vous parlez y ſoit mis, ie vous ayderay treſvolontiers à l'aporter : car auſsi bien ne trouuerez vous tout icy alentour ville ne village plus pres de deux grandes lieuës. He ie vous en prie, mon pere mon amy, diſt le Cheualier allons donc, le corps eſt preſt d'icy & ſi n'aurez la peine de l'aporter, s'il ne vous plaiſt : car ſon Eſcuyer & le mien qui le gardent, feront bien celà, ou pour le plus ayſé nous le monterons ſur vn cheual. Ainſi s'en allerent le Cheualier de la Renommée & l'hermite ou eſtoit le mort, lequel ilz chargerent ſur l'vn des cheuaulx, par ce qu'il eſtoit ſi puiſſant & lourd, qu'ilz ne l'euſſent peu bien porter à leur ayſe iuſques en la chapelle de l'hermite, qui y eut incontinent fait vne foſſe ou le pauure Cheualier fut eſtendu, & pleuré de rechef bien lôguement par ſon Eſcuyer. Ce fait le Cheualier de la Renommée donna quelque argent à l'hermite, luy recommandant le defunct à ſes prieres & oraiſons, puis tous trois monterent à cheual & firent telle diligence le reſte de la iournée, qu'ilz arriuerent à Tolete : & le deuxieſme iour enſuyuant paſſerent le fleuue Dorie & entrerent au Roy-

R ii   me de

aume de Portugal, ou ilz entendirent que le prince Galitrée estoit en la court du Roy, depuis deux iours. Vrayement, dist lors le Cheualier de la Renommée, ie croy ores asseurement que cest luy sans autre qui a tué Frionel de Secile. mais ie fais bon veu à Dieu que ie l'en feray repentir, ou il me coustera la vie auant qu'il soit trois iours, s'il plaist au Roy m'accorder le combat. Estans arriuez pres de la ville ou estoit le Roy, il enuoya son Escuyer luy requerir sauf côduit pour charger de trahison vn des Cheualiers de sa court. Ce que sceut tresbien executer l'Escuyer, & impetra du Roy le sauf-conduit que demandoit son maistre, auec asseurance de tous ceux de sa court excepté de celuy qu'il vouloit acuser. Ce que sachant le Cheualier de la Renómée, entra incontinent en la ville & picqua droit au Palays ou estoit le Roy, regardant iouër vne partie à la balle dans la grand court. Là estant arriué & descendu du cheual, l'Escuyer du Cheualier mort, luy monstra le Roy auquel il s'alla presenter, & l'ayant salué & fait les reuerences telles qu'il sçauoit bien faire & qui apartenoient à vn tel Prince, luy dist tout hault. Sire, souz l'asseurance & sauf-conduit qu'il a pleu à vostre magesté me donner, ie me suis venu presenter à icelle pour vous faire entendre que vous auez auiourd'huy en vostre court le plus trahitre & desloyal Cheualier dont on ouyt oncques parler, & qui depuis quatre iours à fait vn acte en Espaigne, le plus meschant qu'homme sçauroit faire à homme: car il a meurdry & mis à mort malheureusement & en trahison, l'vn des plus vaillans Cheualiers de l'Europe, comme i'ay entendu: car oncques ne l'ay veu ne cogneu qu'apres sa mort: c'estoit don Frionel de Secile, qui n'agueres estoit party de ceste vostre court par le commandement de ma dame Minorette, & pour vne ocasion qu'elle mesme vous pourra dire. Ie la sçay tresbien, respondit le Roy: mais nommez moy celuy qui a tué Frionel si meschamment que vous dites, à fin que ie le face venir se deffendre & iustifier, & s'il confesse auoir fait le cas en la maniere que vous la proposez, ou que le puissiez bien prouuer, ie vous asseure que ie ne luy permettray venir au combat auecq' vous, ains en feray faire telle iustice qu'il apartiendra. Quant à moy, sire (respondit le Cheualier de la Renommée) ie ne le puis prouuer que par l'Escuyer du trespassé, entre les bras duquel ie l'ay veu expirer & confesser en mourant, que don Galitrée de Castille l'auoit tué en trahison: parquoy, sire, faites le comparoir s'il vous plaist, & s'il le nye ie suis prest à luy maintenir le contraire, faisant espreuue de ma personne à la sienne, moyennant qu'ainsi vous plaise. Incontinent que le Roy eut entendu nommer Galitrée, il demeura tout estonné: car il ne sçauoit pas qu'il se fust absenté nulement de la court, depuis huyt iours. La Royne & les Dames aussi qui estoient là presentes, n'en furent pas moins esbahyes: mais sur toutes les autres l'infante Minorette, laquelle, entendant la mort de ce vaillant Cheualier, & qu'elle aymoit vnicquement, en conceut incontinent telle douleur en son cueur, que luy deffaillant la parolle, & toutes ses forces quant & quant, elle meit doucement
sa teste

sa teste au giron de sa gouuernante qui estoit assise aupres d'elle, & y demeura esuanouye, dequoy s'aperceuant les autres, luy voyans muer sa vermeille couleur en blanche & ternie, la secoururent soudainement des remedes ordinaires & accoustumez à telles foyblesses, à sçauoir de fort vinaigre & eau fresche, dont on luy frota les temples & le creux des mains: qui la firent reuenir à soy & reprendre vn peu ces espritz: dequoy, neantmoins toute la compagnie fut grandement troublée, & mesmes la Royne sa mere & sa gouuernante, qui ne pouuoient penser d'ou luy estoit procedé cest euanouyssement. Or (pour suyure nostre propos) estant vn chacun rapaisé & rassis en sa place le Roy fit venir l'Escuyer de feu dom Frionel, & pareillement Galitrée qui iouoyt à la balle, auquel il dist. Vrayement Galitrée, i'ay eu tousiours, & iusques à ceste heure, bonne opinion de vous, m'asseurant tant de vostre preudhommie & loyauté, que n'eussiez iamais pour chose du monde, voulu faire (non pas penser) aucun meschant acte ny commettre trahison: mais, à ce que dit & maintient ce Gentil-homme que voyez, vous en auez fait vne grande en Espaigne, quant vous, estant armé & bien acompagné, auez mis à mort Frionel de Secile, seul & desarmé, & pour vne cause fort legere à ce que i'ay peu entendre, que respondez vous à celà? Qui fut bien estonné lors, vous pouuez estimer que ce fut Galitrée, lequel (ayant regardé d'vn fier regard de trauers le Cheualier de la Renommée, depuis les piedz iusques à la teste) respondit au Roy. Sire, ce n'est pas de maintenant, ains de tout temps, que lon treuue des calumniateurs & faulx accusateurs: la plus grande part des histoires & Romans anciens en sont tous farcis: mais la fin malheureuse d'iceux à tousiours monstré & mis en euidence leur meschanceté & calumnie: & au contraire, le bon droict & innocence des faussement accusez, comme ie suis maintenant de ce paillard, qui a (souz la correction de vostre magesté, sire) meschamment & malheureusement menty, & fault bien qu'il me prenne pour vn autre: car le Seigneur dom Frionel estoit des plus grandz & meilleurs amys que i'eusse en ce monde: d'auantage ie gageray ma vie que ce meschant icy ne me cognoist ny ne me vid iamais, non plus que moy luy. A' ce mot, l'Escuyer de dom Frionel dist: Ie croy bien monsieur que ce bon Cheualier icy ne vous cognoist point: mais ie suis bien asseuré que mon maistre dist à l'article de la mort, que vous l'auiez villainement meurdry, pour-ce que ma dame Minorette luy portoit beaucoup plus de faueur & amytié qu'à vous. Le Cheualier de la Renommée, voyant que Galitrée n'auoit pas grande affection de venir au combat, rompit le propos de l'Escuyer, & dist au Roy. Non non, Sire, ie voy bien que dom Galitrée, qui ne demande qu'à reculler, veult entrer en vn proces de preuue, & ne quiert qu'à vous induire à me contraindre de prouuer qu'il a commis le lasche & meschant tour dont ie l'accuse, pour-ce qu'il sçet bien qu'il n'y auoit point d'autres tesmoings que ses complices, & qui estoient (aussi bien que luy) desguisez & masquez, parquoy il plaira il plaira à voftre magefté nous octroyer le côbat puis que par autre moyen ne fe peult prouuer fa mefchanceté. Comment, dift incontinent Galitrée, tu penfes doncques malheureux que tu es, que ie craigne ou doute ta perfonne au combat? à a, ie l'accepte des maintenant fouz le bon plaifir du Roy, & efpere bien par le pris de ta tefte monftrer ta mefchanceté & faufe calumnie & prometz que, t'ayant fait fentir ton tort, ie me mettray en quefte de mon bon compagnon don Frionel: Tu ne le trouueras pas loing du lieu ou tu le tuas, c'eft en vn hermitage dans la foreft mefmes, ou ie l'ay fait inhumer, comme pourra tefmoigner fon Efcuyer que voicy & le mien pareillement. Lors le Roy, faifant aprocher de luy deux bons vieux Cheualiers qui auoient entendu le different de ces deux cy, leur en demanda leur auis & qu'il en deuoit faire. Ilz furent d'opinion qu'il leur deuoit ottroyer le combat, puis que le fait eftoit hors de preuue, & qu'aufsi toft pouuoit auoir efté le defunct tué par l'acufateur ou fon Efcuyer que par l'acufé. Ce qu'ayant ouy le Roy, il leur acorda le combat des le lendemain & afsigna le lieu ou il fe feroit, non à autre forte d'armes qu'à cheual à la lance & l'efpée, qui font les plus communes & propres entre Cheualiers. Et fur le champ le Roy eftablit le Marquis de Villereal, & le conte de Marialne pour iuges, commandant qu'on fift en diligence dreffer le camp dans la ville au lieu acouftumé aux iouftes & Tournoy: ce qui fut fait auant la nuyt clofe. Le duel, doncques, ainfi acordé & receu par les deux Cheualiers. Galitrée fe retira en fon logis, ou il fit apareiller & donner ordre à tout fon equipage: Le Roy ayant apellé l'autre à foy & fceu fon nõ, & qui il eftoit, le fit loger en fon Palays & commanda qu'il fuft tresbien receu & traité. Ce pendant (& en attendant le fouper) le Roy s'eftant retiré en la chambre de la Royne, fit venir l'Efcuyer du feu Cheualier Frionel, lequel luy raconta bien au long l'ocafion, & comment dom Galitrée auoit tué fon maiftre, & comme il s'eftoit vaillamment deffendu, tout nud & bleffé qu'il eftoit, dequoy le Roy fut fort marry, & pareillement la Royne & toutes les Dames qui entendirent cefte mort tant pitoyable: mais ce ne fut rien au pris de l'Infante, quant elle vint à penfer en foymefmes & confiderer qu'elle eftoit caufe de fa mort, l'ayant enuoyé pour fecourir fa Damoyfelle, comme vous auez entendu au chapitre precedant. Helàs (difoit elle) falloit il que ie fuffe caufe de la mort d'vn tant bon Cheualier? & qui tant m'aymoit & cheriffoit? Las! c'eft à moy, c'eft à moy qu'ils'en fault prendre: car fans mon commandement il ne fuft tombé en ce malheur! ô Dieu, Dieu, pardonnez moy: & vous aufsi ô amy, qui par voftre vertu & bonté auiez entierement gaigné & mon cueur & ma volonté. A a trahitre Galitrée tu me donnoys bien affez à cognoiftre que tu le hayois, combien que luy monftraces beau femblant! las i'eftois bien esbahie qui t'auoit fait fi toft abfenter apres luy! ô mefchant eftimois-tu auoir & gaigner plus grande part en moy pour le mettre à mort! meurdrier infidelle que tu es, affeure toy hardimẽt que toute ma vie ie pourchafferay ta mort, fi tu ne meurs

de la main

de la main du Cheualier qui te doit combatre, puis que tu m'a pourchassé la mienne par celle de celuy que tu as, en trahison, meurdry & par la presence duquel, mon cueur & mon ame viuoient contens. Telz, & autres regretz & plaintes faisoit la dolente Minorette pour la mort de son amy, lors qu'entra en sa chambre vn Gentilhomme de la Royne qui la vint querir pour souper : mais en s'excusant, dist qu'elle se trouuoit vn peu mal & debile, parquoy ne vouloit sortir de la chambre iusques à ce qu'elle se sentist mieux. Ainsi doncques voulant le Roy se mettre à table, il enuoya querir le Cheualier de la Renommée, duquel il auoit ia imprimé en son cueur vne bonne opinion, & des aussi tost qu'il eut cognoissance de luy & de ses parens, creut asseurement que dom Frionel auoit esté mis à mort par Galitrée, lequel il n'enuoya inuiter au souper comme de coustume, dont l'autre fut bien marry, sachant que son ennemy y estoit par le commandement du Roy, lequel tost apres le souper finy, se retira en la chambre de l'Infante sa fille pour sçauoir comme elle se portoit, & fit conduire le Cheualier de la Renommée en la sienne.

Du combat qu'eut le Cheualier de
la Renommée contre dom Galitrée de Castille, & qu'elle en fut l'yssuë.

Chapitre LI.

L'HISTOIRE

Aussi toſt que le Cheualier de la Renommée fut retiré en ſa chambre, auec ſon Eſcuyer, il ſe miſt dans le lit pour repoſer plus à ſon ayſe, & à fin que le lendemain il ſe trouuaſt plus frais & diſpos au combat, toutesfoys il ne ſe peut endormir ſi toſt pour pluſieurs & diuerſes fantaſies qui ſe vindrent repreſenter en ſon eſprit : car ores il ſe deffioit du combat qu'il auoit entreprins, pour n'eſtre bien aſſeuré que ſon ennemy euſt tué dom Frionel, ores il luy ſouuenoit de la iournée qu'il fut vaincu en France par le prince Palladien pour l'amour de la belle Roſemonde, & quel deshonneur & deſplaiſir ce luy ſeroit le cas auenant qu'il fuſt de rechef vaincu. A la parfin, ayant bien reſué & fait cent mile diſcours en ſon eſprit il ſe propoſa l'honneur & la gloire qu'il raporteroit de la victoire, & au contraire le deshoneur perpetuel que ce luy ſeroit de demourer vaincu, luy qui eſtoit agreſſeur, d'auantage l'amour de l'Infante Minorette commença à le poindre & ſtimuler, tellement que le cueur luy creut, & ſe fit à croyre qu'elle l'aymeroit s'il pouuoit vaincre ſon ennemy: & ſur ceſte fantaſie il s'endormit. D'autre part Galitrée eſtoit à demy deſeſperé, car premierement il ſçauoit bien en ſon cueur qu'il auoit le tort & que le droit eſtoit pour ſon auerſaire : d'auantage ce qui luy deſplaiſoit le plus, eſtoit que depuis que l'Infante eut entendu l'acuſation elle ne l'auoit oncques voulu voir ny parler à luy : Oultreplus il auoit cogneu que le Roy fauoriſoit plus ſon auerſaire que luy, car il l'auoit fait inuiter au ſouper (comme auez entendu) & luy non. Ainſi en telle perplexité & faſcherie d'eſprit paſſa quaſi toute la nuit.

Le iour venu les Cheualiers s'armerent & mirent en equipage puis furent ouïr la meſſe du Roy, ou ſe trouuerent toutes les Dames & ſpecialement l'infante Minorette qui oncques ne daigna getter ſa veuë du coſté de Galitrée lequel au ſortir luy faiſant vne grande reuerence la ſuplia affectueuſement luy doner vne faueur pour porter au combat : ce qu'elle (tournant la teſte d'autre coſté) luy refuſa tout à plat, dequoy il fut fort marry : mais encores plus quand il vid qu'elle fit bon recueil au Cheualier de la Renómée ſon auerſaire auquel, l'ayant amiablement ſalué elle bailla pour faueur vn taffetas gris qu'elle portoit ſur ſa teſte contre la chaleur & haſle du ſoleil, & luy miſt elle meſmes en eſcharpe ſur ſon harnoys, deuant le Roy & tous les Princes & Seigneurs aſſiſtans, qui monterent à cheual & conduyrent les deux combatans dans le camp en telles pompes & ſolennitez qu'on a de couſtume faire. Apres qu'ilz ſe furent renduz chacun en ſon coſté & les Iuges en leur place ordonnée: Le Roy qui eſtoit ſur vn eſchaffault auec les Dames, fit crier par le herault qu'on laiſſaſt aller les combatans : lors commencerent à ſonner les trompettes & les Cheualiers à debuſquer & piquer leurs cheuaux ſi viuement que du premier coup de lance qu'ilz s'entredonnerent dans leurs eſcuz ilz furent faucez bien auant & leurs lances briſées, ſoudain ayans parfourny leur carriere ſacquerent la
main

main aux espées, & embrassans leurs escuz commencerent à charger rudement(& de grand' furie) l'vn l'autre: & dura leur combat à cheual fort longuement sans qu'ilz se peussent offenser que bien peu, car tous deux estoient bien armez & adextrez à picquer & manyer cheuaux : dequoy se faschant à la parfin le Cheualier de la Renommée, donna deux ou trois coups d'espée à trauers les flancs & sur le iarret du cheual de son ennemy, qui (le sentant fondre souz luy) se getta legerement sur piedz, & le semblable fit l'autre, estimant bien que son cheual luy seroit tué. Ainsi doncques estans ces deux champions à pied poursuyuirent leur meslée si asprement qu'en peu d'heure & leurs escuz, & leurs harnoys furent tous dehachez, & commença lon à voir decouler le sang par plusieurs endroitz de leurs corps, tellement qu'vn chacun en auoit horreur & pitié, mesme la Royne qui les voyant en telle extremité & si pres de leur mort ce luy sembloit, pria le Roy de les faire cesser : ce qui luy refusa, disant : M'amye si ie les faisoys desister en l'estat qu'ilz sont maintenant le fait ne pourroit estre aueré, ains tous deux se plaindroient & seroit à recommencer vne autrefoys car l'vn poursuyuroit & maintiendroit son acusation, & l'autre au contraire. Ainsi que le Roy acheuoit ce propos, Galitrée commença fort à s'affoyblir & reculer, ne faisant plus que parer aux coups : Escoute Cheualier, dist il à son ennemy, ie voy bien que tu n'en peux plus, rendz toy ou te tiens pour vaincu & ie te sauueray la vie, que i'auoys deliberé de t'oster, car ie te cognois si vaillant que ce seroit dómage de ta mort. Le Cheualier de la Renommée s'arresta quoy pour sçauoir que l'autre disoit & s'il luy parloit point de se rendre, mais quant il eut entendu son propos : Comment, luy dist il, tu penses doncques que ie soys recreu, hàa, non, non, ie t'asseure que toy-mesmes n'en eschaparas pas ainsi : & sans plus de parolles recommença à le recharger de plus belles, & l'autre qui auoit pris haleine, à se deffendre vaillamment de telle sorte qu'ilz demourerent encor' bien long temps sans qu'on eust peu iuger à qui l'honneur du combàt demoureroit, iusques à ce que le Cheualier de la Renommée voyant son auersaire n'auoir plus qu'vne petite piece de son escu & le bras dont il le portoit quasi tout descouuert, luy deschargea dessus, vn coup si desmesuré qu'il le luy enuoya par terre & l'escu quant & quant, qui donna telle douleur au pauure malheureux qu'il cemmença à chanceler : & se sentant si foyble que plus ne se pouuoit soustenir, getta (de toute sa force qui luy restoit) son espée à la teste du Cheualier de la Renommée, & l'ataignit en tel endroit qu'il l'estourdit tout & luy fut le malheur si grand que pensant sus à son ennemy sans espée, il se trebuscha à icelle, tellement qu'il tumba par terre tout de son long, & l'autre pareillement pensant se destourner: par ainsi tous deux demourerent là au beau mylieu du camp esuanouys: ce que voyans les Iuges, pensans qu'ilz fussent mortz ilz descendirent & vindrent leur oster les armetz, lors aperceurent que dom Galitrée auoit ia rendu l'esprit, & si tost que le Cheualier de la Renommée eut ær il reuint
à soy

à foy &, ſe releuant à bien grand' peine ſur les piedz l'eſpée au poing, regarda de tous coſtez ou eſtoit ſon ennemy. C'eſt aſſez Seigneur, c'eſt aſſez luy dirent ilz, voſtre auerſaire eſt bien vaincu: tenez le voylà hors de tout pouuoir de vous iamais offenſer: à l'inſtant il ſe miſt à genoux au mieux qu'il peut, & rendit graces à Dieu de la victoire qu'il luy auoit donnée: puis il fut porté en vne chaize par le commandement du Roy, iuſques au Palays & là furent viſitées ſes playes qu'on trouua grandes & profondes: mais non pas mortelles, touteſfoys elles le contraigniret de garder la chambre vn moys tout entier, durant lequel vindrent ambaſſadeurs de la part du Roy de Nauarre, encor ieune Prince & veuue, demander l'Infante en mariage, laquelle luy fut acordée & promiſe au grand regret & deſplaiſir du Cheualier de la Renommée malade: car il auoit intencion d'acquerir ſa bonne grace, & à la fin l'eſpouſer s'il euſt pleu au Roy ſon pere la luy donner, & croy veritablement qu'il n'euſt tenu à elle veu les ſignes d'amour qu'elle luy monſtroit tous les iours durant ſa maladie. Or le combat finy le Roy fit leuer le corps de Galitrée & embaumer tresbien, & mettre en vn cercueil de plomb: dans lequel ſes gens l'emporterent en Caſtille ou il fut inhumé, & longuement ploré & regretté du Roy ſon pere & de la Royne auſſi, non pour ſa mort ſeulement: mais pour l'ocaſion & maniere d'icelle. Quant au corps de dom Frionel qui eſtoit inhumé en Eſpaigne, dans l'hermitage dont nous auons parlé au chapitre precedant, le Roy l'en uoya deterrer, & l'ayant fait enfermer en vn cercueil de plomb, le fit ſemblament porter en Secile au Roy ſon frere, qui luy fit faire ſes obſeques autant ſumptueuſes & magnificques que s'il euſt eſté ſon frere legitime, tant l'aymoit & auoit en bonne eſtime pour ſa vertu & proueſſe. Le Cheualier de la Renommée, ſe ſentant bien guery & fruſtré de ſon eſperance, qui eſtoit d'eſpouſer l'infante Minorette, delibera de ſe retirer en ſon païs, auec bonne intencion de paſſer en Angleterre, pour combatre le prince Palladian, & ſoy venger du tour qu'il luy auoit fait aux iouſtes dedans Paris: & par ce vn matin alla au leuer du Roy duquel il print congé, l'ayant humblement remercié du bon recueil qu'il luy auoit fait en ſa court, & le ſemblable fit à la Royne, à l'Infante & toutes les Dames & Seigneurs de la court, puis montant à cheual auecques ſon Eſcuyer, reprint le chemin de Phriſe.

Des auentures qui auindrent au

prince Mantilée de Milan, apres que Palladian ſe fut ſeparé & eut prins congé de luy, de Landaſtanis & Simprinel, lequel par fortune il trouua en Eſcoſſe fort bleſſé.

Chapitre LII.

Or pour

OR pour ne laisser rien en arriere qui serue à nostre histoire, vous deuez entendre que s'estant le prince Palladian separé à Milan de ses compagnons, Mantilée, Landastanis, & Simprinel à fin de s'en aller au Royaume d'Aquilée (pour la cause que nous auons dite) Mantilée passa en Angleterre, desirant voir sa bien aymée Mercilane qui n'en estoit pas moins desireuse: car tát luy deplaisoit son long seiour qu'elle demouroit ordinairement si triste & solitaire (fuyant toutes ioyeuses compagnies) qu'on la veoit dechoir & ameigrir d'heure à autre. Le Roy son pere & la Royne aussi ignorans la cause de son ennuy, se trauaillerent par plusieurs foys de la sçauoir d'elle: mais tousiours se couuroit de l'absence du prince Palladian son frere, disant qu'autre chose ne luy causoit cest ennuy, & que puis que tant il tardoit à retourner, ne pouuoit penser qu'il ne fust mort ou captif en quelque estrangere terre : parquoy, le Roy, pour la consoler, fit contrefaire par deux foys des lettres de Palladian son frere, lesquelles il luy monstroit: toutesfoys combien qu'elle cogneust par icelles qu'il deuoit retourner de bref & qu'il se portoit fort bien, si est-ce que son deul & ennuy n'en amoindrissoit point: mais quát le prince Mantilée fut de retour, il luy aporta tant bonnes nouuelles & si bien la consola qu'en peu de iours elle chassa sa melancolie & reprint son beau teint & naïue couleur. Si elle fut bien ioyeuse de la venuë de son amy, sa seur Florée estoit plus marrie que deuant de l'absence de son Landastanis, & principalement toutes les nuits qu'elle demourant seule en sa chambre, Mercilane alloit trouuer Mantilée dans le iardin, au lieu acoustumé à eulx esbatre & prendre leur amoureux plaisir, & mesmes quelques foys se retiroient dans la chambre pour euiter la trop grande frescheur de la nuyt, qui donnoit bien bonne enuie à Florée, les voyant ainsi se chatouiller l'vn l'autre, de faire comme eux: mais se second n'y estoit pas, dont il luy desplaisoit beaucoup. Or ayant seiourné Mantilée en la court du Roy d'Angleterre enuiron quinze iours, & iouy à son plaisir de sa Mercilane, il se voulut mettre en queste du prince Palladian, & pource en auertit vn soir le Roy & la Royne en presence des deux Infantes & plusieurs Cheualiers: dont tous furent fort ioyeux & l'en remercierét de bon cueur pour la grande affection qu'ilz auoient de le reuoir, excepté Mercilane qui, quelque mine qu'elle fist, n'en estoit pas fort cótente pour autant que par ce moyen elle perdoit la presence de son amy, qui luy estoit plus cher que son frere ny tous ses parens. Ainsi doncques, ayant prins congé d'vn chacun cheuaucha auec son Escuyer iusques la ou il s'embarqua, desirant passer en Alemaigne, & de là tirer en Aquilée ou il auoit entendu que Palladian estoit: mais la fortune fut si trescontraire, & à luy & a tous ceux du vaisseau ou il estoit, qu'ilz n'eurent pas esloigné le port d'vne demye lieuë que trois ventz contraires se vindrent à leuer & enfler la mer de sorte, qu'au lieu de tirer en Alemaigne, ilz furent poussez en moins de vingt quatre heures,

& mal-

L'HISTOIRE

& malgré qu'ilz en euſſent, en la coſte d'Eſcoſſe, nompas ſans grand danger de leurs perſonnes comme vous pouuez entendre : car ilz furent contraintz, pour deſcharger leur vaiſſeau, de ietter en l'eau la plus grande & meilleure part de leurs munitions de guerre & de leurs viures. Eurent ilz prins terre en Eſcoce, ilz ſe repoſerent & rafraichirent vn iour entier : & changerent leurs eaux, puis s'eſtant leué vn vent pour reprendre la route d'Alemaigne, le pilote fit leuer les ancres & les voyles qui rédirent en peu d'heure le vaiſſeau en pleine mer, que nous lairrons aller à la miſericorde des ventz, pour reprendre le prince Mantilée, lequel monté à cheual auec ſon Eſcuyer, & trauerſant païs, pour tirer à Liſlebourg qui eſt la principale ville d'Eſcoce, à fin d'y entendre des nouuelles du prince Simprinel, rencontra ſur le chemin enuiró le veſpre vn Cheualier fort bleſſé en pluſieurs endroitz de ſon corps, & principalement en la teſte & au viſage, de ſorte qu'il eſtoit fort difficile de le recognoiſtre à celuyqui autresfoys l'euſt bien cogneu, tant auoit de ſang & pouldriere, & ſur le viſage & tout au long de luy. Il auoit ſon Eſcuyer lequel plorant, luy bãdoit ſes playes au mieux qu'il pouuoit. Mantilée, meu de pitié & commiſeration, d'vn ſi triſte ſpectacle, mit incontinent pied à terre & ſon Eſcuyer quant & quant, puis s'aprochant du Cheualier naüré luy demanda amyablement, qui eſtoit celuy ou ceux qui l'auoient mis en ſi piteux eſtat & pourquoy. Le Cheualier qui eſtoit ſi bas & affoybli ne luy ſceut ſi toſt reſpondre : mais ce neantmoins il recogneut incontinent Mantilée, auquel (luy tenant les bras au mieux qu'il peut) il diſt d'vne voix fort debile & interrompuë. Helàs monſieur mon compagnon mon amy, vous venez à heure pour me voir mourir miſerablement. Comment mon Gentilhomme, diſt Mantilée, me cognoiſtrez vous bien? veu qu'oncques de ma vie ie ne mis le pied en ceſte contrée comme ie penſe. Las, ſeigneur Mantilée, vous ſouuient il plus de voſtre bon amy Simprinel ? A ce mot le prince Mantilée penſa eſuanouyr de deul. O' ſeigneur Dieu, diſt il, leuant les yeux au ciel, quelle fortune eſt-ce cy! ah quel malheur! puis ſe tournant vers ſon Eſcuyer: toſt, toſt luy diſt il remonte à cheual & picque droit à ce petit hameau que nous auons veu à la main gauche en venant, & fay aporter par quatre païſans vne table aſſez longue & vn lit quant & quant, ſur lequel nous pourrons porter noſtre patient iuſques là, pour le faire bien penſer : & ce pendant monſieur. Diſt il à Simprinel, prenez courage & vous eſuertuez, eſperant que n'en aurez que le mal puis que vous n'eſtes frapé au cueur, Simprinel luy voulant reſpondre s'eſuanouyt, qui empeſcha bien ſon Eſcuyer & Mantilée pareillemen: car ilz ne peurent oncques trouuer ny vin ny vinaigre non pas de l'eau ſeulement pour le faire reuenir à ſoy : à faulte dequoy il ſe prindrent, chacun à ſon coſté, à luy froter la paulme des mains & les temples, tellement qu'il commença à reſpirer & reprendre vn peu de vigueur: tandis toutes ſes playes furent bandées & eſtanchées, tellemẽt quellement attendant le retour de l'Eſcuyer, qui eſtoit allé au prochain village querir

de l'ayde

de l'ayde, lequel ilz virent toſt apres retourner auec quatre ou cinq valetz qui amenoient vne litiere chargée ſur deux gros rouſsins, que le Seigneur du lieu ou eſtoit allé l'Eſcuyer, enuoyoit & n'euſt eſté qu'il eſtoit bleſſé en vne iambe luy meſme y fuſt venu. Ainſi doncques ilz poſerent doulcement Simprinel ſur vn lit dans la litiere & le conduyrent le pas, iuſques en la maiſon du bon Gentil-homme qui luy fit tresbien apareiller ſes playes par ſon Chirurgien qui luy penſoit ſa iambe, lequel l'aſſeura qu'il n'en mourroit point pour ce coup: mais que la gueriſon en ſeroit vn peu longue. Ce fait on le coucha dans vn bon lit ou il repoſa aſſez bien: & tandis Mantilée qui en eſtoit bien ayſe apella l'Eſcuyer de Simprinel, & en la preſence du Seigneur de leans luy diſt, ie te prie raconte nous vn peu comme & pourquoy ton maiſtre eſt tombé en ceſt accident, ſont ce eſté volleurs, ou brigans, ou quelques Cheualiers errans qui l'ont ainſi acouſtré. Monſeigneur, reſpondit l'Eſcuyer, ie vous raconteray comme tout l'affaire eſt aduenu. Vous deuez entendre que monſieur mon maiſtre s'en retournoit de Norgalles, ou il eſtoit allé viſiter le prince Landaſtanis, qui l'ayme comme ſon propre frere: or en nous en retournans, vn peu par delà le lieu ou vous nous auez trouuez, s'eſt venu ioindre auecques nous vn Cheualier fort puiſſant & ſon Eſcuyer qui luy portoit ſa lance & l'eſcu, ou eſtoit pourtrait l'effigie de Renommée: auſsi toſt que ce Cheualier s'eſt accoſté de mon maiſtre il la ſalué d'vne maniere, ſentant plus ſon homme fier & orgueilleux, que modeſte & ciuil, neantmoins mon maiſtre luy a rendu ſon ſalut autant humainement qu'il eſt poſsible, dequoy l'autre à abuſé & fait treſmal ſon profit: car le voyāt ainſi humain & gracieux, l'en a eſtimé puſillanime & de peu de cueur, tellement qu'apres quelques petitz brocardz de riſée & de moqueries. O Dieu, luy a il dit, que ne trouue-ie auſsi bien le Prince d'Angleterre comme vous, il peult bien eſtre aſſeuré que i'eſprouuerois encor vne foys, s'il ſcet auſsi bien manier & la lance & l'eſpée, comme quant il me vainquit en France au Tournoy que main tenoit le prince Ceſarien pour l'infante Roſemonde: car il eſt cauſe que i'ay perdu l'amytié & bōne grace de celle que i'aymois le plus en ce monde. C'eſt Seigneur du prince Palladian dont vous parlez, luy reſpondit mon maiſtre, ie le cognois comme l'vn des meilleurs Cheualiers qui auiourdhuy viue ſur terre, & croy que s'il vous a vne foys vaincu qui le pourroit bien faire encore vne autre. Ouy bien (reſpond le Cheualier) ſi ie n'auois non plus de cueur ny de force que vous qui me ſemblez beaucoup plus propre à porter vne quenouille qu'vne lance, & vne contenance de Damoyſelle qu'vne eſpée ou eſcu. Mon maiſtre, irrité de ſe voir ainſi gabé & raillé, ne s'eſt peu tenir de luy dire aſſez brauement. Comment mon Gentilhomme, qui vous meut maintenant de vous mocquer de moy? m'eſtimez vous de ſi peu de courage que ie n'oſaſſe vous preſenter la iouſte & le combat à l'eſpée auſsi? Ha vrayement, reſpond le Cheualier, ie croy bien que vous ſeriez aſſez temeraire de me preſenter le combat: mais ie

S　　m'aſſeure

L'HISTOIRE

m'asseure que n'en sortiriez voz brayes nettes, ny à vostre honneur. Lors mon maistre, à a, dist il ie voy bien que vous voulez quereller, sus sus, n'atendons point à demain, tout à ceste heure voyons qui le gaignera. Disant celà, il s'aproche de moy, mist son armet en teste & prent sa lance, puis se recule d'vne bonne carriere : & le semblable fait l'autre, lesquelz donnans des esperons à leurs cheuaux, se sont rencôtrez si rudement que tous deux ont rompu leurs boys : soudain mettent la main aux espées & s'entrechamaillent bien longuement, & de telle sorte que mon maistre le blesse bien fort & son cheual aufsi, tellement qu'il se laisse tomber entre ses iambes, neantmoins l'autre, gourt & escort, n'en fait aucun semblant, ains se met sur piedz, & brauement se presente deuant mon maistre lequel il menace de faire aller à pied & luy tuer son cheual s'il ne descend : lors mon maistre agile autant qu'on en sçauroit voir, met legerement pied à terre, & recommencerent leur chamaillis plus rude & cruel que deuant : mais (de malheur) en poursuyuant l'autre, il a marché sur vn tronçon de lance qui l'a fait trebuscher & chóir, tout estandu par terre, le ventre dessus : lors le Cheualier reprent cueur, & tout couché qu'estoit mon maistre, luy a rué douze ou quinze coups de toute sa force. Ce fait le pensant mort, est monté sur son cheual que son Escuyer auoit repris & s'en va suyuant le mesme chemin que nous allions, or ne peult il aller loing : car ie sçay que son cheual est fort blessé, & luy aufsi. Mantilée, oyant le propos de l'Escuyer, ne se peut quasi tenir de l'armoyer, pour entendre que Simprinel auoit esté ainsi outragé tout rué par terre qu'il estoit & par Dieu, dist il, puis que noz cheuaulx ont repeu, ie m'en iray tout à ceste heure apres luy & sçauray qui il est. Non môsieur, dist le Seigneur de leans, ne vous hastez point : car veu ce que dit l'escuyer il ne sçauroit passer auiourd'huy vn petit bourg qui est à enuiron deux lieuës d'icy, & par ce s'il vous plaist partir demain du matin, si vous ne le trouuez dans le lit, pour le moins vous le rencontrerez sur le chemin, & là vous pourrez parler à luy tout à vostre plaisir, & venger si bon vous semble l'iniure faite à ce bon Gentil-homme. Que m'apellez vous gentilhomme, Seigneur dist l'Escuyer, ie vous certifie que c'est le prince Simprinel filz de nostre Roy, Ie le sçauoys bien dist Mantilée. Ce qu'entendât le Seigneur de leans donna ordre qu'il fust traité au mieux qu'il seroit possible, sans y espargner chose qui se peult recouurer, & pria le prince Mantilée d'auoir patiéce à poursuyure le Cheualier iusques au landemain : ce qui luy acorda bien enuis, car il auoit grande affection de véger ceste iniure, & aufsi il desiroit fort de cognoistre celuy qui l'auoit faite. Ainsi donc passa le reste du iour en la maison du Gentilhomme, ou il fut fort bien & humainement traité, & Simprinel pareillement qui ne voulut permettre qu'on mandast ne fist à sçauoir son infortune au Roy son pere ny à la Royne craignant qu'ilz n'en prinsent trop de melancolie, ains demeura leans iusques à l'entiere guerison de ses playes, comme nous verrons cy apres.

Comme

Comme Mantilée combatit le

Cheualier qui auoit bleßé Simprinel, & eſtans tous deux reduitz en fort grand danger de leurs vies, recogneurent
l'vn l'autre & ſe trouuerent parens & amys.

Chapitre LIII.

Es le poinct du iour Mantilée ſe leua & s'eſtant armé de toutes pieces, commanda à ſon Eſcuyer s'apreſter & ſeller ſes cheuaux, tandis qu'il yroit donner le bon iour au prince Simprinel, & ſçauoir de ſa diſpoſition. Ainſi doncques, entrant dans ſa chambre & le trouuant eſueillé le ſalua, & ſceut de luy qu'il ſe trouuoit aſſez bien, veu les grandes playes qu'il auoit. Or monſieur mon compagnon, luy diſt Mantilée, me voicy preſt pour aller trouuer celuy qui vous a ſi mal mené, vous aſſeurant que, ſi ie le puis rencontrer, ie vous vengeray ou il me couſtera la vie. Seigneur (reſpondit Simprinel) ie vous mercie de bien bon cueur de la grande amytié & affection qu'auez à ma perſonne : toutesfoys ie ne vouldroys pour toutes les richeſſes du monde vous laiſſer aller mettre en danger pour moy, ſi ie n'eſtoys bien aſſeuré de voſtre grande vertu & proueſſe, & que facilement vaincrez celuy qui m'a ainſi acouſtré, ſi la fortune veult que le puiſſiez ratraper : car ſans le malheur qui m'auint de marcher ſur vn tronçon de lance qui me fit tomber, i'euſſe eu bien à mon ayſe le deſſus de luy. I'eſpere, diſt Mantilée, que vous en orrez des nouuelles auant qu'il ſoit auiourd'huy nuyt, ce pendant reſiouyſſez vous & faites bonne chere, ie m'en voys monter à cheual. Escoutez, seigneur Mantilée, dist Simprinel, il vault mieux que mon Escuyer vous tienne compagnie pour le vous donner à cognoistre, si d'auanture il s'estoit desguysé depuis nostre combat. Vous dites tresbien, respond Mantilée, mais ie vous lairray doncques le mien pour vous seruir en ce pendant. Non, non dist Simprinel, menez les hardiment tous deux, le Seigneur de ceans & ses gens auront assez de soing de moy. Lors Mantilée print congé de luy, & montant à cheual auecq' les deux Escuyers qui luy portoient chacun vne lance, suyuirent le chemin qu'auoit tenu le Cheualier, & n'eurent pas picqué demye lieuë qu'ilz rencontrerent vn laquais, auquel ilz s'enquirent s'il auoit point veu en chemin vn Cheualier, portant en son escu le pourtrait de Renommée, & vn seul Escuyer quant & luy. Seigneurs (respondit le laquais) il a couché au prochain bourg, & estoit prest à monter à cheual pour passer outre quant i'en suis party ce matin: si voulez vn peu picquer royde vous le rataindrez bien tost. Adonc Mantilée, bien ioyeux d'entendre nouuelles de son homme, laissant le laquais, passa outre, & se rendit en peu d'heure ou auoit couché le Cheualier de la Renommée, & s'enquerant de luy à vn chacun : Il y eut vne fort belle Damoyselle qui luy dist. Seigneur Cheualier, celuy que vous demandez a couché en ceste nostre petite maison que voyez, ou s'il vous plaist venir reposer, ie suis asseurée que mon mary vous fera bien volontiers bonne chere. Comme elle parloit en ceste sorte elle veit vn valet qui tiroit hors de l'estable vn fort beau cheual blessé en vne cuysse de deuant. Seigneur (dist elle) voylà le cheual du Gentilhomme qui a couché en nostre maison, pour lequel mon mary luy en a baillé vn autre grison fort bon : mais non pas droitement si puissant que cestuy cy. L'escuyer de Simprinel le recogneut incontinent, sur ma foy, dist il à Mantilée, la Damoyselle dit vray : car voylà le cheual que mon maistre blessa hier entre les iambes de celuy que nous cherchós. Vous le pourrez bien tost trouuer dist elle : car il n'y a pas vne bonne heure & demye qu'il est party. A tant prindrent congé de la Damoyselle & suyuirent leur chemin au grád tort, tant qu'enuiron sur les neuf heures ilz aperceurent leur homme, d'vne grande demye lieuë loing qui n'alloit que le petit pas : parquoy ilz modererent vn peu leur trein à fin que leurs cheuaux ne fussent recrcuz ou hors d'aleine quant ilz viendroient à l'acoster. Ainsi doncques firent si bien qu'ilz attaignirent le Cheualier au bas d'vne vallée vmbrageuse, qui estoit descendu du cheual pour se rafraichir souz les arbres, & laisser passer la grand chaleur du iour qui commençoit fort à s'eschauffer, furent ilz aprochez de luy, la distance de dix ou douze pas, Mantilée luy dist. Cheualier, si ie me vouloys móstrer aussi peu courtoys en vostre endroit que vous fistes hier enuers celuy que vous blessastes outrageusement, estant tresbuché par terre, ie vous passerois tout à ceste heure la la lance à trauers le corps : mais ie ne le veulx faire, tant pour l'honneur & reuerence que i'ay à l'ordre de cheualerie que pour vous móstrer vostre

tort tout

tort tout presentement (vostre personne à la mienne) & vous faire oublier l'enuie & inimytié qu'auez sur le prince Palladian d'Angleterre, pour lequel vous entreprintes hier le combat contre l'vn des plus grādz amys que i'aye, & lequel i'espere venger auant que meschapiez. Laissez moy doncq seulement remonter à cheual, respondit l'autre, & nous verrōs comment vous pourrez bien venger cestuy vostre grand amy (que ie vainquis vaillamment) & quant & quāt me faire oublier la haine que ie porte à cest autre, que vous dites estre le prince d'Angleterre. Ce disant remonta à cheual & ayant chargé sa lance se recula d'vne bonne carriere, laça son armet & Mantilée aussi d'autre costé, puis donnans & la bride & l'esperon à leur destriers, se rencōtrerent & choquerent de telle roydeur que brisans leurs lances, tomberent eux & leurs cheuaux tous en vn monceau sans soy faire mal qui les engardast qu'ilz ne se releuassent legerement sur piedz, & embrassans leurs escuz, marcherent furieusement l'vn à l'autre l'espée au poing, dont ilz commēcerent à se charger si dru & de si grand cueur qu'en moins de rien leurs escus & harnoys furent tous derompus & desclouez, ce neantmoins pas vn ne se monstra recreu ny descouragé, ains tant plus ilz alloient auant, tant plus leur croissoit le cueur, mesmes sentās & voyans leur sang decouler tout au long d'eulx. Et tandis qu'ilz se maintenoient en ceste sorte, leurs Escuyers (tachans à reprendre leurs cheuaux eschapez) s'entrecognerent: car ilz s'estoient entreueuz en France au Tournoy du prince Cesarien. O' dieu, dirent ilz lors, noz maistre qui sont grans amys sont sur le point d'eulx entretuer, helàs mon compagnon mon amy, dist celuy de la Renommée, allons les separer vistement, auant qu'ilz passent plus outre: car ilz semblent n'en pouuoir quasi plus ny l'vn ny l'autre. Sur ce point acoururēt les Escuyers à leurs maistres, qui se tenoiēt embrassez l'vn l'autre tachant chacun de deroquer & mettre bas son ennemy: & ainsi se houspillans, leurs Escuyers se mirent entre deux, & tant firent (leur escriant qu'ilz estoiēt parens & amis) qu'ilz les separerēt, qui ne fut pas sans auoir leur part du gateau: car leurs maistres estoient tāt acharnez l'vn sur l'autre, que pensans s'entrefraper & chamailler à grans coups de gantelet, les pauures Escuyers en receurent plus qu'ilz n'eussent voulu, & furent payez de leurs gages auant le terme escheu. Les deux Cheualiers ainsi separez, & leurs armetz ostez, Mantilée recogneut celuy qui portoit le pourtrait de la Renommée, pour le prince dom Robert de Phrise son cousin germain: car sa mere estoit sœur du duc Temorée de Milan pere de Mantilée. Quand doncques, ses deux Princes se recogneurent ilz s'accollerent l'vn l'autre, maudissans & detestans la fortune qui les auoit reduitz en vn si dangereux hasart. Monsieur mon cousin, dist lors, dom Robert ie me sens fort blessé, & croy que l'estes aussi biē que moy: parquoy il ne nous est pas bon de demourer long temps en ce lieu: car noz playes en empireroiēt & pour ce ie vous prie retournons au prochain bourg ou i'ay couché, nous trouuerons là vn pauure Gentil-homme qui nous receura bien volontiers. Allons,

lons (dist Mantilée) c'est tresbien auisé à vous, puis (ayans fait apareiller noz blesseures) nous pourrons bien passer oultre & aller tout le pas ou i'ay laissé le prince Simprinel que vous auez fort outrageusement naüré : mais il n'y a remede, sont fortunes qui aduiennent ordinairement à tous Cheualiers errans, & qui font estat de chercher les auantures : i'espere auant que nous partions de là vous rendre tous deux bons amys. Vrayement, dist le Prince de Phrise, il ne tiendra à moy, ie le trouuay bien vaillant homme: mais la fortune luy fut vn peu contraire: car il trebuscha: & quant à moy ie ne sceu si tost contenir ma collere, que ie ne luy baillasse quelques coups estant tombé, dont il me desplaist maintenāt. Et moy, dist l'Escuyer de Mantilée en se souriant, qui n'estoys de vostre querelle, toutesfoys vous m'y auez mis maugré moy, & mon compagnon aussi, nous en portons tous deux les marques, c'est le salaire que nous reporterons de vous auoir engardez de vous entretuer. Que veux-tu, luy dist Mantilée, on ne se sçauroit aprocher bien pres du feu que lon ne se sente quelque peu de la chaleur, tu n'en seras que plus hardy desormais, & l'Escuyer de mon cousin aussi : mais nous n'auons pas mestier de rire & causer icy longuement, amene moy mon cheual, & nous depeschons de gaigner le bourg pour faire bander noz playes & les apareiller vn peu mieux qu'elles ne sont. Or portoient lors ordinairement les Cheualiers errans, ou leurs Escuyers, du linge & quelques boytes d'onguentz dans leurs valises, dont à vne necessité, ilz vsoient pour leurs playes: ainsi auant partir de la place ou leur meslée fut, les firent toutes bander par leurs Escuyers: puis remonterent à cheual au mieux qu'ilz peurent, & reprindrent le chemin du bourg ou ilz furent fort humainement receuz, par le Gentil-homme qui auoit logé dom Robert la nuyt precedante. Là ayans fait visiter leurs playes & repeu de ce qui se peut recouurer, reposerent enuiron vne bonne heure sur les litz, puis monterent dans vne littiere que le Gentil-homme leur presta lequel (ayant sceu qui ilz estoient) les conduysit iusques au chasteau ou estoit demeuré Simprinel, & y arriuerent enuiron soleil couchant. Estans descendus, monterent tous en la chambre de Simprinel pour voir comme il se portoit, lequel aussi tost qu'il vid Mantilée, luy tendit les bras. A a monsieur mon compagnon mon amy, luy dist il, que ie suis ayse de vostre retour, certainement ie craignois fort que quelque infortune ne vous auint: mais ie vous prie, n'auez vous point rencontré le Cheualier ? Ouy certes monsieur, respondit Mantilée, à son grand malheur & au mien quant & quant. Mais en fin qu'est il deuenu, dist Simprinel. Le plus grand amy que vous ayez en ce monde, respond Mantilée, c'est mon cousin germain le prince de Phrise que vous auez cogneu en France, & qui est marry le possible de vous auoir outragé, ayant sceu qui vous estiez, tenez le voicy il est voulu venir iusques en ce lieu pour vous prier de luy pardonner, & de ma part ie vous fay semblable requeste. Vrayement, dist Simprinel, c'est de bien bon cueur: car si la fortune m'eust baillé tel auantage sur luy, qu'il eut

sur moy

sur moy, ie ne sçay si ie m'eusse peu contenir non plus que luy. Ainsi s'embrassans & caressans ces trois Princes, furent plus grandz amys que deuant puis Mantilée raconta à Simprinel comme il auoit rencontré dom Robert la maniere de leur combat, & comme à la fin par le moyen de leurs Escuyers, ilz s'estoient recogneuz. Ayans bien deuisé, firent regarder à leurs playes par le chirurgien du Seigneur de leans qui estoit fort expert, & leur promist à tous, que dedans trois semaines ilz pourroient monter à cheual à leur ayse & porter le harnoys. Ilz seiournerent doncques leans iusques à leur entiere guerison : puis partans de là, Simprinel pria Mantilée & dom Robert d'aller quant & luy voir le Roy son pere, qui estoit en vne petite ville distante d'vne iournée & demye de la seulement : ce qu'ilz luy acorderent, & y ayans esté bien receuz & caressez du Roy l'espace de huyt iours entiers, ilz prindrent congé de luy & du prince Simprinel. Mantilée tira vers Aquilée en intencion d'y trouuer le priuce Palladian, ou bien le rencontrer en chemin, & dom Robert s'en alla d'autre costé suyure ses auantures.

Comme le grand Seigneur enuoya

ses Ambassadeurs au Roy d'Aquilée, luy demander sa fille l'infante Aquilée en mariage : & du deul qu'elle & le Cheualier sans Repos en firent, lors que le Roy son pere luy eut accordée.

Chapitre LIIII.

L'HISTOIRE

EN ce mesme temps, le prince Palladien, surnommé le Cheualier sans Repos, estoit en la ville d'Aquilée entre tous les passetemps & delices que lon sçauroit penser, mesmes iouyssant à plein souhait de sa bien aymée Aquilée, dont nous auons parlé parcy deuant: Or ne voulut la fortune les laisser longuement en ce plaisir: ce que preuit bien la sage Orbiconte, lors qu'estant vne nuit aux fenestres de sa chambre, & contemplant la Lune & les estoilles, tandis que l'Infante sa niece & le Prince se resiouyssoient ensemble comme de coustume, elle commença à lire dãs vn petit liure de parchemin, qu'elle portoit tousiours sur elle, puis print de la cendre & l'espandit sur la fenestre ou les rayons de la Lune donnoyent, & du bout du doigt indice se print à faire dans ceste cendre plusieurs caracteres & cercles de magie, marmonnant entre ses dents quelques motz estranges, tellement qu'en moins de rien on veit la Lune changer sa palle couleur en noire, puis en rouge & sanguine. Ce que voyant Orbiconte souffla comme par despit, & donna au vent les cendres ou elle auoit tracé ses caracteres, puis fermant impetueusement la fenestre, dist ces motz, i'y mettray bien remede, & sur ce point se mit dans le lit, ou elle demoura bonne piece auant que s'endormir, souspirant comme si elle eust esté bien marrie. Le lendemain auant le poinct du iour elle se leua & tout quoyement, comme elle souloit, se transporta en la chambre du Cheualier sans Repos auec qui l'Infante auoit couché ceste nuit, laquelle elle auertit de soy retirer en sa chambre auant que le iour se monstrast, ce qui luy despleut beaucoup, toutesfoys, considerant le deshonneur qu'elle encourroit, si par sa faulte & negligence son affaire estoit descouuert, elle donna le bon iour au Prince & s'en retourna mettre en son lit iusques sur les neuf ou dix heures qu'elle se leua & sa tante aussi puis s'en allerent, selon leur coustume, en la chambre de la Royne luy donner le bon iour, & de là l'acompagnerent iusques au temple ou le Roy se trouuoit ordinairement pour assister aux ceremonies auec les plus grandz Seigneurs & Dames de sa court. Au retour chascun s'asseit à table en son lieu acoustumé, tousiours le Cheualier sans Repos vis à vis de l'Infante, qui leur estoit à tous deux vn bien & plaisir plus delectable que toutes les viandes plus exquises & delicates dont ilz estoient seruiz en affluence, & ne beuuoit l'vn que l'autre ne le plegeast incontinent, sans qu'aucun s'en aperceust, fors la sage Orbiconte qui auoit quasi tousiours l'œil sur eux, par ce que souuent ilz prenoyent tel plaisir à se regarder & contempler l'vn l'autre, qu'ilz demouroyent tous deux rauis sans dire mot, ny boyre ny manger: ce qu'elle voyant les poussoit ou faisoit quelque autre signe, pour les faire reuenir à soy. Or les tables haucées, le Roy s'en alla faire voller ses oyseaux & eut toute l'apresdiné le passetemps du Milan, de la Pie, & du Heron, cependant Orbiconte (qui auoit engardé le Cheualier sans Repos d'aller à la vollerie) le tira à part auec l'Infante sa niece en vn coin du iardin, ou s'esbatoit

PALLADIENNE. Fueil. CVII.

batoit la Royne auec ſes femmes & leur diſt. Mes enfans, lon dit cõmunément que les traitz preueuz nuyſent le moins, à ceſte cauſe, ie vous ay bien voulu auertir d'vne choſe qui vous doit auenir de bref & qui vous rendra fort dolens & paſsionnez à ſa venuë, mais ayez hardiment bon cueur & vous fortifiez d'vn peu de pacience: car i'engarderay qu'elle ne ſortira ſon effect. Et à fin que ie ne vous tienne plus longuement en ſuſpens, ſachez que ceſte nuit, voulant ſçauoir ſi le mariage de vous deux ſortiroit à effet, ſans empeſchement, i'en ay fait vne figure, mais i'ay trouué qu'vn grand ſeigneur, voyre le plus grand de la terre, vous doit enuoyer de bref demander en mariage, ce que luy acordera incontinent le Roy voſtre pere. A ce mot la pauure Infante tumba eſuanouye aux piedz de ſa tante, laquelle tira ſoudain de ſa pochette vne petite boëtte d'or pleine d'vne certaine pouldre muſquée qu'elle luy miſt au nez, dont auſsi toſt reuint à ſoy, & ſe print à eſternuer. Comment ma niece, luy diſt elle lors, que veult dire cecy? Deſeſperez vous, ou ſi vous doutez que ie ne puiſſe empeſcher le mariage d'entre vous & le grand ſeigneur? ſçauez vous pas que i'ay par ma ſcience, fait des choſes trop plus difficiles beaucoup que celà? a a vrayement ie n'euſſe iamais penſé qu'euſsiez eu ceſte deffiance de moy, & qui a doncques fait acheminer le ſeigneur Palladien en ceſte terre ſinon moy? qui vous en a rendu iouïſſante? ſçauez vous pas bien que ç'a eſté moy ſeule, & que iamais autremẽt n'y fuſsiez peruenuë? Or apaiſez vous, & croyez que ie meneray à bonne & heureuſe fin le mariage d'entre vous deux, ſans que le grand Seigneur qui vous enuoye demander en ſoit mal content ny auſsi le Roy voſtre pere: & me laiſſez conduyre le tout. Orbiconte ſceut tant bien parler & amadouër l'Infante & le Prince qu'ilz ſe conſolerent vn peu: car facilement nous croyons ce que nous deſirons: Helàs, diſt l'Infante, il me deſplairoit merueilleuſement qu'à mon ocaſion tant de perſonnes innocentes fuſſent encor' miſes & expoſées à auſsi grand danger comme vous les auez veuës! bons dieux ie ne pourrois iamais viure qu'a regret encore que la victoire fuſt de noſtre coſté, mais helàs! comment ſe pourroit il faire! ſi le Roy mon pere auoit encor' dix foys autant de richeſſes & de gens qu'il a il ne pourroit reſiſter trois iours à vn tel ſeigneur qu'eſt le Turc, qui peult, comme vous ſçauez mettre quatre cens voyre cinq cens mil combatans en campaigne, & d'auantage nous auons noſtre prochain voyſin le roy de Pannonie & ſes alliez qui ſe ioindroyent incõtinent auec luy contre nous. Ma grand' amye, diſt le Cheualier ſans Repos, la victoire ne giſt pas touſiours en la force ny en la multitude mais en la ruſe, ſubtilité & cautelle des bons capitaines & hardieſſe des ſoldatz pour bien executer vne entrepriſe, on en a veu mile exemples tant des Romains, Carthaginoys, Atheniens, qu'autres infiniz peuples, ou le moindre nombre a vaincu le plus grand, qui en a eſté cauſe? la ſubtilité & vaillãtiſe des chefz & le bon droit qui eſtoit de leur coſté. O' Dieu, reſpond l'Infante, ie ne ſçay quelle ſubtilité ne quel droit, ie croy que nous ne ſommes non plus
ſubtilz

L'HISTOIRE

subtilz ny hazardeux qu'eulx: & quant au bon droit que vous dites, qu'elle ocasion aura mon pere de me refuser à vn si grand Seigneur? ie dy grād, car il n'en y a en tout le monde qui le puisse seconder ny en richesse, ny en puissance ou autre chose que ce soit. Orbiconte l'oyant ainsi deuiser & fonder en raison, se print à sourire. Non, non ma niece, luy dist elle, n'ayez peur que lon en vienne iamais aux cousteaux, ie le sçay certainement, & ne me croyez à l'auenir de chose que ie vous dye, si vne foys vous voyez le contraire. Estans sur ce propos, commença le temps à se changer & a pleuuoir tellement, qu'eux & toutes les autres qui s'esbatoient au iardin, furent contraintes de soy retirer à l'abry dans la grand salle, ou elles commencerent à iouer à mile petitz ieux de costé & d'autre : mais l'Infante ne prenoit plaisir à pas vn, ny le Prince aussi, tant estoient tous deux marris, de ce que leur auoit dit la sage Orbiconte, laquelle les voyant ainsi tristes, s'asseit entr'eulx deux à l'vn des boutz de la salle & se print à les consoler & donner bonne esperance en plusieurs manieres, les asseurant de rechef que la fin en viendroit à leur gloire & honneur. Sur ce point arriua le Roy auec sa troupe retournant des champs, qui rompit les propos & ieux des vns & des autres, & en attendant qu'on couurist pour le souper se print à deuiser aux Dames du plaisir qu'il auoit eu à la vollerie & de la bonté de ses oyseaux, dechifrant distinctemēt le naturel & proprieté d'iceux à quoy les aucunes prenoient fort grand plaisir à l'en ouyr ainsi deuiser les autres nom, & specialement l'Infante qui ne faisoit que souspirer & à qui il faschoit beaucoup qu'elle n'estoit seule en quelque lieu à secret pour pleurer tout son saoul. D'autre part le Cheualier sans Repos se monstroit fort triste & trop plus taciturne que de coustume: car il ne se pouuoit engarder de penser par que bon & expepient moyen il meneroit à fin son entreprinse: ores il pensoit de demander au Roy l'Infante en mariage, auant qu'autre la luy requist : se persuadant qu'elle ne luy seroit point refusée : ores il en desesperoit & s'asseuroit qu'il ne la luy donneroit iamais pour la diuersité & contrarieté & de foy & de loy d'entre eulx, veu mesmement qu'il cognoissoit le Roy fort affectionné à faire garder & obseruer exactement sa loy payenne : & pource ruminant tout cela il luy prenoit fantasie de la rauir & enleuer secretement, puis la mener en Angleterre ou la sage Orbiconte se pourroit trouuer pour apointer & apaiser tout : bref il ne sçauoit lequel faire pour le meilleur. En fin, se confiant de la prudence & subtilité d'Orbiconte de remettre le tout à sa discretion, & n'en s'en ronger plus le cerueau. Ainsi qu'il ruminoit en soymesmes tous ces beaux discours on aporta la viande, parquoy chacun s'asseit & fit bonne chere fors ces deux pauures amans qui eurent grand peine à dissimuler leurs passions tant que le souper dura, sur la fin duquel & lors qu'on leuoit les tables, entra vn Gentilhomme du Roy qui l'auertit tout hault qu'en la ville ne faisoit qu'arriuer l'Ambassade du grand Seigneur, & qu'il croyoit que c'estoit pour quelque bon affaire, par ce que tous ces Turcqs (en nombre de quinze à

seize)

seize) estoient fort richement & sumptueusement acoustrez : & d'auantage qu'ilz auoient amené, outre leurs montures, six cheuaux les plus beaux qu'on scauroit voir : & ay sire, dist il, entendu que le grand Seigneur les vous enuoye. Ie ne puis croire, dist le Roy, qu'ilz soient venuz icy pour celà expressement : or quoy que soit qu'on les loge & traite bien, demain à l'issuë des sacrifices, i'orray ce qu'ilz vouldront dire. Incontinent partit vn des maistres d'hostel du Roy qui les alla receuoir & leur fit grand chere. Cependant le Roy, qui estoit las pour auoir esté l'apresdinée à la chasse, se leua de table &, ayant fait deux ou trois tours de iardin, se retira, & tous les seigneurs & Dames quant & quant. Orbiconte ne faillit à l'heure acoustumée de conduyre l'Infante sa niece en la chambre du Cheualier sans Repos, ou elle l'asseura que ceste ambassade venoit expressemét pour demander l'Infante en mariage, ainsi qu'elle luy auoit apres le disner, & qu'il ne s'en donnast aucun ennuy ou fascherie, ains que dedans trois iours il print congé du Roy & s'en allast deuant en Angleterre, ou ie vous rendray (dist elle) ma niece de bref & vous en tenez pour tout asseuré : car ie scay desia & ay tous les moyens en main pour ce faire seurement & sans aucun contredit : parquoy resiouyssez vous hardiment, & vous donnez du bon temps. Ces deux pauures pasionnez, entendans qu'il les falloit separer l'vn de l'autre, se serrerent si fort au cueur qu'ilz ne peurent respondre vn seul mot à Orbiconte, laquelle leur donnant le bon soir & fermant leur chambre les laissa ensemble & se retira en la sienne. Lors ce fut à eux à plorer & souspirer à qui mieux, mieux, & ne scaurois dire auquel ceste dure separation estoit plus ennuyeuse, sinon à l'Infante qui se deffioit aucunement de la promesse que leur auoit faite sa tante Orbiconte : car elle n'auoit tant veu d'experience de son grand scauoir, comme le Cheualier sans Repos, lequel de chose qu'elle luy eust iusques alors predit, ne s'estoit trouué deceu ny trompé. Et pource moderant vn peu sa pasion, luy dist, essuyant ses larmes, ma grande amye, i'ay telle fiance au Dieu que i'adore, & en ce que m'a dit ma Dame vostre tante, que nous paruiendrons à nostre desir maulgré toute creature qui viue : car ie vous puis asseurer qu'elle m'a predit beaucoup de choses : mais ie l'ay en toutes trouuée veritable. Ces paroles & autres du Cheualier sans Repos consolerent & resiouyrent si bien l'Infante, que se gettant à son col le baisa amoureusement par plusieurs foys, auec resolution de ne soy plus contrister, ains d'attendre constamment ce qui plairoit à la fortune luy enuoyer. Ainsi se mirent dans le lit ces deux amans ou ilz recommencerent incontinent leurs ieux ordinaires, auec autant ou plus de plaisir & delectation qu'ilz auoient encores fait, puis s'endormirent l'vn & l'autre iusques au lendemain matin que la sage Orbiconte les vint esueiller, & emmena sa niece se recoucher en sa chambre iusques à son heure acoustumée. Le Roy & tous les grandz Seigneurs & Dames de sa court, acoustrez magnificquement, s'en allerent au temple, & ayans asisté aux ceremonies, firent retour au Palays en la grand'
salle

L'HISTOIRE

salle richessement tapissée, ou estant le Roy assis sur vn hault throsne fait tout exprés, fit venir l'Ambassadeur du grand seigneur, lequel suyui de six bachaz fort bien en ordre & ayant salué le Roy à sa mode, commença à parler ainsi Roy tresmagnanime, le grand Seigneur, mon maistre, ayāt esté aduerty de ta bonté & vertu : & de la beauté singuliere, bonne grace, & honnesteté dont l'Infante ta fille est douée, m'a enuoyé par deuers toy, te prier la luy vouloir donner en mariage, & en ce faisant te promet estre des or' & a tousiours ton bon amy, & ennemy de tes ennemis. Lors luy monstrerent leurs lettres de creance signées de la main du grand Seigneur lesquelles le Roy luy mesmes leut dont il ne fut pas moins esbahy que ioyeux, cognoissant l'honneur que luy faisoit ce Prince le plus grand & opulent de toute la tierre. Adonc sans en demander l'auis de son conseil, ny de la Royne mesmes, ny de l'Infante, respondit à l'Ambassadeur. Ie remercie de bien bon cueur le grand Seigneur vostre maistre, de l'honneur qu'il luy plaist me faire me demandant ma fille en mariage, laquelle ie luy acorde tresvolontiers, & presente quant & quant, & ma personne & tout ce que les Dieux m'ont donné sur terre. Lors l'Ambassadeur (l'ayant remercié) luy dist qu'il auoit amené six cheuaulx turcs dont son maistre luy faisoit present, & à l'Infante vn carcan d'or garny de plusieurs pierres Orientales des plus precieuses & riches que lon trouuast pour lors. Ie le remercie humblement de tout, dist le Roy, quant aux cheuaulx, nous les verrons apres disner, quant à l'autre present voy à qui il est enuoyé, luy monstrant l'Infante, laquelle s'auançant vn peu fit vne grande reuerence à l'ambassadeur & sa compagnie, lesquelz s'aprochans d'elle luy baiserent ses blanches mains, comme à celle qu'ilz esperoient de bref voir leur dame & maistresse, puis tirant l'vn d'iceulx de son sein l'estuy ou estoit le riche carcan le donna à l'Ambassadeur, qui le presenta sur le champ à l'Infante, laquelle le receut d'vne bône grace: mais non pas de bon cueur, puis se tournant vers le Roy & la Royne le leur monstra, & fut trouué le plus beau & riche que lon eust iamais veu: car oultre l'excellence des pierreries plus exquises il estoit d'vne façon si rare & estrange, qu'il sembloit estre impossible d'en pouuoir faire encor vn pareil. Apres qu'il fut bien regardé & admiré d'vn chacun, la Royne le mit elle mesme au col de l'Infante qui ne monstra aucun semblant d'en estre resiouye, ny le Cheualier sans Repos aussi qui estoit en la compagnie & auoit veu & entendu tout ce que le Roy auoit fait : mais ce qui le consoloit estoit la promesse que luy auoit faite Orbiconte & la contenance de l'Infante qui luy donnoit bien à cognoistre quelle ne prenoit plaisir à tel present, ny a ce que le Roy auoit accordé à l'Ambassadeur qui fut lors caressé & bien viengné d'vn chacun fors du Cheualier sans Repos & de l'Infante, sinon par vne certaine maniere d'acquit, à fin qu'on ne les iugeast ou estimast glorieux ou mal apris, aussi que la sage Orbiconte leur auoit conseillé de ce faire.

Comme

PALLDIENNE.　　　Fueillet CIX.
Comme le Cheualier sans Repos

print congé du Roy d'Aquilée, & des Seigneurs & Dames de la
court, puis de l'Infante: aussi des presens qui luy furent faitz.

Chapitre　　　　　　　LV.

Es bien venuës & caresses faites à l'Ambassade du grand
Seigneur, apres qu'il fut ouy, le Roy les mena en vne autre moyenne salle, aupres ou lon auoit couuert pour le
disner, & furent seruis ces Seigneurs à la table du Roy
le plus somptueusement qu'il fut possible & auec vn ordre & magnificence Royalle. Apres le disner l'Ambas-
sadeur fit venir les six cheuaulx en la grand court du Palays, & les presenta de par le grand Seigneur au Roy, qui les fit incontinent mener en vne
autre court non pauée, propre à picquer cheuaulx, ou luy mesme les picqua tous l'vn apres l'autre, & les trouua les mieux duitz, & au mors & a
l'esperon qu'il en auoit iamais manié. Pendant que le Roy & tous ces Seigneurs s'amusoient à voir ces beaux cheuaulx tant bien & richement en-
harnachez, le Cheualier sans Repos se retira en sa chambre auec Liboran
le bien auisé (qui faisoit encor le muet) & Licelie son Escuyer ausquelz il
dist qu'il vouloit le landemain prendre congé du Roy & de toute sa court
pour s'en retourner en Angleterre, & pource qu'ilz s'aprestassent & mis-
sent ordre à leur equipage pour partir de bref, ce qu'ilz firent bien volontiers, & principalement Liboran à qui il fachoit fort de contrefaire si long
temps le muet. Doncques tout le reste du iour se passa en passetéps & ioy-
　　　　　　　　　　　　　　　　　　　T　　　　eusetez

eusetez, & ne faillit Orbiconte la nuyt enfuyuant à mener la Princesse en la chambre du Cheualier sans Repos ou, ayans conclud de son partement se resiouyrent à la mode acoustumée, remettans le meilleur de leur esperance aux promesses que leur auoit faites la sage Orbiconte, qui estoit de les rendre tous deux en peu de iours sains & saufz dans le Royaume d'Angleterre. Le landemain estant l'Infante retirée en sa chambre, le Cheualier sans Repos s'en alla au leuer des princes Almiden & Zorian, ausquelz il fit entendre son partement & qu'il auoit intencion de passer les montz & visiter les grandes Allemaignes du costé de Dace & de Misie, ou ordinairement se trouuoient pour lors plusieurs Cheualiers errans : ce qu'entendans les deux Princes, marris de perdre vn si bon Cheualier & qui tant honoroit la court de leur pere, mirent tout leur pouuoir à l'en diuertir & le retenir auec mile belles promesses : mais toutes leurs prieres & remonstrances ne luy peurent faire changer, ny muer sa deliberation. Zorian qui estoit le plus ieune & auoit ia conceu vne fort grande amytié & bonne opinion du Cheualier, voyant qu'il estoit arresté à son partement, le pria de luy faire tant de bien que de le receuoir en sa compagnie, ce qu'il luy acorda de bon cueur, esperant auec le temps le tourner à son vouloir & le faire condescendre au mariage de l'Infante sa seur. De là s'en allerent ces trois ieunes Princes au leuer du Roy auquel, ayans fait la reuerence & donné le bon iour, Almiden dist. Sire voicy le Cheualier sans Repos qui a deliberé de nous laisser, & vient prendre congé de vous. Vrayement, dist le Roy, il m'en desplaist fort : car il m'a plus fait de bien & d'honneur que iamais pourroit faire homme à autre: He dea luy dist il, mon Gentilhomme, pourquoy nous voulez vous si tost laisser? ie vous prie si vous auez enuye de chose qui soit en ma puissance, la me demãder, vous asseurant tant soit elle riche & grande qu'elle ne vous sera refusée, ains du meilleur de mon cueur le vous donneray. Le Cheualier sans Repos, oyant ainsi parler le Roy, se repentit bien qu'il n'auoit prins cõgé de luy auant que l'ambassade du Turc fust arriué: car peult estre qu'il luy eust volontiers acordé l'Infante sa fille s'il la luy eust demandée : mais voyant qu'il ny auoit plus de remede & que la pierre estoit ietée, comme lon dit en prouerbe, il luy respondit. Sire, me sentant bien sain & guery, & en l'aage & force que voyez il me semble chose mal seante de demeurer long temps en vn lieu oysif & sans faire autre espreuue de ma personne que ie n'ay encore fait: parquoy, sire, ne trouuez mauuais s'il vous plaist que ie prenne congé de vous, vous merciant treshumblement du bon recueil & traitement qui m'a esté fait en vostre court tant honorable & magnifique: au surplus sire, si i'ay fait quelque seruice à vostre excellence ie m'en tiendray pour fort bien recõpensé, demeurant en vostre bonne grace, à laquelle humblement ie me recommanderay, & ce disant luy fit la reuerence comme voulant prendre le dernier congé & dieu. Comment mon grand amy, dist le Roy il semble que vous soyez prest à monter à cheual, à a vrayement vous ne nous habandonnerez

donnerez pas encor' auiourd'huy s'il vous plaist, demain vous partirez si matin que vous vouldrez, & ce pendant, n'aurons nous non plus de cognoissance de vostre personne que nous en auons? Ie vous suplie, sire, respondit le Cheualierr, me pardonner si ie ne vous satisfais quant a celà: car i'ay fait vn veu de ne me donner à cognoistre iusques à ce que i'aye trauersé ceste partie des Alemaignes, nommée Dacie, qu'enuironne le danube, ou i'espere m'esprouuer contre les Cheualiers errans de celle contrée, & si la fortune m'est tant fauorable que i'en puisse sortir, ie vous promettez, sire, repasser par cy, & vous dire qui & d'ou ie suis. Bien doncques, respondit le Roy ie ne vous en importuneray plus d'auantage: mais ie vous prie ne faillir à repasser par cy, & vous cognoistrez combien i'ayme telles gens que vous. Le ieune prince Zorian, estant là present, s'auáça & requist humblement au Roy luy vouloir donner congé d'acompaigner à ce voyage de Dace le Cheualier sans Repos. Vrayment ouy, luy respondit il: car vous ne sçauriez aller en meilleure compagnie esprouuer vostre ieunesse, & pource donnez ordre à vostre equipage pour partir quant il luy plaira. Le ieune prince Zorian tressaillit tout de grand' ioye d'auoir impetré sa demande: & ainsi laissans le Roy, passerent en la chambre de la Royne à qui ilz firent semblable requeste (en la presence de la sage Orbiconte & de l'Infante Aquilée) laquelle leur fut acordée à grand regret, & ne fit aucun semblant l'Infante d'en estre mal cótente de peur qu'on ne cogneust ce qui s'estoit passé & conclu entr'eux. Ce fait, estant la Royne preste à aller au temple, luy tindrent cópagnie iusques là, ou ilz trouuerent le Roy & l'ambassadeur du grand seigneur, se promenás & deuisans ensemble du mariage futur de l'infante Aquilée qui estoit auec la Royne sa mere toute triste, pensant au bref & soudain depart de son amy, lequel ne fit quasi autre chose tout le reste du iour, que de prendre congé & dire a dieu à tous les Seigneurs & dames de la court. Le prince Zorian faisoit le semblable de son costé, fort ioyeux d'aller chercher les auantures en si bonne cópagnie qu'estoit celle du Cheualier sans Repos, auquel le Roy fit apresdiner present d'vn des cheuaux que le Turc luy auoit enuoyez & à Zorian d'vn autre, puis se fit aporter deux chesnes enrichies de force pierres precieuses & leur en dóna à chacun vne. Le soir, apres que le dernier congé fut prins de tout le móde & qu'ilz se furét retirez en leurs chambres, le Roy euuoya au Cheualier sans Repos vn petit sac de veloux plein de pieces d'or, lequel il refusa par deux fois: mais à la tierce le Roy luy máda qu'il le print s'il s'en vouloit aller en sa bonne grace & amytié: lors il l'acepta en remerciát humblement le Roy, & pria le Gentilhóme qu'il luy aporta, l'asseurer qu'il demoureroit à iamais son treshumble & affectioné seruiteur. Or il ne restoit plus qu'à dire a dieu à la sage Orbiconte & à l'Infante, lesquelles (sachans vn chacun estre au repos de la nuyt) ne faillirent à s'en aller en la chambre du Cheualier sans Repos, qui les receut de tel cueur que vous pouuez penser. Orbiconte, sachant que ceste nuyt passée, ilz ne se pourroient retrouuer si tost ensemble, ne les voulut tenir longuement en propos à fin de n'empes-

T ii   cher

cher leur repos & plaisir de la nuyt, parquoy les ayant asseurez derechef qu'en bref elle les rendroit tous deux en Angleterre, à leur grand plaisir & contentement, leur donna le bon soir, dist à dieu au Chevalier & se retira en sa chambre. Lors ces deux amans ne tarderent à se mettre dans le lit, & se donner du plaisir toute la nuyt, tant qu'ilz en peurent prendre: pensans bien en eulx mesmes qu'ilz n'auroiét de long temps l'oportunité de ce faire. Ainsi mattez de ce doulx trauail, s'endormirent iusques au landemain qu'ilz aperceurent le iour commencer à poindre dont l'vn ne l'autre ne furent aucunement resiouys, voyans qu'il estoit necessaire d'eux retirer pour la conseruation de leur honneur: toutesfoys, en atendant que la sage Orbiconte les viendroit aduertir de la retraite (comme elle auoit de coustume) recommencerent à faire hommage à la déesse Amoureuse, & à ramer de toutes leurs forces en ceste douce mer, & si tost qu'ilz furent paruenuz au port desiré, non sans grande sueur & alteration, entendirent Orbiconte ouurant la porte de leur chambre, laquelle pressa tellement l'Infante de soy retirer (à cause qu'il estoit ia grand iour) que la pauurette n'eut loysir que de dire vn douloureux a dieu à son amy, en le baisant auec grosses larmes & profondz souspirs, & ainsi plorant, Orbiconte la tira (quasi par force) d'entre les bras du triste Chevalier, & la remena en sa chambre ou elle se recoucha, & ne reposa pas, comme elle auoit acoustumé, ains ne fit autre chose que plorer & souspirer pour le grant regret qu'elle auoit de voir ainsi esloigner son amy, sans estre asseurée de iamais le reuoir.

Comme le Chevalier sans Repos

& le prince Zorian, partirent d'Aquilée pour tirer en Angleterre, des auantures qu'ilz trouuerent en chemin, & comme le Chevalier sans Repos se donna à cognoistre au prince Zorian.

Chapitre LVI.

Estans doncq' Orbiconte & la princesse retirées, le Chevalier sans Repos, fit leuer Licelie son Escuyer qui l'habilla & arma de toutes pieces, excepté d'armet & de ganteletz, puis alla auertir le prince Zorian & Liboran le bien auisé de s'apprester pour partir tout à l'heure: ce qu'ilz firent, & auant que le Roy ny la Royne fussent esueillez, ilz monterent à cheual acompagnez, à sçauoir le Chevalier sans Repos de Liboran & de Licelie son escuyer: & le prince Zorian de Broantin que le Roy luy auoit baillé & d'vn Escuyer: & cheuaucherent toute ceste iournée à trauers le Royaume d'Aquilée sans trouuer auanture pour laquelle ilz se deussent mettre en deuoir de bouter la main aux armes, iusques sur le soir, que passans le long d'vn hallier fort espais (enuiron ceste heure

heure que lon dit entre chien & loup) ilz ouyrét leans la voix comme d'vne ieune fille, criant à l'ayde tant qu'elle pouuoit, qui les fit arrester vn peu pour entendre mieux & sçauoir l'endroit ou elle estoit. Lors le Cheualier sans Repos, ie veulx mourir, dist il, si ce n'est quelque meschant qui veult forcer vne fille, ie vous prie donnons dans ce halier & voyons que ce peult estre : Ainsi, picquans à trauers les buyssons trouuerent vn Hermite à qui la barbe paroissoit ia toute grise, lequel tenoit souz soy vne fort belle ieune fille d'enuiron douze à treize ans, & se perforçoit de la violer & dehonorer : ce qu'il eust fait à la parfin n'eust esté la venuë de ces bons Cheualiers : car ia la pauurette toute escheuelée estoit tant lasse & enrouée, à force de soy deffendre & crier, qu'elle n'en pouuoit quasi plus. Celà voyant le Cheualier sans Repos, luy escria : ha vilain Hermite vous la voulez doncques forcer & par Dieu il ne sera pas ainsi. Le pauure dyable se voyant surpris & enuironné quasi de tous costez, de ces Cheualiers laschant sa prinse voulut gaigner au pied & se sauuer à trauer les buyssons plus espais : mais le Cheualier sans Repos le rataignit & luy bailla du gros bout de sa lance si vertement sur le chignon du col, qu'il l'abatit à ses piedz tout estourdy, puis fit soudain descendre Licelie & l'Escuyer du prince Zorian qui vous leuerent monsieur du frate, & le lierent tresbien auec les licolz de leurs cheuaulx, tandis que les deux Princes & Liboran leuerent la pauure fille à demy pasmée, laquelle ilz asseurerent & reconforterent gracieusement, luy demandans d'ou & qui elle estoit. Lors voyant son maistre Hermite prins & lié, hors de tout pouuoir de luy meffaire, & aussi la gracieuseté des Cheualiers, leur respondit : Messieurs ie suis de ce prochain village, pauure orpheline qui viens icy ordinairement garder les brebis du seigneur, qui me nourrit & entretient par pitié, à cause du seruice que feu mon pere luy a fait durant sa vie. Or, de malheur, ce soir ie me suis endormye aupres de mon troupeau, quant ce meschant Hermite est venu m'empoigner & me vouloit trainer à force en son hermitage qui est pres d'icy dedās ce boys : ou il auoit deliberé de me dehonorer & vilanné (comme il a fait d'autres) car ia par plusieurs foys il s'en est mis en peine : mais ie m'estoys tousiours bien gardée iusques à ceste heure que vous estes arriuez si à point pour me garentir & sauuer mon honneur : dont ie vous mercie humblement. Mamye, dist le prince Zorian, puis que nous tenons le gallád, n'ayez peur que iamais vous face outrage, ny à autre aussi : car i'espere bien, auant qu'il soit demain nuyt, que nous luy en ferons cesser l'enuye : allons doncq', menez nous au village auant qu'il soit plus tard. Lors la ieune fille, ayant ramassé son tropeau s'en retourna auec eux au village, distāt d'enuiron vn quart de lieuë de là, & descendirent en la maison du seigneur qui les receut fort humainement, par ce qu'il recogneut soudain le prince Zorian : mais il fut bien esbahy de voir quant & eulx cest Hermite garroté comme il estoit & la fille ainsi esplorée, ses habillemens tous desrompuz, ilz luy raconterent comme ilz auoient trouué ce venerable beau

pere en

L'HISTOIRE

pere en Lucifer, forçant cefte fille dans le boys. Vrayement, Seigneurs dift le Gentil-homme de leans, ie croy facilement tout ce que vous dites: car il a ia efté fort foupçonné de faire femblables chofes: or s'il vous plaift des demain du matin i'enuoyray querir les gens de ma iuftice pour l'interroger & faire fon proces en voftre prefence, ce pendant ie le mettray en vne foffe que i'ay en cefte tour, ou il aura moyen de rafraichir vn peu fes rongnons: car il y trouuera de l'eau bien frefche, quát à la viande qui luy fault pour meshuy, le pain de mes chiens ne luy fera efpargné. Les Princes trouuerent fort bon le confeil du Gentil-homme qui fit incontinent trouffer monfieur le deuot & defcendre en vne foffe ou il y auoit vn grand pied de haulteur d'eau. Là il demoura toute la nuyt, & le landemain furent mandez les iufticiers, qui ayans ouy fes confefsions deuant la fille & aufsi que plufieurs autres le vindrent charger de mefme affaire, le condannerent à eftre bruflé vif au lieu ou il auoit commis le crime, & fon hermitage rafé: ce qui fut executé le iour mefme en la prefence des Princes, lefquelz partans de là cheuaucherent tout le refte de cefte iournée & celle d'apres fans trouuer auanture, fors plufieurs lyons & autres beftes cruelles qu'ilz tuerent trauerfans les Alpes. Quant ilz furent hors du Royaume d'Aquilée & qu'ilz commencerent à entrer es Alemaignes, le Cheualier fans Repos, defirant fe faire cognoiftre au prince Zorian qui luy portoit fi grande amytié, luy dift vne nuyt eftans couchez enfemble. Seigneur Zorian, l'amytié iurée entre nous deux, veult que ie vous defcouure & declare vne chofe que i'ay tenuë fecrette iufques à prefent, & à vous & au Roy voftre pere, par l'auis & opinion de ma dame Orbiconte voftre tante, à laquelle ie me fens tenu & obligé autant qu'à perfonne qui viue: car elle m'a engardé plufieurs foys de mort, m'acheminant en Aquilée, apres que i'euz laiffé & habandonné le Roy d'Angleterre mon pere, par l'auertiffement & follicitation d'elle qui me promift faire donner ma Dame voftre feur en mariage: pour recompenfe de quelque feruice que ie deuois faire au Roy voftre pere & à elle aufsi, qui a preueu & cogneu par fa fcience que le royaume & toutes les terres de voftre pere fe doyuent de bref tourner & reduyre à noftre loy Chreftienne comme à la meilleure. Lors il fe print à luy raconter comme Orbiconte luy auoit enuoyé l'efcu qu'il portoit & quantes foys il auoit eu nouuelles d'elle, mefmes il luy monftra fon efpée ou eftoit graué le nom de l'infante Aquilée, bref il luy recita quafi tout fon voyage depuis qu'il partit d'Angleterre, auec le Cheualier enchanté & les deux Damoyfelles: aufsi comme il auoit changé fon nom de peur d'eftre cogneu, & Liboran auoit contrefait le muet pour ne pouuoir entendre ny parler la langue Aquileienne. Ayant bien deuifé de ceft affaire & dit fon propre nom, Zorian penfa vn peu auant que luy refpondre, puis luy dift. Vrayement feigneur Palladian, i'ay defia imprimé telle opinion de vous en moymefme, que voftre loy (contraire à la mienne) ne me la diminura aucunement, & vouldroys que le temps fuft ia venu auquel le Royaume

de mon

de mon pere se doit tourner au Christianisme, lequel i'ay commencé à aymer & pensé que vostre Dieu estoit plus puissant que tous les nostres, depuis que ie vous veis faire tant d'armes en la bataille contre les Pannoniens: d'vne chose sur toutes me desplaist-il, c'est que ma sœur est promise au grand Seigneur, & que le moyen vous est osté de l'auoir en mariage comme ma tante vous auoit promis. Monsieur mon compagnon, respondit Palladian, ie vous mercie affectueusement de vostre affection & bonne volonté en mon endroit: mais quant à ma Dame vostre sœur il n'y a encores rien tant noué, qui ne se puisse desnouer: ma dame Orbiconte m'a promis de contenter & apaiser le grand Seigneur & vostre pere aussi, & qu'auant peu de iours elle la rendra en Angleterre seine & sauue. A la mienne volonté, dist le prince Zorian, que nous l'y trouuissions quant nous y arriuerons, vous pouuez estre asseuré que ie ne mettrois empeschement à vostre mariage, ains y ayderois & pousserois à la roüe de tout mon pouuoir: car i'estime trop plus vostre vertu, prouësse & magnanimité que toutes les richesses & puissances du grand Seigneur: & si vous iure & prometz des maintenant, que ie me feray baptiser si tost que nous y serons arriuez ou plustost, s'il vous plaist. Palladian fut si ioyeux de la responce & bonne volonté du prince Zorian, qu'il ne se peut tenir de l'embrasser & acoller plusieurs foys. A a monsieur mon compagnon, luy dist il, c'est ce que plus ie desirois impetrer de vous, ie prie au seigneur Dieu qui vous vueille continuër ce bon vouloir, & quant nous serons en Angleterre auec la ceremonie entre nous acoustumée, & au grand contentement du Roy mon pere & de tous ses suietz, de celà ie vous asseure & si vous le trouuerez autant liberal que Prince dont vous ouystes de long temps parler. Il en est, dist Zorian, tant plus à estimer, la liberalité est vne des principales vertuz que doit auoir vn Prince, autrement s'il estoit actif & auare, il destruyroit & apauuriroit ses suietz par tailles, empruntz subsides & autres telles inuentions, desquelles le Prince ne doit vser qu'à vne grande necessité & pour maintenir & garder son peuple en paix & vnion. Ie sçay pour tout vray, dist Palladian, qu'il ny a Roy ny Prince en Chrestienté plus aymé, craint ny mieux obey des siens qu'est le Roy mon pere combien qu'à la verité dire, les Angloys soyent addonnez & suietz de tout temps à esmeutes & commotions ou entr'eulx ou contre leurs Roys: mais depuis que mon pere l'est on n'en a point veu la moindre scintille du monde. Celà porte vn vray tesmoignage de sa vertu & prouidence, heureux est-il de commander à tel peuple: & le peuple semblablement d'auoir pour son Prince & gouuerneur vn tant vertueux personnage. Ainsi deuisans ces deux ieunes Princes des vertuz qui doiuent acompagner les Roys & grans Seigneurs, s'endormirent tous deux ensemble, iusques au landemain haute heure, que Palladian auertit Liboran de ce qu'il auoit acordé auec Zorian, à ce moyen qu'il recommençast librement à parler son langage sans plus contrefaire le muet, dont Liboran fut bien ayse.

T iiii   De ce

L'HISTOIRE
De ce qui auint aux princes Palla-
dian & Zorian paſſans le pays de Brabant, & comme ilz arriuerent en Angleterre & donnerent ſecours à Mantilée, lequel
ilz trouuerent combatans dans vn chaſteau en fort grand
danger de ſa perſonne & quelle en fut la fin.

Chapitre   LVII.

LE matin doncques, les Princes monterent à cheual, & firent ſi bon deuoir de picquer, qu'ayans paſſé le Rhin, entrerent en la Lorraine ou ilz ne trouuerent choſe qui les arreſtaſt: parquoy tirans outre, trauerſerent les Ardeines, Luxembourg, Liege, & de là gaignerent Brabant: mais ilz n'y eurent picqué deux lieuës, qu'ilz aperceurent d'aſſez loing, ſur le chemin qu'ilz alloient, deux hommes tenans vne Damoyſelle par deſſouz les bras, laquelle ilz menoient à force & outre ſon gré deuers vn chaſteau qui eſtoit à coſté du chemin d'enuiron vn bon trait d'arbaleſte, qui les fit picquer plus roydepour s'aprocher & ſçauoir pourquoy ilz la menoient ainſi, & comme ilz furent ſi pres d'eulx qu'on les pouuoit entédre Palladian leur eſcria. Paillardz, laſchez ceſte Damoyſelle & nous dites qui vous meut de la traiter en ceſte ſorte, autrement de voſtre vie n'eſt rien : les gallandz firent ſemblant de ne l'entendre point, ains tant plus s'efforçoient de l'emmener deuers le chaſteau : dequoy Palladian fut ſi irrité que mettant la main à l'eſpée brocha ſon cheual, & donna à l'vn d'eulx ſi beau horion du plat de l'eſpée ſur la teſte qu'il luy fit laſ-
cher prin-

cher prinſe & demoura bonne piece eſtourdy, l'autre, voyant ſon compagnon en ceſt eſtat, gaigna incontinent au pied, droit au chaſteau, ou il auertit ſon maiſtre le Seigneur de leans, du fait & comme quelques Cheualiers auoyent recouru la Damoyſelle. Incontinent il fit armer & monter à cheual douze de ſes gens, auec leſquelz il ſortit, tous la lance ſur la cuiſſe pour donner ſus Palladien & ſes compagnons, qui les voyans venir ſe rengerent enſemble & les attendirent brauement ſans s'eſtonner ny peu ny point: & comme ilz ſe furent aprochez d'eux de la longueur d'vne carriere, le ſeigneur du chaſteau leur diſt en grād' collere. Malheureux qui vous a meuz de fraper mes gens? & ſans plus marchander, luy & les ſiens brocherent leur cheuaulx, & coururent tous enſemble les lances baiſſées, ſur les Princes qui ſe trouuerent ſi roydes & adroitz à cheual (Liboran auſsi & le Chevalier Broantin) que chaſcun d'eux rua le ſien par terre, Palladien choiſit le ſeigneur du chaſteau, à qui il fit paſſer la lance à trauers le corps, Zorian n'en fit gueres moins auſsi, & maugré toute la force & reſiſtance des autres, ilz les rompirent & paſſerent à trauers eux, puis ſoudain tournans bride, les rechargerent encor' de plus grād cueur tellement, que leurs lances briſées, ilz mirent la main à l'eſpée, & chamaillans peſle meſle les neuf qui reſtoient, les vns encor' à cheual, les autres à pied, les rengerent ſi bien que de tous il ne s'en ſauua que deux qui gaignerent le chaſteau à courſe de cheual & barrerent tresbien les portes ſur eux de peur qu'ilz ne fuſſent ſuyuis. Ceſte eſcarmouche ainſi chaudement executée, les Princes demanderent qu'eſtoit deuenuë la Damoyſelle : Seigneurs, diſt Licelie, voyez la comme elle arpente à trauers ces champs. Sur mon honneur, diſt Palladien, elle penſe que nous ſoyons tous mors, va, picque apres, & luy dy qu'elle retourne hardiment, pour voir en quel point nous auons mis ſes auerſaires. Licelie r'ataignit incontinent la Damoyſelle qui eſtoit quaſi hors d'aleine, & l'ayant aſſeurée de ſon honneur, la ramena vers les Princes. Or ça, ma Damoyſelle, diſt Palladien luy monſtrant les mortz, en cognoiſſez vous quelques vns de ceux cy? Elle toute tremblante de peur, pour n'auoir acouſtumé de voir des gens tuez, regardant les vns & les autres, recogneut le ſeigneur du chaſteau. Ha, meſsieurs, diſt elle, voylà le meſchant qui me vouloit violer, ô Dieu la belle depeſche, ie vous aſſeure que depuis trois ans, plus de cinquante que filles que femmes ont eſté perdues & deshonorées par luy, & auoit des gens attirrez ſur le chemin pour les rauir & les luy mener à force, mais ce qui eſtoit encores plus cruel & deteſtable en luy, eſtoit qu'apres en auoir fait ſon plaiſir, aux vnes il coupoit la langue, aux autres il pochoit les yeux, coupoit le nez, les cheueux, ou faiſoit quelque autre mal, & ainſi les renuoyoit : brief c'eſtoit le plus meſchant & deſordonné, ie croy qu'il fuſt iamais ſur terre, & ſi ne viuoit que de volleries & deſtrouſſemens de ceux qui paſſoient ce chemin. Or ne le doutez plus, diſt Palladien, vous pouez eſtre aſſeurée qu'il n'en fera plus de telles : comme ilz deuiſoyent la haquenée de la Damoyſelle qui luy eſtoit eſ-

L'HISTOIRE

ſtoit eſchapée, ſe vint rendre aupres de leurs cheuaulx, & l'ayant Licelie reprinſe, il remonta la Damoyſelle, laquelle les pria tous de luy faire tant de bien que de ſe venir refraiſchir en ſa maiſon qui n'eſtoit qu'à demye lieuë de là, ce qu'ilz luy acorderent voluntiers, tant pour repaiſtre (car il eſtoit ſur les dix heures du matin) que pour auiſer ſi quelqu'vn d'eux eſtoit point bleſſé. Ainſi doncques ayans prins chaſcun vne lance des giſans mortz (car ilz auoient rompu les leur au combat) ſuyuirent la Damoyſelle, qui eſtoit veufue, laquelle les mena en ſa maiſon ou elle leur fit fort bië apreſter le diſner, tandis qu'ilz ſe deſarmerent, & ne s'y en trouua pas vn d'entre eux bleſſé, mais bien leurs harnoys derōpuz en quelques endroitz leſquelz ilz racouſtrerent apres le diſner au mieux qu'ilz peurent, durant lequel la Damoyſelle leur raconta comme elle eſtoit tumbée au danger ou ilz l'auoient trouuée, ayant ſeulement pour toute compagnie vn petit laquais apres elle, qui s'enfuit incontinent qu'il la vit prinſe. Apres qu'ilz eurent fait bonne chere & repoſé ſur les litz iuſques enuiron les dix heures, ilz prindrent congé de la Damoyſelle & mōtans à cheual, reprindrent leur chemin, & tant firent que le lendemain au ſoir, ilz arriuerent à Huiſt, ou ayans trouué nauires preſtes à deſancrer pour aller en Angleterre s'embarquerent la nuit enuiron les dix heures que le vent ſe leua, & coſtoyans la Flandre, vindrent ſurgir à Calais, puis paſſans la rade ſaint Iean, prindrent port à Douure en Angleterre, ou ilz ſe rafraiſchirent vn iour ſeulement: car ilz auoient tous grande affection de voir le bon Roy Milanor, qui eſtoit pour lors à Londres comme il leur fut dit. Continuüans doncques leur chemin, enuiron les vnze heures du matin que la grande chaleur du iour cōmençoit, ilz ſe trouuerent pres d'vn vieil chaſteau à demy ruyné, paroiſſant, neātmoins, auoir eſté autrefoys fort ſuperbe & magnifique: car lon y voyoit encore force grand canaux de plomb doré pour eſcouler les eaux, force chapiteaux, groſſes collonnes & ſtatues de marbre noir & blanc. Là il leur print enuie de deſcendre pour viſiter le lieu & ſe rafraiſchir attendant paſſer la grande chaleur qui commençoit fort à les moleſter. Eux arriuez à la porte, trouuerent le petit guichet ouuert & vn Eſcuyer aupres, monté à cheual, & en tenoit vn autre en main, lors Palladien, mon compagnon, qu'attendez vous icy, i'atens, reſpondit l'Eſcuyer, mon maiſtre qui eſt entré leans, il y a ia bonne piece, & m'eſbahy comme il demoure tant: car il m'auoit dit qu'il retourneroit incontinent. Peult eſtre, reſpondit Palladien, qu'il a trouué quelque auanture qui l'en engarde, entrons dedans & ſachons à quoy il tient: Ce diſant ilz mirent tous quatre pied à terre, & laiſſans en garde leurs cheuaulx à leurs Eſcuyers, entrerent leans l'armet en teſte & l'eſpée au poing, de peur qu'ilz ne fuſſent ſurprins, & paſſans vne grande & ſpacieuſe court, trauerſerent vn vieil corps de logis, & deſcendirent en vne autre petite court ronde, au mylieu de laquelle y auoit vne belle fonteine, mais ilz n'y furent pluſtoſt renduz qu'ilz entendirent vn bruit & chamaillis de gens combatans. Sur mon honneur,

diſt lors

dist lors Palladien, le maistre de l'Escuyer que nous auons trouué à la porte, est de ceste meslée, lors tirans la part ou ilz oyoient le bruit, entrerent en vne grande salle, en laquelle ilz trouuerent six Cheualiers bien armez combatans contre vn seul qui faisoit merueilles de soy deffendre & ia l'auoient reduit à vn coing, prestz & sur le poinct de le prendre au corps (car ainsi leur estoit enchargé par la Dame de leans) quāt Palladien & ses compagnons se mirent entre eux pour les separer & entendre l'ocasion de leur combat, ce que les autres ne voulurent faire, ains au contraire, faignans n'entendre chose qu'on leur dist, pressoient tousiours d'auantage le Cheualier seul, & comme ilz estoient en cest estour, en suruindrent encor' quatre de renfort qui escrierent aux autres : Tuez le, tuez le, s'il ne se veult rendre, lors le Cheualier, recognoissant Palladien à son escu, luy dist : A a monsieur mon compagnon, secourez moy. Incontinent Palladien entendit & cogneut que c'estoit Mantilée le Milannoys, à ceste ocasion se mesla entre les autres auec Zorian & leurs deux hommes, qui en firent en peu d'heure tel eschect, qu'ilz en abatirent quatre ou cinq à leurs piedz, les autres du chasteau oyant vn si grand bruit & tintamarre descendoyent de tous costez & venoient à la file au secours de leurs compagnons, tellement qu'en vn instant ilz se trouuerent bien vne vingtaine contre les cinq, qui se serrans l'vn contre l'autre leur firent teste, desquelz ilz auoyent tuez que blessez neuf ou dix, quant vn nouueau Cheualier entra, lequel voyant ces cinq faire si bien leur deuoir contre tant, se rengea de leur costé, & les encouragea si bien, que ceux du chasteau commencerent les vns à reculer & parer aux coups, les autres à s'enfuyr & crier le meurtre & l'ayde. Ce que voyant la Dame du chasteau qui estoit belle le possible, voulut de prime face descendre pour prier les Cheualiers estranges de cesser le combat & apaiser leur iuste collere, mais elle pensa soudain qu'elle pourroit bien receuoir quelque coup à la chaulde, & pource y ayma mieux enuoyer : parquoy ayant fait venir vn sien petit filz, fort beau ieune Damoyseau, d'enuiron six ans : Helàs mon enfant, luy dist elle, descendez vistement la bas en ceste grand' salle, & priez les Cheualiers estrangers qui batent les vostres de cesser leur combat, & pardonner à ceux qui n'en peuuent mais. Soudain le ieune enfant suyui de deux pages fort richement vestuz, s'en alla en la salle ou estoit la meslée, & en y entrant eut Palladien à la rencontre qui en poursuyuoit vn fuyant. Hé Dieu, monsieur luy dist il, ayant la teste nuë, ie vous prie faites cesser voz gens pour l'amour de moy, ilz ont assez batu mes Cheualiers, Palladien voyāt cest enfant si tresbeau, s'arresta tout court & laissa fuyr celuy qu'il poursuyuoit pour entendre ce petit Ambassadeur, que me voulez vous mō enfant, luy dist il, qui estes vous ? Helàs monsieur, ie vous requiers humblement faire cesser voz gens, puis vous sçaurez qui ie suis. Et vrayement mon filz si feray-ie pour l'amour de vous : Ce disant s'en courut mettre entre deux & les fit cesser leur criant qu'ilz prinsent les autres à mercy, puis qu'ilz s'y soumettoyent. Le combat ainsi

L'HISTOIRE

bat ainſi finy, les Cheualiers oſterent leurs armetz, pour prendre l'air car tous eſtoyent fort eſchauffez & leur bouilloit encor' le ſang de collere, mais ſi toſt qu'ilz ſe furent deſcouuerts ilz ſe recognurent l'vn l'autre, & Dieu ſcet quelle careſſe ilz s'entrefirent, Mantilée eſtoit celuy que les Cheualiers du chaſteau auoient premierement aſſailly ſans qu'il en ſceuſt la cauſe, & Landaſtanis eſtoit l'autre ſuruenu au mylieu du combat. Eſtans ainſi à ſe careſſer les vns les autres (& meſmes le prince Zorian que Mantilée ny Landaſtanis n'auoiét encores veu) la Dame du chaſteau plus morte que viue acompagnée de ſon petit filz & deux Damoyſelles, entra en la ſalle, & ſalüa gracieuſement les Princes, qui n'en firent pas grand conte du premier coup, car ilz penſoyent qu'à ſon aueu ſes Cheualiers euſſent aſſailly Mantilée, touteſfois l'ayant reſaluée, Palladien luy diſt : Commét ma Dame, quel train menez vous ceans, que veult dire cecy que vous faites ſi mal traiter les Cheualiers errans. pourquoy vouloyét voz gens prendre ce Cheualier (luy monſtrant Mantilée) Certainement, Seigneur, reſpondit elle, ce n'a eſté ny par mon commandement ny à mon aueu : mais ie vous prie vous venir repoſer & vous deſarmer, & ie vous conteray tout à loyſir, l'ocaſion, & comment cecy s'eſt fait, la condition pleut au Prince & pource ayant fait apeller leurs Eſcuyers qui les attendoyent dehors & fait eſtabler leurs cheuaulx ſ'en allerent tous en la chambre de la Damoyſelle, là ou pendant qu'on leur en preparoit d'autre, elle leur raconta tout le fait en ceſte ſorte. Il vous fault entendre Seigneurs, diſt elle, qu'il y a enuiron neuf ou dix moys que deux miens couſins ieunes Gentilzhommes, retournans du tournoy que le Roy fit dreſſer à Londres, ilz rencontrerent quatre ou cinq Cheualiers (comme i'ay entendu) contre leſquelz ilz eurent querelle, mais ce fut à leur grand dommage, car venuz des parolles au combat, l'vn des deux y demoura en la place & l'autre fit tellement qu'il eſchapa, ayant touteſfoys eſté fort bleſſé : or enuiron vn moys apres qu'il fut guery, deſirant ſe venger de ceux qui l'auoient ainſi outragé, ſe miſt ſur les champs acompagné de trois autres Gentilzhommes & furent bien deux mois à les chercher par ce Royaume, mais oncques ne les peurent trouuer ny en ouyr nouuelles : en fin s'eſtans retirez ceans, hors de toute eſperance de iamais les rencontrer, vous y eſtes ſuruenu diſt elle à Mantilée, & auez eſté recogneu, par le laquais de mon couſin, pour l'vn de ceux qu'il a tant cherchez. Et pource à il fait equiper pour vous prendre les Cheualiers qu'auez veu & rigoreuſement chaſtiez. Ie vous aſſeure, ma Damoyſelle, diſt Mantilée, qu'il m'a pris pour vn autre : car ie penſe ſur mon ame ne l'auoir iamais veu ny pas vn de tous ceux qui me ſont venu aſſaillir, & voudroys bien qu'il vint maintenant recognoiſtre tout à loyſir. Helàs, reſpondit elle, ie croy qu'il ne cognoiſtra iamais perſonne, ie vous prie que ie voyſe voir ſ'il eſt point mort, & luy pardonnez ceſte faute ſ'il vous plaiſt & à tous les autres auſſi, que pleuſt à Dieu que le laquais, qui en a eſté cauſe, fuſt en ſa place, le paillard n'a gardé de ſe iamais

trouuer

trouuer deuant moy. Vrayement ma Damoyselle, ie leur remetz tresvolontiers pour l'amour de vous l'offense qu'ilz ont faite en mon endroit.
Helàs, monsieur, dist la Damoyselle, si vous vous fussiez rendu du commencement, ie croy que la fin n'en eust esté si triste ne malheureuse: comme elle est car quant il eust veu que n'estiez de ceux qu'il cherchoit, il vous
eust fait bon recueil Ma Damoyselle respondit Mantilée, ie pensoys asseurement que ce fussent brigans, & pource aymois ie mieux mourir que
de me rendre à eulx: or allons, auant que plus atendre voir comme se porte vostre cousin. Alors tous sortirent de la chambre auec elle & descendirent en la salle, ou ilz trouuerent six de ces gens tous roydes mortz, & sept
bien fort naürez, entre lesquelz estoit le Cheualier cousin de la Damoyselle, dont estoit fort morie quand elle vit qui fut trouué vn bras rompu
& deux coups sur la teste fort grandz: mais non pas mortelz, toutesfoys
& pource il fut leué & porté sur vn lit, ou lon donna ordre à ses playes, &
à tous les autres semblablement trois desquelz moururent dedans quatre
iours de là par faulte de bon apareil ou autrement.

Du bon traitement que la Dame
du chasteau fit aux Princes, & comme elle declara à Palladian
qui estoit le Damoysel pour l'amour, & à la priere duquel ilz auoient cessé le combat.

Chapitre LVIII.

Yant donc la Damoyselle du chasteau fait apareiller les
playes de ses Cheualiers blessez, & commandé qu'on
enscuelist les mors, pour les faire inhumer le landemain
en la chapelle de leans. Palladian & ses compagnons furent coduitz es belles chambres qui leur estoient preparées ou ilz trouuerent robes de nuyt, & toutes autres cho
ses pour eulx refraichir & changer d'acoustremens. Là ilz se desarmerent
mais il n'y en eut pas vn d'eux qui ne fust trouué blessé en quelque partie
de son corps, l'vn à la teste, l'autre au bras, l'autre à la cuysse, chacun auoit
en sa part du gasteau, vray est qu'il ny auoit playe dangereuse, ne qui les
engardast de porter le harnoys ny monter à cheual des l'heure mesme s'ilz
eussent voulu. Tandis qu'ilz se rafraichissoient & faisoient visiter leurs
playes, la Damoyselle leur fit apareiller le souper fort sumptueux, & fit
couurir en sa chambre, par ce qu'elle estoit mieux parée & tapissée que sa
salle ou elle mangeoit ordinairement: puis venuë l'heure du souper &
que tout fut prest, elle mesmes alla querir les Cheualiers en leurs chambres, lesquelz se mirent à table & furent seruis tant proprement & auec tel

V hones-

L'HISTOIRE

le honnesteté & netteté qu'il est possible. Or d'auanture elle fut assise à table vis à vis du prince Palladien, & son filz aupres d'elle, lequel ilz trouuerent tous merueilleusement beau & bien instruyt. Le prince Zorian contemplant, auecq' grand plaisir, sa bonne petite grace & honneste maintien cogneut en luy quelques traitz & façons de faire de Palladien, aussi firent Broantin, Liboran, & quatre ou cinq des Cheualiers de leans qui s'estoient sauuez, que la Dame auoit fait venir ayant impetré leur pardon, laquelle tenant quasi tousiours les yeulx fichez sur Palladien, luy vid ie ne sçay quoy qui le faisoit fort ressembler, non seulement au Damoyseau: mais à celuy qui l'auoit engendré, dont il luy print enuye de sçauoir sur tous, le nom de Palladien & qui il estoit, parquoy sur la fin du souper, les voyant tous ioyeux & bien deliberez, leur dist amyablement, ie vous suplie Seigneurs, me faire tant de bien que de me dire voz noms & qui vous estes, à fin que ie me puisse quelque iour vanter & glorifier d'auoir eu en ma maison les meilleurs Cheualiers, ie ne diray pas du royaume d'Angleterre: mais de toute la terre comme ie pense. Vrayement ma Damoyselle, respondit Palladien pour tous, celà feray-ie tresvolontiers, & pense que pas vn de la compagnie n'en sera marry : mais ce sera à la condicion que vous nous ferez le semblable de vostre part, & que vous nous direz à qui est ce gentil Damoysel, qui a esté si bon orateur auiourd'huy, que par sa petite harangue & bonne grace, il à fait cesser nostre meslée. Lors, ayant la Damoyselle promis à Palladien ne luy en celer rien il luy dist. Sachez doncques mamye, que ie suis nommé Palladien filz de vostre bon roy Milanor, & monsieur que voicy est le prince d'Aquilée, ces deux autres, dist il monstrant Broantin & Liboran, sont deux Gentilzhommes de ce païs. La Damoyselle entendant que Palladien estoit filz du roy Milanor, fut bien esbahie & eust bien voulu estre quitte de sa promesse quant à luy faire entendre qui estoit le ieune Damoysel, & pource estimant le faire passer en silence & oubly, commença à leur raconter bien au long de sa genealogie, & que tous ses ayeulx estoient Angloys, puis tombant sur son mary defunct leur dist que son grand pere, nommé Teocle du Lac estoit premierement venu de rance, auecques vne des filles du Roy qui fut mariée à vn Prince d'Angleterre, qui pour ses bons seruices luy fit auoir en mariage vne des Damoyselles d'honneur de la Royne, de laquelle il eut vn seul filz, qui fut nommé Teoclin pour l'amour de son pere. Ce Teoclin, ayant seruy de page le Roy iusques en l'aage de vingt deux ans, eut en mariage vne Damoyselle fille vnicque du Seigneur de ce Chasteau, qu'on apelle Chapen, desquelz yssit feu mon mary, à qui mon pere (qui estoit maistre d'hostel de la Royne) me donna en mariage: mais au bout de deux ans & demy que nous eusmes esté ensemble en grand plaisir & contentement de noz personnes, il pleut à Dieu le m'oster & demouray veufue, comme encore ie suis, & n'ay intencion de me iamais remarier. Pourquoy ma Damoyselle (dist Palladien) veu que vous

n'estes

n'estes encor' en la fleur de vostre aage? vous vous faites tort de passer ainsi vostre ieunesse. Certainement, monseigneur respondit la Damoyselle, feu mon mary me faisoit tant bon & gracieux traitement, que si i'en rencontrois maintenant vn qui me fust rude & traitast mal, ie mourroys de desplaisir, & voyla qui m'engarde de rentrer en mariage, ioinct que ie me suis desia toute acoustumée à viure sans mary : car il y a sept ans tous entiers que ie suis veuue. A tant se teut la Damoyselle à qui le Prince dist, dea mamye, vous nous auez assez parlé des parens de vostre feu mary & des vostres : mais vous ne nous dites point (selon vostre promesse) à qui est cest enfant tant beau & bien apris & qui a par sa bonne grace esté cause de mettre fin à nostre combat plustost que n'eussions fait. La Damoyselle changea incontinent de couleur & deuint toute honteuse & faschée dequoy il luy failloit dire deuant tant de gens, de qui estoit filz le Damoysel, par ce qu'elle offensoit son honneur en ce faisant, & pource ayant vn peu pensé en soy-mesme, & ne voulant qu'autre que Palladien le sceust. Monseigneur, ie le vous diray, s'il vous plaist apres le souper tout à loysir, car ie voy que vous laissez le boyre & le manger, tant vous estes ententif à m'ouyr deuiser. Vrayement mamye (respondit Palladien) vous auez raison, & moy (& tous quant que nous sommes) peu de discretion ne considerans pas que ne pouuez prendre vostre refection, ne faisant autre chose que deuiser. Or la doncques soupez, puis nous en deuiserons. Ainsi se mirent en d'autres propos, iusques aux tables leuées, que Palladien print la Damoyselle par la main auecq' l'enfant, & l'ayant tirée à part en vn coing de la chambre : à ceste heure, luy dist il, me direz vous à qui est ce Damoysel. Lors la Damoyselle luy dist, hellas mon Seigneur, ie vous suplie doncques le tenir secret, tant pour l'honneur de son pere que de sa mere. Vrayment mamye (dist Palladien) ie le vous prometz, & ne craignez à le me dire pour doute que vous ayez de cela, vous asseurat que i'ay l'honneur des Dames en telle recommandacion, qu'il n'y a chose à moy possible que ie ne fisse de bien bon cueur pour elles, tant s'en fault que ie voulusse estre cause de leur deshonneur. Mon Seigneur (respondit elle) ie vous remercie treshumblement, sachez doncq', pour certain, que ce Damoysel est vostre frere, filz du roy Milanor & de moy. Vrayement ma Damoyselle, dist Palladien, i'en suis tresayse : car l'enfant est aussi beau & bien formé qu'il est possible : mais quel aage a il? Enuiron six ans monseigneur, respondit elle : il fut engendré au retour du voyage que le Roy fit au païs de France (il y a sept ans) lequel, allant luy mesmes visiter tous les portz & fortes places de son Royaume, passa par cy, & y seiourna neuf iours entiers, durant lesquelz il me sollicita tellement de l'aymer que ie n'euz la puissance de resister trois iours à ses amoureux assaultz, par ainsi ie le laissay iouyr & prendre de moy ce que plus il desiroit : mais ce ne fut à faulte : car six sepmaines apres ie me senty enceinte de cest enfant, lequel ie fiz nommer au baptesme Florian de Gaule, par ce que son pere l'en-

V ii   gédra

L'HISTOIRE

gendra à son retour des Gaules, en la saison que les arbres estoyent en fleur. Lors le prince Palladien, bien ioyeux, embrassant le ieune Damoysel, le baisa amoureusement par plusieurs foys, puis le monstrant au prince Zorian & aux autres Cheualiers, voyez dist il, ay-ie pas vn beau petit frere? Ouy vrayement (respondit le prince Zorian) mais quiconques en soit la mere, ie croy que ma Damoyselle est de ses parens. Sauf vostre honneur mon Seigneur, respondit la Damoyselle, i'en ay esté seulement la nourrice & seray tant qu'il plaira au Roy, mais helàs, ie crains bien fort que ce ne soit plustost que ie ne pense, & quant il sçaura la mort des Cheualiers qu'il auoit ordonnez pour la garde de l'enfant, laquelle ie ne sçauray comment couurir ny excuser. Laissez m'en faire, dist le prince Palladien, i'acoustreray bien tout celà quant ie parleray à luy, allons seulement veoir comme se porte vostre cousin. Ce disant, ilz sortirent de la chambre de la Damoyselle, & s'en allerent ou estoit son cousin qu'ilz trouuerent dormant, à quoy ilz prindrent bonne estime, comme vn signe de guerison, & pour-ce le laisserent reposer & se retirerent tous en leurs chambres, ayans donné le bon soir à la Dame du chasteau, laquelle se retira en la sienne auecques son petit Florian, qui le landemain, si tost qu'il fut leué & habillé, monta aux chambres des Princes, auecques ses deux ieunes pages, ayans chacun vn esperuier sur le poing, & s'en allerent en cest equipage donner le bon iour aux Princes leur demandant s'il leur plaisoit pas aller voller les perdriaux attendant le disner, à quoy ilz s'accorderent tresvolontiers, & montans tous à cheual descendirent en la plaine, auecques les oyseaulx epaignculz & bracques qui leur donnerent du passetemps tant & plus: Au retour ilz trouuerent les tables dressées, & la Damoyselle toute triste & melancolique, sortant de la chapelle ou elle auoit fait inhumer ces Cheualiers, durant que les Princes estoyent à la vollerie: mais elle se resiouyt si tost qu'elle les aperceut de retour, tous bien deliberez auec son petit Florian, & comme celle qui ne demandoit qu'à leur complaire & faire bonne chere, les ayant humblement saluez les mena en la salle ou lon auoit couuert pour le disner. Là ilz furent traitez & seruiz plus magnificquement qu'ilz n'auoient esté le iour precedant. Les tables leuées, ilz furent menez es beaux iardins ou ilz se proumenerent à l'ombrage attendans passer la grand' chaleur du iour, puis remontans à cheual s'en allerét courir le Lieure, tandis que leurs Escuyers racoustroient leurs harnoys, tant y a que tout le reste de la iournée ne se passa qu'en tous plaisirs & passetemps: & ne fault point demander si le petit Florian leur fit mile beaux contes de ses chiens, de ses oyseaux & de ses cheuaulx qui leur alla monstrer, les nommant tous par leurs noms l'vn apres l'autre.

Comme

PALLADIENNE. Fueil. CXVII.

Comme les Princes, ayans prins

congé de la Dame du chasteau, arriuerent à Londres ou estoit
le Roy, du bon recueil qui leur fut fait d'vn chacun, &
comme le prince Zorian fut baptisé.

Chapitre LIX.

Le landemain les Princes leuez de bon matin, s'armerent & equiperent comme de coustume, puis descendans en la court, ilz rencontrerent la Dame du chasteau à laquelle il recommanda bien fort son petit frere Florian & à son gouuerneur qui estoit vn bon vieil patron de gentilhomme, esperant, dist il, que de bref ie le retireray auec moy pour le faire endoctriner & instruire aux lettres, & aux armes. Apres cela ilz prindrent congé de la Damoyselle qui les suplia tous de rechef treshumblement de luy pardonner & l'excuser si mieux ne les auoit traitez, & pareillemét qu'ilz oubliassent la faulte que ses gens auoient commise en leur endroit. Mamye, respondit Palladian, tout cela leur est pardonné, dites seulement à vostre cousin qu'il soit vne autre foys plus auisé, & qu'il n'entreprenne desormais vne chose si legerement, & qu'il remercie hardiment le petit Florian: car sans luy on l'eust fait mourir sans remission, & tous ses compagnons aussi: car ilz l'auoient bien merité. Ainsi ayans les Princes baisé la Damoyselle & le petit Florian, monterent à cheual, & suyuirent le chemin de Londres, ou ilz arriuerent le landemain sur les dix heures du matin que le Roy venoit de la messe, & Dieu scet

L'HISTOIRE

s'ilz furent tous les bien venuz des Seigneurs & Dames de la court & des Citoyens : mais par deſſus tous, Mercilane & Florée firent bonne chere à leurs grandz amys les princes Mantilée & Landaſtanis, leſquelz elles penſoient eſtre perduz. Les grandes careſſes & bienuenuës faites, tant du coſté des Seigneurs que des Dames, le prince Palladian declara au Roy, qui eſtoient Liboran & Broantin, auſsi le prince Zorian, & comme il auoit tant fait qu'il s'eſtoit conuerty à la loy Chreſtienne, & promis ſoy faire baptiſer & ſon Eſcuyer quant & quant : & pource ſire, diſt il, il vous plaira commander qu'on face les preparatifz pour leur bapteſme de bref, tandis qu'ilz ſont en ceſte bonne volonté. Le Roy fut bien ayſe de ces nouuelles parquoy commanda qu'on allaſt aduertir en diligence les Eueſques plus prochains, qu'ilz euſſent à eulx trouuer à Londres dedans quatre iours de là, & que cependant on tapiſſaſt richement la grande Egliſe, ou il vouloit que le bapteſme fuſt fait auecq' la plus grande pompe & ſolemnité qu'on pourroit. Incontinent furent depeſchez courriers de tous coſtez pour aller ſignifier, de par le Roy, aux Prelatz de ſoy trouuer, au iour deſigné, à la ſolemnité des bapteſmes. Attendant ce iour, il ne fut queſtion par tout que de bonnes cheres, de rompre lances, & paſſer le temps à toutes manieres de recreations : mais ceux & celles qui en prindrent la meilleure part furent les princes Mantilée, & Landaſtanis qui ne failloient pas vn ſoir à s'en aller ſecretement au iardin & lieux acouſtumez, voir les deux Princeſſes leurs amyes qui leur firent bien payer les arrerages du temps paſſé. Le Roy, la Royne, & les grandz Seigneurs d'Angleterre prenoient le plus grand plaiſir du monde durant les repas, à ouyr raconter à Liboran, Broantin & Licelie des merueilleux faitz d'armes de Palladian, & des auantures qu'il auoit miſes à fin, & principalement comme il s'eſtoit porté vaillant & preux en la bataille qu'eut le Roy d'Aquilée contre le Roy de Pannonie & ſes confederez, ou entre autres il miſt à mort le geant Muſimalde duquel ſeul, les Pannoniens eſtimoient la victoire : puis comme quelques iours apres il auoit combatu en camp clos & mis à mort, le fort Sulberne ſurnommé le braue, couſin de Muſimalde, & auſsi la grande & parfaite amytié que luy portoient le Roy la Royne, & tous les Princes & ſeigneurs d'Aquilée & ſpecialement l'infante Aquilée : mais ce ne fut pas ſans rire, lors que Liboran vint à raconter comme & pourquoy il auoit eſté cótraint de contrefaire le muet, & quelle peine ce luy eſtoit de parler & reſpondre à vn chacun par ſignes eſtant en hiſtrie, auſsi comme les Damoyſelles de l'infante Aquilée luy faiſoient l'amour. Comment n'en auez vous abatu quelqu'vne, diſt le Roy, vous auiez le milleur moyen du monde : car elles euſſent eſté aſſeurées que vous euſsiez tenu le tout ſecret, eſtant muët comme elles vous penſoyent : tout ainſi que firent celles d'vne Abaye de femmes, qui n'eſt qu'à ſix lieuës d'icy, ou il y auoit, entre autres cinq ou ſix fort belles nonnes, auſquelles pluſieurs Gentilz-hommes firent bien long temps l'amour : mais oncques n'en peurét venir à bout d'vne ſeule, dequoy

l'vn

PALLADIENNE. Fueil. CXVIII.

l'vn d'eulx dolent outre mesure, pensant vn iour aux deffences & excuses qu'elles leur mettoient au deuant, qui n'estoient qu'vn tas de, vous le diriez, si on le sçauoit, vous me lairriez, ie crains honte, si ie deuenois, & telles autres eschapatoires, cogneut bien qu'elles se lairroient volontiers aller, sans ceste crainte d'estre descouuertes, à ce moyen ayant dit vn iour a dieu à celle qu'il poursuyuoit, & fait serment que iamais ne la viendroit reuoir, fut enuiron six sepmaines sans soy monstrer, au bout desquelles il se desguisa en pauure homme de peine, & s'en alla à la porte de l'Abaye contrefaisant le muet, & demandant par signes qu'on l'employast à quelque besongne. L'abesse d'auanture, estant pour lors à la porte, & le voyant fort & robuste, se pensa qu'il seruiroit bien en l'Abaye à faire plusieurs petites besongnes & negoces que lon luy monstreroit, mesmes à bien fendre le boys & labourer aux iardins, trop mieux qu'vne femme. Et pource, voyant que la saison du printemps aprochoit, l'ayant fait entrer & tresbien repaistre, luy fit signe qu'il portast quelques grosses busches de la court en la cuysine ce qu'il fit soudain : puis le mena en l'estable aux cheuaulx, lesquelz elle luy fit estriller & espousseter en sa presence, & de là aux iardins ou il commença à houer & labourer, dieu sçet de quel courage. En bonne foy, dist lors l'abesse à sa prieure, *nous auons vn charretier & vn iardinier* ceans : mais ie leur veux à tous deux bailler congé, car ce bon homme de muet icy, seruira bien tout seul de l'vn & de l'autre : ce qu'elle fit des le landemain, & demoura ce bon muet leans : qui fit tant par ses iournées & dressa si bien ses ambusches & escarmouches qu'auant vn moys de là, il iouyt non seulement de celle qu'il auoit si long temps pourchassée : mais aussi de toutes les aurres, ce qu'il n'eust iamais fait, sans l'opinion qu'elles auoient qu'il estoit muet & qu'il ne les pourroit deceler : car elles estiment qu'il n'y a rien de gasté ny mal fait touchant celà, sinon quant on le sçet. Ainsi en deuiez vous faire. Sire, respondit Liboran, si d'auanture ie me fusse ioué à l'vne d'elles, ie doute qu'elle ne m'eust pas voulu laisser retourner par deça, & par ainsi i'eusse perdu le seruice de mon seigneur Palladian que ie ne vouldrois abandonner pour chose du monde : car ie luy suis tenu de ma vie. Vrayment, dist le Roy ie vous en sçay tresbon gré, & aux autres aussi qui luy ont tenu si bonne compagnie, lesquelz i'ay intention de bien recompenser & de bref. Des le landemain le Roy les fiança tous trois à trois belles Damoyselles de la court, des plus riches maisons d'Angleterre, & furent leurs noces différées seulement iusques au iour de la solemnité du baptesme, lequel escheu, le Roy, la Royne, & tous les grandz Seigneurs & Dames d'Angleterre, mesmes le comte de Flandres qui en auoit esté auerty, partirent du Palays en la plus grande pompe & brauade qui fut oncques veuë en ce païs : & fut le prince Zorian, estant entre le Roy & la Royne, conduit iusques à la grande Eglise ou les Prelatz l'atendoient & receurent honorablemét : là fut celebrée la messe par le patriarche, puis au mylieu de la nef de l'eglise ou estoient les fons preparez sur vn hault

V iiii pulpite

pulpite richement tapiffé, & au deffus vn grand pauillon de drap d'or fufpendu, monterent le Patriarche auec deux Euefques fans plus, le Roy, la Royne, le comte de Flandres & le Prince qui fut baptifé, felon la couftume des Chreftiens, excepté qu'il ne fut defpouillé nud comme les petitz enfans : mais feulement eftant à genoux la tefte nuë & l'eftomach vn peu defcouuert. Le Roy & le comte de Flandres furent fes parrains, & la Royne fa marraine fans luy changer fon nom, ny à fon Efcuyer aufsi nommé Ligafte que Palladian, Mantilée & l'infante Mercilane tindrent fur fons. Soudain que ces baptefmes furent acheuez, trompettes & clairons cómencerent à fonner, & fanfarer, & tout le peuple à fe refiouyr & louer Dieu, d'auoir conuerty à fa fainte loy vn tel Prince, efperant vn chacun que fes parens viendroient vn iour à faire le femblable. Ainfi doncques retournerent en grand' triumphe & ioye au Palays ou eftoit preparé le banquet fort fumptueux & magnificque. Là eftant afsis le prince Zorian entre les Dames, qui toutes luy monftroient bon vifage tant pour fa beauté & honnefteté, que pource qu'il s'eftoit fait Chreftien, il ietta d'auenture fa veuë fur l'infante Gracienne, fille du comte de Flandres, de laquelle il deuint deflors tellement efpris qu'il en perdit quafi toute contenance, dequoy s'aperceut incontinent Palladien, luy voyant toufiours les yeulx fichez fur elle : & pource fi toft que les tables furent leuées, & graces dites, Palladien s'en alla la prendre par fa petite main blanche, & l'amena au prince Zorian. Monfieur mon compaignon luy dift il, ie vous prie entretenez, pour l'amour de moy cefte Damoyfelle, elle s'apelle Gracienne, i'ay opinion que vous la trouuerez, felon fon nom, gracieufe & honnefte. Zorian la prenant entre fes bras, luy refpondit : Sur ma foy, feigneur Palladien, vous me faites le plus grand plaifir du monde de m'adreffer à vne perfonne qui ayt bonne grace à fin que i'en aprenne : car ie vous affeure que i'en fuis fort mal party, & de toutes autres vertuz aufsi, neantmoins i'eftimerois n'en eftre du tout defgarny, fi ie pouuois tant faire que d'acquerir la bóne grace de cefte Damoyfelle, qui du premier trait d'œil qu'elle ma ietté m'a naüré iufques au cueur, ie dy fi viuement que i'en fuis tout hors de moy, & s'il luy plaifoit m'accepter & receuoir pour fon Cheualier, & trefaffectionné feruiteur, ie luy donnerois à cognoiftre, & de bref quel pouuoir elle a fur moy. Ha vrayment, monfieur mon compagnon, dift lors Palladien, ie voy bien que vous eftes frapé, or là là deuifez enfemble, ie m'en voys ce pendant entretenir monfieur le comte fon pere. Lors il fe retira vers le comte de Flandres à qui il fe print à reciter tant de vertuz & dons de graces du prince Zorian, & de l'amour qu'il portoit à fa fille, que des l'heure il penfa à braffer le mariage d'eulx deux : ce que cognoiffant Palladien, il mit fi bien les fers au feu (auec la Royne fa mere, qui eftoit coufine germaine du comte de Flandres) que deux iours apres, Zorian & Gracienne furent fiancez à leur grand plaifir & contentement : les efpoufailles differées feulement iufques à tant que les preparatifz pour icelles

celles fuffent faitz: ce pendant mile paffetemps & esbatz se faisoient tant en la court qu'en la ville:& se resiouyffoit vn chacun. En ces mesmes iours les princes Mantilée & Landastanis, qui chatouilloient à la bône sorte toutes les nuitz leurs amyes, Mercilane & Florée, se penserent qu'à la continuë ilz pourroient estre descouuertes, ou bien qu'elles pourroiét prendre tel goust à la noix que leur ventre en enfleroit, & pource à fin de sauuer leur honneur, rescriuirent tous deux à leurs peres, à sçauoir mantilé au duc de Milan, & Landastanis au roy de Norgalles, les prians affectueusement par leurs lettres, qu'ilz moyennassent le plustost qu'ilz pourroient le mariage d'eulx auecq' les Princesses, asseurez que le Roy ne leur referoit point veu les grandz signes de bône amytié qu'il leur monstroit. Ces deux Princes le roy de Norgales & le duc de Milan ne furent paresseux d'entendre à ce mariage, ains aussi tost qu'ilz eurent veu les lettres de leurs enfans, enuoyerent leurs Ambassades pour cest affaire au Roy d'Angleterre qui n'en fut pas moins ioyeux qu'eulx mesmes, & leur acorda liberalement, & de bon cueur, ses filles, lesquelles il fit fiancer en la presence des Ambassadeurs, & acorda les espousailles à tel iour qu'il plairoit prédre à leurs maistres, qui augmenta la ioye d'vn chacun, & mesme du prince Palladien: mais voyant vingt iours estre desia passez qu'il estoit de retour en Angleterre, & n'oyant nouuelles de l'infante Aquilée, il commença à soy contrister & fascher, se deffiant aucunement de la promesse que luy auoit faite la sage Orbiconte, qui estoit de rendre de bref en Angleterre l'Infante Aquilée, mais il ne fut gueres en cest ennuy: car elle arriua bien tost apres ainsi que nous dirons presentement.

Comme l'infante Aquilée fut mi-
se entre les mains des Ambassadeurs du grand Seigneur, des regretz & lamentations qu'elle fit, & comme la sage Orbiconte besongna si bien que les deux nefz, ou elle l'Infante & leurs gens estoyent vindrent surgir en Sicile, & celles des Turcs escartée: puis les remonstrances quelle fit aux pilotes qui faisoient difficulté de prendre la route d'Angleterre.

Chapitre LX.

Apres que

L'HISTOIRE

Apres que les princes Palladien & Zorian, auec leurs gens eurent habandonné le Royaume d'Aquilée, comme vous auez entendu, l'infante Aquilée ne fit quaſi autre choſe que lamenter & ſouſpirer, regretant à toutes heures l'abſence & eſlongnement de ſon Palladien & n'euſt eſté l'aſſeurance & promeſſe que luy faiſoit ordinairement la ſage Orbiconte ſa tante de la rendre de brief aupres de luy, ie croy qu'elle ſe fuſt du tout deſeſperée, neantmoins toutes les foys qu'elle ſe pouuoit trouuer ſeule en ſa chambre ou autre part, ſe prenoit touſiours à larmoyer profondement, & venant à penſer aux ennuys & torments qu'il luy conuiendroit ſouffrir ſi ſa tante ne venoit à chef de ſon entrepriſe (meſmes au grand deshonneur ou elle tomberoit) elle faiſoit ſouuent ſes plaintes en ceſte ſorte. Helàs, que feras-tu pauure dolente Princeſſe, que feras tu ſi la fortune te met vne foys entre les mains de ce Turc! Làs (outre l'ennuy que tu auras de perdre ton loyal amy) tu tomberas en vn deshonneur irreparable, eſtant trouuée corrumpue comme tu es, & ayant perdu ceſte fleur de virginité de laquelle ce grand Seigneur s'atend bien eſtre le premier iouïſſant. Quelle excuſe auras-tu malheureuſe! n'aura il raiſon de te repudier & te rendre à tes parens comme vne paillarde & lubricque? ou bien te faire ſouffrir vne mort honteuſe & miſerable telle qu'elle eſt eſtablie aux adulteres. O' vous tous les Dieux celeſtes, conſeillez, conſolez & aydez à ceſte miſerable amante. Telles & autres lamétations faiſoit la dolente Princeſſe, puis ſe remettant à penſer ou pouuoit eſtre pour lors ſon amy, & l'ennuy qu'il enduroit pour l'amour d'elle, recommençoit auec plus grande angoiſſe que deuant, làs, diſoit elle, ou eſtes vous maintenát, ô ma vie, ou eſtes vous mon cueur! eſt il bien poſſible que puiſſiez auoir repos

repos en voſtre eſprit, eſtant eſlongné & priué de ma preſence que tant ie vous ay veu aymer & tenir chere? helàs, ie croy que non, & encores que euſsiez en vous tant de vertu que d'endurer patiemment ceſte dure ſeparation d'entre nous deux, ſouz la promeſſe de ma tante Orbiconte, il eſt impoſsible (ſans vne grace ſpeciale des Dieux) que puiſsiez eſchaper tant & tant de dangers qui ſuruiennent ordinairement aux Cheualiers errans, comme vous, helàs, moderez vn peu, ie vous prie, ceſte ardeur & volunté d'acquerir vne gloire immortelle par voſtre prouëſſe & magnanimité, & ceſſez de plus chercher contre qui eſprouuer voz forces, aſſez les auez vous eſprouuées à voſtre grandiſsime honneur & gloire, & de moy pareillement ſi vne foys nous pouuons peruenir à noſtre deſſein deſiré. Contregardez vous doncques, ó mon tout, & vous rendez ſain & entier en voſtre terre comme m'auez promis, ſinon pour l'amour de vous meſmes, faites le à tout le moins en faueur de l'amytié que ie vous porte laquelle i'ay touſiours eſtimée & eſtime n'eſtre moindre de voſtre coſté en mon endroit. Ainſi ſe maintenoit la dolente Aquilée tandis que le Roy & la Royne faiſoyent donner ordre à equiper deux nauires pour la mettre elle & tout ſon trein & que tous les tailleurs & brodeurs & orfeüres de la court eſtoient empeſchez à luy faire force habitz & bagues precieuſes. Quant il ſembla aux Ambaſſadeurs du grand ſeigneur que tout eſtoit preſt, ilz ſe preſenterent au Roy le ſuplians de les depeſcher, & leur liurer la Princeſſe entre leurs mains: ce que le Roy fit le dixieſme iour apres que Palladien fut departy, lors s'il y eut des larmes reſpanduës à prendre congé & dire leſadieux au Roy, à la Royne & tous les Seigneurs & Dames de la court ie le vous laiſſe à penſer. La Royne auec toutes ſes Dames & le prince Almiden auec vn bon nombre de grandz ſeigneurs, l'acompagnerent iuſques au port ou eſtoyent ancrées les nauires de l'Ambaſſadeur & les deux de la Princeſſe, ou ayant de rechef prins congé de la Royne ſa mere & d'Almiden, elle entra auec ſa tante Orbiconte & tout ſon trein. Lors les ancres leuées, & les voilles données aux ventz demarerent, ſonnans force trompettes & tabours à la mode de Turquie, & monſtrans tous ſignes de ioye & allegreſſe, excepté la Princeſſe qui ſe deffioit touſiours de la promeſſe de ſa tante, combien qu'à toute heure, en la conſolant, l'aſſeuroit rendre dedans dix iours au plus, en Angleterre. Ainſi doncques ayans le vent à ſouhait, ſinglerent tellement en ceſte mer Adriatique que paſſans l'Iſle du feu (ou Palladien s'eſtoit arreſté en allant en Aquilée comme auez entendu) entrerent en la mer Mediterranée. Lors ce fut à la ſage Orbiconte à iouër ſon roole & monſtrer par effet ce qu'elle auoit promis de faire: Elle doncques vn ſoir voyant tous les Pylotes & patrons des nauires Turquoyſes ſe reſioüir du beau temps & des ventz qui leur eſtoient propices pour les rendre en peu de iours en Turquie, print quelques liures en parchemin qu'elle portoit ordinairement ſur elle, & vn petit flaſcon d'argent plein d'huylle: en apres montée ſur le tillac, commença à lire dans l'vn de ces
liures

L'HISTOIRE

liures puis en l'autre assez longuement, ce fait elle se print à regarder la Lune en prononçant quelques motz qu'on ne pouuoit entendre en faisant gestes du corps & des mains comme si elle l'eust menacée, puis s'estát tournée deuers Orient & marmonnant tousiours ie ne sçay quoy entre ses dens getta de l'huyle dans la mer : autant en fit deuers Occident, autant du costé du Mydy & autant de la partie du Septentrion. Apres tout celà elle se descent en la chambre ou estoit sa niece Aquilée toute triste & melancolique, apaisez vous m'amye, luy dist elle, ie vous asseure qu'auant qu'il soit vn quart d'heure, vous verrez bien la chance tourner. Helàs, respond Aquilée, ie ne sçay quelle chance, oyez vous pas comment ces Pylotes se promettent nous rendre en Turquie auant qu'il soit trois iours? Quant à eux, dist Orbiconte, ilz iront ou il plaira à la fortune, mais ie vous asseure que noz deux vaisseaux ne tireront autre part qu'en Angleterre. Estans Orbiconte & Aquilée en ces deuis, trois ou quatre ventz contraires se vont leuer, les esclairs, le tonnerre, la pluye, la gresle, meslée auec gros & horribles tourbillons qui donna incontinent certain presage d'vne tempeste & fortune prochaine, à ce moyen tous les Pylotes cómencerent à caller voilles & faire toutes choses qui se peuuent faire pour ceder au temps & euiter le nauffrage, mais quelques choses qu'ilz peussent faire, si ne laissa la mer à s'irriter & les vétz à souffler de telle sorte que, bon gré mal gré, tous leurs vaisseaux furent en moins d'vn quart d'heure escartez deçà & delà plus de cinquante mille l'vn de l'autre : & en telle fortune passerent quasi toute la nuit, qui estonna tellement tous les paures nautóniers, & mesmes ceux qui gouuernoyent les deux vaisseaux ou la Princesse & ses gens estoyent qu'ilz se prindrent à crier misericorde & prier tous leurs dieux & déesses, leur vouloir estre en ayde : Ce que voyant & oyant Aquilée pensa en soymesme que tout estoit desesperé & que Orbiconte n'y pouuoit donner remede, à ce moyen commença à s'effroyer bien fort, & se gettant à son col la tint bonne piece estroitement embrassée, luy disant : a a ma tante, ma tante, ie cognoys bien maintenant que c'est fait de moy, vous m'auez amenée à la mort & vous aussi. Helàs voyci vn piteux mariage, voyci de doloreuses noces! O' mon trescher pere, & vous ma douce mere! comme pourront voz tendres cueur soustenir & suporter le deuil & l'angoisse que vous causera ma mort miserable! & vous, ô mon parfait & loyal a. Et à voulant acheuer le mot amy, la parolle luy faillit & le cueur quát & quant demourant esuanouye entre les bras d'Orbiconte laquelle tira soudain de sa pochette vne petite boëtte d'or pleine d'vne certaine poudre qu'elle luy mist au nez, & aussi tost reuint à soy, puis, l'ayant laissée entre ses Damoyselles qui toutes fondoyent quasi en larmes pour la voir en si triste estat, elle remonta sur le tillac ou de rechef fit quelques signacles en prononçant certaines parolles estranges, & aussi tost comméncerent les ventz à s'apaiser & la tourmente à cesser, ce que cognoissant l'Infante, elle reprint vn petit de cueur & d'esperance, mais bien se tint elle presque toute asseurée de

son salut

son salut le matin lors qu'elle vit ses deux nefz seins & entieres pres la Sicile à l'endroit du Promontoire Libybean, comme luy dirent les Pylotes & aussi que toutes celles des Turcs estoyent esgarées ne sçauoyent ou ny en quelle contrée. Lors Orbiconte, ioyeuse le possible, commanda getter les ancres & attendre le iour en cest endroit : ce qui fut fait & se reposa vn chascun iusques à la venuë du cler Phœbus, que la sage Orbiconte estont debout sur le tillac de sa nauire, fit venir deuant elle les Pylotes & les principaux Gentilzhommes ordónez pour acompagner la Princesse ausquelz elle parla en ceste sorte.

Mes amys, vous auez peu voir & cognoistre le grand danger & peril eminent ou nous auons esté presque toute ceste nuit passée : & croy qu'il n'y a nul d'entre vous, qu'il ne tienne pour tout seur que les dieux nous ont, de leur grace speciale conseruez, &, par vn certain miracle gardez du naufrage qui nous estoit prochain. Semblablement vous pouez penser que non sans quelque cause & raison oculte ilz nous ont gettez en ceste part, & escarté de nous, tous les vaisseaux des Ambassadeurs du grand Seigneur, nous monstrans les Dieux euidemment par celà que tous les humains tant fortz & puissans soyent ilz, ne sçauroient mener à fin quelque affaire ou entreprise que ce soit s'ilz ne sont par iceux guidez & fauorisez : de là est venu le prouerbe commun qui dit que les hommes proposent & les dieux disposent. Or auoit (comme vous sçauez) le Roy mon frere proposé de ioindre par mariage ma niece Aquilée, que voyez, au grand Seigneur, mais les dieux (deuant les yeux desquelz rien ne peult estre caché) sachans ce qui auoit esté acordé & passé entre elle & le Cheualier sans Repos, que vous auez veu & cogneu en la court & qui est filz d'vn Roy trespuissant, ont voulu empescher que leur foy & promesse ne fussent faucées & rompuës, ie dy promesse de mariage de laquelle ie puis porter certain tesmoignage, & ne fault pour le present que vous vous arrestiez sur ce que le Cheualier sans Repos est Chrestien & ma niece payenne, mais suffise vous que tel est le vouloir des dieux & le verez par experience de bref : Ce pendant deliberez vous de prendre la route d'Espagne, pour tirer delà au royaume d'Angleterre qui apartient au Cheualier sans Repos apres le deces du Roy son pere : Allons doncques hardiment, mes amys, & ne craignez que aucun inconuenient vous en puisse auenir, ie vous prens souz ma charge & sauuegarde, & me croyez que n'aurez non plus d'ennuy ou mauuais traitement que moy & ma niece que ie tiens autant chere & plus que mes propres filles.

A tant se teut la sage Orbiconte (& attendant si quelqu'vn des assistans luy respondroit quelque chose) considera bonne espace de temps leurs contenances & visages, qui luy semblerent tristes & melencoliques : & monstrans assez qu'ilz ne trouuoyent sa deliberation bonne, car tous craignoyent leur peau, pour le premier, n'estans point d'auis de faire vn tel voyage en terre de Chrestiens (qui leur estoyent pour lors ennemys) sans

le sceu

L'HISTOIRE

le fceu & congé du Roy & faufconduit expres. Ce que voyant & cognoiffant Orbiconte, leur dift, continuant fon propos. Quoy, mes amys? il femble à vous voir que foyez efpris de la plus grande crainte & doute qu'il eft pofsible, ie vous voy, ce me femble defia à demy mortz : comment? craignez vous quelque mal ou infortune vous auenir en ma compagnie? ma perfonne & ma niece ne vous font point affez bonne & feure fauuegarde? quel autre meilleur faufconduit voudriez vous? nous allons en terre de noz amys & alliez, pour créer & confirmer vne paix & concorde perpetuelle, auec l'vn des grandz & vertueux Princes de la terre, auec lequel eft ia le tresbien venu & receu le prince Zorian mon neueu qui partit, comme vous fçauez auec le Cheualier fans Repos, celuy feul que les dieux ont deftiné à ma niece pour mary. Allons allons doncq' & ne craignez ny ne doutez en rien l'indignation ou male grace du Roy mon frere ny de ma feur aufsi : car ie fçay affeurement qu'ilz auront pour agreable & trouueront bon ce qui s'eft ia fait & fera entre ma niece & le Cheualier fans Repos : & de ce vous en remettez hardiment du tout fur moy, eftimans que fi ie n'eftoys certaine de tout ce que ie vous ay dit, & que la fin de noftre affaire fe terminera en ioye & contentement de tous coftez, ie ne m'oublirois tant que de vous aller mettre, & moy quant & quant, au danger que vous craignez. Telles & tant d'autres remonftrances fceut fi bien faire la fage Orbiconte à fes gens, que tous delibererent & luy promirent faire ce qu'il luy plairoit leur commander, eftimans bien que le tout fe faifoit par vne certaine preuoyance & volonté des dieux : dequoy Orbiconte & la Princeffe furent trefioyeufes : & ce iour mefmes firent les pilotes fi bien qu'ilz prindrent port à drepane ou ilz fe rafraichirent iufques au landemain fur les deux heures apres mydi qu'il feleua vn vent propre pour leur nauigation.

Du grand danger ou l'infante A-
quilée & la fage Orbiconte fe trouuerent, nauigans en Angleterre, & comme & par quel moyen elles furent
fecourues.

Chapitre   LXI.

Ainfi donc-

Ainsi doncques voyans les pilotes le vent bon pour tenir la route d'Espaigne, hausserent les voyles & singlerent tellement qu'en peu de iours paruindrent aux colonnes d'Hercules qu'ilz passerent, puis laissans ceste mer hibericque entrerent en l'Ocean, ou la fortune voulut de rechef iouer de ses tours & algarades à l'infante Aquilée & luy faire la plus grande peur qu'elle eust oncques euë sur la mer: à quoy ne faillit comme vous entendrez. Vn ieudy enuiron sur les dix heures du matin que le Soleil s'estoit monstré iusques alors, & estoit encor' beau & clair le possible, l'ær commença à se troubler, force poissons & monstres marins à iaillir & saulter par dessus l'eau qui donna certaine cognoissance aux pilotes de la tempeste prochaine, dont ilz s'esbahirent fort, veu qu'au matin le temps s'estoit mostré tant serain & beau: & si auoient le vent assez propre pour tirer en la grand Bretaigne: mais il tourna soudain, & se rendit si vehement & impetueux qu'il les reietta en moins d'vn quart d'heure au lieu d'ou ilz estoient partis le matin, n'ayans quasi pas le loysir de caller les voyles ny ietter les ancres pour ceder à la tempeste qui se aygrissoit tousiours de plus en plus & s'enfla la mer de telle sorte, que vous eussiez ores veu les vndes & flotz porter les nauires si hault qu'il sembloit qu'elles voulussent combatre le ciel: & tout soudain sembloient estre abismées, qui estonna merueilleusement tous ceux qui estoient dedans: mais beaucoup plus encores lors que ventz contraires se leuerent, meslez de vapeurs de pluye & de gresle, dont se font les byrrasques & cyons que les pilotes craignoyent le plus: car leurs nauires estoient par telz tourbillons agitées & tourmentées de toutes pars: tant y a que l'orage fut si grand, que quelque deuoir que fissent les nautonniers à gouuerner leurs vaisseaux, ilz furent

X ii trois ou

trois ou quatre foys en fort grand danger de naufrage. En fin voyans que l'orage ne cessoit point, ains augmentoit tousiours, desesperez de tout salut, se prindrent à inuocquer leurs Dieux, & a ietter tous ensemble de si haultz cris qu'ilz esueillerent la sage Orbiconte & la Princesse qui dormoyent en leurs chambres en bas. Ce fut lors à ces pauures Damoyselles à pleurer & se desconforter, plus qu'elles n'auoyent encores fait, & sur toutes l'infante Aquilée se faisoit bien ouyr, & monstroit assez par ses douloureuses plaintes combien luy estoit griefue & ennuyeuse la fortune, non pas tant pour crainte qu'elle eust de sa mort (qu'elle pensoit luy estre prochaine) que pour le deul & ennuy qu'en auroient Palladien, le Roy & la Royne sa mere. Orbiconte la voyant ainsi desconforter auecq' toutes ses Damoyselles monta, sans s'effroyer, sur le tillac & fit quelques gestes du corps & signacles des mains, ores se tournant d'vn costé tantost de l'autre, comme si elle eust menacé les ventz & la mer irritée, qui se rendit tout incontinent paisible & calme, & cesserent les ventz leur violence. Or n'eurent ilz pas plustost eschapé ce peril, qu'ilz tomberent tout sur le champ en vn autre beaucoup plus grand & dangereux : car comme les pylotes faisoient regarder à leurs nauz s'il y auoit rien de rompu ou gasté, ilz descouurirent de la poupe de leur Nauire bien loing, trois brigantins de Pyrates & escumeurs de mer, qui à force de rames venoyent droit à eulx, & quant ilz se furent aprochez d'enuiron vn quart de lieuë, ilz cogneurét vrayement que c'estoyent Pyrates & escumeurs de mer, fort bien armez & equipez de toutes choses necessaire qu'il fault en guerre, qui les estonna grandement, de sorte que croysans les bras, palles & mornes comme gens desesperez, se vindrent presenter à la sage Orbiconte, & luy dirent. Helàs ma Dame, c'est à ce coup que nous sommes trestous mortz, ou pauures esclaues à iamais, voyez vous ces vaisseaux qui tirent droit à nous, il n'y a point de doute que ce sont Pyrates, gens auantureux & desesperez au combat : Or sommes nous bien foybles & trop mal armez pour resister & soustenir leur effort, d'auantage ilz sont en beaucoup plus grand nombre que nous ne sommes, & si ne sçaurions fuyr, les voicy ilz approchent, tenez comme ia ilz nous menacent & font signe que nous nous rendions, tout est desesperé, nous sommes tous perduz. Orbiconte, oyant ainsi parler les pylotes & mariniers, fut bien troublée : car elle ne sçauoit quel remede y donner, ne quel secours, & se trouuoit au bout de sa science : ce qu'elle donna assez bien à entendre par le changement de la vermeille & naïue couleur de son visage en vne morne & palle : ce qui n'auoit encore esté veu en elle durant la grand' tourmente, & tous les dangers du naufrage, ou ilz auoyent esté par deux foys (comme vous auez entendu) neantmoins, en les consolant leur dist. Mes amys, prenez tous voz armes & vous mettez en deuoir de les combatre, & bien qu'ilz soient beaucoup plus que vous, pensez que la force ny la victoire ne gist pas tousiours en la grand' multitude d'hommes, mais au bon droit : les

Dieux,

PALLADIENNE. Fueil. CXXIII.

Dieux, ainsi qu'auez veu, nous ont ia sauuez par deux foys du grand peril qui nous estoit prochain, estimez qu'ilz ne nous lairrons encore, veu nostre innocence: Là doncques mes amys là, prenez courage, ie m'en voys ce pendant en ma chambre auecque ma niece prier les Dieux, nous vouloir ayder. Lors tous les nautonniers & autres gens qui estoyent de deffense prindrent les armes, & se disposerent de receuoir les autres & soy deffendre fort courageusement, deliberant les vaincre ou mourir plustost que de soy rendre & se souz-mettre à vne perpetuelle seruitude. A peine furent ilz equippez & embastonnez qu'ilz entendirent l'vn des Corsaires parler à ses compagnons en ceste sorte. Sus enfans, sus, recompensons nous maintenant de la perte que nous auons faite par la grand' tourmente passée, la fortune nous a expressement enuoyé ce butin, la doncque courage donnons dedans, ilz sont nostres, & qu'on n'en prenne pas vn à mercy, si tant sont temeraires que d'attendre le combat. Celà disoit tout hault le Corsaire pour veoir si les autres se rendroient sans combatre. Et voyant qu'ilz se maintenoyent, non comme gens paureux ny estonnez, ains monstrans carre de gens fort deliberez & hardys, pour les attendre & receuoir vaillamment au combat, il commanda qu'on les enuironnast & aprochast de plus pres, sans leur tirer ny trait ny autre chose offensible: ce qui fut fait, & s'en vindrent costoyer les deux Nauires, tournoyans & voletans à l'entour, comme les voulant auoir par composition, mais les autres n'en flechirent pourtant en aucune sorte, ains au contraire commencerent à tirer viuement sur eulx force fleches & dardz. Et doncques malheureuses gens (dist lors le maistre Corsaire) il ne vous suffit pas de perdre voz biens & richesses qu'auez leans si ne perdez voz vies quant & quant: Lors luy & tous les siens se prindrent à tirer tant de fleches & dardz si dru, que la plus grande partie des gens d'Orbiconte voyant bien leur estre impossible de resister aucunement, commencerent à perdre cueur & soy retirer les vns souz le tillac, les autres au fondz du nauire, les vns crioyent, les autres alloyent & venoient de costé & d'autre, cherchans quelque cachette, les autres tenoyent bon & s'entre-encourageoyent à vaincre leurs ennemys, ou mourir vaillammét en combatant: & tandis qu'ilz tiroient de costé & d'autre, les Corsaires ne laisserent à faire aprocher leurs brigantins si pres, qu'ilz acrocherent les naui-res d'Orbiconte qui estoit en sa chambre auecque l'Infante à rechercher & fueilleter ses liures de Nigromance, pensant faire quelque charme contre les pyrates, mais elle n'eut le loysir ou bien n'en peut assez tost venir à bout: car quant les vaisseaux furent agraffez & qu'il fallut venir au combat main à main, ses gens qui tenoyent bon contre les Corsaires se prindrent à ietter plusieurs cryz si effroyables, & les autres quant & quant, que la sage Orbiconte mesmes ne se peut nulement tenir de plorer, & de se desconforter, pensant lors pour toute chose certaine que tout estoit

X iii desespe-

estoit desesperé: & Dieu scet le deul que l'infante Aquilée & ses Damoyselles demenerent voyans celle desesperée en qui iusques alors elles auoiét le plus esperé & oyans les cris & les coups des combatans, qui se maintindrent vaillamment de leur part bien vn grand quart d'heure. Et comme ilz cómençoient à branler & à s'affoyblir, les vns au moyen du sang qu'ilz perdoient les autres pour estre recreuz & las de combatre, suruindrent de bonne fortune trois nauires Angloyses, & quelques brigantins ou estoit l'Amiral d'Angleterre qui tenoit la route de Portugal & alloit inuiter le Roy aux noces de ses deux nieces Mercilane & Florée fiancées aux princes Mantilée & Landastanis, comme nous auons dit n'agueres. Or estoit d'auanture en la cópagnie de l'Amiral le Cheualier Broantin qui cogneut aussi tost aux bannerolles les nauires d'Aquilée, parquoy se doutant que l'infante Aquilée estoit dedans, pria l'amiral de la secourir & assaillir les brigantins des Corsaires, ce qu'il fit tresvolontiers & luy mesmes fut des premiers au combat qui ne dura gueres: car estans les Corsaires empeschez à forcer les gens de l'Infante ilz furent incontinent par les Angloys assaillis de tous costez & si mal menez en peu d'heure que tous furent prins, tuez ou noyez. Ceste escarmouche finie, l'Amiral entra dans les nauz d'Aquilée, & descendit auec Broantin en la chambre ou estoit la sage Orbiconte & l'Infante auec leurs Damoyselles qu'ilz trouuerent plus mortes que viues, lesquelles aussi tost qu'elles aperceurent l'amiral, pensans que ce fust le capitaine des Corsaires, se ietterent toutes de genoux à ses piedz, luy crians mercy à iointes mains. Broantin qui les recogneut incontinent, osta son armet, & vint baiser les mains de l'Infante, puis la souleuant par dessouz les bras, helàs ma Dame, dist il, leuez vous & vous resiouyssez, nous ne sommes pas ceux que vous pensez, nous les auons mis en tel estat qu'ilz n'auront iamais enuie de vous assaillir ny autres auec, l'Infante recognoissant Broantin, fut tellement esprise d'vne soudaine ioye qu'elle ne se peut tenir de se ieter à son col, & luy decoulans les grosses larmes le long du visage, fut bonne piece sans pouuoir dire vn seul mot, mais seulement gemissoit & se plaignoit, comme vne personne attainte d'vne griefue maladie iettant vne dolente & debile voix. Ce pendant, l'amiral salua la sage Orbiconte & toutes les Damoyselles, ausquelles il se donna à cognoistre, dont toutes furent tresioyeuses, specialement Orbiconte ayant entendu par luy de la bonne disposition du prince Palladien, du Roy & de toute sa court. Ainsi dócques estant toutes rapaisées & l'Infante reuenuë à soy, elle salua l'amiral & asisse entre luy & le Cheualier Broantin, s'enquist bien au long de Palladien & de son frere le prince Zorian. A quoy Broantin sceut bien satisfaire, & luy raconta entierement tout ce qui leur estoit auenu sur les chemins, depuis leur partement d'Aquilée, & du bon recueil & traitement que le Roy d'Angleterre auoit fait au prince Zorian, & comme il auoit esté baptisé au plus grand honneur & triumphe qu'on veist iamais, puis fiancé à l'Infante de Flandres qui est, dist il, l'vne des belles & honnestes

stes Princesses de la Chrestienté. Ayans bien deuisé en la nef de l'Infante, l'amiral la mena auec la sage Orbiconte & leurs Damoyselles, en la sienne ou le bancquet estoit apresté, & y repeurent ioyeusement, puis ayant donné ordre aux prisonniers Corsaires, se retrencha vne partie de ses gens de guerre qu'il donna au Cheualier Broantin pour conuoyer & mener l'Infante iusques en Angleterre, & quant & quant les trois brigantins des vaincuz corsaires.

Comme l'infante Aquilée, Orbi-
conte & leurs gens arriuerent en Angleterre, & du bon recueil qui leur fut fait du Roy & de tous ses Princes, principalement de Palladien qui luy descouurit ce qui s'estoit passé en Aquilée entre l'Infante & luy, ce que le Roy & la Royne eurent agreable.

Chapitre LXII.

Yant ainsi l'amiral d'Aangleterre ordonné de ses gens pour la seureté de l'infante Aquilée & de sa compagnie il print congé d'elle & suyuit la route de Portugal pour executer sa legation. Et quant à l'Infante, il se leua tost apres vn vent qui poussa de droit fil ses nefz en deux fois vingt quatre heures au cap de Cornouaille. De là sans prendre terre, vn Mestral les poussa en peu de temps en l'isle Benedicte, puis costoyant tousiours ceste contrée, passerent le cap de Pinde & vindrent surgir en l'isle de Vuic ou le vent cessa & la mer commença à deuenir cal-

nir calme, parquoy se rafraichirent là attendant vent propre vous passer outre, ce pendant le Cheualier Broantin enuoya deuant en diligence vn brigantin aduertir le prince Palladien de la venuë de l'infante Aquilée & de la sage Orbiconte, laquelle luy rescriuit ce que s'ensuyt.

Lettres de la sage Orbiconte au prince
Palladien d'Angleterre.

La presente vous auertira, seigneur

Palladien, que i'ay tant fait, auec l'ayde des dieux souuerains, que ma niece Aquilée & moy, sommes arriuées saines & sauues en l'isle sainte Helene, ou nous atendons vent propice pour passer oultre & vous aprocher de plus pres, à fin de vous monstrer & faire cognoistre (suyuant la promesse que ie vous fis à vostre partement d'Aquilée) quelle enuie & affection i'ay de m'employer entierement pour vous & pour ma niece ausi, qui a (comme vous sçauez) refusé l'aliance du grand Seigneur, pour se soumettre, & tout ce qu'elle possede en ce monde, à vostre puissance & bonne volonté, souz la condition : toutesfoys & moyennant la promesse que luy fistes en ma presence dans ma chambre au palays du Roy son pere, dont il vous peult bien souuenir : car vous sçauez que le tout fut fait & accordé à voz prieres & requeste tresinstante. Et pource ie vous prie le faire sçauoir & donner à entendre au Roy vostre pere & à la Royne ausi (si ia fait ne l'auez) & que le plustost qu'il sera possible se paracheue & consomme le mariage d'entre vous & elle, lequel ie desire voir auant que ie m'en retourne en Aquilée, à fin que ie face entendre au Roy mon frere la bonne fortune auenuë à sa fille, & les grandz biens & honneurs qui vous sont promis par les destinées, & non seulement à vous : mais aussi à ceux qui de vous deux descendront. A tant seigneur Palladien, mettray fin à la presente, atendant que le loysir & l'oportunité s'offriront pour vous raconter au long de nostre nauigation, & des grandz dangers ausquelz la fortune nous a exposez sur la mer : & comme vostre Amiral, le Cheualier Broantin & leurs gens nous ont secouruës estans pres de tomber entre les mains des Corsaires & pyrates qui ia auoient forcé & mis en desordre noz gens. Ce pendant vous receurez les affectionnées recommandacions que ma niece & moy presentons à vostre bonne grace. De l'Isle sainte Helene, par

Vostre bien affectionnée Orbiconte.

Telle estoit la teneur des lettres de la sage Orbiconte au prince Palladien, lesquelles luy furent presentées, par vn Gentil-homme de Broantin vne apres-dinée, en la presence du Roy & de la Royne, se proumenans eulx trois & deuisans en vn iardin des preparatifz & triumphes pour les noces

noces des infantes Mercilane & Florée : mais aufsi toſt qu'il eut veu en la ſouzſcription des lettres le nom d'Orbiconte, & le lieu ou elles auoient eſté eſcrites, le ſang luy monta au viſage : & en les liſant, quaſi tous les membres luy trembloyent de ioye. Dequoy s'aperceuant le Roy, luy diſt, qui a il là ? quelles nouuelles vous mande Broantin, qui ſi toſt vous ont fait changer, & de couleur, & de contenance ? il ſemble que ces lettres vous ayent ia tout tranſporté. A la verité, diſt la Royne, il y a quelque anguille ſouz roche, ça ça communiquez nous voz lettres ou nous dites qu'elles portent. Palladien fut de prime face vn peu troublé voyant qu'il ne pouuoit eſconduyre honneſtement le Roy ny la Royne qui deſiroyent entendre le contenu de ces lettres : toutesfoys eſtant vn peu reuenu à ſoy, penſa (veu l'oportunité qui s'offroit) de leur declarer librement, & au long tout ſon affaire : parquoy (ayant cómandé au Gentilhomme de Broantin qu'il ſe retiraſt & que dans vne heure de là il luy donneroit ſa reſponſe) il diſt au Roy. Sire les nouuelles ne ſont que bonnes & ioyeuſes : la ſeur du roy d'Aquilée & ſa fille l'infante Aquilée vous viennent voir. Vrayment, reſpondit le bon roy Milanor, elles ſeront les tresbien venuës, & leur feray tout l'onneur & bonne chere dont ie me pourray auiſer, mais d'ou leur eſt venuë ceſte volonté, veu qu'il y a ſi loing d'icy au royaume d'Aquilée ? Lors Palladien luy raconta quaſi tout le diſcours de ſon voyage, & comme par les menées de la ſage Orbiconte, il auoit promis à l'infante Aquilée (moyennant qu'elle receuſt le ſaint bapteſme) de la prendre en mariage, laquelle, Sire, diſt il, vous trouuerez autant acomplie en beauté & toutes bonnes vertuz & perfections que Princeſſe de la terre. Vous auez, diſt le Roy, mis le premier ce que vous aymez le plus, qui eſt la beauté corporelle, & puis les vertuz, mais celà vous doit eſtre pardonné, car l'amour & affection vehemente que luy portez vous tranſporte & aliene le bon iugement & vous fait ainſi parler. Sire, diſt Palladien, i'ay parlé premieremét de ce qui premier ſe deſcouure en vne perſonne qui eſt vne grace & beauté corporelle, puis ayant cogneu par frequentation & hantiſe les vertuz & perfections de l'eſprit, ie les ay miſes en auant : toutesfoys, Sire, ie croy que (l'ayant veuë & cogneuë comme moy) vous iugerez mon dire veritable: au reſte, ma dame Orbiconte ſa tante, vous ſatisfera & fera entendre de grandes choſes, & telles que vous vous eſtimerez heureux de les ſçauoir & d'eſtre vn iour le moyen de reduyre à noſtre loy Chreſtiéne vn tel Royaume qu'eſt celuy d'Aquilée. Vrayement, diſt le Roy, vous me rendez fort esbahy : mais pourquoy ne m'en parliez vous pluſtoſt. Ie craignoys, ſire, reſpondit Palladien, que les choſes ne fuſſent empeſchées par quelque infortune de mer ou autrement & qu'elles ne vinſent à la fin que ma dame Orbiconte & moy auions proiettée. Or bien bien, diſt le Roy, i'en ſuis treſcontent & deſire que les choſes auiennent ainſi que vous dites : ce pendant il fault auiſer à aller receuoir ces bonnes Princeſſes, & leur faire le recueil que merite leur grandeur. Alors il fit venir le grand maiſtre &

le vice

L'HISTOIRE

le vice amiral, auxquelz il commanda, à sçauoir au grand maiſtre d'ordonner des logis & de faire tendre tout le palays des plus riches & precieuſes tapiſſeries qu'il euſt, & qu'il en fiſt la plus grande diligence que poſſible ſeroit: & au Vice-amiral de faire equiper quelque nombre de vaiſſeaux pour aller au deuant receuoir les Princeſſes, ce qui fut fait preſentement & s'embarquerent les princes Palladien & Zorian auec pluſieurs autres Princes & Seigneurs tant d'Angleterre, France qu'autres païs qui ia eſtoyent venuz pour aſſiſter aux noces & triumphes des Princes Matilée & Landaſtanis auec les infantes Mercilane & Florée qui ſe deuoiét faire toſt apres. Doncques tous ces ſeigneurs en tel ordre & magnificence que pouez penſer, ſinglerent à force de rames & de voyles iuſques en l'Iſle de Tanet, de là, ayans paſſé la rade ſaint Iean deſcouurirét les nauires de la princeſſe Aquilée auec celles que l'Amiral luy auoit baillez pour la conduyre: & ſe rencontrerent ces deux petites flottes à l'endroit du blanc chef, ou Dieu ſcet ſi les trompettes, tabours & clairons ſe firent ouyr d'vn coſté & d'autre d'vne grande demye lieuë loing, monſtrans tous ſignes de ioye & allegreſſe, ſpecialement Palladien qui ſe lança le premier dans le nauire de la Princeſſe eſtant ſur le tillac auec Orbiconte & leurs Damoyſelles, toutes luy tendans les bras pour le receuoir. Fut il entré, il vint incontinent embraſſer & baiſer Orbiconte. Ha a, ma Dame, diſt il, vous ſoyez la treſbien venuë en ceſte contrée, vous me rendez au iourd'huy ma vie & tout ce que i'ayme en ce monde: ie vous aſſeure que ſans l'eſperance que me donnaſtes au partir d'Aquilée, ie fuſſe ores rangé au reng des mortz. Comme Palladien tenoit ainſi Orbiconte embraſſée. L'Infante s'aprocha & d'vne bonne grace luy diſt en ſe ſouzriant: Dea monſieur, n'aurez vous meſhuy fait? ie ne ſuis point contente que faciez tant de careſſes à ma Dame ma tante? à tout le moins que nous en ayons quelque petite portion, il me ſemble que nous l'auons bien merité. Soudain Palladien, laiſſant Orbiconte, ſe getta au col de l'Infante & elle de ſon coſté au ſien, & ſans pouuoir dire vne parolle, ny l'vn ne l'autre, ſe tindrent bonne piece embraſſez pendant que le prince Zorian & les autres faiſoyent la reueréce à la ſage Orbiconte & ſes Damoyſelles. En fin s'eſtans bien careſſez de tous coſtez, reprindrent enſemble la route des Princes & ſeigneurs Anglois & leur fut la fortune ſi benigne qu'en moins d'vn iour & demy, elle les rendit au port de Londres, ou toute ceſte belle troupe fut receuë en grande magnificence & ſumptuoſité des habitans & gouuerneurs de la ville par le commandement du Roy qui les atendoit auec la Royne à l'entrée du palays ou de rechef furent les grandes careſſes & acolées: & n'y auoit iuſques au plus petit qui ne fuſt fort reſiouy de voir la nompareille beauté de l'Infante Aquilée à laquelle neantmoins ne deuoyent gueres les infantes Mercilane & Florée qui furent ayſes Dieu ſçait combien d'auoir vne tant belle ſeur pour compaigne: vous pouuez auſſi penſer combien le bon roy Roy Milanor & la Royne en furent ioyeuſes la voyans tant perfaite

& acom-

& acomplie non seulement en beauté corporelle, mais ansi en modestie, douceur, & honneste entretien. Or les bienvenuës & caresses faites de costé & d'autre, elle auec la sage Orbiconte & toute leur compagnie furent conduites en la grand' salle ou lon auoit couuert pour le souper qui fut le plus sumptueux qu'il est possible de penser, durant lequel on ne deuisa que de toutes matieres ioyeuses & recreatiues. Les tables leuées, tous ces ieunes Princes & Gentilzhommes se getterent au bal à qui mieux mieux excepté Palladien, qui s'estant retiré à part auec l'infante Aquilée, commença à luy discourir de ses auantures depuis son partement d'Aquilée: & l'ennuy ou il s'estoit trouué depuis quelques iours voyant qu'elle ne venoit si tost que la sage Orbiconte luy auoit promis. D'autre part elle se print à luy raconter le deul & ennuy qui l'auoit tormentée pour son absence & les grandz dangers ou elle s'estoit veuë sur la mer, tant par la force de l'orage & tempeste, que des Pyrates & escumeurs, entre les mains desquelz, dist elle, nous estions tombées pour tout seur sans l'arriuée & bon secours que nous donna vostre Amiral. Ma dame, respondit Palladien, i'ay desia esté auerty de tout celà par le Cheualier Broantin, & sçry asseurément qu'auez beaucoup plus enduré de maux & ennuys que ne me sçauriez dire, & tout pour l'amour de moy, dont ie vous suis & seray tenu tant que viuray : estimez aussi que vous auez souffert toutes ces trauerses pour vostre tresaffectionné & fidele amy & mary, qui a bon vouloir de vous receuoir & traiter comme sa femme & loyale espouse. Helàs monsieur, dist l'Infante, vous sçauez que mon intention n'est autre, & voudrois que des demain il pleust au Roy nous faire espouser : car ie crains fort d'estre enceinte, & me seroit vn grand deshonneur si ie venois à acoucher auant le temps prefix aux femmes. Ma dame, respondit Palladien i'entends bien celà, aussi qu'il me tarde autant ou plus qu'à vous : & fault pour euiter ce danger que nous facions tant par le moyen de ma dame Orbiconte que le tout s'acomplice le plustost que faire se pourra. Ainsi deuiserent bien demye heure ces deux amans de leurs secretz affaires : & tandis Orbiconte entretenoit le Roy & la Royne leur racontant comme par le vouloir du grand Dieu le mariage du Prince & de sa niece auoit esté fait, les asseurant de le faire trouuer bon & ratifier par le Roy d'Aquilée son frere. Et pour la fin de son propos elle fit tant que la solennité & celebration du mariage se feroit incontinent que le Roy de Portugal seroit arriué que l'Amiral (comme auez entendu) estoit allé semondre aux noces des Infantes: & en attendant ce iour de leurs espousailles, dist le Roy, ie suis d'auis que nous la facions baptiser & donner tousiours quelque instruction de nostre loy, à fin que leur mariage en soit plus agreable à Dieu. Des demain sire, respondit Orbiconte, celà se fera s'il vous plaist : car ie suis asseurée que ma niece le desire fort. Lors le Roy fit apeller vn maistre d'hostel auquel il commanda que lon aprestast pour le landemain toutes choses requises au baptesme de l'Infante. A' quoy on ne fit faulte. Et sur ces propos, le Roy

voyant

voyant qu'il estoit ia tard (à ce moyen temps de se retirer) donna le bon soir aux Dames : & furent Orbiconte & l'Infante menées en leurs chambres par les princes Palladien, Zorian & plusieurs autres auec les Infantes Mercilane & Florée, ou elles furent encores presque vne heure à deuiser auant que de soy retirer. Or s'estant vn chascun rendu en sa chambre, Palladien retourna secretement en celle d'Orbiconte qui fit incontinent apeller l'infante Aquilée, qui s'estoit retirée en la sienne, & leur raconta comme le Roy auoit deliberé de la faire baptiser des le landemain (pour les causes qu'auez entenduës cy dessus, & que la solennité & festin des noces se feroit au iour mesmes qui estoit determiné & arresté pour celles des Infantes Mercilane & Florée, dont Palladien & Aquilée furent tresayses. Neantmoins, combien que le terme fust bref, si est ce qu'apres tous deuis ces deux amans, sentans chascun en soy ie ne sçay quoy qui se peult mieux penser que dire, se retirerent en la garderobe de la sage Orbiconte souz vmbre de voir quel temps il faisoit & quelle heure il estoit, & là sur vn petit lit de camp renouuelerent leurs ieux & passetemps amoureux, au plus grand plaisir & contentement de l'vn & de l'autre qu'il est possible de penser : car il y auoit bien six semaines, & d'auantage, qu'ilz ne s'estoyent entreueuz, & tellemét s'eschaufferent à iouër & folastrer ensemble, que sans l'auertissement que leur vint faire Orbiconte d'eux retirer (pour euiter le soupçon qu'eussent peu auoir leurs Damoyselles, ie croy qu'ilz y eussent la passé la nuit. Ainsi doncques se separans à leur grand regret, donnerent le bon soir l'vn à l'autre & se retirerent chascun en sa chambre, ou, à demy saoullez du plaisir amoureux, reposerent tresbien tout le reste de la nuit, puis quand ce vint au point du iour se leuerent pour faire les solennitez des entreprises qui estoient encommencée.

Comme l'infante Aquilée fut en

grande pompe & solemnité baptisée auec toutes ses Damoyselles & des mariages de plusieurs grandz Seigneurs & Dames.

Chapitre   LXIII.

Le bien

PALLDIENNE. Fueillet CXXVII.

LE bien reciproquement donné & receu de noz deux amans, ores qu'il soit du deuoir & recompense d'amour, pourra sembler à quelques trop saoulz de mariage, estre vn grand mal & vice digne de reprehension, tel qu'il fust toutesfoys, ie cuyde qu'ilz ne s'en repentirent ne l'vn ne l'autre. Neantmoins la princesse Aquilée preschée ordinairemét par l'vn des grans docteurs & plus sçauans Theologiens d'Angleterre, atendoit le saint baptesme en telle foy humilité, & sinderese, que s'il y auoit eu quelque peché, deuoit estre effacé & raclé entierement. Par ainsi la grand' Eglise de Londres parée, les fons benistz & l'Euesque prest, elle vestuë de couleur blanche, suyuie par ses Damoyselles, & en semblable parure, y fut conduite en telle pompe & magnificence, que chacun s'en esmerueilloit : Mais si les cueurs des regardans furent tirez en admiration à l'escla tant lustre de sa face, quand vint à descouurir l'or de sa teste, le lys de sa gorge, & le marbre du tetin, le plus deuocieux se sentit pris, rauy, blecé, & eut double charge au baptesme de douze Aquiliennes, estimans les Angloys les fées de Merlin estre là reuenuës pour leur donner plaisir. Mantilée, Landastanis, & la Royne, ne luy changerent le nom à la reception du sacrement, se monstrans en cest endroit parrains & maraine obeyssans à la priere faite par le prince Palladien, des le plus matin. Oserois-ie dire, qu'incontinent apres le baptesme il ennuyoit ia à la nouuelle Chrestienne, qu'elle n'estoit l'espousée? certes ie croy qu'elle ne s'en fascheroit non plus, que les gayes & en bon point, qui ont trop atendu : toutesfoys la voyant hontoyer, pource qu'elle desiroit le mieux, seray content de l'excuse que luy persuada son Cheualier sans Repos, & telle qu'il plaisoit au Roy & à la Royne, qu'ilz atendissent iusques à la venuë du Roy de

Y   Portugal

L'HISTOIRE

Portugal leur oncle, mandé expressement à la solemnité de leur mariage, par l'amiral d'Angleterre. Or s'il tardoit beaucoup à ceux cy, Mantilée, Mercilane, Landastanis & Florée s'ennuyoient encores d'auantage. Ce que faisoient pareillement Broantin, Liboran, Zorian, & leurs femmes. De maniere, que l'ennuy de ceste noble ieunesse cogneu de chacun, le maistre des Chantres du roy Angloys, pour les desennuyer aucunement, leur fit ouyr vn soir ceste chanson.

CHANSON.

N'oser voir son amourette
Est épreuue de tourment:
Helas non point si durette,
Qu'atendre trop longuement.

Quand vne mere farouche
Tient l'amye trop de court,
Autour de laquelle court
L'enuie & la male-bouche,
Grandement à l'amy touche
Par vn souffrir vehement
Et mesaise tresaigrette:
Helas non point si durette,
Qu'atendre trop longuement.

Ainsi qu'à la Damoyselle
l'aproche de sa moytié,
Et qu'à sa douce amytié
N'y a que le temps rebelle,
L'atente est aspre & cruelle
Et blece trop pirement,
Que la petite soufrette
N'osant voir son amourette,
Soit qu'il y ait du tourment.

N'oser voir son amourette
Est épreuue de tourment:
Helas non point si durette
Qu'atendre trop longuement.

La chanson finie, aucuns des escoutans se recréerent en la lettre, autres es doux acordz: mais la plus grande part fut tellement esmeuë des affections exterieures, que leurs interieures passiós se renouuellerent, si qu'ilz furent

furent contrains puis apres s'entrechercheás & trouuans donner l'vn à l'autre ce qui se doit prendre de meilleure grace que demander. Et se faisoient si souuent telles recherches, que vn & vn couple, pour le moins, auoient plus de contentement auec leurs fiancées, que maintz de messieurs les mariez auec leurs femmes. Tant qu'ilz ne se soucioient beaucoup de l'arriuée de dom Rodigo de Portugal. Toutesfoys le duc Mantilée & le Norgalois Landastanis (ce croy ie) pour mieux couurir leurs ayses, & tenir leurs iouyssances secretes, faignoient si dextrement & acortement estre empeschez à dresser nouuelles bandes pour le tournoy futur, inuenter deuises, & façonner acoustremens & parures, tant pour hommes que cheuaux, qu'on eust peu iuger & inferer, qu'ilz ne prenoient loysir du repas ou du sommeil. Et continuoient encores en ceste magnificque & braue entreprise, à quoy les suyuoient assez bon nombre de ieunes Cheualiers, quand vne apresdinée le courrier de l'amiral arriua en court, pour auertir le roy Angloys & le prince Palladien son filz, que le roy Rodigo seroit à Londres le sixiesme iour ensuyuant. Et y fust venu dés le landemain, n'eust esté que se sentãt quelque peu rompu des tempestes & orages qu'il auoit souffertz sur la marine se vouloit refraichir & reposer. Adoncq' redoubla la ioye de noz amans, mesmement des Dames, & Dieu sache si elles auoient messagers & solliciteurs ordinaires chez les orfeures & brodeurs, à fin que rien ne manquast d'equipage à leur grand iour. Rodigo arriué, il est salué du peuple, embracé du Roy son frere, bienuienné de Palladien caressé des autres Princes, baisé si courtoysement d'Aquilée, de ses deux nieces, & de Gracienne fille du comte de Flandres, qu'il pensoit estre suruenu en lieu semblable, qu'on a faint autressoys de l'isle d'Auallon & des Royaumes de færie. Le lendemain fut la solemnité des espousailles trop & trop atendues, quant l'apetit des fiancez, & des fiancées encores plus. Et pource que les Roys, Princes & grandz Seigneurs là arriuez, debatoient à qui mieux feroit & cederoit l'vn à l'autre, fut conclud & arresté à la fin, que chacun marié meneroit sa mariée : Pource Aquilée fut conduite à l'eglise par le prince d'Angleterre, Mercilane par Mantilée, Florée par Landastanis, Gracienne par Zorian, la fille du Duc de Rostie par Broantin, & la Princesse de Riuandrie par Liboran comte d'Insufort. Ie ne m'arresteray à la description des riches acoustremens, bagues, & ioyaux des espousez & espousées. Bien diray-ie, & ce pour cognoistre les filles de Roy, d'auec les autres Princesses & Damoyselles, que ce iour là Aquilée, Mercilane & Florée, porterent robes de drap d'argent, toutes semées de grosses Perles, au lieu de frise, & les autres de satin blanc, enrichy d'vne broderie de grosse canetille d'or autour, ouurage entrelacé le plus proprement que lon veit oncques. Le disner & souper faitz, le bal finy, les mommeries & masques retirez, Hymen entre en ieu, se fait faire place, & est sa comedie si brieue, qu'il n'y a qu'vn aite & deux personnes à la scene, & ce sans auditeurs, si ne fut des cachez aux garderobes & des flambeaux ardans.

Y ii   Ceux

L'HISTOIRE

Ceux qui auoient ia gousté du bien de iouïssance, & apris leurs Dames à estre courtoyses, renforcerent la courtoysie, & essayerent au renfort du plaisir, d'y faire continuë si delectable, qu'il ne leur ennuyroit: mais ilz furent subietz à fortune, & de haultz montez fortz & roydes qu'ilz estoient, descendirent foybles & matez. Les autres, qui faisoient encores nouuelle entrée au païs d'amourettes, se promettoient trop plus d'efortz, que ne fit iadis Hercules en la quinzaine ou il s'ebatit auec cinquante serues, toutesfoys ilz furent moins heureux aux courses, que les champions acoustumez à la iouste: par ce que leur boys ployé à la neuf ou dixiesme course, leur fut impossible le redrecer. A ceste cause & vns & autres eurent recours aux mignardises des mains, si qu'il n'y eut teton, esselle, ventre ny cuysse, qui ne fut touché, chatouillé, pinceté & manié en dix mile façons, apaisans les tendres mignonettes, de l'abuz du vieillard, qui taschoit contenter sa trop tost mariée de couler la main depuis le nombril iusques au iardinet. Mais la claire Dyane suruenant à la faueur d'aucuns, fut tellement ennemye des autres, qu'escient & feinte tout prise fin, pour le salut & bon iour que Gentilz-hommes & Dames leur venoient donner de tous costez mesmement à Aquilée, laquelle vn chacun salua Princesse & Royne prochaine d'Angleterre. Dequoy elle rehauça quelque peu son vermeil, & apres auoir dit aux Millors, que ce bien ne luy procedoit que de la grace de son seigneur Palladien, demanda comme se portoient mes dames Mercilane & Florée ses soeurs: par ce suyuit elle, que i'ay fait ceste nuyt passée vn si merueilleux songe à leur souuenir, que ie me doute qu'il leur soit suruenu quelque inconuenient ou danger. De mal n'ay-ie encore ouy parler, respondit l'vn des Seigneurs: trop bien, que leurs maryz ont esté si braues pour l'amytié qu'ilz leurs portoient, que de belles Damoyselles, les ont faites gentiles Dames. Et de ma dame Graciéne de Flandres, voulut elle repliquer que m'en direz vous? ie cuyde qu'elle aura esté autant gracieuse que Gracienne, & que le seigneur Zorian ne l'aura traitée au pis. Ainsi se deduysoit la Princesse auec la compagnie, quand le grand Chambrier d'Angleterre vint aporter la chemise au seigneur Palladien, qui leur fit cesser ces bas propos pour parler de plus hautes matieres.

Quelle fin eut l'auenture des images de la déesse Cytherée & de son Cupidon, & du Tournoy fait apres l'espreuue d'icelle, pour la solemnité des noces de Palladien & d'Aquilée.

Chapitre LXIIII.

Le prince

PALLDIENNE.   Fueillet CXXIX.

Le prince Angloys vestu & sa messe dite, le disner fut hasté & les tables leuées plustost que de coustume, les Dames s'equiperent pour aller voir le tournoy, quand Palladien leur dist: Mes dames, vous sçauez comme i'ay desiré ce iour pour faire essay de mettre fin à l'auanture des images d'amour, acheuable par l'vn de la race de mon Seigneur & pere Milanor. Que si ie ne suis celuy tant heureux Cheualier qui la doyue terminer, & auquel le ciel doit monstrer telle faueur, qu'il vaincra en beauté & ferme affection tous ses côtemporains, pour le moins ie ne manqueray à l'espreuue, asseuré que de ce qui apartient à bon cueur de noble, il n'y a hôme ny femme qui m'y ayt veu faillir: si n'a esté en perfection, ce poyse moy, aussi que ie cuyde le parfait estre seulement afecté pour les diuins. Or à fin que ces images mis nouuellement en termes ne vous engendrent quelque obscurité & dificulté d'intelligence, vous deuez sçauoir, qu'en la grand place deuant le Palays de Londres, iustement au mylieu auoit vn hault escalier, sur lequel estoient deux statuës, l'vne representant Venus, tenant vne torche ardante & inextinguible, fors par le dompteur de doubles passions, l'autre le petit Cupidon, ayant l'arc bandé & la trousse pleine de fleches dont il ne pouoit estre desaisi, que par celle qui seroit autant vaincuë que victorieuse d'amoureuses afections. Et combien que ces ydoles fussent marbrines, si est-ce que la taille en estoit si excellente, & aprochoient tant du naturel & vif, auec ce quelles estoient acoustrées & vestuës à la mode Angloyse (mesmement la mere) qu'à les voir de loin on les eust prises pour personnes viuantes. Reste vn seul point à declarer. C'est que le personnage laid & non amant, ne se deuoit presenter à elles, pource que ces puissances pathiques les auoient en telle horreur, qu'elles tournoient visage pour ne les voir, & se hauçoiét en l'air en dedaignant le toucher. Retournant doncq' à nostre Palladien, luy qui par le iugement de tous n'auoit son second beau en l'entiere Angleterre, & qui se sentoit aymer iusques à vouloir toute la volonté de s'amye, estimoit & se fermoit en ceste opinion, qu'il emporteroit ce que les autres n'auoiét osé aprocher: toutesfoys son cuyder fut trop hault, & luy falut ceder & quiter la place à qui les cieux l'auoient reseruée, sçauoir à dom Florent d'Angleterre son filz, & à la fidelle amante Pamphilie de Grece sa femme, ainsi qu'il est escrit en leur histoire. A ceste cause (pour se reseruer le superlatif de toute la troupe) fit faire l'entrée par Broantin, que Zorian & Liboran suyuirent: mais ilz eurent tant peu de faueur, que le Marbre ne changea aucunement nature de pierre, ains demourant immobile, ne fut possible aux essayans ataindre ou toucher flamme & armes. Ce que voyant Landastanis & Mantilée, s'ilz auoient eu au parauant quelque desir de gloire, le courage leur creut si hautement, qu'impaciés presque d'aborder, ne vouloient suporter n'atendre l'vn l'autre: mais leur ardeur assez indiscrete se refroidit encor' plus subitement, quand par leur temerité l'animer suruint à l'incensible, les

Y iii   ymages

ymages leur tournant le dos. Aucuns trop hatifz pourront dire que la vertu d'amytié eſtoit peu recommandée en leur endroit: pource les prie ſe de porter de tel iugement, & croire le ſort eſtre de telle façon, que la beauté precedoit la loyauté, & faloit neceſſairement, que celuy & celle qui deſpouilleroient les ymages fuſſent les plus beaux & loyaux de tous les amás. Ainſi n'ayans la beauté requiſe, ne de loyauté ce qu'il en faloit, furent reboutez auec tel meſcontentemét, qu'ilz euſſent voulu eſtre mortz: Et penſe qu'ilz ſe fuſſent noyez de deſpit, ſi nouuelle deuotion de ſe reſeruer à leur patrie (les autres diſent à leurs femmes) ne fuſt venuë les empeſcher. Eſmeu adoncq' le prince Palladien & plus glorieux de la faute d'autruy, que d'vn ſien genereux acte, s'aproche: & de fait auoit ia l'vn des bras tenduz vers le flambeau, & l'autre ſur l'arc bandé, quand les repreſentacions des aymables diuinitez, apres vne reuerance & aparance de ris au viſage, s'enleuerent en lair quatre grandes bracées, dont ſourdit haute riſée entre les Dames, qui ne fut ſans ſoudaine pareille pour elles du coſté des Cheualiers. Qu'ainſi ſoit Erinnée Princeſſe de Rimandrie, femme de Liboran, ſe preſentant aux ſtatuës, n'en receut au ſemblant que toute defaueur. Doronée fille du Duc de Roſtie, & femme de Broantin Duc de Baſtanolla, n'ayant que peu de beauté & voulát ſe mettre au rang des belles, fit eſpreuue de ſa laideur: car les ymages luy tournerent le dos. Gracienne, Mercilane, & Florée, n'eurent autre credit, ſinon qu'elles firent retourner les ymages en leur premier eſtat. Venu le tour d'Aquilée, elle ſe met en place, & là eut ceſte cauſe de contentement, que la mere de Cupidon luy mit le bout de ſon ceſton ſur l'eſpaule, comme voulant dire, qu'elle eſtoit mariée & par conſequent hors de liberté. Ainſi doncq' les Dames ayans moindre auantage que les Cheualiers s'en vont aux lices, & montent es eſchafaux pour voir les beaux coups & courſes. Sceu par Landaſtanis Roy de Norgales, que les Dames eſtoient allées aux loges, part incontinent, & acompagné de Broantin, Muſtrel de Roſtoc, Brunfer ſon frere, & Orliman de Flandres, ſuyuis de cent Cheualiers alla ouurir le pas, partiſſant ſa compagnie en quatre petites troupes de vingtcinq pour chacune, dont il couroit l'vne apres l'autre, & prenoit ſecours quand le beſoin en eſtoit. Le pas ouuert & Landaſtanis chef des tenans en ſa tente, voicy Zorian frere de la princeſſe Aquilée entrer au camp de l'autre part, ayant pour compagnons Liboran, Durandal de Cleues, Grindonis d'orton Sindonis de Sufort, & autres cent Cheualiers braues & diſpoſtz, les trópettes deſquelz commencent telle algarade, que meſſieurs les tenans oyans tel bruyt, euſſent dormy mal à leur ayſe. Et à fin qu'ilz ne ſe repoſaſſent plus longuement, Zorian s'apreſtant à la iouſte ſes gens partiz au ſemblable de ceux du Roy de Norgalles eſt receu du Norgalois auec ſi bon heur, qu'ilz rompent tous deux, ce que font pareillement les quatre compagnies de chacun coſté, ſans qu'aucun d'eulx priſt le ſaut, qui donna aſſez de merueilles aux Iuges & à toute l'aſſemblée. Prenans cueur & piqué par ceſte auanture & tenans & aſſaillans,

assaillans, assemblent les deux premiers quarterons, Broantin & Liboran les conduisans, & là eut bien autre mesléc qu'à la premiere rencontre: car des cinquante partiz des deux boutz du camp n'en retourna vingt à cheual. Ainsi contr'animez de plus en plus Landastanis & Zorian, prenent chacun nouuel escadron pour secourir les abatuz, ou l'assault & deffence ne durent gueres l'vn à l'autre, par ce que les lances rompuës des deux costez, les vn a pié, les autres à cheual, faisoient tel chamaillis d'espées, qu'on n'oyoit bruyt que de coupz. Prisonniers pris, recoux, demontez remis en selle, rafraichissement de cheuaulx & d'armes donnoient si gentil passetemps aux Dames, qu'elles estoient plus atentiues au bouhourdiz, qu'elles ne furent oncques au bal. Ce que regardans & coniecturans les Cheualiers, n'y auoit cestuy qui ne pensast auoir recouuré double force, fauorisé d'vn trait d'œil de sa maistresse, ou de l'vne des nouuelles mariées: Mais ainsi que telle faueur profitoit aux vns, elle fit meschoir aux autres, si qu'il s'en separa de l'estour plus d'vne douzaine de blessez, les vns ayans vne machouere aualée les autres vn bras rompu, aucuns la iambe entorse, brief le plus sain de ceux qui firent retraite, estoit acoustré pour demourer vn moys au lit. Telles mesauantures toutesfoys, ia soit qu'elles fussent reciproques ne descouragerent aucune des parties, ains rehauça le cueur des chefz de telle sorte, qu'eulx rafraichiz de cheuaulx, & de gens, recommencerent vn nouueau tournoy, tant de coupz que de maniere de combatre, deux choses à ce animans Landastanis & Zorian. Landastanis, le despit de guerpir le camp en sa patrie & deuant tous les siens: & Zorian le desir de vaincre & aquerir honneur & louange entre les estrangers, se fermans l'vn & l'autre d'opinion si obstinée, qu'oublians telles ioustes n'estre que pour recreation, deliberoient mourir plutost que perdre le moindre point de leur reputation & deuoir: Et croy asseurément, qu'il s'en fust ensuyuy vn merueilleux danger aux Capitaines & aux soldatz, si l'auanture que vous raconteray n'y eust donné empeschement, destournant les maluelllances de l'vn à l'autre, pour considerer les merueilleux faitz d'armes, & se defendre d'vn assaillant nouueau, portant d'azur à vn Phenix d'or, & sur son harnois vne cote de velours violet cramoysi, semée de deux SS, iointes ensemble auec vn lacz de soye incarnate.

Qui estoit le nouueau Cheualier

au Phenix, & de la lettre que receut le prince Palladien de ses premieres amours.

Chapitre   LXV.

Vous met-

L'HISTOIRE

VOus mettre en ieu ce nouuel affaillāt, fans dire l'ocafion de fa venuë, qui, & d'ou il eftoit, me fembleroit tel accident vous aporter plus de facherie que de recreation. Ie diray doncq' que le Cheualier au Phenix s'apelloit Cæfarin, filz du premier Othon Empereur lors regnant, amy & fiancé de Cefarine fille du Roy de France, lequel fachant le tournoy qui deuoit eftre aux noces du prince Palladien d'Angleterre & l'auanture des ymages eftans en la court du Palays de Londres, s'y eftoit acheminé, pour aquerir l'honneur de l'vn, & finir l'autre, auffi que luy de retour deuers fa fiancée il fuft recueilly d'elle auec plus de grace & faueur. A cefte caufe Cæfarin venu pres le camp du tournoy voyant la meflée des tropes de Landaftanis & Zorian, & l'obftinée pourfuyte des deux Princes, fe tint coy affez longuement, deliberant s'y contenir, iufques à ce qu'il aperceuft decliner & tourner en fuyte l'vne des deux bandes: mais craignant feruir de gaberie à ceux qui le regardoient par fa trop longue demeure & qu'ilz n'imputaffent fon atente à couardife, changea d'opinion, & fans auoir egard defquelz il fe mettroit, baiffe fon boys, ou voulut la fortune le conduire fi heureufement, qu'il rua par terre de ce premier coup l'vn des plus braues de la compagnie de Zorian, vn & vn autre apres deuant que fa lance rompift, laquelle en efclatz au quatriefme, met la main à l'efpée, ou fit tel deuoir & preuue de fa perfonne, que chacun luy faifoit place. A uint ainfi que Cæfarin fuyuoit fes coupz, qu'il rencontra vn valet portant fix lances entre fes braz dequoy ayfe au poffible, luy non encor' fatisfait de la courfe, ne affez efprouué contre les Angloys (ce luy fembloit) en prit la plus groffe, ataignant d'icelle Landaftanis fi roydement qu'il acheua ce qu'autre n'auoit peu faire de la iournée, le renuerfant les piedz

piedz contremont sur le sable. Le prince de Norgales desirant vanger son iniure prend nouueau boys & coursier & apellant à la iouste l'estranger assaillant, alloit commencer sa carriere quand Cæsarin luy dist: Ie vous pry mon compagnon ne vous colerer si fort contre celuy qui vous a salué d'vne courtoysie acoustumée entre les Cheualiers errans, ains auec quelque peu de pacience iouyr du plaisir de voir donner pareil salut au chef de voz parties auerses. Ie ne trouue vn seul brin de courtoysie en telz acueils, respond Landastanis, aussi croy-ie que n'en trouuerez d'auantage en celuy que voulez assaillir, auec telle gloire & brauade. A l'espreuue se cognoist la verité du dire, replique Cæsarin, à fier assaillant braue deffendeur. Parquoy mettant fin à ce contester pique vers Zorian, luy donnant si verte rencontre, qu'il le renuersa en terre par sus la croupe du cheual. A ceste merueille se refroidissent les plus eschauffez, changeans par ce moyen leur opinion de bien en mal, ce que non les regardàs, ains en mieux, dont Palladien & Mantilée furent les premiers tesmoins. Or deuez vous sçauoir le vieil roy Milanor porter telle afection à son filz & au mary de sa Mercilane, qu'il n'auoit voulu souffrir en quelque sorte que ce fust, qu'ilz prissent les armes pour tournoyer, parqnoy ces deux ieunes Princes demeurez auec les Dames es eschafaux, pour iuger des plus beaux coupz, & qui auroit le mieux fait, esbahis d'auanture si inesperée, que celle du Cheualier au Phenix, auec vne grande reuerance s'adressent au Roy d'Angleterre, Palladien portant ceste parole: Monsieur, la reuerance & obeyssance que les enfans doiuent aux peres telz que vous estes, nous ont fait demeurer oysifz entre les Dames durant l'exercice honneste des Cheualiers noz compagnons, estimans le contredire à vostre parole amyable & affectionnée estre vne tache inefaçable, iusques à ce que le continuera esguillonné noz cueurs de telle pointe, que ne nous pouans plus contenir en repos, sommes contrains & forcez vous suplier treshumblemét, vostre plaisir estre nous donner congé de reprédre les armes, pour monstrer à ce nouueau venu, qui cuyde ià auoir tout gaigné, qu'en la grand' Bretaigne y a encore des Cheualiers de la race du chef de la table ronde, qui ne s'estonnent en rien de coups de lance, ny d'hommes renuersez. Mon filz, respód le bon Milanor, mon commandement benin n'a esté que pour vous espargner & garder à ce que me demandez maintenant, aussi qu'ayant à essayer nouueaux combatz sans armes, il ne vous en faloit charger à vne foys de deux diuers ensemble, sachant tresbien comme l'vn empesche l'autre: ce qu'il pourroit faire encores à present, n'estoit que ie m'asseure que l'honneur ne s'abaisse iamais ou est le vray amour: bien se surhauce il d'heure en heure, comme le mieux estimé des cueurs grans & nobles, ainsi que me monstrez les vostres: Et pource mes amys, faites vostre deuoir ie ne vous empescheray: allez & me raportez ce que nous desirons. Obtenu par les deux Princes ce qu'ilz souhaitoient, vont en leur logis, & eulx armez & montez à l'auantage, se rangent soudain ou se declaroient les courages a-

Z   moureux

moureux, demandant Palladien en paſſant à ſa fidelle Aquilée, nouuelle faueur de l'vne de ſes manches, au bailler & receuoir de laquelle fit ſi long arreſt que Mantilée arriua le premier ſur les rangs. A ceſte abordée, ſans que le filz d'Othon ou le Duc de Milan ſe bieñuienniſſent aucunement, s'entrechargent & rompent ſans autre auātage. Dequoy plus irritez qu'au precedant, demandent autres lances, & au plus viſte & royde qu'ilz peurent courir vindrent ſe hurter de ſi grand' force, qu'ilz mirent leurs glaiues en eſclatz, perdans enſemble les eſtriefz & preſtz à tomber, ſans qu'ilz ſe fortifierent des arçons & crains qui les retindrent. Et ainſi que Mantilée (ambicieuz à la mode d'Italie) vouloit ſuyure à la troiſieſme courſe, le ſeigneur Ceſarin hauçant la viſiere de ſon armet, eſtimant aux riches armes du Duc de Milan, que ce fuſt le prince d'Angleterre, faiſant vne grande reuerance ſe courbant iuſques ſur le col du cheual, luy diſt: ſeigneur Palladien, ſachant que ne me cognoiſſez, & que ſçauez auſſi peu la cauſe de ma venuë en voz païs, vous voyant ſi fort entalenté de combatre, l'amytié que ie vous porte me contraint volontairement me deſcouurir, auſſi que ie ne veux perdre l'honneur qu'ay acquis me combatāt contre vous par plaiſir, qui pourroit à la continuë ſe changer en faſcherie & deſdain, vous aſſeurant que voicy Ceſarin filz de l'Empereur autant à voſtre commandement qu'autre Cheualier qui ſoit en toute l'Angleterre. Quelque mine que fiſt Mantilée ſi fut il treſayſe de ceſte nouuelle paix: mais auec ſon naturel le diſſimula brauement, reſpondant de ceſte ſorte: Seigneur Cæſarin ie ne ſuis celuy que penſez: mais pour noſtre fraiche alliance, reuerance, & obeyſſance que ie luy doy, ie mettray fin à mon entrepriſe, ores qu'euſſe deliberé la pourſuyure iuſques au bout: Et à fin que voſtre volonté ſoit encor' plus ſatisfaite ie vous meneray vers celuy que demandez: toutesfoys pour vous faire ſçauoir celuy contre qui vous auez couru deux foys ſans auantage, ie ſuis Mantilée Duc de Milan, & mary de Mercilane, fille du roy Milanor & ſœur du prince Palladien, que nous allons trouuer. Or ſi vn deſir acouſtumé entre nouueaux mariez auoit retenu tellement le prince d'Angleterre, que cil qui le ſuyuoit eut ſon lieu à la iouſte, vne choſe vſitée entre vrays amans l'arreſta de ſorte, qu'il auoit oublié & tournoy & le Cheualier au Phenix, ne penſant qu'à ce qu'il auoit deuant les yeulx, quand les deux pacifiez le voulurent aceſter & ſaluer, le ſalut deſquelz nous difererons, pour vous dire la cauſe de ſon retardement.

A peine auoit Palladien ſararmé ſon bras droit de la manche d'argent de ſon Aquilée, que voicy vn Eſcuyer ayant mis pied à terre, & baiſé ſon genou qui preſentant vne lettre, luy diſt: Monſieur, ma Dame ma maiſtreſſe la Ducheſſe des Iſles riches, que bien cognoiſſez, vous enuoye la preſente auec ſes meilleures recommandations à voſtre bonne grace, vous priant & ſupliant pour le dernier des biens qu'elle eſpere de vous luy en enuoyer la reſponce: Ce meſſage, meſmement ce dernier mot, eſmeut le Prince, ſi que luy tout treſſaillant & alteré rompt le ſeau, & ouurant la

lettre

lettre de sa premiere amye y leut ce qui s'ensuyt.

Lettre de Brisalde Duchesse des Isles riches, au seigneur Palladien prince d'Angleterre.

Monsieur, lors que vostre plaisir me fit si heureuse que de vous voir en voz Isles riches, ie pensois asseurement mon heur auoir telle durée, que la mort mesme n'y mettroit fin, non tant pour me sçauoir vostre amye, que pour sentir mon premier amy estre filz de Roy, graué si viuemét en mon cueur, pour son rang & bonnes parties, qu'autre n'y logera & n'y aura iamais part, me reseruant cest egard entier, que l'amour ne m'a faite plus vostre, que le deuoir vous oblige mien, consideré que pour gage de ma bonne volonté, vous sentant ataint d'aucune de mes graces, & passionné outre mesure (disiez vous) si mon vouloir ne s'acordoit au vostre, vous donnay pour alleger vostre mal tout ce qu'vne Dame telle que ie suis peult donner à vn grád Seigneur & Prince, non tant Seigneur toutesfoys, qu'au semblable de noz volontez, ne fussions pareilz, n'ayant l'vne des moytiez de nostre tout rien plus d'honorable & de meilleur l'vne que l'autre, si la noblesse, grandeur de maison vertu & bonne amytié se prisent & parangonnent au reciproque. Or est auenu que de nostre premiere veuë, acueil, recueil, & bon traitement au iouïr du plus desirable de nostre humain, y eut tel acord des espritz auec les corps, qu'huyt moys apres vostre partement d'auec moy, i'enfantay vne fille nommée Vnion, aagée maintenant de vingt moys, qui auec toute la beauté & bonne grace de son pere, represente tout le louable de sa mere en douceur & courtoysie, s'aucune y en auez trouuée, ou a esté veuë par les autres. Bien certes que ie veux auoir si cher pour l'amour de vous & de moy, qu'il m'a gardée & empeschée cent foys de mourir, ayant continuellement au cueur le peu de conte ou m'auez tenuë durant vostre absence si longue, & le tord que me faites m'ayát oubliée & efacée tellement de vostre memoire, que n'ay receu depuis vne seule nouuelle de vous. Qui m'est vne chose si dure & regretable, que vostre sang seul tenu iournellement entre mes bras, m'en console & adoucist ma peine. Si est-ce (comme la verité le veult) que tel oubly & mespris ne m'est plus grief & fascheux, qu'il vous seroit laid & blamable, estant cogneu & sceu entre les hommes: mais ie vous ayme tant, que mon naturel vaincu, autre que vous ne sçaura iamais l'outrage & acte reprochable dont estes entaché, vous iurant foy de fidele amye, que là ou le blasme ne seroit commun, & n'y auroit que moy blecée, que n'aurois cesse ne repos iusques apres la vengence, que ie remetz & anichile soudain sentant ne m'en pouoir venger que par la mort de celuy que i'ayme trop plus que moymesmes. Que diroit Aquilée vostre nouuelle compagne, sachant mon lit desert de son mary, & elle fem-

L'HISTOIRE

me de celuy qui par son sang m'auoit espousée. Elle seconde, pourroit s'asseurer sa premiere indignement traitée? Non: Aussi à fin que tel doute ne vous ennuyast elle faschée, ie luy celeray, non pour estre sa bien vouluë: mais demeurer à tousiours

Vostre amye fidelle & immuable Brisalde
Duchesse des Isles riches.

La lettre leuë, l'alteration du Prince creut au double, auec vn remors de conscience, qui le piqua si durement, qu'il se cuida sincoper & se fust tresmal trouué, n'eust esté que l'abordée de Cæsarin & Mantilée luy firent changer d'humeur, muant sa tristesse en gayeté, le filz de l'Empereur luy disant: Seigneur Prince, la courtoysie dont m'a vsé le Duc de Milan vostre frere, m'a deliuré d'vne grande peine, me forçat laisser les armes pour le bienuienner sa vertu comme, asseuré que vous rencontrant au premier front, vous dy-ie nouueau mary de la belle Aquilée, dont le bruyt vole plus hault que l'aigle, eusse eu de double effort rengregé & double encombre, ce qui me deuoit estre empraint au cerueau, me souuenant quelz glorieux faitz d'armes auez menez à fin, au seul regard de son protrait, que gaignastes si brauement en France de Xarcanel son indigne seruiteur, qui le portoit en lieu d'escu. Pource luy respondit il: Monsieur, ie ne puis nier que la representation de la beauté de ma Dame ne m'ayt fait conduire quelques entreprises legeres, mesmes iusques à l'aller chercher entre ses plus esueillées gardes, dequoy s'il est quelque renom, m'en donnant les hommes aucune louange & grace, ce n'est rien au regard de ce que la seule Cesarine françoyse à fait paracheuer à vous monsieur, son seul Cæsarin. Vrayement monsieur mon compagnon, repliqua l'autre, ie voy bien que vostre honnesteté me veult obliger en tant de sortes, que pour plaisir que vous peusse faire, ne pourrois satisfaire à vne: toutesfoys encor' vous priray-ie d'vn bien à ceste arriuée, c'est que nous allions es loges voir celle, dont les perfections ont assemblé en ce lieu si grand nombre de Seigneurs & Cheualiers. Cest honneur daignez vous nous faire, suyuit Palladien. Ainsi s'en allerent de compagnie voir les Dames, durant le salut desquelles, & à leur retraite pour ouyr les propos de ce premie prince Imperial, ià Roy des Romains, Landastanis, Zorian & leurs troupes se retirerent pareillement, sans que pour ce iour là on peust dire, qui auoit le mieux fait, ou gaigné le pris du Tournoy.

La response de Palladien à la Du-

chesse Brisalde, comme Cæsarin s'en retourna vers Cesarine, Landastanis & Mantilée en leur païs, auec la natiuité de Florent Prince
d'Angleterre filz de Palladien & d'Aquilée.
Chapitre   LXVI.

Cæsarin

Caesarin ayant salué les Dames, les deuiz de luy & d'Aquilée fort auancez, Palladien se desroba, & faignant depouiller ses armes, suyuy du messager de la Duchesse luy dist: Escuyer mon amy, vous aurez vn peu de pacience, & egard au commandement de vostre maistresse attendant vn mot de responce, qu'il fit à l'heure prenant encre & papier luy seul en sa garderobe, à fin qu'autres qu'eulx deux ne s'aperceussent de chose tant inesperée, & fut le contenu de sa lettre tel:

Lettre de Palladien à Brisalde.

Madame, s'estans les choses passées

comme elles sont iusques icy, sans point de faute vous auez eu quelque cause de plainte, ignorant mes empeschemens & trauaux: mais quand vous sçaurez qu'estes premiere cause de tout l'honneur aquis de Palladien, qu'il le repute tel, & le vous asseure par la presente, ce vous sera encor' vn autre moyen de vous resiouyr auec les riz & mignarderies de nostre petite Vnion, de la natiuité de laquelle suis trop plus ayse, qu'ayant ce iourd'huy gaigné toutes les Isles Orcades. Vostre lit n'est desert, ains enrichy d'vne si belle fleur qui nous est commune, vous vous pourrez vanter vostre Palladien s'en auouër la moytié lors que la force de quelque tyran, ou meschât y voudroit entreprendre: Et combien qu'aye espousé Aquilée, elle demeurera ma femme, sans diminuer en rien ce que doit à Brisalde des Isles riches s'amye.

Vostre perpetuel amy Palladien.

Close la missiue, & seéllée d'vn gros dyamant ataché à vn lacz de soye iaune au lieu de cachet, la baille à l'insulaire disant: Mon amy, vous la presenterez de ma part à la Dame qui vous enuoye, auec mes meilleures recommandacions à sa bonne grace, la supliât garder pour l'amour de moy la bague dont elle est cachetée, la plus aymée entre celles que ie portay, oncques. Quant à vostre part, ceste chesne que vous donne (dit il l'ostant de son col pour la mettre au sien) sera merque comme ie desire vous recompenser d'vne partie de voz peines. Dequoy se contenta le messager & le deuoit ce croy-ie veu sa qualité: car outre qu'il y auoit l'or de cent nobles, elle estoit enrichie de cent rubiz cabochons les plus gros que l'on vit oncques. Cestuy tout esbaudy & alaigre, se sentant plus riche du don du Prince, que le reste de toute sa lignée, harangua sa maistresse si acortement & bien luy presentant ses lettres & apres la lecture d'icelles, qu'elle desaigrie le part le aspre de ses facheries, que luy laisserons adoulcir totalement pour retourner dont nous sommes partiz.

Le Prince d'Angleterre desarmé, prenant bonnet & manteau va trouuer les Dames qui auoient amene Cæsarin au Palays voyans les ioustes finies. Lors les risées recommencerét, & de telle grace qu'ilz y eussent passé & soir & nuytées, si le bon roy Milanor luy mesmes en personne ne les eust rompuës pour les faire mettre à table. Il ne fault ia s'enquerir si le festin fut magnifique, les viandes exquises, comme il fut bien seruy, & quelles mommeries & danses furent veuës apres le souper, certain que la singularité d'vne partie feroit le tout estimer fable: aussi peu du riche parement de la chambre ou coucha le Prince de l'Empire, sufise vous en quelque endroit que ce fust n'y auoir eu cause de mescontentement. Le lendemain, ainsi qu'on vouloit couurir pour le disner, Cæsarin armé de pié en cap vint suplier les Dames & les Princes voir son essay aux ymages enchantées, qui luy fut acordé, des vns à bonne fin, luy desirans heureuse yssuë, des autres à la lombarde, pour vne ocasion de gaberie en contrechange de ce qu'il les auoit si bien estrillez le iour precedant. Et ne furent frustrez ces dissimulateurs de leur intention, l'entreprinse succedant au Prince au rebours de ce qu'il demandoit, voire auec telle defaueur, ayant voulu entreprendre plus qu'il ne pouuoit ou luy apartenoit, que de honte & despit partit sans dire à Dieu, ou prendre aucun congé de la compagnie, en quoy me semble qu'il s'oublia grandement: mais ce sont faitz de Princes tous bons & selon le droit, danger à qui dit le contraire. Ie laisse l'opinion qu'en peut auoir l'assistance, toutesfoys la plusport l'imputant à ieunesse amoureuse, n'en fut faite plus haulte querelle. Cæsarin departy, & Rodigo Roy de Portugal apres le tournoy acheué, dont Landastanis eut le pris tant des iuges que des Dames, Palladien alla le iour ensuyuant au leuer du roy Milanor son pere, & là en la presence de mesieurs ses freres, & autres grans Seigneurs & Cheualiers d'Angleterre, luy fit ceste remonstrance: Monsieur, m'ayant otroyé ceste grace de me laisser espouser la Dame que i'aymois sur toutes, ainsi que par sa vertu & grandeur de maison cogneuës, en auez esté ayse & content, ie ne doute point que le Soudan d'Aquilée son pere, ignorant l'amytié qu'elle me portoit, ne se sente outragé, de maniere qu'il voudra venger son iniure à la mode des Roys, qui est à la force de l'espée. Pour à quoy preuoir & le preuenir, seroit besoin(ce me semble)en auertir le Roy de Hongrie par le païs duquel il pourra descendre, à fin qu'il se tint sur ces gardes, & nous faire prouision d'hommes & de toute munition de guerre, & à ce donneroient grand commencement mes freres de Norgales & de Milan, se retirans en leurs païs, emmenás mes Seurs leurs femmes ainsi qu'ilz m'ont dit estre leur principal desir. Ce sont voz alliez & meilleurs amys, par ce croy-ie & m'asseure, qu'ilz n'espergneront eulx ny leurs subietz, pour vous secourir, la diligence y estant necessaire de peur de surprise. Mon filz(respond le bon vieillard)puis que le mariage est fait il ne le fault blamer, ne discourir propoz pour cest egard, qui seroient inutiles & friuoles. Ie te pry' toutesfoys, reseruer tes enfans (s'aucuns en peux auoir) à vne future paix, & non à vne cause de guerre: tu as

bien

bien auisé touchant nostre trescher frere le Roy de Hongrie, auquel enuoyray Embassadeur dedans dix iours, pendant lesquelz mes filz de Milan & de Norgales feront leurs aprestes pour partir quand il leur plaira, ne voulant aucunement empescher leur plaisir, ny ton repos & seureté. Maintes autres choses se depescherent la matinée au conseil, non de telle importance toutesfoys, que celle cy, partant les laissay-ie souz silence. L'embassadeur pour la Hongrie depesché, conduit le duc Mantilée iusques dans Milan, puis paracheuãt son voyage laissa les ieunes mariez non tant embrouillez pour les preuoyances de la guerre, qu'ilz ne demenassent si bien leurs amourettes & remuassent mesnage, que Mercilane eut vn filz auant les dix moys passez qui fut nommé Hector le Milannois, imitant luy paruenu en aage ce grand preux premier de son nom. Or si Mantilée fut recueilly auec alaigresse des siens, s'il y eut possible de plus, fut à Landastanis à son entrée en Norgales ou le vieil roy Harfron son pere vint le deuancer & receuoir, tant ioyeux de sa bonne fortune, que l'ayant embracé, & baisé la princesse Florée, luy dist la grosse larme à l'œil d'vne abondance de ioye. Mon enfant, ô combien nous sommes tenuz rendre graces au Roy du ciel, des biens qu'il nous enuoye, entre lesquelz si i'ay ocasion de me resiouyr pour l'aboliriõ du tribut anuël que ie deuois au Roy d'Angleterre, & te reuoir son gendre en bonne santé, plus grande & meilleure l'ay-ie, sachant ton mariage heureux aporter à nous & aux nostres vne future paix & amytié de ceux qui souloient nous faire guerre, estans noz ennemis mortelz & coniures : Reçoy doncq' à ceste cause, mon filz la coronne de ton pere, si atenué de vieillesse, qu'il n'a presque plus de sentiment ne chaleur. Ainsi Landastanis bien receu & reuenu plus qu'à souhait est mis en pleine & entiere possession du Royaume de Norgalles, faisant son pere ayeul au bout de l'an par la natiuité de dom Celidon son filz. Ce qui auint pareillement au prince Palladien, pour le regard de Milanor au naistre de dom Florent l'Angloys : mais ce fut plustost de la moytié, tant eurent de force les erres que s'entredonnerent luy & Aquilée à la confirmation de leurs amours, sans preiudice des espousailles solemnelles. Estãs par ce moyen tous noz nouueaux mariez pacifiez en leurs païs, aysés, & peres, restoit la sage Orbiconte, laquelle voulant prendre congé des Roys & Roynes d'Angleterre, tant coronnez qu'à coronner, ne s'equipa d'autre bagage, que d'vn griffon rouge comme sang, descendu de l'air en la court du Palays de Londres, le dernier à Dieu dit à Milanor & à la Royne, & apres auoir fait cest auertissement au prince Palladien mary de sa niece : Mon neueu, luy dit elle, ie vous prie de tant qu'aymez vostre honneur grandeur, & bonne renommée, si la voulez rendre immortelle, faire norrir soigneusement vostre filz, vous asseurant que ses faitz correspondront à son nom & fleurira par sur tous les Cheualiers de son temps, comme il est seul Florent entre les Angloys. Et non seulement reluira il en actes chenalereux & beaux faitz d'armes : mais aura la vertu, & loyauté d'amour
en telle

L'HISTOIRE

en telle recommandation, qu'il ne se trouuera au monde Dame digne de luy, que la seule Pamphilie, fille de l'Empereur de Grece non encores née. Ceste seule aymera si loyaument, sera en ses amours tant ferme, constante & bien auisée, qu'elle n'aura sa pareille entre les Dames & Damoyselles de son siecle, la Dame du Parc des auantures exceptée, qui (sauf du rang) se peult au reste comparer à elle, comme vous en feray le discours la premiere fois que vous reuerray. Son propos acheué, promesse baillée & prisé d'vn costé & d'autre, se iette sur le dos de son oyseau qui print le vent aussi soudain que la fleche decoche de l'arc enfoncé, du plus fort bras qui se trouue : Merueille ou arresterons & finirons nostre premier liure, suyuans le point & disposition de Polismar & Palnocid historiens antiques des faitz Palladiens.

Fin de l'histoire palladienne, nouuellement imprimée à Paris par Estienne Groleau Libraire & imprimeur, demourant en la rue Neuue nostre Dame à l'enseigne saint Ian Baptiste.

www.ingramcontent.com/pod-product-compliance
Lightning Source LLC
Chambersburg PA
CBHW050641170426
43200CB00008B/1113